陈　伟◎著

RESEARCH ON
RURAL-URBAN LAND
CONVERSION SYSTEM
IN CHINA

中国农地
转用制度研究

社会科学文献出版社
SOCIAL SCIENCES ACADEMIC PRESS (CHINA)

目　录

第1章 绪论

1.1 问题的提出

中国正处于城市化的关键期，国家高度重视城市化战略，认为未来最大的发展潜力、最大的内需在城镇化，协调推进城镇化是成功跨越中等收入陷阱的基本手段，是实现现代化的重大战略选择（李克强，2012）。

城市化①是一个复杂的社会转型与演进过程，包括一系列紧密联系的结构变化，涉及经济、政治、文化、人口、科技、环境和社会等诸多领域（诺克斯等，2011）。一般认为，城市化的标志主要包括三个方面，即人口比重变化、产业结构转型（工业化）和空间形态调整。其中，空间形态调整或者说土地城市化，是前两个方面的基础和保障，无论是人口城市化，还是工业化进程，都要以农村土地向城市转用为前提。解决好土地问题是工业化、城市化和农业现代化协调发展的关键。

近年来，随着城市扩张加快，围绕农地转用特别是征地的纠纷不断。在城市化快速推进和高增长的背后，无序的土地开发与大拆大建浪费了土地资源，危及粮食安全，破坏了生态环境；侵害了农民利益，扩大了收入差距，影响了社会公平；损害了政府形象，激化了官民矛盾，破坏了社会和谐。在城市化进程中有效控制农地转用的规模与速度，避免利益冲突过激，是各国面临的共同难题，在当下的中国，这一任务更为艰巨而紧迫。

农地转用是现行土地制度最坚硬的内核，是土地增值收益分配的中心与枢纽。在中国，政府在这一领域实施了全面干预，体现了浓厚的计划经济色彩，不仅以国际通行的用途管制来保护耕地资源，而且通过"所有制管制"锁定

---

① 在本书中，除非政府讲话、报告或文件，笔者将主要使用"城市化"一词。

政府和资本主导的利益分配格局，作为土地名义所有者的农民则无力分享土地增值的盛宴。

改革开放后特别是近几年，国家和地方都在尝试改革探索，如以土地制度改革为核心的成渝统筹城乡综合配套改革，广东和江苏等地的集体建设用地流转，浙江的土地发展权交易试验。但总体而言，这些改革或者只是在原有制度框架下的边际调整，或因羁绊于现有制度而暂时搁浅或效果受限。

对于农地转用制度改革的方向与战略已经有了很多的研究和分析，社会各界、不同领域的学者从自己的视角出发，给出了各种各样的改革方案和政策建议。其中不乏真知灼见，但仍有一些关键问题有待回答。例如，在中国土地资源配置方面，政府和市场的定位究竟是什么？土地征收和农地市场化转用的边界如何划分？通过何种机制实现土地增值收益的合理分配，产权在其中发挥什么样的作用？如何确立农民主体地位？维护农民利益的切入点在哪？

1.2　研究意义和目标

基于上述理由，在我国城市化加快发展的背景之下，更深入系统地研究农地转用问题，构建一个科学、实用的分析框架，并提出一些可行的改革建议，具有较强的理论意义和现实意义。笔者希望本书提出的改革建议能兼顾三个目标，如图 1 - 1 所示。

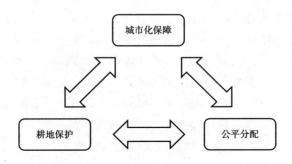

图 1 - 1　农地转用制度的三大目标

第一，能够为我国的城市化提供长期有效的空间保障，促进我国经济社会的平稳、较快、协调发展。

第二，能够保护耕地、林地及其他生态资源，推动土地的集约节约利用，保障我国的粮食安全与可持续发展①。

第三，能够顺利推进"人口城市化"，充分维护广大农民的正当利益，使其合理分享城市化过程中的土地增值收益，实现包容式增长。

1.3　研究框架与主要观点

在研究框架方面，本书分为四个层次：问题的提出、中国农地转用制度体系、农地转用（征地）决策模型及其影响、农地转用制度改革方案设计。接下来，笔者介绍一下本书的逻辑体系和主要观点（见图 1-2），希望读者对本书的形成有一整体把握。

1.3.1　问题的提出（第 2 章）

笔者将农地转用问题放到中国城市化进程的大背景下进行分析。在第 2 章中，笔者首先研究了城市化的基本内涵，笔者在本书研究中将使用广义的城市化概念，从产业、人口和空间三个方面研究工业化、人口城市化和土地城市化的关系。接下来，本书分析了发达国家就上述三化之间的关系，得出的主要结论是：第一，发达国家的人口城市化出现于工业化的前、中期，目前已经基本结束，进入缓慢增长期；第二，土地城市化增长最快的是工业化后期和后工业化时期，目前增长势头依然较强，表现出长期持续增长的特征。

对照发达国家的城市化历程，笔者分析了中国"三化"之间的关系。通过对比，笔者发现了两个比较突出的特征：第一，中国的人口城市化较快增长时期出现在工业化的中、后期，目前仍处于快速发展之中，比发达国家滞后一个时期，笔者将其简称为人口城市化滞后于工业化（"第一个滞后"）；第二，改革开放以来，我国的城市建设用地面积增速与城市人口规模增速之比达到了 1.7 以上的高水平，远高于 1.12 左右的国际平均水平，也就是中国的人口城市化增速明显滞后于土地城市化（"第二个滞后"）。

上述两个"滞后"意味着在假定我国经济持续发展趋势延续、城市化战略不变的前提下，农民进城的压力更大，城市扩张的动力更强。笔者以 2030 年后我国城市化超过 70%、新增城市建设用地超过 2.5 亿亩为假设，分析了

---

① 下文除非特殊说明，笔者用"维护粮食安全"指代"解决城市化用地所带来的各种负外部性问题"。

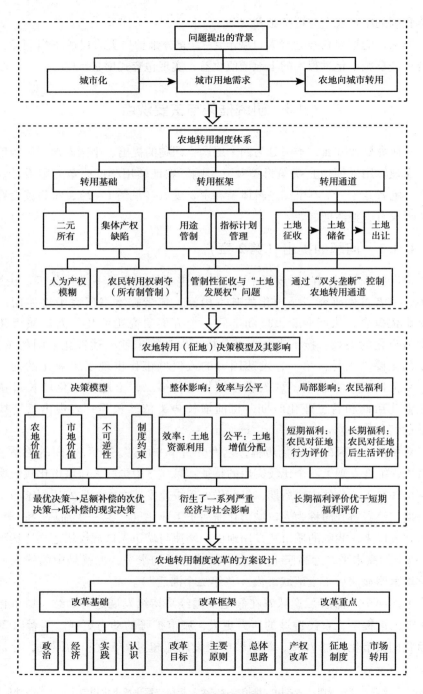

图 1 - 2　本书的逻辑框架与内容体系

我国城市化的土地资源保障问题，指出将有 2 亿亩以上的土地必须经过农地转用通道。处理好农地转用问题，对我国经济社会发展具有长期战略意义。但遗憾的是，到目前为止，这一问题日益严重，农地转用的土地制度供给滞后于土地资源供给（"第三个滞后"），加快研究和制订农地转用制度改革方案势在必行，而这就构成了本书的研究主题。

1.3.2　农地转用制度体系分析（第 3 章，第 4 章）

制度改革的前提是对现有制度的深入认识，这是本书第 3 章和第 4 章要完成的任务。笔者从转用的产权基础、管制框架和完成渠道三个方面对这种行政垄断的农地转用制度进行了分析。

对于中国的农地转用制度，笔者首先将其定性为"行政垄断"。行政垄断首先服从和服务于我国追求经济快速增长、"发展才是硬道理"的战略目标，其功能是为我国改革开放以来出口导向、投资驱动的高速经济增长提供土地资源保障；其次，行政垄断也是利益垄断，它使得土地相关利益被输送给部分既得利益群体。

在转用通道方面，土地征收、储备和出让构成了农地向市地转用的"三部曲"，同时实现了从集体所有向国家所有的"变性"。如前所述，在通道出口——国有土地出让环节，国家在不同程度上引入了市场竞争机制，在通道入口——集体土地征收环节，国家则主要按照"生存权补偿"的原则采用行政手段获取农地。由此形成了高额的土地纯收益。在"一出一入"之间，政府（主要是地方政府）成为"双头行政垄断者"。

在转用基础方面，我国实行的是城乡二元、完全公有的土地所有制，即国家所有和集体所有。为了实现行政垄断的目标，集体土地产权设置被"动了手脚"。首先，通过各种法律、法规和政策严禁农民自主转用，无论其是否符合规划用途。这就确保了政府对农地转用的独占性。其次，集体土地真实所有者或产权人被"有意模糊"了。模糊的农地产权归属使得政府通过征地手段垄断农地转用时受到的抵制大大减弱。在笔者组织的针对失地农民的征地问卷调查中，认为农村土地属于国家所有、集体所有和农民个人所有的比例分别是33%、25% 和 39%，此外还有人回答属于乡镇所有或说不清楚。

在转用框架方面，我国对农地转用采取了用途管制和计划指标的双重管理。前者为农地转用划定条框，规定了"转用于什么"，后者则对农地"何时转用、如何转用"提出了要求。对于用途管制，笔者重点关注了管制性征收问题，这一做法本来主要用于限制那些明显具有负外部性的情形，如环境污染。但在中国，它却被广泛用于农地转用方面，对集体建设用地流转的限制是较为典型的管制性征收案例：虽然在用途上允许作为建设用地，但对其转让严格管制，从而使得该土地资产的大部分市场价值无法实现，从而构成了一种无形的征收。在转用指标管理方面，在既有的用途管制框架下，由于转用指标是在国务院或省级层面垂直分配的，这就导致了土地发展权在不同区域及农民之间的计划性配置。

在农地转用的制度体系中，土地征收是核心，是农地转用通道的"阀门"，是开启"农地转用增值之门"的钥匙。虽然用途管制和计划指标管理对地方政府转用农地构成了一定约束，但它远非抑制农地过度转用的"紧箍咒"，从农地到市地的"最惊险跳跃"还是发生在土地征收环节。为了深入研究土地征收制度，对比中外土地征收本质的差异，笔者在第4章专门对土地征收进行了介绍。笔者首先介绍了土地征收的理论基础与国际经验，然后对照分析了中国特色的土地征收制度。

在经济学理论层面，土地征收作为一种政府干预手段，其目的是解决市场失灵问题。在土地经济学中，这种市场失灵是由外部性和垄断问题引起的。对于那些符合公共利益但未必符合土地占有者私人利益的用地项目（可能是私人投资也可能是政府投资），完全依靠市场机制来解决土地公益，会面临两大问题：一是土地所有者分散化所带来的高交易成本问题；二是居于垄断地位的土地所有者漫天要价所带来的高时间成本问题。在法学理论层面，政府为了公共利益而占有私人财产的权利是一种"保留权力"或"衍生权力"。

但是，土地征收在解决了市场失灵问题后可能会带来新的问题，即政府失灵：不受控制的公权会过度扩张，从而导致不必要或不公正的征地发生，因此需要建立约束政府行为的新机制。公益限制、补偿限制和程序限制，是监督和制约征地权扩张的三个支柱，其中前两个方面是实体性内容，最后一个方面可视为配套手段。笔者通过中外对比研究，形成了以下几个观点：

（1）关于公益限制。发达国家的趋势是公益概念日益模糊，但公益审查日益严格。从各国的实践来看，自1514年现代意义上的财产征收制度诞生500年来，土地征收要符合公共利益这一限制总体呈现弱化趋势。公共利益的范围日益扩大、概念越来越模糊——从公共拥有，到公共使用，再到社会福利、公共意志和公共目的；与此相对应，土地征收的范围也不断扩大——招商引资、土地再分配等都曾被纳入美国的征地范畴。但在公益概念模糊化的同时，公益的审查程序却日益严格和完善。在笔者考察的美、德等发达国家中，公益审查最终需要立法机构完成，并广泛听取各方意见。在我国，对征地的公益限制采用的是"征转合一"的做法，它有两个突出特征：第一，农地转用范围与征地范围完全等同，也就是说，非公益项目也要通过征收供地；第二，农地转用过程与征地审查过程合一，这说明只要符合上级政府用途管制指标管理规定，地方政府即可征地。总之，我国征地的公益审查机制几乎是完全缺失的。

（2）关于补偿限制。发达国家的趋势是基于市场价值的公正补偿逐渐被广泛地采用。防止多数人借助民主机制实施对少数人的专制、维护分配正义、建立产权安全的稳定预期、消除财政幻觉（征地的低成本会减少政府财政支出压力从而倾向于扩大征地）等，都是出现这种转变的重要考量。征地补偿问题是目前中国征地制度的最突出矛盾，表现为四个特征：第一，在补偿原则上，我国采用的是"农民生活水平不降低"这样一种"生存权"补偿，这种补偿是基于经济优先发展需要设定的，出发点不是维护土地产权所有者——农民的利益；第二，补偿标准与水平不一，征地用途的公益性、地区或区位差异以及个体差别都可能带来不同的补偿结果，并且这种土地利益分配往往是不公平的；第三，征地补偿方式的多样化，除了货币补偿以外，还有留地、就业、住房、社保等其他补偿方式，但多数情况下，其出发点是政府利益的最大化，并由此加剧了政府的财政幻觉；第四，征收对象模糊，它源于我国集体土地产权的模糊性，导致了征地补偿分配过程中的内耗与矛盾。

（3）关于程序限制。程序限制是确保征地不偏离公共利益轨道、实现公正补偿的重要保障。它包括两个方面的内容：一是利用不同机构之间的力量制衡来控制行政机构的行为，实现公权力之间的相互监督；二是通过正当程序维护公民的知情权和参与权，通过公民和社会的监督抑制行政权扩张。在那些行政力量主导土地征收（如中国香港）甚至是低补偿（如新加坡）的经济体中，完善的征收程序具有特别重要的意义。虽然从表面上看，我国的征地程序"流程"清晰，甚至还规定了被征地农民的知情权和参与权。但深入到细节，通过与法治国家的比较可以看到，这些所谓的流程规定难以发挥多大实效。

1.3.3　农地转用决策模型及其影响（第5章，第6章）

在分析现行农地转用制度体系的基础上，本书接下来关注的是政府农地转用决策过程及其影响。虽然 2010 年以来，国家加强了土地的用途管制和指标管理（发挥着部分的公益限制职能），抑制了地方政府过快转用农地，但从以往的情况来看，实际收效甚微。一旦征地问题解决了，其他方面便可以畅通无阻，因此，农地转用决策模型在很大程度上等同于征地决策模型。在概念模型分析的基础上，笔者主要从两个视角分析了农地转用制度运行所带来的影响：

一是整体影响，主要从土地资源利用角度分析效率影响，从土地增值分配角度分析公平性影响；二是局部影响，重点是分析征地行为对农民短期福利和长期福利的影响。本书第 5 章将讨论农地转用决策模型及其整体影响，对于征地对农民福利的影响将放在第 6 章介绍。

考虑四个变量的转用决策分析模型。在土地资源利用的分析中，笔者以"地方政府"为决策主体，提出了政府农地转用（同时也是征收）决策的分析模型。在该模型的分析中，笔者引入了四个决策变量：农地价值、市地价值和不可逆风险以及建立前文转用制度框架上的管制手段（特别是用途管制和指标管理，假设为"外生变量"）。农地的边际价值是农地转用的边际成本，而市地边际价值是这一转用的边际收益，转用决策将依据边际收益等于边际成本作出。高估市地价值、低估农地价值、轻视不可逆风险以及转用制度框架的"软约束"，都是导致地方政府过度征地的重要因素。

效率评价：过度征地导致了土地资源低效利用。这一影响主要分为四个方面：一是耕地的过快减少；二是城市建设用地（建成区面积）过快增长带来的粗放利用问题；三是工业用地的大量圈占和低效利用问题；四是集体建设用地闲置与无序开发。此外，笔者还利用已有的研究成果对城市土地闲置所带来的农地价值损失进行了评估，得出的初步结论是我国每年因此而损失的农地价值高达 1575 亿元，大量的房屋闲置也带来了近 267 亿元的农地价值损失。

公平性评价：土地增值分配的严重失衡。笔者将土地增值区分为人工增值和自然增值两部分，指出围绕涨价归属问题的争论主要针对的是自然增值。笔者认为，以维护农民利益为出发点、公私兼顾应该是一种比较现实的选择。接下来，笔者对我国土地增值收益分配进行了定量化研究，提出了"三次增值"的分析框架，即土地使用权出让环节的增值（首次增值）、土地使用权占有环节的增值（二次增值）、土地使用权转让环节的增值（三次增值），分析了不同环节（尤其是前两个）的增值收益分配结果。本书对首次增值和二次增值的定量分析结果显示：2009～2012 年，农地转用作出直接"贡献"的失地农民所得到的征地补偿规模不到土地前两次自然增值的 1/3；他们在两次自然增值中（约为 12 万亿元）从"土地财政"和"公共财政"中间接分享的比例，大约在 5000 亿元以内，仅相当于 3.1%。

制度衍生影响广泛。第 5 章的最后，笔者对我国农地转用制度的衍生影响进行了简要分析。笔者分析了其中的两个方面，一是宏观经济模式的制度性畸形，二是社会管理的制度性失序。

征地行为引发农民不满。本书第 6 章是对征地问卷调查结果的分析，目的是从农民感受评价的角度分析征地行为对农民福利的影响及其决定因素。笔者将农民福利分为短期福利和长期福利两种。

从结果上看，农民对征地的短期福利影响评价显著低于长期福利影响评价。前者的评价分值为 3.11，后者分值为 4.11；并且，对后者的评价结果较为统一，方差仅为 2.73，而前者则达到了 3.77。这似乎意味着虽然征地过程可能是痛苦的，但征地最终还是让农民的生活状况略有改善（超过了 4 分的中间评价）。笔者认为，由于调查统计方面的问题及评价对象模糊，对此结果应保持谨慎乐观态度。

从结构性因素来看，失地农民所在地区、年龄结构、学历因素、家庭收入（人均家庭收入）、户籍类型和劳动力占比都对征地满意度产生较大影响。从计量分析结果来看，征地补偿水平是影响农民征地满意度的最主要原因，其次是征地程序公开透明，公益性判断相对居于次要地位。

1.3.4　农地转用制度改革的方案设计（第 7 章，第 8 章）

本书第 7 章旨在对我国农地转用制度改革提供一个框架性方案。由于农地转用制度改革涉及的领域广、层次深，笔者只能说是结合自己的一点思考就其中的一些关键问题提出可能的解决思路。这部分的研究分为三个部分：一是对改革基础条件的分析；二是提出改革的整体框架；三是就改革的重点问题进行较为深入的探讨。

改革的时机已经成熟。虽然各界普遍认识到了现行农地转用制度存在的问题，但对土地制度改革的基础条件是不是具备，改革动力是不是强大仍存在较大分歧。笔者认为，正确客观的态度应该是：如此重大的改革不可能没有风险，但也不能高估困难，要看到有利条件。为此，笔者从改革的政治基础、经济基础、经验基础和认识基础四个方面分析了改革所面临的一些有利条件，同时回应了一些常见的担心、澄清了一些"伪问题"。这就回答了农地转用制度"能不能改"的疑问。

以维护农民正当土地权益为纲。在分析改革形势的基础上，笔者提出了改革的基本框架。首先，农地转用制度的改革应该以"三个有利于"为目标，即有利于城市化的顺利推进、有利于土地资源的高效利用、有利于土地增值的合理分配。其次，改革应以"维护农民正当土地权益"为纲，统筹协调利益分配。最后，笔者提出了市场化导向的农地转用制度改革思路，按照"十二五"奠定框架、"十三五"初步建立的阶段目标加快推进。

以明晰集体土地产权为基础。在产权改革方面，笔者借鉴成都土地改革"还权赋能"，提出了"均权赋能"的确权方针。它包含三个主要方面：一是明确产权具体归属主体，以消除产权模糊；二是明确产权本身的内涵，特别是赋予农民农地转用权；三是均衡土地产权在不同地区、农民之间的配置。

以"两手抓"为基本战略。两手抓是指一手抓征地制度改革，一手抓农地市场化转用。征地制度改革与农地的市场化转用是同一个硬币的两面，两者存在着此消彼长的替代关系，两个方面的改革必须同时推进。对此，笔者从八个方面提出了改革措施，它们具备三个基本共性：一是以市场化为导向，对政府行为进行有效限制；二是符合我国国情，能够"嵌入"到现有的政治经济和社会架构之中；三是以城市化进程为视角，以农民权益为分析基点，强调利益上的统筹兼顾和措施上的综合配套。

上述改革框架只是笔者在文献分析和实际调研基础上的一些构想，很难说系统全面、完全兼容，因此需要在以后的研究中验证、修订、深化和完善。

本书第8章对全书进行了总结。笔者在这部分总结了全书的分析思路，指出了本项研究的突破之处与主要不足，并对下一步研究进行了展望和部署。

此外，在本书的最后还附有笔者近年来的一些调研成果和专项研究成果，供感兴趣的读者参阅。

1.4　研究方法

本书具有较强的应用指向，涉及政治经济学、福利经济学、制度经济学、法经济学、计量经济学等诸多领域的理论，体现了较强的学科交叉特性。具体而言，本项研究采用的研究方法具有四个特色。

第一，注重中外制度比较。在农地转用制度分析方面，笔者非常注重制度比较，尤其是在征地制度研究中，笔者对征地制度的起源、征地范围、征地补偿和征地程序都进行了深入细致的比较，并运用了大量美国司法判例分析。从中可以清楚地看到中外制度差异。

第二，大范围调研交流。本书实际上是过去5年笔者研究成果的集成，在过去5年中，笔者就土地制度及与之相关的城乡统筹、城市化战略、户籍制度改革、房地产等问题，曾经前往重庆、江苏、四川、安徽、上海、浙江、北京、河北等地调研，并与国土资源部、国家发展和改革委员会、国务院发展研究中心等部门的官员和专家进行了广泛的交流。文中的不少材料都来自笔者的第一手分析。

第三，大规模问卷调查。为了真正了解农民如何看待征地问题，笔者从 2011 年开始着手安排问卷调查活动，最终于 2013 年 1～3 月完成了问卷发放和 400 份左右问卷的回收，问卷来自 17 个省份。以笔者见到的文献而言，这是迄今为止针对征地制度改革覆盖面最广的非官方调查之一。从总体上看，问卷调查达到了预期效果，印证了笔者设计问卷时的一些假说，同时也发现了一些新问题。

第四，注重定量分析。由于实用性较强，在本项研究中，笔者尽量避免空洞的制度说教，而是尽量以数据为支撑。例如，在城市化部分，笔者广泛搜集和查阅了世界银行、经济合作与发展组织（Organization for Economic Co-operation Development，OECD）、联合国开发计划署等国际机构的数据库，以及美国（美国农业部、美国统计局、美国人口普查局）、日本（日本统计局）、韩国（韩国统计局）等机构的网站。又如，为研究土地增值收益分配问题，笔者对财政部、国土资源部不同年份的土地出让收入和房地产数据进行了细致的分解和拼接。

1.5　关键概念

（1）城市化（urbanization）。城市化是复杂的经济社会发展与转型过程，主要涉及产业、人口、空间和价值四个方面的结构性变化。其中，产业结构的变化也被称作"工业化"，在多数情况下与城市化并列提出。由于城市化进程中的价值观念转型多属于社会学研究范畴，因此，本书主要分析前三个方面的变化关系，也就是产业城市化（工业化）、人口城市化和空间城市化之间的互动。其中，人口城市化是分析城市发展水平和阶段的主要维度和衡量标准。在我国，为了强调"小城镇"发展的重要性，官方使用了"城镇化"的概念。

（2）农村土地（rural land）。从广义上讲，农村土地是指农村地区的土地，在用途上包括农村地区的农用地和建设用地，在所有制上包括集体所有的农村土地和国家所有的农村土地。但是，对于什么是城市化地区和农村地区，目前并没有十分清楚的划分，因此，农村土地的边界不可能十分清晰。从狭义上讲，农村土地是指分布于广大农村的农业用地，这也是《中华人民共和国农村土地承包法》（以下简称《农村土地承包法》）所使用的概念："农村土地，是指农民集体所有和国家所有依法由农民集体使用的耕地、林地、草地，以及其他依法用于农业的土地。"在本书中，笔者套用《农村土地承包法》的定义方式，但扩大了其范围："农村土地，是指农民集体所有和国家所有依法由农民集体使用的建设用地、耕地、林地、草地，以及其他依法用于农业的土地"。此外，本书用"农地"这一简称指代"农村土地"。

（3）城市建设用地（urban development land）。从广义上讲，城市建设用地是指已经实现城市化的区域所占有的土地，既包括集体所有、农民自主城市化后的建设用地，也包括政府主导城市化后的建设用地。但从狭义上讲，按照我国的法律规定，城市建设必须使用国有土地，因此，它仅指国有性质的城市范围内的建设用地。但 2012 年 1 月 1 日生效的《城市用地分类与规划建设用地标准》（GB50137 - 2011）扩大了上述范畴："城市建设用地，指城市和县人民政府所在地镇内的居住用地、公共管理与公共服务用地、商业服务业设施用地、工业用地、物流仓储用地、交通设施用地、公用设施用地、绿地。"这一概念实际上指的是"城市建成区"，它包含一部分集体所有的建设用地，但其主体仍然是国有性质的建设用地。在本书中，笔者主要采用该标准对城市建设用地的界定，笔者有时也用"市地"指代"城市建设用地"。

（4）农地城市转用（rural-urban land conversion）。农地城市转用是指在城市化过程中，为满足城市土地需求而将农地转换为市地的过程。农地城市转用过程实际上就是空间城市化或土地城市化。在本书中，笔者一般将其简称为"农地转用"。在我国，农地转用也经常被称作"农地城市流转"或"农（土）地非农化"等。

土地征收（land acquisition 或 eminent domain）。土地征收是国家为公共利益需要，依照法定程序和权限将集体所有土地变为国家所有土地并给予补偿的行为。其中，需要注意两点。

第一，房屋征收与土地征收。对于我国城市国有土地使用权的征收，一般使用"房屋征收"的说法，如《国有土地上房屋征收与补偿条例》，不存在所有权转换（也就是常说的"土地变性"）；"土地征收"在我国特指对集体所有农地的征收行为，存在土地变性。

第二，征收与征用。在很多理论文献中，土地征收与土地征用是同义词。但我国的《中华人民共和国土地管理法》对"征收"和"征用"进行了区分。前者是指国有永久性的征为国有，因此发生了土地变性；后者是指国家在一定时期内强制使用，仍保持集体所有性质，不发生土地变性。现实中，后一种情况极少发生。

（5）农地市场化转用（rual-urban land conversion in market principle）。按照现行制度，未经征收的农地向市地转用或者缺乏合法性，或者转用范围与条件受到限制。在本书中，农地市场化转用是指以农民为主题，在合理的用途管制条件下，由农民与土地需求方平等协商交易条件的转用模式。本书有时也使用"农民自主转用"的说法，强调农民的主体地位。

1.6　文献综述

城市化进程中的农地转用，是各国经济社会发展必然要面临的问题。对此问题的研究萌芽于 20 世纪 50 年代，集中出现则是在 60、70 年代之后。在我国，对这一问题的系统规范的研究大致起始于 20 世纪 90 年代中期，目前已经成为各界关注的焦点。由于相关文献众多，难以穷尽所有，笔者在此只对部分代表性文献进行简要总结和评述。

1.6.1　对于农转用决策模型的分析

农地流转经济学模型分析的奠基者是 Richard F. Muth（1961），他建立了城市扩张过程中在城郊结合部的农地向城市用地转用的模型，并对经济增长与土地流转的关系进行了分析。

对于农地转用的动力机制，不同的学者看法不一。有的学者将农地转用的原因归结于农地自身的收益较低，有的学者认为主要是由城市因素推动的。Kuminoff（2001）则通过简单的线性计量模型分析研究了农地转用的影响因素，认为城市因素是农地转用的主要推动力，而农业收入低并不是主因。后者的代表如 Tweeten（1998），他以农地数量变化为被解释变量，以农业人口的密度、城市人口密度、农户收入占总收入比例为解释变量，利用美国州人口普查数据（1949~1992 年）模拟了农地数量的变化，认为农业经济缺乏活力是美国农地城市流转的主要原因。但 Kline 和 Alig（1999）随后的研究发现，农用地价格对农地流转影响很小。

对于农地转用控制和农地保护的原因，已有的研究主要是考虑其生态价值和粮食稳定生产价值。大量研究主要集中在前一个因素的分析。Costanza 等（1997）开创了生态价值货币化的先河，他们在对全球生态系统进行分类评估的基础上指出，全球生态系统每年提供的价值为 16 万亿~54 万亿美元（平均为 33 万亿美元），大约相当于当时 GDP 的 15%。在耕地资源紧张的国家特别是亚洲国家，如日本、韩国、印度尼西亚，农地的粮食安全价值（Firman，2000）受到了特别关注。此外，还有学者从其他方面分析了农地保护的必要性，如 White（1998）认为，农用地保护能够促使城市建设用地的集约利用。

不可逆风险是农地转用决策要考虑的重要变量。Arrow 和 Fisher（1974）建立了荒地开发的两阶段流转决策模型，模型融入了荒地开发不可逆思想。此后的研究中，不可逆因素及其影响便成为农地转用研究的重要领域。

在我国，诸培新、曲福田（2002）利用可耗竭性资源配置理论，构建了土地资源部门（农业部门与非农部门）配置模型，提出土地非农化和耕地资源保有量的最优配置条件。

1.6.2 农地转用中的政府干预问题

对于农地转用过程中的政府干预问题，多数学者认为应该采取必要的措施。Azadi，Ho 和 Hasfiati（2011）利用世界银行数据库，在对 94 个经济体进行研究后指出，城市人口增长是农地转用的主要推动力，发展中国家农地快速减少问题比发达国家严重，管理更为滞后，因此应该加强政府干预。

Kline 和 Alig（1999）构建了一个 probit 模型，该模型的变量包括人口增长、收入水平变化、农地价格、农地所有权结构、土地利用法、农用地保护区、城市增长边界等因素，研究结果是必要的政府干预措施，如设置城市增长边界、建立农业保护区、出台相关立法等有利于抑制农地过度转用。

谭荣和曲福田（2009）对农地转用治理中政府与市场的功能及政府干预的理论基础进行了梳理，从新古典经济学、公共选择理论、新制度经济学（包含交易费用经济学）等角度进行了分析。

1.6.3 中国农地转用与资源配置效率

在土地资源高度稀缺、资本不足的条件下，中国能够实现高速的工业化和城市化，关键在于有一套独特的土地制度。刘守英（2012b）将其特征概括为：权利二元、政府垄断、非市场配置和管经合一。

地区比较优势是我国土地资源配置需要考虑的重要因素。陈江龙等（2004）用柯布 - 道格拉斯生产函数测算了城市建设用地面积对 GDP 增长的贡献率和边际产出（1989～2001 年），得出结论：东部地区和西部地区在建设用地方面具有比较优势，中部地区多在农业用地方面具有比较优势。吴郁玲（2006）研究了国家经济技术开发区（53 个）的土地利用，结论是：按照比较优势来配置土地资源能够提升社会福利。

谭荣和曲福田（2006）分析了中国土地资源利用中的三类损失，即自然资源在经济发展中的代价性损失、市场失灵导致的过度性损失Ⅰ和政府失灵导致的过度性损失Ⅱ，他们发现我国农地非农化已存在过度性损失。他们计算出

1989~2003 年，中国农地非农化的过度性损失 I 的比例为 44.9%，过度性损失 II 的比例为 21.7%。

对于中国农地低效转用的原因，吴旬（2004）认为，现行行政考核机制是根源，它促使地方政府过度和无序转用农地。陈江龙等（2004）则认为，土地市场的不完善所导致的价格扭曲是农地过度非农化的主因。曲福田等（2004）认为，中国农地非农化过程存在两个失灵：一是市场失灵，主要表现为外部性问题；二是政府失灵，主要表现为政府土地制度供给不足。在中国土地资源配置中，上述两种失灵并存，政府失灵起着主导作用。此外，他们还分析了集体土地产权模糊的不利影响，认为这一因素导致了农地资源的利益代表缺失和低效配置。何·皮特（2008）也认为，农村集体土地所有权不清是造成中国土地冲突的根源，但这种权属不清是"有意的制度模糊"，目的是为地方政府在经济发展中保持支配土地资源的随意性。

1.6.4　农地转用与土地增值分配

实际上，早在 20 世纪 80 年代，城市土地增值问题就开始引起我国学者的关注（如李肇文，1988），90 年代以后，这一研究开始增多。

对于中国土地增值的源泉，马贤磊等（2006）认为在我国经济转型时期土地增值收益主要来源于两个途径：一是完全竞争条件下的自然增值；二是不完全竞争（市场失灵和政府失灵）所导致的价格扭曲。其中，后者在土地增值中所占比重更高。

土地增值收益分配失衡是学界更为关注的问题。王小映等（2006）指出，我国的征地补偿未考虑土地发展权，补偿的主要依据是土地原用途价值，农民被排除在土地转用所带来的增值分配之外；与农民生产生活保障要求相比，与建设用地价格相比，我国的征地补偿标准都过低。臧俊梅（2008）也认为，农地发展权制度缺失是土地增值收益分配失衡的原因。

周其仁（2004）引用国土资源部测算结果，指出从改革开放以来，政府通过低价征地、高价出让从农民那里集中的资金超过 2 万亿元，远超过 30 年计划经济所形成的价值 5000 亿元的农产品"剪刀差"。诸培新（2006）通过对南京市的实证研究发现，在农地转用过程中，收益分配明显向市县一级倾斜（中央、省、市、农村集体和农民分享的增值比例为 1.55∶1.21∶56.33∶14.35∶26.41）。

进入 2000 年以后，对土地增值分配的改革，国内还出现了一波关于涨价归属问题的激烈争论。从学者的观点来看，很少有人主张涨价完全归公，主要的争论在于完全归私（农），还是公私兼顾（以公为主）。有些学者（周其仁，2004；张宁和刘正山，2008）明确反对"涨价归公"论，主张"涨价归私（农）"。有的学者（周诚，1994）认为"公私兼顾"，"涨价归公"或者"涨价归私"都是不全面的。

1.6.5　征地制度与失地农民问题

在农地转用制度体系中，土地征收是核心。对于土地征收的研究文献最为丰富。对于国外的研究文献，详见笔者在土地征收部分的细致介绍，在此，笔者简要分析一下国内对中国土地征收问题的研究概貌。

汪晖和黄祖辉（2004）认为，现行征地制度带来了一系列问题，如征地权滥用、违法征地案件频发，以及征而不用、多征少用等土地资源低效配置问题，失地农民问题。其中，最核心的问题是"公共利益"的界定不清晰。

蔡继明（2007）认为，征地行为缺乏有效约束，征地范围过宽导致了土地资源严重浪费，而征地补偿标准过低则严重侵害农民的土地权益，同时土地征用和出让环节还存在腐败行为。

彭开丽（2009）在2007~2008年的调研中发现，只有12.33%的人认为目前的家庭收入与征地前相比增加了，生活有所改善，76.90%的失地农民认为收入减少了，目前的生活水平不如以前。

对于征地制度改革，多数学者都赞成限制公权的基本方向。刘守英和叶红玲（2008）认为，实际征地远超出"公共目的"的范围，应当制定"公共利益征地否定式目录"。钱忠好和曲福田（2004）则对中国征地制度改革提出了一揽子具体建议，如明确界定公共利益，提高征地补偿标准，完善社会保障体系，建立有效的政府行为约束机制，允许非农建设用地入市等。

1.6.6　农地的市场化转用问题

目前，对于农地市场化转用问题的研究，主要集中在集体建设用地的农民自主流转问题上。实际上，对这一问题的研究在20世纪90年代就开始了（尹放明，1993；吴雨晴，1995；等等）。

林毅夫（2004）则认为，集体建设用地流转是自下而上的一种制度"试探"过程，是相对价格变化所带来的诱致性制度变迁，农民通过集体建设用地流转增加收入的过程，也是土地产权主体在经济利益的驱使下，资源配置效率提高的过程。朱靖和何训坤（2002）分析了农村集体建设用地流转的三重效应，即盘活了存量建设用地、增加了作为集体成员的农民收入、实现了土地资产的保值增值。

蒋省三和刘守英（2004）分析了广东佛山市南海的农村工业化模式，指出"南海模式"使得农民分享了城市化和工业化进程中的土地增值收益，其特征是：以集体土地启动工业化；通过集体土地流转将土地的非农化级差收益保留在集体内部；通过股份合作制使农民获得分红权。

对于集体建设用地制度的下一步改革，周其仁（2005）提出了"保权分利"模式，其核心是"两种产权，同一市场，统一管理"，他认为这种平等的土地管制机制和农民土地收益的增收并不冲突。蔡继明（2007）则呼吁出台"农村集体建设用地流转办法"，实行跨区域建设用地指标置换、农村宅基地和农房使用权实行有偿流转等。

1.6.7　总结与评述

从世界范围来看，城市化进程中的农地转用问题并不是一个新问题。在中国，对这个问题的研究与争论主要出现在 2000 年以后。这些研究对笔者分析中国农地转用制度发展的历史、现状和趋势提供了重要帮助。

目前的研究也存在着某些局限，主要体现在三个方面：第一，对农地转用制度框架的整体分析不足，目前的研究多局限于表层或局部，对转用制度体系的不同领域的内在联系研究不够；第二，与上述问题相联系，现有研究多是从现象上论述中国农地转用制度存在的问题，对中国农地转用决策的模型分析尚不系统；第三，对于一些关键问题的定量分析不足，目前的分析多以定性讨论为主。

在本书中，笔者将在已有研究的基础上，针对上述局限进行更深入的探索性研究，希望这一工作能够有助于我们厘清农地转用制度改革的思路。

1.7　本章小结

本章对本书的研究背景、研究目的、研究框架、主要结论、研究方法、关键概念和已有研究等方面进行了阐述。读者可以通过本章以最短时间了解全书概貌，对于一些感兴趣的问题，可以通过相关章节的阅读进一步了解。

由于本书篇幅较长，读起来难免冗赘烦劳，笔者有意在"研究框架与主要结论"部分对全书的逻辑体系和主要观点进行了较为翔实的介绍，以便读者能在阅读本书前对全书中心思想有个整体把握。

同理，为了使读者能在后文的阅读中节省眼力，笔者在每一章都特别注意对"引言"和"小结"的凝练。一般而言，读者可以通过引言了解该章的研究思路，通过小结了解该章的主要观点和创新点。每章的主体部分则可以看做对引言和小结的详细注解。

第 2 章　城市化进程与城市空间扩张

2.1　本章引言

本书研究的主题是城市化进程中的农地转用制度。因此，在这一章，笔者首先来解读一下城市化发展与农地转用的关系。

本章的讨论将从城市化的内涵开始。城市化是复杂的经济社会发展与转型过程，主要涉及产业、人口、空间和价值四个方面的变化。其中，产业结构的变化也被称作"工业化"，在多数情况下与城市化并列提出。由于城市化进程中的价值观念转型多属于社会学研究范畴，因此，本书主要分析前三个方面的变化关系，也就是产业城市化（工业化）、人口城市化和空间城市化之间的互动。其中，人口城市化是分析城市化发展水平和阶段的主要维度。

无论是工业化，还是人口城市化，都是在一定空间上展开的，离不开土地资源的支撑，需要将大量农村（业）土地（简称"农地"）转用为城市土地（简称"市地"），因此，空间城市化也经常被称作土地城市化。

中国正处于城市化发展的关键期。2012 年年底，我国的人口城市化率已经达到 52.6%，距离城市化过程结束还有 25 个百分点左右的发展潜力，还需要 30 年左右的时间。我国在人口城市化发展的同时，走过了怎样的土地城市化历程，面临着怎样的农地向市地转用（简称"农地转用"）形势，未来中国的城市扩张和产业发展还需要多少土地支撑，这是我们研究农地转用制度乃至整个土地制度改革必须回答的问题。

要回答上述问题，首先需要了解先发国家的工业化和城市化历程和规律。因此，本章首先介绍了工业革命以来的世界城市化历史和趋势。遗憾的是，虽然有的学者发现了人口城市化的变化规律（如诺瑟姆定律），但到目前为止，以笔者搜集到的文献和统计而言，对于世界范围内人口城市化、空间城市化和农地转用之间的关系，还没有系统而连续的统计与分析。

为了解决上述问题，本书采用了数据和案例"拼接"的方式。笔者首先选择了与我国土地资源禀赋和发展问题比较接近、城市化起步较晚而统计数据较为完整的韩国，分析了该经济体从第二次世界大战后的前工业化到目前的后工业化初期的工业化、人口城市化与农地转用之间的关系。接下来，笔者分析了第二次世界大战以来发达国家的人口城市化、城市空间扩张和农地转用趋势，分析了美国、日本等国进入后工业化时期的农地持续转用趋势。国际经验分析的基本结论是，相比人口城市化，空间城市化和农地转用的增速更快、持续周期更长。

本章的中心是分析中国的城市化规律、特征和未来趋势。为了了解过去、预测未来，必须定位现在。为此，笔者结合国内外的研究和数据，分析了我国的工业化发展阶段，得出了我国刚刚进入工业化后期的结论。

在此基础上，笔者对过去几十年尤其是改革开放以来的城市化进程进行了阶段划分，并由此得出"两个滞后"的分析结论：一是中国人口城市化滞后于工业化进程，在韩国，人口城市化最快的时期是工业化前期和中期，在中国则是工业化中期及延续至今的工业化后期；二是中国的人口城市化滞后于空间城市化（土地城市化），在中国，城市化过程是以牺牲更多的农地为代价的粗放型城市化。

最后，结合关于国际经验的分析，笔者提出了这样的看法：中国的城市化发展已进入结构转型的关键期，必须改变过去"要地不要人"的城市化模式，否则，土地资源高度紧张、粮食安全至关重要、生态环境极度脆弱的中国，将会因过快、低效的农地转用而丧失可持续发展能力。

此外，笔者还对我国的农地转用规模进行了简单推算，得出未来 20 年中国仍需 2 亿~3 亿亩城市化发展用地的粗略估计，而满足如此庞大的用地需求，在很大程度上要依赖对目前尚处于闲置浪费的集体建设用地进行整理。但值得注意的是，将农地变为市地不仅仅是技术意义上的资源转换，而且是制度意义上的利益调整。目前制约集体建设用地及其他农地向市地高效转用的瓶颈恰恰是制度建设的滞后。由此，笔者提出中国城市化发展的第三个滞后，即中国土地城市化的"制度供给"滞后于"资源供给"。而这构成了以后章节的分析主题。

2.2　城市化的基本内涵

城市化是经济社会发展的必然结果，它体现为一个综合性变化过程，涉及人口统计、空间形态、经济结构、价值观念、生活方式等诸多领域。工业革命以来，尤其是 19 世纪末以来，城市人口数量与占比呈现出快速上升趋势，目前世界上有超过一半的人口生活在城市。

2.2.1 城市化概念

英文中的"urbanization"（城市化）是乡村转变为城市这样一种历史现象，在中文中不同的学者出于不同立场或在不同场合分别使用过"城市化""城镇化""都市化"等称谓①。

最早的城市化可追溯至马克思所说的文明时代（奴隶社会早期）。马克思说："文明时代巩固并加强了所有这些在它以前发生的各次分工（即畜牧业的出现、农业和手工业的分离——笔者注），特别是通过加剧城市和乡村的对立而使之巩固和加强，此外它又加上了一个第三次的、它所特有的、有决定意义的重要分工：它创造了一个不从事生产而只从事产品交换的阶级——商人。"②

1858 年，马克思在《政治经济学批判》一书中分析了城乡分离和城市发展现象并使用了"城市化"的概念，指出"现代的历史是乡村城市化，而不像在古代那样，是城市乡村化"。

1867 年，西班牙工程师 A. Serda 在《城市化的基本理论》一书中正式提出了"城市化"（urbanization）一词，并随着城市化进程逐步加快而风行全球。

对于如何理解"城市化"，不同学科存在着明显差异，这些差异也反映了城市化的丰富内涵与多样化特征。

最为经典并广为接受的城市化定义来自人口学，指的是人口的城市化。正如人口学家克里斯托弗·威尔逊（Christopher Wilson）在《人口学辞典》中所指出的，"人口城市化即指居住在城市地区的人口比重上升的现象"。人口城市化具体包括城市数量增长和城市人口数量增长两个方面（Eldridge，1956），而城市人口增长的途径又有农村人口向城市的转移和城市新出生人口的自然增长。

经济学则主要从产业结构的角度出发，研究各类生产要素从农村向城市，从农业向第二、第三产业转移的过程；其中，包括农业劳动人口的转

---

① 对于什么是城市，根据国际统计学会 1887 年提出的通用居民点分类系统，任何一个居民点（居民区），其人数在 2000 人以上即可称为城市居民区，不足 2000 人的为乡村。很显然，仅根据人口规模来定义城市明显不合理，还应考虑到功能和运行模式。

② 《马克思恩格斯选集》第四卷，第 161～162 页。

移。科林·克拉克（Colin G. Clark）在其 1940 年的著作《经济进步的条件》中提出，城市化是第一产业人口不断减少，第二、第三产业人口逐渐增加的过程。

地理学家更关注城市化带来的空间格局变化，提出城市化是居民聚集方式和空间形态的调整过程，其变化趋势是城市的中心和枢纽地位日益突出，成为第二、第三产业的集聚地和消费、生活的集中区。

社会学家认为城市化是城市生活方式不断成为主体、乡村生活方式逐渐边缘化的过程，对城市化的研究则聚焦于社群网络的密度、深度和广度。索罗金（Sorokin，1929）提出，城市化包括意识、行为和生活方式的转型。沃斯（Wirth，1938）则采用了"城市主义"（urbanism）的新提法，从社会生态学的视角，认为城市化意味着生活方式的发展转变过程。

其他一些学科也对城市化作出了不同的解释，例如，人类学家对城市化的关注集中于社会规范的调整，历史学家则将城市化视为世界文明发展史的重要组成部分。

总之，城市化是一个内涵丰富的概念。艾尔德里奇（Eldridge，1956）曾对城市化概念进行过归纳总结，并将不同学科的定义大致分为三类：第一类，城市化是城市特性和特征，如城市道德规范、价值观、信仰、发明和创新，从城市向农村地区逐渐扩散的过程；第二类，城市化是城市行为和素质因不同人群频繁接触、彼此交往而日益增强的过程；第三类，也是最常用的概念，城市化是人口集中过程，也就是人口在城乡之间的流动和调整。

2.2.2　城市化的测度

从上文对城市化概念的分析可以看出，城市化实际上包括物质意义和精神意义两个层面。无形的、精神层面的城市化，是指思想观念、生活方式、行为规范的城市化，它往往难以用客观的指标加以衡量。因此，我们所谓的城市化测度，主要指的是物质意义上的城市化。

第一，人口向城市集中的程度。主要涉及两方面指标，一是城市人口占总人口的比重；二是城市的数量与结构（包括大中小城市数量与比例）。

第二，经济要素向城市集中的程度。一般采用两类指标，一是三次产业结构的比重；二是劳动力在三次产业中的就业结构。

第三，空间形态的变化。这种变化往往最容易被人感觉，主要包括城市建设用地比重提高和地上景观的改变。

上述三个方面，是城市化历史过程的不同侧面。其中，空间城市化是另外两个方面的物质基础，也影响着无形的、精神层面的城市化进程。

2.3　世界城市化的历程与规律

接下来，本书对世界城市化的发展历程与规律进行总结和分析，重点是考察其他国家工业化、人口城市化与空间城市化的变化关系。

2.3.1　人口城市化的演进规律

虽然城市出现已有几千年，但城市化却是伴随着工业革命的兴起而逐步显现的，始于18世纪60年代的英国工业革命，至今已有大约两个半世纪。

2.3.1.1　人口城市化的演进历程与趋势

从图2-1可以看出，从长周期的历史角度来看，全球的城市化进程展现出了明显的加速趋势。

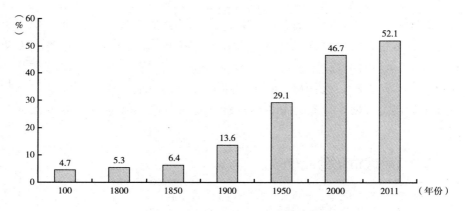

图2-1　典型年份的世界人口城市化率

资料来源：Grauman，John V.，"Orders of Magnitude of the World's Urban and Rural Population in History," *United Nations Population Bulletin* 8（1977）：16-33；United Nations，Department of Economic and Social Affairs，Population Division（UNDP）：World Urbanization Prospects，the 2011 Revision. New York，2012。

在100年到1800年英国工业革命启动前后的1000多年的漫长时间里，城市化率仅提高了0.6个百分点，到1800年城市化率只有5.3%。

随着工业革命从英国向西欧蔓延，1850年以来西欧工业化带动了城市化发展，到1900年城市化率达到了13.6%，50年提高了7.2个百分点；1800~1900

年的 100 年时间里提高了 8.3 个百分点①。

进入 20 世纪后，随着工业化在更大范围展开，城市化水平快速提高。
1900～1950 年提高了 15.5 个百分点。第二次世界大战后，城市化进程进一步
提速，2000 年的城市化率比 1950 年提高了 17.6 个百分点，年均提高 0.352 个
百分点。

21 世纪以来，随着以"金砖四国"（特别是中国）为代表的新兴市场化
国家的崛起，城市化进一步加速，从 2000 年的 46.7% 提高到 2011 年的
52.1%，年均提高 0.49 个百分点。图 2 - 2 说明了部分国家城市化率超过 50%
的大致年份。

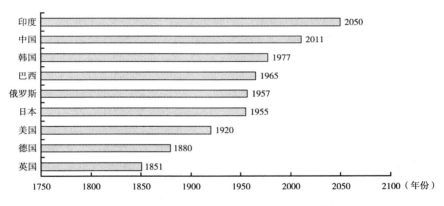

图 2 - 2　部分国家城市化率超过 50% 的大致年份

资料来源：Grauman. Orders of Magnitude of the World's Urban and Rural Population in
History；World Urbanization Prospects，the 2011 Revision。

全球城市化快速推进仍是今后几十年的重要趋势。据联合国预测，到
2030 年，全球城市化率将达到 59.9%；到 2050 年，将达到 67.2%。如表 2 - 1
所示，到 2050 年，世界城市人口预计将从 2011 年的 36.3 亿增长到 62.5 亿，
大约相当于 2002 年的世界人口总量。世界农村人口自 1950 年以来已经增长了
87.7%，到 2021 年前仍会继续增长，在接近 34 亿的极大值后开始减少，到
2050 年将减少至 30.5 亿。

---

① 另据安格斯·麦迪森的《世界经济千年史》（第 28 页），1820 年西欧工业化率为 12.3%，
与日本相同，中国仅为 3.8%。工业化发展带动了整个西欧城市化水平的快速提高，到
1890 年西欧城市化率达到 31%，而日本虽启动了明治维新，但同期城市化率仅为 16%，而
中国仅为 4.4%。

表 2 - 1　世界总人口及城乡人口结构

单位：十亿人

年　份	1950	1970	2011	2030	2050
总人口					
世界	2.53	3.7	6.97	8.32	9.31
相对发达地区	0.81	1.01	1.24	1.3	1.31
相对不发达地区	1.72	2.69	5.73	7.03	7.99
城市人口					
世界	0.75	1.35	3.63	4.98	6.25
相对发达地区	0.44	0.67	0.96	1.06	1.13
相对不发达地区	0.3	0.68	2.67	3.92	5.12
农村人口					
世界	1.79	2.34	3.36	3.34	3.05
相对发达地区	0.37	0.34	0.28	0.23	0.18
相对不发达地区	1.42	2.01	3.07	3.11	2.87

资料来源：United Nations, Department of Economic and Social Affairs, Population Division: World Urbanization Prospects, the 2011 Revision. New York, 2012。

2.3.1.2　人口城市化的阶段不均衡性

一国的城市化提高速度并不是匀质化的。美国学者诺瑟姆（Ray. M. Northam）在 1975《城市地理学》一书中提出，发达国家的城市化经历了正弦波曲线上升的过程，发展轨迹呈现为一条被拉平的"S"形曲线（见图 2 - 3）。诺瑟姆将这一城市化过程大致划分为三个阶段。

第一阶段：城市化起步阶段。在城市化率未达到 30% 以前，农业仍占据主导地位，城市化水平较低，发展速度较慢，每年约增长 0.2%。

第二阶段：城市化进入加速阶段。城市化率超过 30% 后，人口向城市迅速聚集，城市化推进速度加快，年均增速甚至可高达 1.5% ~2%。

第三阶段，城市化稳定阶段。当城市化率超过 70% 后，随着人口和产业向城市集中，城市出现了所谓的"城市病"问题（劳动力过剩、交通拥挤、住房紧张、环境恶化等），阻滞了城市人口比重的继续提高，甚至会出现所谓"郊区城市化"（suburbanization）或"逆城市化"（counter-urbanization）现象。

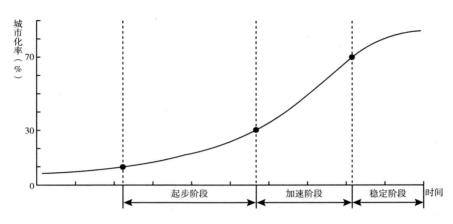

图 2 - 3　城市化发展轨迹的诺瑟姆 "S" 形曲线

诺瑟姆曲线在一定程度上揭示了先发国家城市化演进的阶段规律。下面以英国为例说明这一点（见图 2 - 4）。

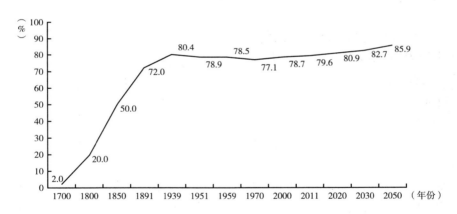

图 2 - 4　英国的城市化发展过程与趋势

资料来源：United Nations, Department of Economic and Social Affairs, Population Division：World Urbanization Prospects, the 2011 Revision. New York, 2012。

（1）城市化起步阶段。在 18 世纪的 100 年时间里，英国的城市化率提高了 18 个百分点，年均提高 0.18 个百分点，并且这一增长主要出现在 19 世纪60 年代工业革命开始后。

（2）城市化加速阶段。在 1820 年前后，英国的城市化率达到了 30% 左右，随后城市化进入加速发展阶段，到 1850 年英国成为世界上首个城市化率超过 50% 的国家，到 1890 年城市化率超过 70%，1820 ~ 1890 年的 70 年里，英国城市化率年均提高 0.57 个百分点。英国人口城市化加速主要源自两个方面：一是城市人口自身的增长；二是农村人口的城市化。据统计，1801～1911 年，英国人口增长中的 94% 来自城市化地区，其中，1/3 源自农村地区的移民（贝利，2009）。

（3）城市化成熟阶段。城市化增速开始减缓，1891～1939 年年均增速仅为 0.175 个百分点，并在 1939 年达到 80.4% 的阶段性峰值后开始下降，到 1970 年达到阶段性的最低点 77.1%。

（4）"再城市化"阶段。1970 年以来，英国的城市化率达到低点以后，英国出现了城市化率再次缓慢上升的过程，2011 年城市化率达到了 79.6%。并且从趋势上看，这一过程还将延续，2050 年英国城市化率预计将达到 85.9%。

从其他发达国家的城市化进程来看，多数国家并没有像英国那样出现城市化率下降和"再城市化"过程，从而充分拟合"S"形曲线，但是这些国家都经历了城市化发展的"起步—加速—放缓"三部曲。

2.3.2   城市化进程中的空间扩张规律

在人口城市化的同时，空间城市化也在同步推进。目前，全球建设用地的总量大致以每年 1.2% 的速度增加，农地非农化已经成为一个全球性的普遍现象（周洪文，2011）。如今，城市面积大约为地球土地总面积的 3%（Sajjada & Iqbala，2012）。

回顾城市化发展历史，我们可以发现，虽然在资源禀赋不同的国家和地区、在城市化的不同阶段，土地扩张和空间布局的特征会有所不同，但总体而言，都呈现以下基本规律（见表 2-2）：在前工业化阶段，城市化进程缓慢，农业是主导产业，在经济驱动下，农用地会得到大范围开发，从而带动耕地数量的增长和农业发展；工业化初期阶段，在农业发展的基础上，第二产业逐渐成为经济发展重要驱动力，进而带来用地需求的上升和土地非农化，耕地数量增速会逐步放缓乃至出现负增长；进入到工业化中期，在工业化的强力带动下，城市化进程加快，土地非农化问题变得特别突出，耕地数量会快速减少；进入工业化中后期和后工业化阶段，土地非农化矛盾虽然会稍有缓和，但这一趋势仍会持续，以支撑城市化的持续推进和服务业的发展，如果政府不科学规划、严加管控，土地非农化问题甚至会更加突出。

2.3.2.1   韩国案例分析

从笔者对各类数据的现有分析来看，由于统计口径不一和测度的困难，目前在土地非农化和全球城市建设用地统计方面还缺乏系统、权威的数据来

表 2 - 2　工业化水平评价指标与标准 *

基本指标	前工业化阶段	工业化实现阶段			后工业化阶段
		初期	中期	后期	
1. 人均 GDP 经济发展水平(2000 年美元)	660 ~ 1320	1320 ~ 2640	2640 ~ 5280	5280 ~ 9910	>9910
2. 三次产业产值结构	A > I	A > 20% , A < I	A < 20% , I > S	A < 10% , I > S	A < 10% , I < S
3. 制造业增加值占比	20% 以下	20% ~ 40%	40% ~ 50%	50% ~ 60%	60% 以上
4. 人口城市化率	30% 以下	30% ~ 50%	50% ~ 60%	60% ~ 70%	75% 以上
5. 第一产业就业人员比重	60% 以下	45% ~ 60%	30% ~ 45%	10% ~ 30%	10% 以下

* 这一标准来自钱纳里和塞尔奎 (Chenery and Syrquin) 在 *Patterns of Development 1950 - 1970* (中译本, 1989) 中对工业化阶段的划分。笔者对他所依据的经济发展水平 (1964 年美元) 进行了换算 (2000 年美元)。在以下有关韩国的案例分析中使用的都是 2000 年美元的不变价, 而不是名义值。

资料来源: 国务院发展研究中心课题组:《中国城镇化: 前景、战略与政策》, 中国发展出版社, 2010, 第 68 ~ 69 页。

源。由于耕地规模的变化 (主要是减少) 在很大程度上能够反映城市扩张的情况, 两者存在着此消彼长的反向关系, 因此, 其可以成为我们分析城市化空间扩张规律的重要指标。

但是, 鉴于耕地统计资料较全的世界银行也只是统计到 1960 年, 而根据世界银行的数据, 1960 年, 高收入国家的人均 GDP (2000 年美元) 已经超过 8200 美元, 城市化率达到 61%, 已经整体进入了工业化后期的后半段。因此, 我们仍无法通过耕地减少的视角对高收入国家的空间城市化进行分析。

鉴于以上困难, 笔者选取了与中国国情相对比较接近、目前已经进入后工业化阶段的韩国进行分析 (见表 2 - 3)。这种近似反映在土地资源禀赋、文化传统、外向型经济模式、产业结构变化规律、劳动力转移规律等若干方面。笔者期望, 通过对韩国的分析, 能帮助我们看清从工业化前到后工业化的不同发展阶段的空间城市化特征, 从而更清楚地认识中国城市化所处的阶段、面临的矛盾及未来的趋势。

(1) 前工业化阶段: 1950 ~ 1964 年。

第二次世界大战结束后不久的 1950 年, 韩国的人均 GDP 仅为 808 美元, 处于前工业化阶段。1950 ~ 1964 年, 韩国经济开始起步, 但 GDP 年均增速只有 5.4% 左右[1], 人均 GDP 年均增速仅为 3.5% 左右[2]。

---

[1]　如无特殊说明, 本书 GDP 及相关统计数据来自世界银行数据库。

[2]　1950 年 6 月 25 日至 1953 年 7 月 27 日爆发了历时三年多的朝鲜战争。

表 2 - 3　韩国的工业化、城市化与耕地减少*

基本指标	1950 ~ 1964 前工业化	1965 ~ 1977 工业化初	1978 ~ 1987 工业化中	1988 ~ 1997 工业化后	1998 ~ 后工业化	2009
人均 GDP(2000 年美元)	808 ~ 1316	1316 ~ 3058	3058 ~ 5515	5515 ~ 10491	10491 ~	15326
城市化率(%)	19.7 ~ 31.4	31.4 ~ 51.5	51.5 ~ 68.5	68.5 ~ 78.8	78.8 ~	82.6
城市人口(万人)	410 ~ 875	875 ~ 1876	1876 ~ 2846	2846 ~ 3620	3620 ~	4063
耕地面积(万公顷)	188.0 ~ 209.0	209.0 ~ 206.7	206.7 ~ 200.7	200.7 ~ 172.2	172.2 ~	159.5
人均耕地面积(亩)	1.35 ~ 1.13	1.13 ~ 0.85	0.85 ~ 0.72	0.72 ~ 0.56	0.56 ~	0.49

　　*1996 年韩国人均 GDP 首次超过 9910 美元，达到 10119 美元，按照划分标准开始进入"后工业化时期"。但是 1997 年亚洲金融危机对韩国经济社会发展带来了很大影响，为了分析方便，我们以1997 年为阶段划分的界限。

　　资料来源：世界银行数据库，经笔者整理。

　　在产业结构方面，农业仍是主导产业，占比超过 50%。但第二、第三产业开始发展，到 1964 年，农业占 GDP 的比重下降到大约 40%。

　　在城市化方面，这一时期也呈现出低速发展趋势。1950 ~ 1964 年的城市人口年均增速虽然接近 5.5%（33 万人），但城市化率年均提高仅为 0.84 个百分点，远远低于后一阶段。

　　在耕地方面，与前面对工业化、城市化发展规律的分析相吻合，在这一阶段韩国的耕地数量保持了上升趋势。之所以如此，除了农业在经济中的重要性突出外，还有一个原因，就是韩国在第二次世界大战后进行了一系列土地改革，将土地重新分给农民，刺激了农民开发土地资源、发展农业生产的热情，促进了农业振兴。这一时期，韩国的耕地面积增加了 21 万公顷，年均增加约1.5 万公顷[①]。

　　(2) 工业化初期阶段：1965 ~ 1977 年。

　　1965 年韩国的人均 GDP 接近 1316 美元，开始进入工业化的初期阶段，突出的表现就是工业化、城市化的加速。

　　在经济增长方面，在 1965 ~ 1977 年的工业化初期，韩国的 GDP 年均增速接近 9%，人均 GDP 年均增速也达到了 6.7%。

　　在产业结构方面，工业开始发展，工业增加值占 GDP 的比重从 1964 年的约 1/5 提高到 1977 年的近 1/3；与之相对应，农业在经济中的占比则从 40%下降到 24%，农业就业人数占比大约为 41%。

---

　　① 这一时期，韩国制定了《耕地改革法》和《耕地改革事业特别措施法》，对耕地分配、耕地流转、政府扶持等作出了规定，并开始组织土地区划整理。

这一时期，韩国的城市人口增量超过 1000 万，城市化率提高了 20.1 个百分点，每年提高近 1.55 个百分点，到 1977 年城市化率首次超过 50%。大量劳动力涌入城市，农业劳动力的比重从 55% 以上下降到 40% 左右。

进入工业化初期以后，韩国采取了以支持经济高速发展为目标的土地政策，这导致大量耕地被转为建设用地。韩国的耕地数量开始转入下降轨道[①]，1967～1977 年的 10 年间，减少了 12.9 万公顷。在城市化占地和人口增长的双重因素影响下，韩国的人均耕地面积减少了 0.28 亩，为第二次世界大战以来下降最快的时期。在耕地转用的同时，还出现了土地投机和地价暴涨现象。

（3）工业化中期阶段：1978～1987 年。

1978～1987 年，是韩国经济增速较快的时期，在短短 10 年里，韩国就基本实现了人均 GDP 翻番，从而进入工业化后期。这一时期，韩国的年均 GDP 增速接近 7.5%，人均 GDP 年均增长 6.1%。

在产业结构方面，工业开始飞速发展，增加值占 GDP 的比重从 32.4% 提高到 41.5%。与此同时，农业增加值占比从 24.4% 逐步下降到 10.8%，农业就业人口占比进一步下降至 1/5 左右。

这一时期也是韩国城市化推进最快的时期，城市人口增加了近 1000 万，城市化率从 51.5% 提高至 68.5%，增长了 17 个百分点，年均提高 1.7 个百分点。

这一时期，韩国的耕地快速下降势头得到了遏制，耕地数量 10 年内累计减少了 6 万公顷，年均减少 0.6 万公顷，较 1967～1977 年的情况有显著好转。从 20 世纪 80 年代开始，为了抑制耕地被快速占用的局面，韩国采取了严厉的耕地保护政策，制定了包括《耕地保护利用法》在内的一系列法律法规，并通过税收、监管、规划等手段严控土地投机。

（4）工业化后期阶段：1988～1997 年。

进入工业化后期，韩国仍然保持着高经济增速。事实上，亚洲金融危机爆发前的 10 年，是韩国战后经济增长最快的时期之一。根据我们的测算，10 年间韩国的 GDP 保持了 7.7% 的年均增长率，人均 GDP 年均增速也超过了 6.6%。

在 GDP 增长的同时，韩国的产业结构也开始快速转型。在三次产业中，第一产业占比继续下滑，从 10.8% 下降到 5.5%；前一阶段第二产业占比上涨趋势在这一时期没有继续延续，而是进入了"平台期"，大致保持在 41.5% 左右的水平，其中，历史峰值出现在 1991 年，为 42.6%；与此同时，服务业开始快速发展，占比从 47.8% 提高至 53.5%，增加了 5.7 个百分点，而在

---

① 虽然韩国也曾因开垦、填海造田等增加了部分耕地，但总体趋势是耕地不断减少。

1965～1987年的20多年里（工业化初期和中期阶段），服务业占比仅增加了8.4个百分点。

在城市化方面，韩国也进入了所谓的"成熟期"，城市人口增加了970万，城市化率年均提高约1个百分点。

值得注意的是，在这一时期，随着非农产业土地需求的增长和政府耕地转用政策的放松，韩国的耕地数量急剧减少，是韩国耕地占用最快的时期。10年内，韩国的耕地面积减少了28.5万公顷，年均减少2.85万公顷。特别是在金融危机爆发前的1994～1996年，3年间耕地面积减少了13万公顷，城市建设占用和休闲转用是耕地减少的主要原因。韩国在1990年放松了对耕地买卖和耕地转用的限制力度和监管强度，导致转用面积不断增加，特别是公路、铁路、港湾等公共设施用地需求上升，对公共用地的转用占全部转用面积的38%，增加趋势明显。

（5）后工业化阶段：1998年至今。

亚洲金融危机是韩国经济社会发展的重要转折点之一，大概从1998年前后开始，韩国步入了后工业化阶段。

受金融危机影响，韩国的经济在1998年出现了绝对下滑，经济增速为 -6.9%，人均GDP也比1997年减少了7.5%。此后韩国经济开始复苏，1999～2008年GDP年均增速接近4.8%，人均GDP年均增速也达到了4.3%。2009年，受美国次贷危机影响，韩国的经济增速仅为0.3%。

在产业结构方面，服务业增长继续构成这一时期的主旋律。1998～2009年，服务业增加值在GDP中的占比提高了7个百分点，并在2008年首次超过60%。与此同时，农业的占比从5.5%下降到2.8%，工业占比则从41.1%下降到36.8%。

进入后工业化阶段后，韩国的城市化步伐明显放慢，1998～2009年的12年间，城市人口仅增长了443万，城市化率只提高了3.8个百分点。

亚洲金融危机后，韩国逐步加强了耕地保护工作，逐步确立了以土地资源保护和环境建设为核心的土地可持续利用目标。1996年韩国通过《农地法》修正案，加强了农地的征用、转让和保护管理，土地管理目标从原来的以开发建设为主调整为保持和严格控制为主①。1998～2009年，韩国耕地面积减少了12.7万公顷，年均减少1.06万公顷；人均耕地面积下降了0.07亩，耕地保护

---

① 需要特别指出的是，韩国在20世纪末改变了过去以建设部门为主的农地转用审批模式，取而代之的是地方行政长官、部委代表以及土地拥有者共同组成的"农地管理委员会"。

显著改观。

（6）案例小结。

通过上述分析，我们可以发现，韩国的经济发展、人口城市化与耕地的关系变化（见表 2-4），基本验证了我们前述的阶段规律。结合中国所处的发展阶段（人口城市化率超过 50%，整体居于工业化中期），其中有以下几点值得特别注意：

表 2-4　韩国的经济发展、城市化与耕地之间的增量关系*

阶　　段	前工业化	工业化初	工业化中	工业化后	后工业化	合　计
时　　间	1950~1964	1965~1977	1978~1987	1988~1997	1998~2009	1950~2009
城市化率提高(%)	19.7~31.4	31.4~51.5	51.5~68.5	68.5~78.8	78.8~82.6	19.7~82.6
钱纳里城市化率(%)	30 以下	30~50	50~60	60~75	75 以上	
GDP 增速(%)	5.4	9	7.5	7.7	4.8	6.6
人均 GDP 增速(%)	3.5	6.7	6.1	6.6	4.3	5.1
城市人口(万人)	33	77	100	97	37	62
城市化率(百分点)	0.84	1.55	1.70	1.00	0.32	1.07
耕地面积(万公顷)	1.50	-0.8	-0.6	-2.85	-1.06	-0.48
人均耕地(平方米)	-9.6	-15.9	-8.49	-10.8	-4.2	-9.79

*该表计算的是不同时期内的年均增量变化关系，其中负值代表减少。

资料来源：世界银行数据库，经笔者整理。

第一，工业化时期是韩国经济高速增长、城市化进程最快的阶段，其中，工业化中期的人口城市化规模最大、速度最快。但是，不同国家由于国情不同，在工业化的不同阶段，城市化率水平与钱纳里的界定未必完全符合。在韩国的工业化中、后期，城市化率普遍比钱纳里的标准高 8 个百分点以上。

第二，相比"人口城市化"，"空间城市化"往往滞后发展，持续时间更长，动力更强。在韩国，耕地面积减少最快的时期，并不是城市人口增长最迅速的工业化初、中期，而是出现在工业化后期。更值得注意的是，在后工业化时期，这一势头仍得以延续，耕地减少速度甚至快于工业化初、中期。

第三，人多地少的国家应该长期坚持严格的耕地保护和土地转用政策。1965~2009 年进入工业化阶段以来，韩国的 GDP 增加了约 7152 亿美元，城市人口增加了近 3200 万人，耕地数量减少了 49.5 万公顷，人均耕地面积减少了0.64 亩。这意味着，在韩国，GDP 每增加 1 亿美元，耕地减少约 6.92 公顷（104 亩）；城市里每增加 1 个人，耕地面积减少 154.7 平方米。特别在工业化后期，韩国采取了放松管制的土地政策，直接导致耕地被大量转用。

2.3.2.2 后工业化时期的城市空间增长

通过以上对韩国的分析我们可以看出，一个国家进入后工业化时期，城市空间仍然会保持继续扩张趋势。但是，韩国总体处于后工业化的初期阶段，人均 GDP 刚刚超过 15000 美元（2000 年美元），只有高收入国家平均水平的 55%。为了更全面地反映后工业化时期的空间城市化趋势，笔者首先利用世界银行的数据对高收入国家（详细标准见表 2-5）1960 年以来的城市人口增长和耕地减少的对照情况进行分析，然后以美国和日本为例，介绍后工业化国家的城市化趋势。笔者试图通过这些分析，"拼接"出城市化空间扩张的整体图景。

表 2-5 世界银行的收入分组（2008 年美元）*

分组	标准（人均国民收入）	大致发展阶段
高收入国家（High Income）	11906 美元以上	后工业化
中等偏上收入国家（Upper Middle Income）	3856~11905 美元	工业化中、后期
中等偏下收入国家（Lower Middle Income）	976~3855 美元	工业化初、中期
低收入国家（Low Income）	975 美元以下	前工业化

* 国民总收入 = 国内生产总值 +（来自国外的要素收入 - 对国外的要素支出）。一般而言，国民总收入与国内生产总值大体相当，以下分析用国内生产总值来代替。

资料来源：《人均国民总收入的概念及世界银行国别收入分组标准》，国家统计局网站（http://www.stats.gov.cn/tjzs/t20090911_402586498.htm）。

笔者从世界银行统计数据库中的 31 个高收入国家选取了 22 个统计资料完整、可比性较强的国家进行分析，时期是 1961~2010 年[①]。笔者结合 OECD 和世界银行的两种统计对 22 国进行了换算，测算结果是，1960 年 22 个高收入国家的人均 GDP 接近 9000 美元（2000 年美元），大致处于工业化后期向后工业化过渡阶段[②]。因此，接下来的分析主要覆盖了后工业化时期，可用于分析后

---

① 选取了 OECD 的 22 个国家：美国、日本、德国、法国、英国、意大利、大韩民国、西班牙、波兰、加拿大、澳大利亚、荷兰、希腊、葡萄牙、匈牙利、瑞典、奥地利、瑞士、以色列、丹麦、芬兰、挪威、爱尔兰、新西兰。本书并未考虑加拿大和澳大利亚两个地广人稀的发达国家。

② 按 2000 年美元可比价格计算，22 国的人均 GDP 约为 8500~8700 美元（例如，当时法国的 GDP 为 8500 美元，居于中间水平）。数据来源是 OECD 统计数据库（http://www.oecdchina.org/statistics/index.html）和安格斯·麦迪森：《世界经济千年史》，伍晓鹰等译，北京大学出版社，2003，第 265~333 页。

工业化的城市空间扩张趋势。

在 1960~2010 年，按 2000 年美元的可比价计算，高收入国家的 GDP 年均增速大约为 3.3%，人均 GDP 的年均增速约为 2.4%。从趋势上看，这些国家的经济增速呈现逐渐下滑态势，GDP 年均增速从 20 世纪 60 年代黄金时期的 5.4% 一直下降到 21 世纪（金融危机爆发前）的 2%（见图 2 – 5）。

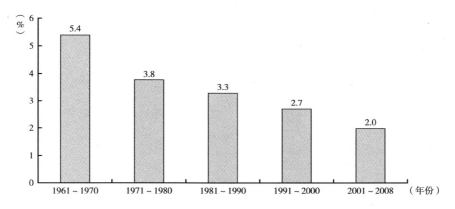

图 2 – 5　发达经济体 GDP 年均增速下降趋势

资料来源：世界银行统计数据库（http：//data. worldbank. org/）。

在产业结构方面，从 20 世纪 60 年代中后期开始，服务业占比就超过了 50%，到 1982 年超过了 60%，1998 年超过了 70%。产业结构的调整意味着，在产业用地结构方面，服务业用地将逐步占据主导地位。

在城市化方面，半个世纪里，22 国的城市人口增加了约 3.31 亿人，年均增速约为 1.16 个百分点。城市化率也从 63.7% 提高至近 80%，年均提高大约 0.326 个百分点。其中，1960~1965 年、2000~2005 年两个时期，城市化率提升最快。

在土地非农化方面，半个世纪里耕地面积减少了约 4274 万公顷，从耕地增减变化的周期分布来看，22 个国家耕地增加的时段仅占 20%（见图 2 – 6）。尤为重要的是，1985 年以后，即使加入加拿大和澳大利亚耕地增加的影响，高收入经合组织成员的耕地规模仍处于持续减少过程中，且耕地减少规模要大于以前的阶段。

由于 1985 年后大部分发达国家陆续进入后工业化时期，这一特征显示了耕地减少现象的必然性：即使经济发展的总体水平达到较高阶段，工业用地不再继续增加，但经济发展仍会对土地资源形成较强的新增需求，并进一步占用

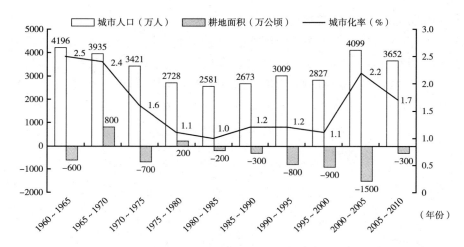

图 2 - 6 发达经济体（OECD 22 国）的城市人口增加与耕地面积减少对照

资料来源：人口统计来自 World Urbanization Prospects，the 2011 Revision，New York，2012；耕地面积来自世界银行统计数据库（http：//data. worldbank. org/）。

各类农业用地，进一步减少一个国家的耕地规模。这就进一步验证了前文结论，即城市空间扩张和土地的非农化是一个长期趋势，即使到城市化成熟阶段，这一趋势仍会继续①。

当然，不同国家在城市化过程中的用地模式存在较为显著的差异，人口规模、资源禀赋、土地产权、政治制度、历史文化等，都是决定这些差异的重要因素。下面以美国和日本为例，说明人口城市化的同时，空间城市化往往是以更快的速度推进。由于两国 1950 年以来的城市空间扩张数据较全，从中我们可以进一步验证上文所做的分析结论。

2.3.2.3 第二次世界大战后美国城市扩张趋势

第二次世界大战结束时（1945 年），美国人均 GDP 已经超过 1 万美元（2000 年美元），开始进入后工业化时期②。从下面的分析可以看出，受到一系

---

① 按照 OECD 的购买力平价标准，2011 年我国的人均 GDP 大约为 6400 美元（2000 年美元）。据此测算，我国大致在 2016 年以后进入这一阶段（详见后文）。因此，上述关于高收入国家 20 世纪 60 年代以来城市化发展的分析，适合于我国"十三五"以后的情况，在一定程度上也具有较强的现实性。

② 根据麦迪森的数据，1950 年美国的人均 GDP 为 9561 国际元（PPP，1990 美元），大致相当于 2000 年的 11744 美元，而 1913～1945 年美国的人均 GDP 增长率年均为 1.61%，据此推算，1945 年美国的 GDP 已经超过 1 万美元。详见安格斯·麦迪森《世界经济千年史》，伍晓鹰等译，北京大学出版社，2003，第 179～180 页。

列经济、社会因素的影响，进入后工业化时期的美国，城市空间扩张一直在持续，建设用地占国土面积的比例不断上升，美国的空间城市化速度大约为人口城市化增速的 2 倍。

根据美国农业部（U. S. Department of Agriculture, USDA）的统计，1945～2007 年，美国城市土地面积（urban area）翻了两番多，从 1500 万英亩增加至 6100 万英亩（3.7039 亿亩），大约为同期城市人口增速的 2 倍①。

另据美国人口普查局（U. S. Census Bureau, USCB）用原有统计口径所做的估计：20 世纪 60 年代美国城市土地增加了 900 万英亩，较前 10 年增加了 36%；20 世纪 70 年代增长了 1300 万亩，增速为 37%；20 世纪 80 年代增长了 900 万亩，增速为 18%；20 世纪 90 年代，美国城市区域面积扩大了近 800 万英亩，增速为 13%。

20 世纪末以来，在城市建设用地增加的同时，美国的农村建设用地也在以更快的速度增长。据美国农业部估计，2007 年，城市区以外的农村居住用地面积约为 1.03 亿英亩（6.25 亿亩）。1997～2002 年，农村居住用地增加了 2100 万英亩，较前 5 年剧增了 29%；2002～2007 年，则增加了 900 万英亩，较前五年增长了 10%，增速有所下降。

衡量美国土地非农化趋势的另一个统计口径是"已开发土地"（developed land），它将农村道路占地也计算在内。截止到 2003 年，美国的 19.3 亿英亩（约 117.2 亿亩）的土地中，已经有 1.081 亿英亩（约 6.563 亿亩）土地成为"已开发土地"②（见表 2-6）。其中，城市建设用地约为 6000 万英亩，约占美国土地面积的 3%，但承载着美国 79% 的人口。在城市化水平比较高的马萨诸塞州，城市开发土地已经占到了全部土地的 22% 左右（USCB，2012）③。

---

① 2000 年人口普查时，美国对城市土地的统计口径进行了调整。1997 年以来的城市占地面积下降，就是由统计口径调整造成的，而不是城市土地面积的实际减少。根据调整后的可比数据，2007 城市土地面积比 1990 年增长了 17%，比 2002 年增长了约 2%。因此，如果按原有统计口径测算，2007 年的城市土地面积约为 7600 万亩，较 1945 年增长了 6100 万英亩。

② "已开发土地"包括城市开发用地和农村道路用地，但不包括农田、牧场等之中的道路，在这些农业用地中，有 6% 以上是道路用途。

③ 不同于美国人口普查局（USCB）的方法，美国国家资源清查 National Resources Inquiry（NRI）采用了城市与建成区（urban and built-up areas）的概念，结果显示：2001 年，已开发区域总面积为 1.06 亿英亩（约 6.44 亿亩），其中 2200 万英亩为农村交通设施用地，8430 万英亩为建设用地（包括农村建设用地）。美国农业部则估计，2002 年美国城市面积 6000 万英亩、交通设施用地 2700 万英亩（高速公路/公路、铁路和机场）、农村居住用地 9400 万英亩。

表 2 - 6　美国"已开发土地"的增长趋势

年份	规模(万英亩)	百分比(%)	年份	规模(万英亩)	百分比(%)
1982	7280	3.8	2001	10630	5.5
1987	7900	4.1	2002	10730	5.5
1992	8650	4.5	2003	10810	5.6
1997	9760	5.0	2007	11100	5.7

资料来源：美国人口普查局（USCB），Statistical Abstract of the United States：2012；2007 年数据来自美国农业部（USDA），Major Uses of Land（MUL）in the United States，2007。

另据布朗等（Brown et al.，2005）引用美国生态协会（ESA）的数据，1950 年美国只有 0.3% 的土地（19296 平方公里）达到了城市人口密度，大约 4.8% 的土地达到了远郊（exurban）人口密度（270608 平方公里）；到 2000 年，上述比例分别上涨至 1.7%（93538 平方公里）和 24.8%（139 万平方公里），两者合计所覆盖的土地面积约为 1950 年的 5.12 倍（见图 2 - 7）。

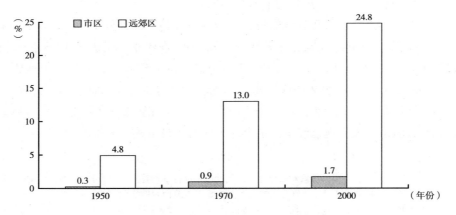

图 2 - 7　美国人口集中与城市范围扩大趋势

资料来源：美国环境协会（Ecological Society of America），Ecological Archives A015 - 056 - A1。

丁成日（2005）的分析同样说明了上述结论。根据他的统计，美国的土地城市化快于人口城市的特征十分显著：在 1950～2000 年的半个世纪中，城市人口增长了 87%，而城市土地增长了 400%，城市人口密度则下降了 54%。

在城市空间扩张的同时，美国的耕地（cropland）① 不断减少（见图 2 - 8）。根据美国农业部的统计（USDA，2007），1945 ~ 2007 年，美国的耕地减少了约 10%：从 1945 年的 451 百万英亩下降到 2007 年的 408 百万英亩（约为 24.77 亿亩），减少了 43 百万英亩（约 2.61 亿亩）②。值得注意的是，2002 ~ 2007 年，美国耕地在统计上出现了快速减少趋势，5 年减少了 34 百万英亩，耕地统计量达到 1945 年以来的最低值，很大一部分原因就是统计口径的调整：在《2007 农业普查》（*2007 Census of Agriculture*）中，26 百万英亩用做草场的耕地被调整为"永久性草地和牧场"。但是，扣除这一因素，2002 ~ 2007 年的耕地保有量仍减少约 8 百万英亩（约 4857 万亩）。

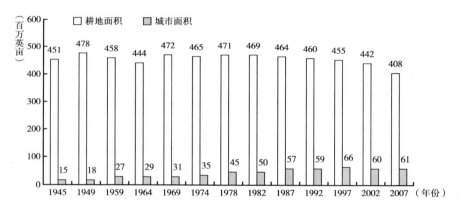

图 2 - 8　美国耕地减少与城市土地增长趋势

资料来源：美国农业部（USDA），Major Uses of Land in the United States，2007 / EIB - 89。

2.3.2.4　1963 年以来日本城市用地扩张

经过第二次世界大战后 20 年的经济快速增长，日本在 1964 年前后进入后工业化时期，1964 年的 GDP 超过 1 万美元（2000 年美元）。与美国的情况类似，日本的城市扩张步伐并未停止，但日本的空间城市化与人口城市化大体同步推进，两者的比值为 1.09，远远优于美国。

从 1963 年以来的已有统计来看，日本的建设用地（包括道路用地、产业与住宅用地，含农村建设用地）持续增长（见表 2 - 7），建设用地占比从

---

① 美国对耕地（cropland）的定义包括三部分：种植庄稼的土地（大约占 82%）、用做牧草场的耕地和闲置耕地（其中包括参加政府组织的休耕计划而闲置的耕地）。

② 需要说明的是，美国的耕地并不是一直减少的，中间经历了"两增两减"：1945 ~ 1949 年增加、1949 ~ 1964 年减少、1964 ~ 1978 年增加、1978 ~ 2007 年减少。

1963 年（当时的城市化率约为 65%）的 4.2% 上升至 2009 年年末的 8.6%，总面积扩张了 1 倍多，达到 3.25 万平方公里（4875 万亩）。与此同时，农用地（包括耕地和牧草地）面积在持续下降，从 1963 年的 17.4% 下降到 2009 年的 12.4%，减少了 1.86 万平方公里（2790 万亩）。

表 2 - 7　日本的建设用地占比上升趋势（1963 ~ 2009 年）

年份	面积(千平方公里)			所占比例(%)		
	道路用地	产业住宅用地	农用地	道路用地	产业住宅用地	农用地
1963	7.9	7.8	65.5	2.1	2.1	17.4
1965	8.2	8.5	64.3	2.2	2.3	17.1
1970	8.8	10.2	61.2	2.3	2.7	16.2
1975	8.9	12.4	57.6	2.4	3.3	15.3
1980	10.4	14.0	56.1	2.8	3.7	14.9
1985	10.7	15.1	54.8	2.8	4.0	14.5
1990	11.4	16.1	53.4	3.0	4.3	14.1
1995	12.1	17.0	51.3	3.2	4.5	13.6
2000	12.7	17.9	49.0	3.4	4.7	13.0
2005	13.2	18.5	47.8	3.5	4.9	12.7
2006	13.3	18.5	47.6	3.5	4.9	12.6
2007	13.4	18.7	47.3	3.5	4.9	12.5
2008	13.5	18.8	47.1	3.6	5.0	12.5
2009	13.5	19.0	46.9	3.6	5.0	12.4

资料来源：日本国家统计局网站（http：//www.stat.go.jp/english/index.htm）。

值得注意的是，即使到了 20 世纪 90 年代日本房地产泡沫破灭后，日本的建设用地规模仍在上升，农用地仍在减少，尽管这一过程相对缓慢。这说明，从历史趋势上看，城市扩张、农村土地向城市转用具有某种刚性或不可逆性（irrevesibility）。

从城市人口增长与建设用地面积的关系来看，日本虽然被公认为较好地解决了"人口城市化"与"土地城市化"的关系问题，但建设用地（虽含农村建设用地）总面积的增速仍然快于城市总人口的增速（见表 2 - 8）。1960 ~ 2005 年，日本的城市化率提高了 23 个百分点，城市人口从 5968 万人增长到 11026 万人，增长了 85%；与此同时，建设用地面积增长了约 1.6 万平方公里，增长了 102%。从增量关系来看，在这 45 年里，城市人口总量每增长 3162 人，建设用地面积扩张 1 平方公里。

表 2 – 8　日本的城市人口增长与建设用地面积增长的关系

	城市人口增长		建设用地面积增长	
	人口增加（万人）	2005 年/1960 年	面积增加（万平方公里）	2005 年/1960 年
1960～2005 年	5058	1.85	1.6	2.02

资料来源：日本国家统计局网站，笔者计算得出。

　　如果考虑到农村建设用地面积相对稳定的话，那么土地城市化的速度应该会更快。如图 2 – 9 所示，从日本人口密集区面积的统计来看，1960～2005年，日本城市人口密集区的面积增加了 8327 平方公里（增长了 2.3 倍），而农村人口密集区的面积仅增长了 368 平方公里。

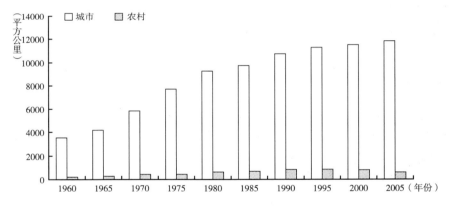

图 2 – 9　日本人口密集区的空间变化趋势

资料来源：日本国家统计局网站（http://www.stat.go.jp/english/index.htm）。

2.3.3　国际经验启示：空间城市化长期持续性

　　从国际经验分析可以看出，在一国进入工业化阶段以后，在产业发展的带动下，人口必然会向城市集中，并由此导致城市空间扩张和农村土地转用。

　　相对人口城市化，空间城市化具有三个特点：第一，受到人口城市化拉动，整体发展滞后于人口城市化；第二，空间城市化的周期更为长久，到后工业化时期仍会蔓延；第三，增长速度更快，即使采取了有效的控制措施。

　　展望未来，虽然发达国家的城市扩张进入稳定增长阶段，但由于发展中国家城市化进程方兴未艾，从世界版图来看，城市占地面积仍将继续扩大。有学者（Azadi，Ho and Hasfiati，2011）预测，到2030年，发展中世界的城市人口数量预计将增长为2000年的2倍，但按照现有趋势发展下去，2030年的城市占地面积将扩大为原来的3倍，空间城市化的速度大概是人口城市化的1.5倍。

城市空间扩展过程同时也是一个自然、经济、社会关系重组和利益不断冲突的过程，发达国家都十分注重对城市扩张的调控和利益协调。例如，早在20世纪30年代，伦敦为了实现"边界管制"目标，提出了建设城市"绿带"的规划，在伦敦周围圈建了一条绿带，希望伦敦市的发展限定在2000多平方公里的绿带范围以内①。

对于正处于发展关键期的中国而言，在这一人口和空间转型过程中，必须有效应对一系列艰巨挑战，如气候变化、资源稀缺、安全和社会保障的忧虑等。

2.4 中国的城市化与城市空间扩张

对我国城市化进程的分析，人们习惯以1978年改革开放为界，因为两个阶段城市化发展的环境条件、内在机理和外在形式都存在着显著差别。但实际上，无论是在计划经济中，还是在市场经济萌发、发展和完善中，中国的城市化发展都有一些共性特征，那就是"两个滞后"：城市化滞后于工业化，人口城市化滞后于空间城市化。这一共同特征的存在并非偶然，而是政府主导、计划资源配置的必然结果。从阶段上看，我国正处于人口城市化快速上升期并将持续很长时间，这必然构成城市空间扩张的持续动力。尽管我国的土地城市化快于人口城市化问题被广为诟病，但从发达国家的历史轨迹来看，空间城市化长期快于人口城市化是一个基本规律，这就对我国的土地制度和相关政策构成了重大挑战。

2.4.1 中国的人口城市化滞后于工业化

2.4.1.1 中国的工业化阶段划分

为了更好地分析中国的城市化进程及其矛盾，笔者首先以人均GDP为主

---

① 实践证明，简单地划定城市范围并不能限制城市蔓延，伦敦绿带规划由于没有预料到人口的急剧增长和汽车普及而逐渐失去了预定效力。表面上看，绿带控制了大伦敦区的对外扩张，但绿带以外的地区得到了快速发展，人口快速集聚。

要坐标，依照钱纳里的理论对中国的发展阶段进行了大致的划分。笔者通过分析发现，如果采用购买力平价标准，我国整体进入了工业化后期，最晚在 2020 年进入后工业化时期，从国际经验来看，城市空间扩张的压力依然较大。

如何认识中国的现有发展水平，中国大致处于工业化的哪一阶段呢？对此，国内外存在广泛争论。下面介绍三种不同的估计方法，它们虽对我国城市化所处的阶段有些认识分歧，但总体而言，差别在 5～10 年以内。

（1）麦迪森估计：中国在 2015 年前后进入后工业化时期。

安格斯·麦迪森在《中国经济的长期表现》一书中采用购买力平价方法，以 1990 年美元（即国际元①）为基础，对中国的 GDP 和人均 GDP 进行了估算，估算的基本结果是：新中国成立之初的 1952 年，中国的人均 GDP 为 538 国际元（按 2000 年美元计算为 661 美元）；改革开放之初的 1978 年，中国的人均 GDP 为 978 国际元（按 2000 年美元计算为 1201 美元）；2003 年中国的人均 GDP 为 4803 国际元（按 2000 年美元计算为 5900 美元）；2015 年中国的人均 GDP 预测值为 8807 国际元（按 2000 年美元计算为 10818 美元）；2030 年中国的人均 GDP 预测值为 15763 国际元（按 2000 年美元计算为 19362 美元）②。

基于上述分析，我们对中国的工业化阶段进行了大致划分（见表 2－9）：计划经济时期为前工业化时期；改革开放到 1992 年社会主义市场经济的提出，为工业化初期；1993～2002 年为工业化中期；2003～2013 年为工业化后期；2014 年以后我国将进入后工业化时期。

就城市化分析而言，如果采用上述划分方法来衡量，我国的人口城市化远远滞后于经济发展和工业化进程。将城市化率与钱纳里标准进行对比可以看出，我国不同阶段的人口城市化率普遍比钱纳里的城市化率标准低 15～20 个百分点。如果考虑到我国的"伪城市化"问题，这一差距会更为显著③。对于这一问题，我们需要客观认识：

---

① 据安格斯·麦迪森（《中国经济的长期表现》，第 154 页）介绍，1990 年以美元为标准的购买力平价（PPP）是目前覆盖范围最大、使用起来最便利的 PPP，它包括了 154 个国家，其中 70 个国家是联合国主持的国际比较项目参加国。

② 实际上，麦迪森采用的主要是 OECD 的经济核算技术来考察中国官方统计。他认为，虽然认为中国官方高估了 1978～2003 年的经济增速，但如果采用市场汇率办法评估，中国的经济规模又被严重低估。他采用购买力平价法计算的中国 2003 年 GDP 相当于美国的 74% 以上、日本的 2 倍以上，并且，即使基于保守的假定，中国也会在 2015 年超越美国，成为世界上最大的经济体。而根据 2012 年的中美 GDP 名义值，中国仅为美国的 53%。从中可以看出，麦迪森对中国的经济是特别乐观的。

③ 我国的"统计意义的人口城市化率"比"真实意义的人口城市化率"至少高 10 个百分点。

表2-9　依据麦迪森人均GDP标准对我国工业化阶段的划分

阶段	前工业化	工业化初	工业化中	工业化后	后工业化
时间	1952~1977	1978~1992	1993~2002	2003~2013	2014~2030
人均GDP增速(2000年美元)(%)	2.3	6.0	7.0	6.0	4.1
GDP增速(%)	4.0	7.5	8.0	6.6	4.3
城市人口增长(万人)	9506	15506	18037	22546	23659
城市化率(%)	12.5~17.6	17.6~27.5	27.5~39.1	39.1~52.6	52.6~68.7
钱纳里城市化率标准(%)	30以下	30~50	50~60	60~75	75以上

资料来源：GDP数据主要来自安格斯·麦迪森：《中国经济的长期表现》，上海人民出版社，2008。笔者按世界银行的转换系数将1990美元（PPP）转换为2000年美元；城市人口数据主要来自国家统计局数据库，人口预测值来自World Urbanization Prospects, the 2011 Revision。

第一，仅以人均GDP作为衡量工业化阶段的标准，难免存在偏颇，需要结合其他几个方面综合判断。但从韩国的案例来看，在这一划分方法下城市化率与钱纳里标准基本相符，甚至在工业化中、后期人口城市化率还比钱纳里标准高几个百分点。这说明，无论是从钱纳里标准来看，还是从韩国的实践来看，我国的城市化滞后于经济发展问题是客观存在的。对此应该有正确认识。

第二，上述"城市化抑制"虽有自然禀赋方面的制约，但更重要的来自制度方面，其中，基础性因素是我国城乡二元分割的一系列制度（土地、户籍、社保、福利等）。

第三，在看到抑制的同时，也应看到我国城市化的潜力。城市化是"最大的内需"，已经带有一定的共识性，并得到了官方认可（李克强，2010，2012）。中国的经济发展在很大程度上要围绕城市化这个轴心展开。

第四，虽然"土地城市化"显著快于"人口城市化"，两者发展不协调问题已经相当突出并引起了广泛重视，但随着"农民工市民化"的实质性展开，我国的城市空间扩张压力会更大。从已有的经验来看，土地持续城市化非但不可避免，而且会长期持续。对此，应该客观认识，并前瞻性地提出解决方案。

（2）中国社会科学院估计：中国2010年以后进入工业化后期。

2012年年底，中国社会科学院（以下简称社科院）发布了《中国工业化进程报告（1995~2010）》（工业化蓝皮书），采用钱纳里的工业化衡量指标（人均GDP、三次产业结构、制造业增加值占总商品增加值比重、第一产业就业人员占比、人口城市化率），选择阶段阈值法去除了指标量纲，在此基础上，用加权合成工业化水平和进程的综合指数。这一指数考虑多方面因素，应该说更为客观全面，但在一些具体的评价方面也存在一定缺陷。

依据该指数，社科院课题组对全国四个时点、四大板块、七大区域和 30 个省（自治区、直辖市）的工业化水平进行了评价（具体结果见表 2–10）。从这份报告的结果来看：

表 2–10　社科院课题组关于中国工业化阶段的分析结果 *

	工业化初期		工业化中期		工业化后期		后工业化时期
	前半阶段	后半阶段	前半阶段	后半阶段	前半阶段	后半阶段	
省份		海南、西藏、新疆	广西、山西、甘肃、云南、贵州	湖北、河北、青海、宁夏、江西、湖南、河南、安徽、陕西、四川、黑龙江	辽宁、福建、山东、重庆、内蒙古	天津、江苏、浙江、广东	北京、上海
区域		大西北	中部六省和大西南	珠三角、环渤海、东北	长三角		
地带		西部(50)	中部(58)	东北(71)	东部(82)		
时点	1995(12)	2000(18)	2005(41)	2010(66)	"十二五"		

* 工业化水平综合指数具体阈值为：0 为前工业化时期；1～16 为工业化前期的前半阶段；17～33 为工业化前期的后半阶段；34～50 为工业化中期的前半阶段；51～66 为工业化中期的后半阶段；67～83 为工业化后期的前半阶段；84～99 为工业化后期的后半阶段；100 为后工业化时期。

资料来源：陈佳贵等：《中国工业化进程报告（1995～2010）》（工业化蓝皮书），社会科学文献出版社，2012。

第一，中国整体上在 2010 年以后开始进入工业化后期，并且从所评价的四个时点（1995 年、2000 年、2005 年、2010 年）来看，普遍比上文"麦迪森估计"晚一个时期。

第二，由于我国的区域发展差距巨大，我国不同地区的发展水平涵盖了从工业化初期后半阶段到后工业化时期。其中，北京、上海已经进入后工业化时期，这点几乎没有异议，但是，机械地套用产业结构、工业结构和农业人口比重来评价工业化阶段，有时容易得出错误结论。例如，海南从发展道路上具有特殊性，一是控制重化工业发展，着力发展服务业，由此必然导致"制造业增加值占总商品增加值比重"较低；二是由于独特的土地和气候资源，海南适合发展现代农业，由此导致农业就业人口比例较高。正是没有认识到这些特殊性，才会得出海南的工业化发展阶段落后于云南、贵州的结论①。

---

① 事实上，2011 年，海南的人均 GDP 大约是贵州的 1.79 倍、云南的 1.51 倍。

第三，假设该报告对四个时点的工业化发展阶段估计是基本正确的，四个时点的城市化率水平仍然比钱纳里的城市化率阶段标准低 5~10 个百分点，前述关于中国人口城市化发展相对滞后的结论仍然成立。

（3）基于世界银行和 OECD 数据的再评估。

笔者按照 OECD 对中国的真实人均 GDP 2011 估计值（购买力平价法），利用世界银行的美元系数进行了换算，然后根据中国的人均 GDP 指数（不变价）进行了倒算，得出的基本结论是，中国在 2009 年前后已经进入工业化后期[1]。

按照 OECD 的购买力平价（PPP）结果计算，2011 年，我国的人均 GDP 为 7518 美元（现价美元），大约为美国的 17%[2]。据此测算，按照购买力平价法，我国的人均 GDP 约为 5890 美元（2000 年美元）。这个结果说明，我国已经超越了 5280 美元（2000 年美元）的划分标准，进入工业化后期。按照年均 6% 的人均 GDP 增速推算，我国进入工业化后期的时点大致为 2010 年。在此基础上，笔者又做了两项工作。

第一，向前倒推。根据麦迪森关于中国不同阶段的人均 GDP 增速（购买力平价法）分析，我们将改革开放以来不同年份的 GDP 值进行了还原，得到的结果是：1978 年我国人均 GDP 为 784 美元（2000 年美元，以下同），介于 660~1320 美元，处于前工业化阶段；1988 年我国人均 GDP 超过 1320 美元，进入工业化初期；1999 年超过 2640 美元，进入工业化中期；2010 年超过 5280 美元，进入工业化后期。

第二，向后预测。那么，中国的工业化后期会持续多久，什么时候进入后工业化时期呢？为此，需要对中国的人均 GDP 增长作出简单预测。根据《中国统计年鉴 2012》，按不变价格计算，1978~2011 年我国人均 GDP 年均增速约为 6.15%。考虑到世界经济形势以及中国经济的结构性调整特征，我们将 2013~2020 年的人均 GDP 增速调整为 5.5%。以 2011 年我国人均 GDP（PPP，2000 年美元）5890 美元为计算基点，2020 年我国人均 GDP 将达到 10013 美元，首次超过 9910 美元，进入后工业化时期。

---

① 2012 年，我国的 GDP 总额达到 519322 亿元人民币，按照年末汇率中间价换算，我国的人均 GDP 超过了 6100 美元（名义值），大约相当于美国的 12.7%。笔者按照世界银行的 GDP 折算系数（0.78），对我国 2012 年的人均 GDP 进行了推算，我国人均 GDP 大约为 4758 美元（2000 年美元），从这一结果来看，我国大体处于工业化中期的后一阶段，或者说是工业化中期向工业化后期的过渡阶段。但国际上测算工业化发展阶段往往采用的是购买力平价法，包括社科院蓝皮书也采用了购买力平价标准。

② 参见 OECD 官方网站，OECD Factbook 2013：Economic, Environmental and Social Statistics。

根据上述计算结果，笔者对中国的工业化阶段进行了重新划分，并对不同阶段的城市化规模和城市化率进行了总结（详见表 2 - 11）。对比这一分析可以发现，相比基于麦迪森估计的阶段划分，中国的工业化进程相对推后了 5 ~ 8 年；相比社科院的估计，这一分析提前了 3 ~ 5 年，但对于中国已经在 2010 年前后进入工业化后期的评估是一致的。

表 2 - 11　利用国际机构数据对我国工业化阶段的划分

阶段	前工业化	工业化初期	工业化中期	工业化后期	后工业化
时间	1978 ~ 1987	1988 ~ 1998	1999 ~ 2009	2010 ~ 2020	2021 ~ 2030
城市化率年均提高(%)	0.82	0.74	1.35	1.16	0.7
城市人口年均增长(万人)	1101	1267	2082	1830	1113
城市化率(%)	17.9 ~ 25.3	25.3 ~ 33.4	33.4 ~ 48.3	48.3 ~ 61	61 ~ 68.7
钱纳里城市化率标准(%)	30 以下	30 ~ 50	50 ~ 60	60 ~ 75	75 以上

资料来源：GDP 数据来自 OECD Factbook 2013：Economic，Environmental and Social Statistics，笔者按世界银行的转换系数将 2011 美元（PPP）转换为 2000 年美元；城市人口数据主要来自国家统计局数据库；2020 年、2030 年的人口预测值来自联合国 World Urbanization Prospects，the 2011 Revision。

2.4.1.2　中国的人口城市化历程

（1）计划经济时期的城市人口缓慢增长。

新中国成立后，我国采取了工业（尤其是重化工业）优先发展的战略，导致我国工业化水平快速提高。但在这一时期，我国的城市人口比重却上升缓慢，甚至在 1960 ~ 1963 年出现过所谓"反城市化"（anti-urbanization）现象。根据"中国劳动力市场和工资改革课题组"（1995）的分析，1952 ~ 1978 年，中国的工业生产总值增长了 16.5 倍，而城镇化率仅提高了 5.5 个百分点。改革开放前的城市化进程大致可以用"稳步增长→大起大落→逐步停滞"来概括。

1949 ~ 1958 年是城市化率稳步提高阶段。这一时期，城市化率平均每年提高约 0.62 个百分点。在党的工作重心由农村转向城市的指导下，在"一五"计划顺利实施和重大工业项目建设的带动下，我国工业化率也从 1949 年的 12.57% 提高到 1957 年的 29.7%。与此同时，国家也采取了城市对农村开放的人口流动政策，随着一批批农民陆续进入城市和工矿企业，我国的城市化率稳步提高，城市数量不断增加，城市规模不断扩大。这一期间，我国城市人口从 5765 万增加至 9949 万，城市化率从 10.6% 提高到 16.2%（见图 2 - 10），城市数量已从 86 个增加到 176 个。

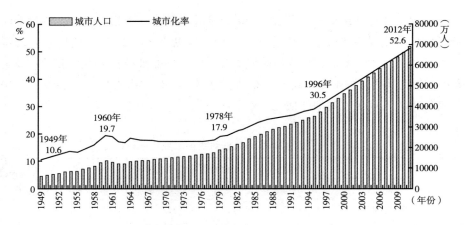

图 2 − 10　中国的人口城市化进程（1949～2012 年）

资料来源：国家统计数据库（http：//219.235.129.58/welcome.do）。

1959～1965 年为城市化发展的大起大落阶段。从前后结果来看，这一时期我国的城市化率下降了 0.4 个百分点（从 18.4% 下降至 18%），但中间的起伏程度远不止于此，在短短的 6 年内出现了超速城市化和反城市化两种反向变化。1958 年中国掀起了"大跃进"运动，提出了"超英赶美""跑步进入共产主义"等激进口号，由此带来了粗放的工业化发展，进而带动了农村人口涌入城市①。

1966～1978 年是中国城市化的停滞阶段。这一时期，城市化率虽略有起伏，但 1966 年和 1978 年的城市化率同为 17.9%，没有任何变化。在"文革"的影响下，工农业生产停滞。与此同时，随着大批干部下放、知识青年"上山下乡"，以及"三线建设"使得大批人力和物力转向了偏远山区，我国的城市化率一直维持在 18% 以下。

（2）改革开放以后的城市人口较快增长。

改革开放以来，我国城市化才开始走入"稳定的正向发展期"。1978 年

---

① 1959～1960 年，我国的城市人口增加了 2352 万，城市化率提高了 3.5 个百分点。1960 年我国城市化率提高至 19.7%，这是整个计划经济时期我国城市化率的最高值。但此后情况急转直下，中国的城市化接连遭受三重打击，即政策失误、中苏关系恶化和三年自然灾害。从 1961 年开始，为缓解饥荒带来的困境，国家开始动员城市富余工人和其他劳动力去农村参加农业生产，这导致 1962 年城市化率急速下降 2 个百分点。此后，随着这部分人回流，1964 年城市化率又上升了 1.5 个百分点。受各因素的影响，中国经济陷入全面萎缩，城镇化进程在这场危机中也不能幸免于难。到 1963 年，中国的城镇化水平由 1960 年的 19.7% 跌落到 16.84%。

以来，尽管在不同阶段城市化速度快慢不一，但城市化率一直在提高，我国城市人口从 1978 年的 1.7245 亿增加到 2011 年的 6.9079 亿，增长了 3 倍多；城市化率则从 17.9% 提高到 51.3%，年均提高 1.01 个百分点①。以 1996 年城市化率超过 30% 为界，改革开放以来的城市化进程可以分为两个阶段。

　　1978～1995 年是我国城市化的稳步发展期。在这一时期，我国的城市化率的年均提高幅度约为 0.65 个百分点，城市化率从 17.9% 提高到 29%；城市人口增长了 1.85 亿人，年均增加 1088 万人。虽然，相对后一阶段城市化率增速较慢，但横向对比，这一时期我国城市化率增速约为同期世界增速的 2.2 倍，约为其他发展中国家总体增速的 1.9 倍（UNDP，2012）。

　　改革开放后，随着农村经济体制改革的开展和城市计划资源控制的逐步松动，生产要素在城乡与产业间的流动逐步加快。特别是农村推行家庭联产承包责任制之后，农业生产力迅速提高，导致农业剩余劳动力和农业剩余产品大量流向非农产业。但是，由于城市改革的相对滞后及二元制度壁垒的存在，这并未带来城市的同步发展和城市化水平的快速提高，而是催生了"乡村工业化"，使乡镇企业异军突起，进而带动了遍地开花的乡村城镇化。根据当时的一项统计（国务院研究室课题组，1995），乡镇企业吸收的农业剩余劳动力虽然超过 1 亿，但他们绝大多数分散在自然村（占 92%），集聚在乡镇和县城的比例分别为 7% 和 1%。国家对小城镇发展也采取了支持鼓励政策，对大城市则采取了控制发展政策②。

　　但是，随着城市改革的逐步推进和就业机会的增多，原来从城市"上山下乡"的人口开始回流，加上一部分农村劳动力的进入，城市化率还是逐步提高的，个别年份（如 1979 年、1982 年和 1984 年）城市化率提高超过了 1 个百分点。

　　1996～2011 年是城市化的快速发展期。在这一阶段，我国的城市化率年均提高约 1.39 个百分点，从 30.5% 快速提高至 51.3%；城市人口增加了近

① 我国现有城市化率的统计口径包括 1.45 亿左右"在城市生活 6 个月以上"但没有享受到和城市居民等同的公共福利和政治权利待遇的农民工，也包括约 1.4 亿在镇区生活但仍旧务农的农业户籍人口。有学者认为，我国存在着所谓"伪城市化率"问题。扣除上述两项，我国真实的"城市化率"不到 40%。

② 1982 年召开的全国城市规划会议明确提出"控制大城市规模，合理发展中等城市，积极发展小城镇"。这一指导方针一直延续，并且在 1989 年《中华人民共和国城市规划法》（第 4 条）中被正式确认："国家实行严格控制大城市规模、合理发展中等城市和小城市的方针，促进生产力和人口的合理布局"。

3.4 亿，年均增加 2267 万，城市人口的年均增量约为上一阶段的 2.2 倍。中国的城市化成为世界城市化的最强大引擎，中国的城市化率增速为世界增速的 2.7 倍，是其他发展中国家的 3.6 倍（UNDA，2012）。

在 1992 年小平同志南方谈话和建立社会主义市场经济目标提出以后，我国的经济逐步进入以城市（特别是大城市）为中心的新一轮增长期。这就带动农村劳动力大批拥入城市，城市体量迅速增长，城市人口规模和空间快速扩大，并逐步形成了长三角、珠三角、环渤海等城市群和都市圈（见图 2 – 11）。

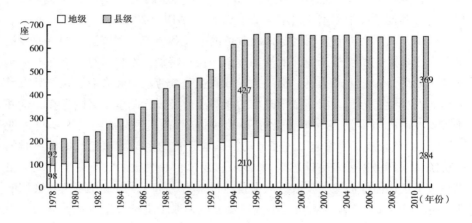

图 2 – 11　改革开放以来我国建制市的变化情况（1978～2011 年）

资料来源：《中国城乡建设统计年鉴 2011》。

（3）城市数量与人口规模的扩大。

在城市人口快速增长的同时，我国的城市数量在不断增加，城市规模也在快速扩大。在城市数量方面，国家批准的行政意义上的"市"由 1978 年的 193 座增加到 2011 年的 657 座，平均每年增加 14 座以上。其中，地级城市从 98 座增加到 284 座，县级城市从 92 座增加到 369 座。

此外，根据麦肯锡全球研究院（MCG，2008）的估计，1996～2005 年，中国新增城市中心 195 个，它们都符合 1996 年发布的标准，但未被列入"城市"①。

---

① 例如，苍南县虽然未能正式划为城市，但其 2000～2005 年的 GDP 年均增长率高达 19%，超过中国城市 15.3% 的平均增长率；到 2005 年，苍南县的人口已经超过 75 万。

根据最新的一项统计（Demographia，2012），目前世界上人口在 200 万以上的城市共有 224 座，其中，中国大陆地区就有 45 座，位列世界第一，如表 2 - 12 所示。

表 2 - 12　世界主要国家的大城市数量

单位：座

	200 万以上人口城市	50 万以上人口城市
总数	224	875
其中：中国大陆	45	174
美国	21	74
印度	19	93
日本	6	23
德国	4	16
英国	3	10
巴西	12	34
俄罗斯	2	39

资料来源：Demographia：World Urban Areas：9th Annual Edition，March 2013。

2.4.1.3　国际比较下的人口城市化滞后现象

笔者通过国际比较发现了一个现象：中国的城市化滞后于经济发展和工业化进程。

笔者比较了中国、韩国及钱纳里标准的不同阶段城市化率中间值，从中可以看出，进入工业化初期以后，中国的城市化率普遍比钱纳里标准低 10 个百分点以上，如图 2 - 12 所示。

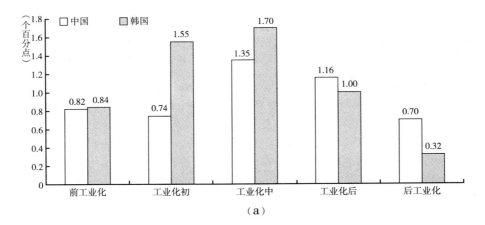

（a）

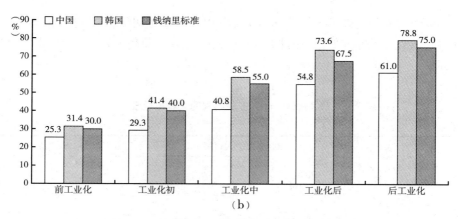

图2－12　中韩不同阶段的城市化年均增速比较

注："前工业化"和"后工业化"采用的是阈值，其他三个阶段采用的是中间值。
资料来源：世界银行数据库；《中国城乡建设统计年鉴2011》。

实际上，与韩国类似，除了前工业化、工业化初期阶段外，日本在工业化中期以来的人口城市化率也普遍比同阶段的中国高10个百分点以上（见表2－13）。

表2－13　日本的工业化阶段划分与城市化率 *

单位：%

发展阶段	前工业化 （1868～1994年）	工业化初 （1895～1950年）	工业化中 （1951～1961年）	工业化后 （1962～1969年）	后工业化 （1970～2030年）
城市化率变化	12～16	16～37.7	37.7～69	69～72	72～96.8

　*对于前工业化时期，实际上根据麦迪森的统计，早在1600年，日本的人均GDP就接近了660美元（2000年美元，以下同），到1820年已经达到了816美元，但一般认为明治维新是日本近代工业化的起点。进入工业化初期以后，日本经济经历了一个快速发展期，1936年人均GDP就超过了2640美元，开始步入工业化中期，1941年甚至达到了3532美元的阶段性峰值。但受第二次世界大战的影响，日本经济出现了绝对倒退，1946年人均GDP跌至1896美元，此后便开始恢复。
　　资料来源：工业化阶段的划分依据的GDP数据来自麦迪森的统计资料，经笔者计算转换；人口统计依据的是日本统计局的官方统计；2030年估计值来自联合国 World Urbanization Prospects, the 2011 Revision。

此外，对比韩国的城市化进程我们可以发现另外一个现象：虽然城市化率提升最快的阶段都是工业化中期，但与韩国相比，中国的城市化率提升"次快"阶段不算是工业化初期，而是工业化后期，并具有某种长期"延滞"特征。

对此，一种可能的解释是上文提到的，中国是一个幅员辽阔的大国，不同地区的发展差距巨大,涵盖了从工业化初期到后工业化时期的各个阶段。这种解释有一定道理,但更重要的原因可能还在于我国存在着对城市化的各种"制度性压抑",这很可能是主因。对此,尚待深入研究。

但上述特征意味着,在城市化一般规律的作用下,中国在工业化后期和后工业化时期的城市人口增长压力将会明显大于韩国。

2.4.2 人口城市化滞后于土地城市化

改革开放以来,我国在城市人口增长、城市化率提高的同时,城市空间范围也在不断扩大,由此带来城市建设用地规模的不断扩大,并形成了对农村土地向城市土地转用的巨大需求。

以城市建成区面积为例,如图 2-13 所示,1981 年我国城市建成区面积为 7438 平方公里,到 2011 年,城市建成区面积进一步扩大到 43603.2 平方公里,增长了 4.86 倍,年均增速约为 6%,同期的城市人口年均增速仅为 4.1%。其中,1981~2000 年增长了 189%,年均增速约为 5.7%,同期人口的年均增速为 4.4%;2000~2011 年增长了 103%,年均增速约为 6.6%,同期人口的年均增速仅为 3.8%[1]。

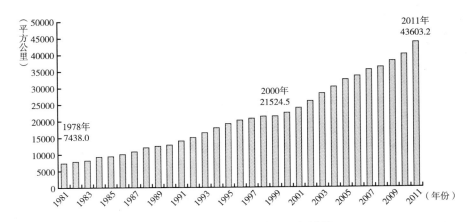

图 2-13 我国城市建成区面积增长

资料来源:《中国城乡建设统计年鉴 2011》。

综合起来,1981~2011 年,我国城市建成区面积增速是城市人口增速的 1.71 倍,城市人口增长滞后于城市空间扩张,即人口城市化滞后于"土地城市化"。

---

① 资料来源:《中国统计年鉴 2013》。

中国土地城市化过快的另一个分析视角就是农地转用速度过快。这点可以从中韩比较中发现：在进入工业化后期之前，中国就出现了大规模的耕地占用和土地城市化；韩国是进入工业化后期、后工业化时期才出现了最大规模耕地占用。

2.4.3 未来城市扩张主要依赖农地转用

未来 20～30 年，仍是我国城市化加快发展的时期，由此带来城市人口增长和空间扩张的持续压力。

2.4.3.1 中国人口城市化仍将快速推进

根据诺瑟姆定律，在城市化率超过 30% 之后、达到 70% 之前，城市化将长期处于快速提升阶段。我国的城市化率为 52% 左右（大致接近世界平均水平），开始进入城市化加速阶段的中后期（我国城市化率将在"十二五"时期内超越世界平均水平），城市化发展速度虽然较前一阶段（从 1996 年超过 30% 提高到 2011 年超过 50%）可能会有所下调，但仍处于年均递增 1% 左右的较快发展时期。

根据联合国的预测，2010～2030 年，我国的城市化率年均提高 0.975 个百分点（见图 2 - 14），城市人口增加近 3 亿人，年均增加近 1500 万人。其中，前一阶段（2010～2020 年）年均提高 1.18 个百分点，城市人口增加 1.861 亿人，年均增加 1861 万人；后一阶段年均提高 0.77 个百分点，城市人口增加

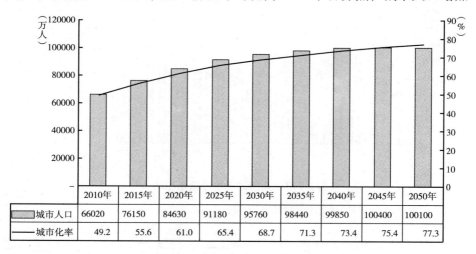

	2010年	2015年	2020年	2025年	2030年	2035年	2040年	2045年	2050年
城市人口	66020	76150	84630	91180	95760	98440	99850	100400	100100
城市化率	49.2	55.6	61.0	65.4	68.7	71.3	73.4	75.4	77.3

图 2 - 14 中国城市化发展的趋势预测

资料来源：United Nations, Department of Economic and Social Affairs, Population Division (UNDP), World Urbanization Prospects, the 2011 Revision, New York, 2012。

1. 113 亿人，年均增加 1113 万人。横向对比，这一时期我国的城市化率增速是世界增速的 2. 36 倍，是其他发展中国家的 2. 53 倍（UNDP, 2012）。

2030～2050 年，我国的城市化将进入稳定发展阶段。这一时期，城市化率将进一步提高 8. 6 个百分点，年均提高 0. 43 个百分点，与此同时，随着我国人口总量的自然减少，城市人口绝对数量也开始下降（UNDP, 2012）[①]。

2.4.3.2　人口城市化所带来的建设用地需求

依据上述人口增长趋势的判断，笔者对我国的城市建设用地需求进行了简单测算，结果如下：

分析的基本结论是，到 2020 年，为了满足城市居民对住宅、交通条件和城市绿化环境日益提高的需求，并保障工业、商业和公共服务业等的工作条件，城市化新增的土地需求量达到 834 亿～1242 亿平方米（约 8. 34 万～12. 42 万平方公里）；到 2030 年将达到 1502 亿～2213 亿平方米（15. 02 万～22. 13 万平方公里），如表 2－14 所示。

表 2－14　笔者对城市化新增用地面积的估算

	2020 年	2030 年
新增工业用地(亿平方米)	100～183	200～367
新增城市道路用地(亿平方米)	420～520	740～910
新增城际间公路运输用地(亿平方米)	170	340
新增城际间铁路运输用地(亿平方米)	10	10
新增城市建筑建设用地(亿平方米)	80～264	140～428
新增绿化用地(亿平方米)	24～65	42～128
绿化覆盖率(%)	30	30
合　　计	834～1242	1502～2213

2.4.3.3　满足城市建设用地需求的主要途径

满足未来城市建设用地需求的来源可以归为四类：已占用的城市建设用地整理、农用地、未利用地和集体建设用地。

（1）城镇区域内的建设用地整理潜力有限。

毫无疑问，城镇建设用地集约节约利用是首要选择，它是一种内涵式的土地利用战略。

---

① 国家人口和计划生育委员会发展规划司在 2006 年完成了《国家人口发展战略研究报告》。该报告认为，到 2020 年，我国的人口总量将达到 14. 5 亿人，2030 年，我国的人口总量将达到 15 亿人。

在城市建成区方面，我国城镇居民人均占地面积为130多平方米，而国外发达国家则平均为80多平方米。在我国，城市建设用地整理最早针对的是城市废旧工厂、破产企业用地，目前城市地区土地整理的重点是棚户区改造（国有土地）和城中村改造（集体土地）。但客观而言，我国城市建成区面积仅6000多万亩（2008年），因此，城市建设用地存量的调整空间已经非常有限，并且成本高昂。笔者估计，到2030年这部分挖潜能够满足500万亩的城市建设用地需求。

在独立工矿用地方面，还可以通过工矿复垦的方式间接置换城镇建设用地指标。根据《全国土地利用总体规划纲要（2006～2020年）》，到2020年，我国将通过开展工矿废弃地复垦补充耕地690万亩，其中一部分可以转换为城镇建设用地指标。此外，考虑到我国独立工矿用地（各类开发区）存在着2000万亩以上的闲置，乐观地估计，通过这部分土地的有效处置，到2030年也能满足1000万亩的建设用地需求。

综上所述，笔者认为，到2030年通过城镇内国有建设用地的存量优化可以整理出1500万～2000万亩城镇建设用地指标。

（2）一定程度的耕地占用在所难免。

在耕地保护方面，我们也面临一个难题。我国主要的人口聚集区和城镇周边地区主要分布的是耕地，这也是我国经济社会发展的自然历史选择结果。因此，我们国家客观上面临这样一个难以调和的矛盾：一方面，要保住18亿亩耕地红线，维护粮食安全；另一方面，要满足城镇化、工业化对建设用地日益强烈的需求。

从目前来看，到2020年，我国城镇建设用地挤占耕地的空间大约只有2500万亩，并且，我们估计耕地"红线"政策会延续到2030年，耕地转用建设用地的总量估计也会控制在3500万～4000万亩。

（3）通过其他农用地占用满足建设用地需求不太现实。

如前所述，在城镇周边主要的土地类型为耕地，而耕地之外的其他农用地（牧草地、林地等）则多分布在偏远地区。更重要的是，随着国际国内对生态环境问题、碳排放问题的日益关注，国家会日益加强其他农用地的保护。实际上，国家已经实施了多年的"退耕还林""退耕还草"政策。因此，虽然我国农用地中，其他农用地占了主体，但通过这个途径满足城镇建设用地的需求规模应该在2000万～3000万亩。

（4）利用城镇周边未利用地直接补充城镇建设用地。

根据《全国土地利用总体规划纲要（2006～2020年）》，2006～2020年，我国计划通过引导开发未利用地形成新增建设用地 125 万公顷（1875 万亩）。照此速度按 125 万亩/年计算，2010～2030 年，通过这种途径能形成 2500 万亩城镇建设用地指标。

（5）将未利用地转换成耕地间接补充城镇建设用地。

理论上讲，通过开发西北、东北地区的未利用地（及部分牧草地）增加耕地资源，从而间接增加城镇建设用地指标，是解决城镇建设用地短缺的重要途径。根据有关估计，以西北为例，如果南水北调西线工程（170 亿立方米调水）得以顺利完工，西北地区就可以增加 2000 万亩左右的耕地，根据现有供水规划，西线一期工程的供水将使大柳树灌区新增 500 万亩农田；远期如果再增加调水量（增 400 亿立方米），就可以在西北地区新增近 1 亿亩耕地。通过开发新增耕地实现 18 亿亩耕地的总量平衡，进而可以增加建设用地指标。但这需要大规模的基础设施投入，也需要克服环保主义者的阻挠。

根据《全国土地利用总体规划纲要（2006～2020 年）》，2006～2020 年，我国计划通过引导开发未利用地形成新增建设用地 139 万公顷（2085 万亩）。粗略估计，到 2030 年，我国可以通过这种途径形成 4000 万亩左右的城镇建设用地[1]。需要指出的是，这种耕地补充最终还需要通过占用城镇周围的耕地来"落地"。

（6）农村集体建设用地综合整治。

相对上述几种途径而言，通过农村集体建设用地综合整治弥补城镇建设用地短缺的潜力较大。首先，农村的集体建设用地利用粗放，因此，通过土地整理形成城镇建设用地的空间较大；其次，随着城市的扩张与基础设施的完善，农村与城市之间的空间距离与时间距离被大大压缩，原来的农村地区能够越来越多地承担城市的某些功能。笔者估计，到 2030 年通过这种途径大约能形成 1 亿亩左右的城镇建设用地，约占集体建设用地存量的 40%。

2.4.3.4　未来的城市化进程需转用农地 2 亿亩以上

总结上述分析，按照未来 20 年我国完成城镇化过程需要 2.5 亿亩新增建设用地计算，在上述几个途径中，除了城镇国有建设用地整理和直接占用未利用地（合计 4000 万～4500 万亩）不需要农地转用外，其他几个途径都必经农地转用这个环节。也就是说，到 2030 年前后，我国因城市化发展需要转用的农地规模在 2 亿亩以上（见表 2–15）。

---

① 当然，也有乐观的估计，认为我国可以通过开荒增加 0.8 亿～1 亿亩耕地。

表 2 – 15　我国建设用地供给的来源

单位：万亩

供地来源	供地规模	供地来源	供地规模
城镇内国有建设用地整理	1500～2000	未利用地开发补充耕地	4000
直接占用未利用地	2500	集体建设用地整理	10000
直接减少耕地	4000	合　计	24000～25500
占用其他农地	2000～3000		

2.5　本章小结

　　本章在分析城市化概念和一般规律的基础上，对我国的城市化进程及其特征进行了回顾和总结，提出了"两个滞后"的基本判断，即我国城市化滞后于经济发展、人口城市化滞后于土地城市化。

　　"两个滞后"意味着，相对于已经完成工业化和城市化历程的先发经济体，对于进入工业化后期的中国而言，未来 20～30 年城市人口增长压力更大，城市空间扩张的动力更强。

　　人口城市化的加快推进离不开土地资源保障，到 2030 年前后，中国城市化引致的建设用地需求高达 2.5 亿亩。未来城市建设用地需求主要依靠农地转用来满足，这一规模将超过 2 亿亩，占总量的 80%。

　　鉴于以上形势，中国不得不面临一种两难处境：一方面是以往农地过度转用所带来的负外部性日益凸显，国家必须严控农地转用；另一方面，以往的人口城市化"欠账"过多，为了让每个愿意进城的农民能够在城市有尊严地生活和工作，国家必须通过农地转用来提供建设所需土地。

　　通过下文的分析可以看到，按照原有的制度轨道推进农地转用已经步履维艰、矛盾重重。我国农地转用的制度供给滞后于农地转用所带来的资源供给。这就是接下来要重点研究的"第三个滞后"问题。

第3章 行政垄断的中国 农地转用制度

3.1 本章引言

建立高效的农村土地向城市转用制度，是世界各国都在关注的问题。农村土地向城市转用，实质是土地资源在不同用途的配置，而政府和市场是两种主要的配置手段①。两种手段都有各自的优势和不足，因此，理论上讲，实现土地资源的优化配置乃至更深层意义上的社会福利最大化，需要综合运用政府和市场两种手段，以避免出现严重的"市场失灵"或"政府失灵"，或者说需要在两者之间进行权衡，两害相权取其轻。当然，农村土地城市转用不仅仅是资源配置过程，同时也是利益调整过程。在现实经济生活中，很难实现纯粹技术意义上的最优配置，最终的配置方式和结果往往取决于利益博弈。

由于资源禀赋、发展阶段、经济模式和利益结构等方面的差异，不同国家转用制度的基础、功能、目标与结构不同。但相当一部分在农地转用较为成功的国家都高度重视市场的基础性作用，注重清晰界定产权、限制政府权力、合理规划引导和允许自由流转。当然，个别土地资源高度紧张的小经济体（如荷兰、新加坡、中国香港）建立了计划主导的土地资源配置方式，但这些国家或地区建立了规范的制度框架，能够确保行政权力运行受到严格监控，以实现公共利益目标。

中国的农村土地城市转用制度是一种政府主导、高度行政化制度模式，也是迄今为止市场化改革尚未发生实质性突破的少数领域之一。这样一种转用模式建立在城乡二元分割的土地所有制及其决定的产权基础之上，以用途管制调

---

① 当然，还有一种治理机制是社会自治，但究其根本，它还是通过平等协商自愿达成的，体现的同样是市场逻辑。

节土地资源在不同领域（主要是耕地和建设用地）的配置，以计划管理实现农村土地向城市转用指标在不同时间、不同区域的配置，以土地征收（征用）①、土地储备和土地出让制度实现土地的实质性转用及转用增值收益的分配。

在出让之前，土地这种基本生产要素的配置一直被限定在政府计划的"管道"内，只是到了出让环节，土地要素才开始"见光"，进入市场才开始获得一定期限内的"自由"。为了确保这种模式能够持久运行，国家通过法律和行政权力排斥了土地要素进入市场的其他"管道"，通过对集体土地所有权主体进行法律上的转用权限制和维护事实上的人为产权模糊，确保行政权力配置资源模式运行"畅通无阻"。通过这种"渠道管制"，政府成为一个"双头垄断者"，担负起了向市场供给土地要素的职能。

在整个土地转用制度体系中，土地征收应成为我们关注的核心和焦点。初步分析，其原因可能在于以下三个方面：

第一，城乡二元的土地所有制是我国的一项根本性制度，虽然学界一直对其改革争论不断，但改变这种制度及其所蕴含的产权关系需要漫长的时间和强大的动力，在目前来看，这些条件尚不具备。并且，由于新中国成立以来特殊的土地制度背景以及乡村治理机制的缺陷，在集体所有制关系内部以及两种所有制转换环节存在着"人为的产权模糊"。从我们的调查来看，除了"国家的土地是国家的"非常明确外，相当一部分农民认为"集体的土地也是国家的"，绝大多数农民会默认国家对自己的土地转用权剥夺。

第二，无论是用途管制、规划制定、计划管理，还是土地储备和土地出让，都是一种行政手段，是不对外公开的行政过程，相关利益主体，特别是农民根本没有机会了解和参与，因此，也就不会成为引发争议的中心问题。

第三，如果说上述两个方面对包括农民在内的弱势利益主体而言都是一种"间接利益"，由于利益的分散化，往往会形成"搭便车"的心理，那么，土地征收这一农村土地向城市转用的"入口"，则涉及每个农民的"直接利益"，会明显地改变农民的生活状况，因此，必然会成为土地矛盾的集聚点和触发点。

---

① 《土地管理法》对征收和征用作出了不同的界定，前者是所有制转换，后者只是使用权的暂时转移，在现实中，政府几乎从来没有"征用"过土地，而是倾向于"一劳永逸"地征收。但在用法上，很多人习惯将两者混同，未加以区分。笔者在下文一般采用"征收"一词。

基于以上认识，接下来，本书对农村土地向城市转用制度的分析，将在其他方面做简要分析的基础上，聚焦于我国的土地征收制度。

3.2　转用基础：二元所有制与产权制度

所有制和产权是两个既相互联系又相互区别的概念。所有制清晰条件下的产权模糊，是我国公有制的基本特征，在土地领域，这点表现得尤为突出。新中国成立之初，我国在不到十年的短时间内进行了数次土地制度改革，逐步确立了二元所有制，即国家所有和集体所有。改革开放后，我国在二元所有制的框架之下对土地产权进行了一系列变革，逐步形成了现在的土地产权体系。

3.2.1　我国的二元所有制现状

在我国，城市的土地属于国家所有，农村和城市郊区的土地属于集体所有[①]。那么，两种所有制土地都是多大规模呢？按所有制划分，我国国有性质土地主要包括三部分：一是未利用地；二是国有农用地，除了国有性质的牧草地、林地等之外，根据《中国统计年鉴 2011》[②]，2008 年我国国有农场的耕地面积为 9174.45 万亩；三是国有建设用地，根据推算大约为 2.48 亿亩，其中，城市建设用地面积为 5871.08 万亩（城市建成区面积为 5444.30 万亩），交通运输用地和水利设施用地合计 9211.5 万亩，其他为工业用地[③]，如表 3 - 1 所示。

---

① 《宪法》第 10 条和《土地管理法》第 8 条规定："城市的土地属于国家所有。农村和城市郊区的土地，除由法律规定属于国家所有的以外，属于集体所有；宅基地和自留地、自留山，也属于集体所有。"《土地管理法实施条例》第 2 条又对"国家所有土地"（全民所有土地）范畴作出界定：（一）城市市区的土地；（二）农村和城市郊区中已经依法没收、征收、征购为国有的土地；（三）国家依法征用的土地；（四）依法不属于集体所有的林地、草地、荒地、滩涂及其他土地；（五）农村集体经济组织全部成员转为城镇居民的，原属于其成员集体所有的土地；（六）因国家组织移民、自然灾害等原因，农民成建制迁移后不再使用的原属于迁移农民集体所有的土地。而根据 1989 年颁布的《中华人民共和国城市规划法》，城市是指国家按行政建制设立的直辖市、市、镇。由此可见，县城和建制镇有一部分土地属于国有土地。

② 到目前为止，一些重要的国土资源统计指标普遍都是截止到 2008 年年底。

③ 2005 年，我国农村居民点用地总面积约 2.49 亿亩，占全国建设用地总量的 51.92%（陈锡文等，2009）。而 2008 年，我国全部建设用地面积为 4.95855 亿亩，扣除农村居民点用地，可得到国有建设用地面积约为 2.48 亿亩。

表 3 – 1　我国国土资源概况（按用途分，2008 年）

类型	细分类型	面积(万公顷)	比例(%)
农用地	耕地	12171.6	12.68
	园地	1179.1	1.23
	林地	23609.2	24.59
	牧草地	26183.5	27.27
	其他农用地	2544.3	2.65
	合计	65687.7	68.42
建设用地	居民点及独立工矿用地	2691.6	2.80
	交通运输用地	249.6	0.27
	水利设施用地	364.5	0.38
	合计	3305.7	3.45
未利用地		27006.6	28.13
国土面积合计		96000.0	100.00

资料来源：《中国国土资源统计年鉴 2011》。

这种二元所有制形成于计划经济时期，但到了改革开放后的 1982 年才被《宪法》正式确认，并一直延续至今。但在改革开放后，随着城乡土地制度改革的推进，虽然名义上的两种所有制格局没有改变，但产权意义上的调整一直在推进，只不过不同所有制框架下的产权改革的时间、方式、进度有所差别。下文将对这一过程做简要回顾。

3.2.2　二元所有制的形成与宪法确认

新中国成立之初，中国实际上存在着私人所有、国家所有和乡村公有（如寺庙、宗族土地）三种土地所有制。新中国成立后，我国掀起了一系列土地改革运动，并逐步建立起城乡二元土地所有制①。

3.2.2.1　城市土地国有制的建立

在城市，由于 1950 年 6 月 28 日我国出台的《土地改革法》规定："承认一切土地所有者自由经营、买卖及出租其土地的权利"，基于私有制的土地所有权和产权流动在各地普遍存在。但之后不久，国家就开始对城市土地私有制进行社会主义改造，逐步形成了以国有土地为主、城镇集体所有土地和私有土

---

① 人们习惯将我国的土地制度称为"城乡二元土地制度"，事实上，这一说法不完全准确，因为在农村也有国有性质的农场，但这一说法很好地体现了计划经济模式下的城乡分割特征。

地并存的多种土地所有制格局。此外，国家还限制了城市私有土地和房地产的买卖行为。

1958 年，我国又对城镇集体土地、私有出租房屋和私有宅基地进行了国有化改造。经过这一改造，90% 以上的城市土地转变为国家所有（邹玉川等，1998）。在计划经济下，国有土地实行无偿、无期限土地使用制度，由此导致了土地资源的低效利用和严重浪费①。

3.2.2.2　农村集体所有制的建立

新中国成立前，我国农村经济是一种典型的小农经济。根据陈锡文、赵阳等（2009）所做的分析，当时的土地制度有几个特征：一是土地私有制；二是土地所有权高度集中（占人口不到 5% 的地主拥有 40% 的最优质土地）；三是生产经营以户为单位、自给自足；四是土地自由买卖和流动②。

新中国成立后，国家在农村推行了方向相反的两种土地改革，并在十年左右的时间里建立了"三级所有，队为基础"的集体所有制。

1949～1953 年的农村土地改革将封建土地私有变为农民土地私有。新中国成立前后，中国共产党领导和发动广大农民掀起了以"平均地权"为目标的土地私有化改革。经过三年多的推广，到 1953 年，私有化土地改革基本完成③。1954 年，我国第一部《宪法》在第 8 条肯定了土地私有化成果："国家依照法律保护农民的土地所有权和其他生产资料所有权"。

1953～1957 年的农业合作化运动初步确立了农村土地的集体所有制。在获得土地私有产权后，农民的自耕农日子并没有持续多久。在农民分得土地后不久，党的农村工作路线和政治风气开始向"左"转。通过"运动式"的政

---

① 但事实上，在计划经济时期，城市土地国家所有制并未在法律上得到正式确认。1975 年的《宪法》第 6 条第 2 款规定："国家可以依照法律规定的条件，对城乡土地和其他生产资料实行征购、征用或者收归国有"；1978 年《宪法》第 6 条则规定："国家可以依照法律规定的条件，对土地实行征购、征用或者收归国有。"这里的土地包括城市土地，这从侧面说明，此时城市的土地尚未国有化，否则就不存在城市土地的"征购、征用或者收归国有"问题。

② 根据麦迪森的一项统计，1949～1950 年的土地改革没收的土地高达 4500 万公顷，占到已开垦土地面积的 43%，涉及 4% 的农村人口，这与陈锡文（2009）的分析结果基本一致。另外，根据麦迪森引用 Feuerwerker（1977）的观点，实际上在 20 世纪 40 年代以前，大多数农民都是拥有土地的。根据国民政府 1931～1936 年所做的一项统计，在农民中有 46% 是自耕农，24% 是半自耕半租佃的农户，30% 是佃农。麦迪森认为，1949 年新中国成立之时的情况应该不会有太大变化。详见安格斯·麦迪森：《世界经济千年史》，伍晓鹰等译，北京大学出版社，2003，第 70～71 页。

③ 需要指出的是，土地私有化改革后，国家承认一切土地所有者自由经营、买卖及出租其土地的权利，因此，农民得到的是完全的土地产权。

治号召，经过互助组①、初级社②、高级社③三个阶段的改造（也被称为"三大改造"），在短短 4 年内就初步实现了从私有制到集体所有制的转变。

1958～1961 年的人民公社化运动最终确立了"三级所有，队（生产小队）为基础"的集体所有制。高级社广泛建立后，受到"左"的思潮影响，农村生产组织与经济核算单元又先后经历了人民公社、生产大队和生产小队三个时期，最终在 1962 年 2 月，中央决定将生产小队作为基本核算单位，随后，全国绝大多数地方都采取了这种做法④。

此外，对于宅基地所有权问题，新中国成立之初，我国通过法律确认了宅基地的私产性质。1950 年 6 月 28 日颁布的《土地改革法》规定内容包括：宅基地属于农民所有，受到法律保护；宅基地可以买卖、出租和继承；宅基地与房屋"两权合一"。

在互助组、初级合作社、高级合作社阶段，农用地等主要生产资料纷纷入社，但宅基地和房屋作为生活资料仍归农民私有。例如 1956 年 6 月通过的《高级农业合作社示范章程》第 16 条规定：社员原有的坟地和房屋地基不必入社。

到了人民公社阶段，农民的宅基地划归集体组织所有。1962 年《农村人民公社工作条例修正草案》规定，宅基地"归生产队所有"，"不准出租和买卖"，因而也被归入了集体所有制范畴。但是，该法同时又规定，房屋归农民私有，可自由买卖和出租。1963 年关于宅基地的补充规定再次声明：房屋出

---

① 土地私有化改革后，大约 19.5% 的农户因生产、生活困难出卖了土地，逐渐形成了土地集中现象，这被认为不符合社会主义性质。于是，从 1951 年开始政务院要求发展农业生产互助组。农业生产互助并未改变土地私有制，只是在生产过程中打破家庭界限、互帮互助、共担生产费用，这类似于现在的农村各种种养殖专业协会。到 1952 年年底，参加互助组的农户已经占到全国农户总数的近 40%。

② 毛泽东在 1953 年秋要求互助组向初级生产合作社（初级社）转变，在最高峰的 1955 年，加入初级社农户达 1688 万户，约占全部农户数的 15%。初级社虽未改变土地私有制，但它要求农民土地入股，统一生产经营、统一成果分配、入股土地分红，切断了农民与每块耕地的直接联系，并且没有规定退出机制，从而使农户失去了对土地的直接控制权。

③ 1955 年后，中国农村掀起了"半社会主义的合作化"运动，目标是建立高级生产合作社（以下简称高级社）。加入高级社意味着农民要放弃土地私有，实行土地集体所有制，在此基础上统一经营、共同劳动和统一分配。到 1957 年，我国几乎所有农户都加入了高级社。

④ 从 1958 年开始，我国仅用了不到一年时间就基本实现了人民公社化。人民公社体制的基本特征是规模大（普遍以乡为单位，部分是县为单位），生产资料公有化程度高（简称"一大二公"），并实行"政社合一"。但是，这种体制所蕴含的平均主义倾向严重抑制了农民的生产热情，影响了农业生产。1960 年 11 月，中央又提出"三级所有，（生产大）队为基础，是现阶段人民公社根本制度"，随后又将"队为基础"的内涵进一步解释为生产小队。

卖以后，宅基地的使用权随之转移给新房主。这就形成了如今宅基地和农民房屋产权归属不同的局面（"房地分离"）。

3.2.2.3 二元土地所有制正式写入宪法

1982 年《宪法》明确规定"城市的土地归国家所有，农村的土地归集体所有"，我国二元土地制度才从根本大法层面得到正式认可。

自 1954 年《宪法》赋予农民的土地所有权以来，直到 1982 年《宪法》出台的 28 年中，我国《宪法》一直没有否定农民的土地所有权（蔡继明，2011）。

3.2.3 改革开放后二元土地产权改革

改革开放后，我国二元土地制度的所有制形式一直没有改变①。但是，二元土地所有制的产权内涵却一直在发生变化，基本导向就是所有权与使用权分离、局部领域和个别环节的市场化（而不是系统全面的市场化）。但两种产权改革在市场化的路径、速度和程度等方面存在着显著差异。

3.2.3.1 城市国有土地产权制度改革

改革开放后，我国在城市国有土地产权制度改革的基本路径是从基于行政划拨的无偿、无期限、不允许流动的土地使用制度，向土地划拨与土地出让并存的双轨制过渡，最后演变为高度市场化的土地使用制度。相对于农村的集体所有土地的产权改革，城市国有土地产权改革虽然起步较晚，但基本形成了政府垄断下的市场化，目前已经初步形成国有土地使用权、国有土地抵押权、国有土地租赁权等土地权利形式，建立了多种类型和层次的市场体系。

我国城市土地产权制度改革的最初诱因是外资企业的进入。1979 年《中外合资经营企业法》规定对外资企业征收土地使用费，改变了计划经济时期土地无偿使用的制度（但范围仍限于中外合资企业）。1987 年 12 月 1 日，深圳市敲响了新中国历史上土地拍卖的"第一槌"，公开拍卖了一块 8588 平方米地块 50 年的使用权。

1988 年，随着《宪法》和《土地管理法》的相继修订，土地不准出租条款被废止，取而代之的是"土地的使用权可以依照法律的规定转让"。1990 年

---

① 虽然从 20 世纪 80 年代开始就陆续有学者提出土地"国有化"和"私有化"的改革设想，但由于土地制度改革涉及政治属性和社会稳定，变"二元"为"一元"的改革方案实际上从未列入中央的议事日程。

国务院出台了《城镇国有土地使用权出让和转让暂行条例》，规定出让土地有招标、拍卖、协议三种方式，各类用地出让的最高年限为：居住用地 70 年；工业用地 50 年；教育、科技、文化、卫生、体育用地 50 年；商业、旅游、娱乐用地 40 年；综合或其他用地 50 年①。

3.2.3.2　农村集体土地产权制度改革

事实上，改革开放以后的土地改革始于农村。但由于种种原因，农村土地资源配置的市场化程度远低于城市，由此导致了我国农村土地资源严重短缺与严重浪费的局面并存。

农村土地产权改革始于家庭承包经营责任制，自 1978 年诞生以来，土地承包经营制度经历了基本确立、稳定与规范、法制化三个阶段（王小映，2008）。承包制一出现就在全国得到迅速推广，到 1983 年已经覆盖全国 95%以上的生产队，成为我国主要的农业经营形式。

在集体土地产权内涵方面，除了赋予农民土地使用权外，还逐步丰富了农民对集体土地的权属内涵。1993 年中央《关于当前农业和农村经济发展若干政策措施》提出，允许土地依法有偿转让，使得农民对土地的使用权实现了从两权分离到三权分离的权力裂变，即承包经营权进一步分裂为承包权和经营权（黄祖辉和汪辉，2002）。2002 年的《农村土地承包法》进一步提出，赋予农民长期而有保障的土地使用权，并允许家庭土地承包经营权可以依法采取转包、出租、互换、转让或者其他方式流转（蔡继明，2009）。2007 年通过的《物权法》则正式明确了土地承包权的"用益物权"地位。

此外，家庭承包经营权的期限也不断被延长，直到 2008 年党的十七届三中全会通过的《中共中央关于推进农村改革发展若干重大问题的决定》提出，现有土地承包关系要保持稳定并"长久不变"②。

在农村农业用途土地产权改革的同时，农村土地的另一重要组成部

---

① 拍卖是多方举价，价高者得；招标是两个以上法人投标，由评标委员会确定；协议是出让方与受让方协商定价。

② 1984 年，中央一号文件明确规定，土地承包制一般应在 15 年以上（也就是说维持到 2000 年左右）。1993 年，为改变农村土地调整过于频繁的新问题，应对农村劳动力向城市转移的新趋势，党中央《关于当前农业和农村经济发展若干政策措施》提出，在原定承包期到期后，再延长 30 年不变，并提出在承包期内"增人不增地，减人不减地"，允许土地依法有偿转让。1998 年，中央《关于农业和农村工作若干重大问题的决定》要求，必须"长期坚持"家庭承包经营制度。2002 年通过的《农村土地承包法》提出，赋予农民长期而有保障的土地使用权，耕地的承包期为 30 年，草地的承包期是 30~50 年，林地的承包期为 30~70 年。

分——集体建设用地①的产权改革也在逐步启动，而乡镇企业在 20 世纪 80 年代中后期的异军突起是一个直接推动因素。乡镇企业快速发展，有力地推动了我国的工业化进程，极大地缓解了农村就业问题。为鼓励乡镇企业发展，1998 年修订的《土地管理法》作出了特别规定：任何单位和个人进行建设，需要使用土地的，必须依法申请使用国有土地；但是，兴办乡镇企业和村民建设住宅依法批准使用本集体经济组织农民集体所有的土地的，或者乡（镇）村公共设施和公益事业建设经依法批准使用农民集体所有的土地的除外②。

在乡镇企业用地产权"有限市场化"③ 的同时，作为集体建设用地主体的宅基地超出农民集体范围之外流转一直受到严格控制，但现行制度默认宅基地在同一集体内部成员间流转。1986 年出台的《土地管理法》明确了宅基地"一户一宅"原则；出卖、出租房屋的，不得再次申请宅基地。1993 年国务院发布的《关于加强土地转让管理严禁炒卖土地的通知》规定：农民的宅基地不得向城市居民出售，也不得批准城市居民占有农民集体土地建宅，有关部门不得为违法建造和购买的住宅发放土地证和房产证。2004 年 10 月国务院发布的《关于深化改革严格土地管理的决定》再次提出，严禁城镇居民在农村购置宅基地，严禁为城镇居民在农村购买和违法建造的住宅发放土地使用证。

这一特别规定沿袭至今，一些地方（如广东、浙江等）也在尝试推进集体建设用地的市场化流转，并取得了初步成效。但在现行所有制框架内、在集体产权约束下，这种市场化的方式很难取得预期效果。

---

① 我国的农村集体建设用地主要包括乡镇企业用地、宅基地和公益性用地三类。1998 年修订后的《土地管理法》将宅基地界定为农村建设用地。

② 值得注意的是，国家对乡镇企业有严格的界定。《乡镇企业法》第 2 条规定：本法所称乡镇企业，是指农村集体经济组织或者农民投资为主，在乡镇（包括所辖村）举办的承担支援农业义务的各类企业。前款所称投资为主，是指农村集体经济组织或者农民投资超过 50%，或者虽不足 50%，但能起到控股或者实际支配作用。在多数地区，乡镇企业实际上已经超出了上述范畴，是通过招商引资吸引的外来企业。

③ 1996 年通过《乡镇企业法》，农村集体经济组织或者农民投资的乡镇企业可以依法无偿取得集体建设用地。但值得注意的是，国家对乡镇企业有严格的界定。《乡镇企业法》第 2 条规定：本法所称乡镇企业，是指农村集体经济组织或者农民投资为主，在乡镇（包括所辖村）举办的承担支援农业义务的各类企业。前款所称投资为主，是指农村集体经济组织或者农民投资超过 50%，或者虽不足 50%，但能起到控股或者实际支配作用。在多数地区，乡镇企业实际上已经超出了上述范畴，是通过招商引资吸引的外来企业（如南海模式，详见后文）。

3.2.4　集体土地所有制的产权缺陷

从上文的分析可以看出，改革开放后，我国虽未改变土地所有制，但为了适应市场经济发展的要求，对土地产权体系进行了调整。但是，为了建立和维持高度行政化的农村土地向城市转用制度，国家对国有和集体两种所有制框架下的产权采取了不同的改革思路：对前者，以确立可市场化的土地产权为目标，赋予独立而清晰的土地使用权、收益权、转让权及担保权等；对后者，则以有限市场化为目标，仅在农业用途范围内赋予较为清晰的土地使用权、收益权和转让权（流转权）。为了阻止农地（包括农村集体建设用地）替代性地进入农地转用市场，维护行政力量在土地转用过程中的唯一性，刻意营造和保持了农村土地向城市土地转用的产权壁垒以及集体土地产权的内在模糊。

3.2.4.1　农地转用权抑制

除了国家为公共利益征收农民土地而发生的农村土地城市转用外，理论上讲在符合土地规划和用途管制的前提下，如果国家允许农民将自己的土地转用为城市建设用地，那么这种流转的发生可能出于两种动因：一种是主动流转，即农民作为土地的所有者或实际权益人，在平等协商的基础上，将非农用途土地的使用权出售给土地需求方，这可能是主要方式；另一种是被动流转，也就是农村土地作为抵押物，因为相关权利的实施而被转移或拍卖。

在现实中，国家通过直接的法律规定构建起了产权壁垒，有意地禁止或限制了农民将农地转用为城市土地，即农民自主的土地非农化①。而在组成产权的使用、收益、转让三项关键权利中，转让权起着更为关键的作用。

一般而言，"土地非农化"指的是土地的用途转换，即从农业用途转换为其他用途（主要是建设用途）。但在中国，土地非农化往往具有更宽泛的含义②（见图3–1）。

第一，农业土地转化为建设用地（简称"土地非农业化"）。这又分为两种情况，一是农业土地转换为城市建设用地；二是农业土地转换为农村建设用地。

---

① 按照我国法律规定，集体土地使用权（承包经营权）是一种基于成员权的派生产权，因此，它只能在一定期限内"流转"，而不能一次性买卖，因为国家必须保护集体成员的基本生存权。

② 未包含国有农场的土地在不同用途之间、在城市和农村之间的转换问题。

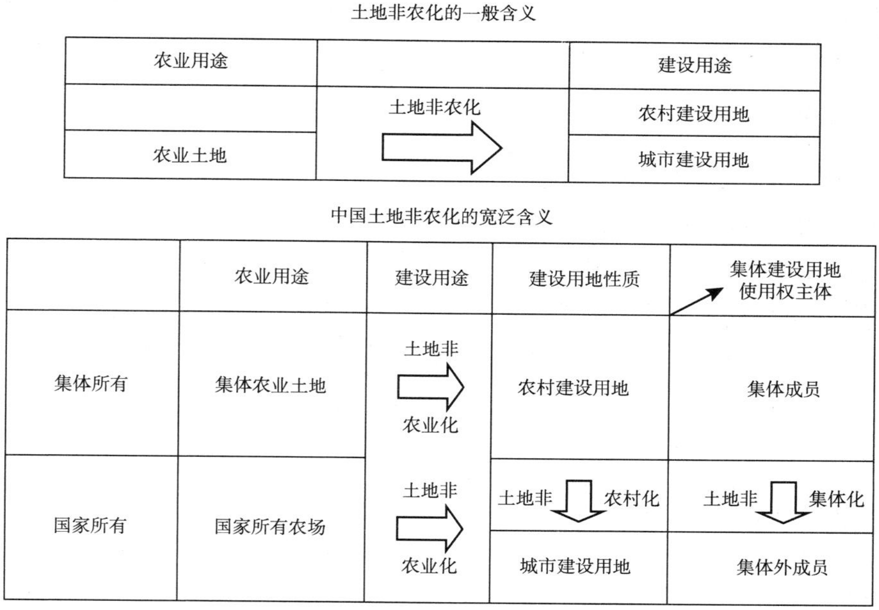

土地非农化的一般含义

农业用途		建设用途
	土地非农化	农村建设用地
农业土地	⇒	城市建设用地

中国土地非农化的宽泛含义

	农业用途	建设用途	建设用地性质	集体建设用地 使用权主体
集体所有	集体农业土地	土地非 ⇒ 农业化	农村建设用地	集体成员
国家所有	国家所有农场	土地非 ⇒ 农业化	土地非 ⇓ 农村化 城市建设用地	土地非 ⇓ 集体化 集体外成员

图 3-1　土地非农化的解释

第二，农村建设土地转换为城市建设用地（简称"土地非农村化"）。

第三，农村建设用地使用权从本集体内的农民手中转移到集体外农民或市民手中（简称"土地非集体化"）。

三种情形的"起点"都是集体性质的土地，"终点"则是合法的建设用地，"转让"的含义是将使用权及相关权属有偿过渡给集体组织之外的第三方。

在现行制度框架下，国家通过多个层阶、多个领域的法律禁止或限制土地非农化转让。

我国《宪法》第 10 条规定"城市的土地属于国家所有"，这就意味着在"城市"范围内的土地必须转为国有，必然不存在集体所有性质的土地，即使有，早晚也要被消除，否则违宪。

我国《物权法》第 128 条规定：土地承包经营权人依照《农村土地承包法》规定，有权将土地承包经营权采取转包、互换、转让等方式流转，但流转的期限不得超过承包期的剩余期限，并且，未经依法批准，不得将承包地用于非农建设。

在《土地管理法》中，使用国有土地规定的范围从"城市"进一步扩大至

"建设"用地，但同时作出了一些例外规定，以确保农民集体的"自用权"①。

集体性质土地允许对外转让的唯一合法情形出现在《土地管理法》第63条：一方面，"农民集体所有的集体土地的使用权不得出让、转让或者出租用于非农业建设"，另一方面"符合土地利用总体规划并依法取得建设用地的企业，因破产、兼并等情形致使土地使用权依法发生转移的除外"。这意味着乡镇企业用地可以在破产、兼并等特殊情形下实现流转。

对于作为集体建设用地主体的宅基地及农房的流转，由于实行了"房地分离"政策，农房的私有产权属性得到了承认。因此，从法理上讲，即使宅基地使用权禁止转让，宅基地上的房屋（农房）仍可以转让。此外，对于宅基地转让，尽管有些地方出台了禁止性措施，但多数地方都默许（但不鼓励）宅基地在本集体内部成员之间的流转，与此同时，《土地管理法》第62条规定，农村村民出卖、出租住房后，再申请宅基地的，不予批准②。

但对于城镇居民购买农房、宅基地使用权和建在集体土地上的"小产权房"，国家则严令禁止。2004年10月，国务院发布《关于深化改革严格土地管理的决定》（国发〔2004〕28号），提出"加强农村宅基地管理，禁止城镇居民在农村购置宅基地"。这就限制了集体建设用地和宅基地使用权市场买方的形成。

与土地非农化转让权直接联系的另一种土地权属，就是集体土地的抵押权。在这方面，国有土地和集体土地也存在着显著差别。取得国有土地使用权后，企业和居民可以去银行申请抵押贷款，实际上，一直以来银行贷款已经成为土地和房地产购买、投资、投机的重要杠杆。

---

① 《土地管理法》第43条规定，"任何单位和个人进行建设，需要使用土地的，必须依法申请使用国有土地"。该条还有一个例外规定，"兴办乡镇企业和村民建设住宅经依法批准使用本集体经济组织农民集体所有的土地的，或者乡（镇）村公共设施和公益事业建设经依法批准使用农民集体所有的土地的除外"。但这个"例外"仅限于农民自用，而不适用于转让情形。但在一些省的实践中，集体建设用地以工业用地形式转让和进入市场却被网开一面，其中最典型的就是以土地股份合作制形式招商引资（如广东南海模式）。这种土地开发性质其实已经超出了"自用权"的范围。

② 一种观点认为，同村村民之间可以自由转让宅基地，因为现有的法律和行政法规的规定对同村村民之间的宅基地买卖和转让没有禁止性的规定，"法无规定则不禁止"。另一种观点认为，同村村民之间就宅基地的转让应是有限制条件的转让，如转让人拥有两处以上的农村住房（含宅基地）；转让人与受让人为同一集体经济组织内部的成员；受让人没有住房和宅基地，且符合宅基地使用权分配条件；转让行为须征得本集体经济组织同意；宅基地使用权不得单独转让，必须与合法建造的住房一并转让。2005年7月的《物权法草案》第162条第1款规定："宅基地使用权人经本集体同意，可以将建造的住房转让给本集体内符合宅基地使用权分配条件的农户；住房转让时，宅基地使用权一并转让。禁止城镇居民在农村购置宅基地。"但后来出台的《物权法》删除了这一表述。

但是，集体土地则被明令禁止用做担保抵押物。1995 年通过的《中华人民共和国担保法》第 37 条规定，下列财产不得抵押：（一）土地所有权；（二）耕地、宅基地、自留地、自留山等集体所有的土地使用权。

值得说明的是，该法同时规定了两个例外事项，即第 34 条第 5 项，抵押人依法承包并经发包方同意抵押的荒山、荒沟、荒丘、荒滩等荒地的土地使用权可以抵押；第 36 条第 3 款，乡（镇）、村企业的土地使用权不得单独抵押，但以乡（镇）、村企业的厂房等建筑物抵押的，其占用范围内的土地使用权同时抵押。

但在第 55 条第 2 款中又规定：依照本法规定以承包的荒地的土地使用权抵押的，或者以乡（镇）、村企业的厂房等建筑物占用范围内的土地使用权抵押的，在实现抵押权后，未经法定程序不得改变土地集体所有和土地用途。

更重要的在于，集体土地在非农化转让方面存在的产权壁垒极大地限制了其作为抵押物的功能。在实践中，土地承包经营权、宅基地使用权及与之紧密联系的农房产权作为抵押物的情况并不常见。即使有些地方进行了一些探索，也最终难以形成一般经验而在更大范围内推广①。

如果说土地非农业化在世界各国都受到了严格的用途管制从而不存在所有制歧视的话，那么，相比国有充分保证的转让权，对"土地非农村化"和"土地非集体化"的严格禁止，则完全是一种所有制歧视。这种歧视严重抑制了土地的资本属性，在很长一段时间内造成了农村的金融压抑和投入不足。

3.2.4.2　集体土地所有制内生的产权模糊

在限制农民自主的土地非农化转让权的同时，为保障政府主导的农村土地城市转用体制，现行制度还利用集体土地所有制自身的缺陷，有意地维护了其产权模糊特性。

如前所述，与土地国有制相同，集体土地所有制也推行所有权与使用权的两权分离的做法。按照 2007 年通过的《物权法》，建设用地使用权、土地承包经营权、宅基地使用权等权利都被定性为用益物权。但是，稍作比较我们就可以发现，两者在产权清晰度方面存在着显著差别：

国有土地制度的产权关系相对清晰，其基本关系是：全体人民都是国有土地所有者→国务院土地行政管理部门（国土资源部）和地方各级土地管理部门负责组织管理（国土资源厅局）→通过多种途径转让国有土地使用权（经营性用地年

---

① 例如，浙江温州乐清尝试了"农房抵押贷款"，取得了初步成效，但也遇到了一系列制度瓶颈。

限不超过 70 年）→土地资源开发与土地使用权的抵押与流转。虽然在这一关系链条中也存在公有制普遍存在的委托代理关系问题，但相对而言，权责比较明确。

相比而言，集体土地制度的产权关系有些含混。人民公社时期，我国的集体土地制度经营模式是"三级所有、队为基础（生产小队）"。改革开放后，这种产权关系发生了一些变化。首先，人民公社、生产大队、生产小队"三级所有"的体系已经瓦解，在政社分离的背景下，乡（镇）多数情况下已经不再是下属村庄土地的名义所有者。其次，"队为基础"的概念发生了变化，改革开放前，生产小队是经济核算的基本单位，在实际的土地产权配置中具有一定重要性。改革开放后，在很多地方，生产小队基本上已经名存实亡，而生产大队作为集体土地所有者的地位得到不同程度的强化。

除了农用地的承包经营权、宅基地的使用权等相对清晰外，其他一系列集体土地产权（如处置权、收益权）则在非土地所有者的政府（特别是乡镇）、作为所有者的集体组织和作为使用者的农民个人之间模糊地配置。当然，不同的地区差异性也比较突出。正如姚洋（2000）所指出的：由于地权本身的多面性和各地的自然、经济和社会条件的显著差异，中国各地农地制度呈现出高度多样化特征，多样化的核心是地权个人化程度存在差异。

在现实中，村民委员会（实质上是村干部乃至村长）充当了集体土地的产权代表（李建建，2007）[1]。村民作为个体，在集体中是什么样的法律地位，在乡村治理结构中是什么样的角色，如何参与土地的管理和土地利益分配，诸多问题在我国现行法律中都没有得到清晰界定。集体所有制既不同于共有制度，也不同于公司制度。在前一种情况下，所有人可以对财产进行直接管理和分配；在后一种制度下，股东可以通过公司治理机制影响管理层的决策结果。而在集体所有制下，农民虽然获得集体成员的名分，往往缺乏参与管理、影响决策的手段和机制。

此外，我国现行集体所有制基本特征之一，是每一个集体成员的"退出权"被剥夺（韩俊，1999）。也就是说农民缺乏"用脚投票"的制约机制和退出利益兑现机制。即使农民个体对所谓集体的决策不满意，往往也只能选择被迫接受或"净身出户"，现实中缺乏来自外部的制衡和监督机制。

---

① 我国《村民委员会组织法》第 5 条有这样的规定："村民委员会应当支持和组织村民依法发展各种形式的合作经济和其他经济，承担本村生产的服务和协调工作，促进农村生产建设和社会主义市场经济的发展。村民委员会应当尊重集体经济组织依法独立进行经济活动的自主权，维护以家庭承包经营为基础、统分结合的双层经营体制，保障集体经济组织和村民、承包经营户、联户或者合伙的合法的财产权和其他合法的权利和利益。村民委员会依照法律规定，管理本村属于村农民集体所有的土地和其他财产，教育村民合理利用自然资源，保护和改善生态环境。"

那么，政府没有注意到这么显见的问题吗？当然不是。事实上，政府（主要是中央政府）发布了一系列文件来对此进行规范，要求保护村氏管理村级集体经济的权利，约束村委会和村干部的权利①。

但从效果上看，这些规定并未真正落实。原因何在？这种集体土地的产权模糊恐怕并不是自发的，而是政府主导下的自觉行为，也就是说是一种"有意的制度模糊"，其用意是为政府在经济发展中随意支配土地资源留下空间（何·皮特，2008）。

集体土地的产权残缺为政府通过征地等手段主导农村土地城市转用，最大限度地获取土地增值收益创造了条件。集体所有制是由国家控制但由集体来承担受其控制结果的一种农村社会主义制度安排（周其仁，1995）。

事实上，村干部（村委会）往往具有双重角色：一方面是基层政府的"代理人"，接受地方政府的"政治任务"；另一方面是村集体当家人，理论上应该对全体村民负责。现实中，村干部（村委会）是在两种角色之间摇摆，并且第一种角色往往会占据主导，经常会在未经村民同意的情况下处理集体事务。这就为政府顺利征地奠定了"内部基础"。

集体土地产权模糊性，还可以从农民的认识中得到验证。在笔者组织的征地制度问卷调查（400 个有效回答）中，认为农村土地属于农民个人所有的占39%；其次为国家所有，占 33%；村集体所有只占 25%（见图 3 - 2）。

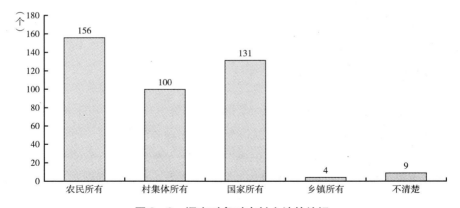

图 3 - 2　调查对象对农村土地的认识

---

① 如农业部、民政部、财政部、审计署于 2003 年发布的《关于推动农村集体财务管理和监督经常化规范化制度化的意见》（农经发〔2003〕11 号）和农业部 2005 年发布的《关于加强农村集体经济组织征地补偿费监督管理指导工作的意见》（农经发〔2005〕1 号）要求，"加强对农村集体经济组织征地补偿费专项公开和民主管理工作的指导和督促检查"。

3.3 转用框架：用途管制和计划管理

土地资源的用途管制和国有建设用地指标管理，是国家对土地资源在不同用途、不同区域、不同时间配置进行管理的基本手段。

3.3.1 用途管制与耕地保护

3.3.1.1 基本范畴

土地用途管制（land use regulation）是一国（或地区）为了实现土地资源的合理利用，通过土地利用规划及其他控制性规划确定不同区域土地的用途和使用限制的制度。

在不同国家或地区，土地用途管制的名称不尽相同，如日本、美国、加拿大等国称之为"土地使用分区管制"（land use zoning），瑞典称之为"土地利用管控"（land use control），英国称之为"土地规划许可制"，法国和韩国等则称之为"建设开发许可制"（张全景、欧名豪，2008）。

从性质上讲，用途管制是政府对土地资源配置进行干预的重要手段，目标是减轻土地资源使用中出现市场失灵所带来的损害，促进土地资源的节约、集约利用和可持续开发。

土地用途管制的内容一般包括：确定土地分类；制定土地利用总体规划；土地用途登记；土地用途变更审批；土地违规行为处罚；等等。其中，土地利用总体规划及其他一些详细规划是土地用途管制制度的核心，包括土地利用分区管理和土地利用指标管理两个方面的主要内容。

3.3.1.2 国际经验

土地用途管制是世界各国普遍采用的制度。它在 1875 年发端于德国柏林，主要目的是通过合理分区实现工人居住与工厂布局的协调匹配。

为了管制土地开发密度和容积率，美国在 1891 年引入土地分区。1916年，纽约颁布了第一个综合分区管制规定，标志着土地用途管制制度在美国正式确立。

第二次世界大战以后，随着经济发展带来的农地流失和环境恶化问题日益突出，用途管制逐渐被各国（地区）采用，并成为多数国家和地区管理国土资源的重要手段。

值得注意的是，不同国家实行土地用途管制的目标存在一些差异，概括起来，主要分为两类：环境保护和农地保护。在一些农地资源相对丰富的国家，如美国、加拿大，土地用途管制的主要目标是环境保护；在一些人多地少、耕地短缺的国家和地区，如日本、韩国、中国台湾，用途管制强化的初衷是农地保护（李茂，2003）。

3.3.1.3　中国 1999 年正式实施用途管制制度

我国从 1990 年开始编制土地利用总体规划，1999 年修订后的《土地管理法》（第 4 条）正式写入了土地用途管制制度。这是我国土地管理方式的重大改革。

对于土地用途管制方式，主要有两种划分方法[①]：一是根据土地使用属性[②]；二是根据管制不同环节[③]。国务院土地行政主管部门（国土资源部）统一负责全国土地的管理和监督工作。县级以上地方人民政府土地行政主管部门的设置及其职责，由省、自治区、直辖市人民政府根据国务院有关规定确定。

需要说明的是，我国的用途管制制度是带有二元"烙印"的制度。除了国际通行的土地利用方式的管制外，还通过所有制的限制对土地利用加以管制。因此，我国的用途管制制度具有使用方式管制和所有制管制两个特征。

3.3.1.4　耕地保护是首要目标

在我国，实行用途管制制度的总体目标是实现土地资源的合理配置与可持续开发，其中，首要目标是保护耕地。《土地管理法》第 3 条规定：十分珍惜、合理利用土地和切实保护耕地是我国的基本国策[④]，各级人民政府应当采取措施，全面规划，严格管理，保护、开发土地资源，制止非法占用土

---

① 实际上，前文所述的对农民土地非农化转让权的剥夺，也可以理解为基于所有制的土地用途管制。

② 《土地管理法》第 4 条规定："国家编制土地利用总体规划，规定土地用途，将土地分为农用地、建设用地和未利用地。严格限制农用地转为建设用地，控制建设用地总量，对耕地实行特殊保护。"其中，建设用地用途管制则按建成区和规划区不同适用不同管制规定。根据 2007 年《城乡规划法》，我国的城乡规划，包括城镇体系规划、城市规划、镇规划、乡规划和村庄规划；城市规划、镇规划分为总体规划和详细规划；详细规划分为控制性详细规划和修建性详细规划。

③ 从上游到下游，我国分别采取了指标管制、现状管制、规划管制、审批管制和开发管制等手段。其中，在用地指标管制方面，制定和执行土地利用总体规划和年度规划是主要手段。除了总体规划外，国家要求地方各级政府通过土地利用年度计划，它主要根据国民经济和社会发展计划、国家产业政策、土地利用总体规划以及建设用地和土地利用的实际状况编制，主要控制指标包括建设用地总量、城乡建设用地"增减挂钩"数量等。

④ 目前，我国共有五项"基本国策"，即计划生育、环境保护、耕地保护、科教兴国和对外开放。

地的行为①。

到目前为止，我国已形成以用途管制为基础，基本农田保护、占补平衡、土地开发整理复垦等制度相互配合的耕地保护制度。其中，基本农田保护具有核心意义，是我国粮食安全的最重要保障。2010 年国家土地督察公告显示，当年基本农田面积为 15.6 亿亩。

我国的基本农田保护制度始于 20 世纪 80 年代末，经过 20 多年的建设和发展，我国已经形成了一系列制度体系②。《全国土地利用总体规划纲要（2006～2020 年）》明确提出了规划期土地利用目标：守住 18 亿亩耕地红线，规划 2020 年耕地保有量 12033.33 万公顷（18.05 亿亩），确保 10400 万公顷（15.6 亿亩）基本农田不减少、质量有提高。

18 亿亩耕地保护特别对农村土地向城市转用构成了有力制约。特别是对于占耕地 80% 以上的基本农田，除了《土地管理法》外，国家还以国务院法规的形式出台了《基本农田保护条例》来抑制地方政府建设占用城市周边优质耕地资源的行为③。

---

① 以耕地保护为重点的基本国策的提出经历了一个认识不断深化的过程。1982 年 2 月 13 日，国务院发布的《村镇建房用地管理条例》第 3 条规定：我国人多地少，珍惜和合理利用每寸土地是我们的国策。1982 年 5 月 4 日，全国人大常委会通过的《国家建设征用土地条例》第 3 条规定：节约土地是我国的国策。1984 年五届全国人大常委会第四次会议审议政府工作报告时提出："我国人口多，耕地少，随着人口增长，这个矛盾将会越来越尖锐。十分珍惜每寸土地，合理利用每寸土地，应该是我国的国策。"1986 年 3 月，中共中央、国务院《关于加强土地管理制止乱占耕地的通知》中指出：十分珍惜和合理利用每寸土地，切实保护耕地，是我国必须长期坚持的一项基本国策。1991 年七届全国人大常委会第四次会议关于我国国民经济和社会发展十年规划和"八五"计划纲要中决定，将保护耕地、计划生育和环境保护共同列为我国的三项基本国策。1992 年 6 月 2 日，李鹏总理题词："十分珍惜和合理利用每寸土地，切实保护耕地，是我国必须长期坚持的一项基本国策。"1998 年 8 月 29 日，九届全国人大常委会第四次会议通过了新修订的《土地管理法》，首次以立法形式确认了土地基本国策。十七届三中全会通过的《中共中央关于推进农村改革发展若干重大问题的决定》进一步将上述国策总结为"两个最严格"，即坚持最严格的耕地保护制度，坚决守住 18 亿亩红线；实行最严格的节约用地制度，从严控制城乡建设用地规模。

② 该制度涉及基本农田保护规划、基本农田保护区、占用基本农田审批、基本农田占补平衡、禁止破坏和闲置荒芜基本农田、基本农田保护责任、基本农田监督检查、基本农田地力建设和环境保护八项具体制度（臧俊梅等，2007），有关法律，如《中华人民共和国土地管理法》《基本农田保护条例》《基本农田保护划定（补划）技术规程》《基本农田保护区环境保护规程》等为基本农田保护提供了法律保障。

③ 根据《土地管理法》第 34 条，目前我国有五类土地被划入基本农田保护区：第一，经国务院有关主管部门或者县级以上地方人民政府批准确定的粮、棉、油生产基地内的耕地；第二，有良好的水利与水土保持设施的耕地，正在实施改造计划以及可以改造的中、低产田；第三，蔬菜生产基地；第四，农业科研、教学试验田；第五，国务院 （转下页注）

　　首先，占用基本农田的审批权限在国务院①。这意味着两点：第一，占用基本农田的项目，对"符合公共利益"要求很高，特别是符合全国性的公共利益；第二，地方政府无权擅自征收基本农田用于建设项目，即使占用，也需要经过严格的中央审批。

　　其次，擅自占用基本农田要被问责②。现实中，基本农田保护已经成为考核领导干部政绩的重要指标，各级领导要与上级签订基本农田保护责任书。

　　最后，耕地（基本农田）必须受到占补平衡的约束。考虑到地方发展和建设的实际需要，国家施行了地方耕地总量占补平衡政策，试图通过这种"动态平衡"的管理方式，在确保耕地数量和质量的前提下，赋予地方一定的自主空间。但是，占补平衡的范围一般被限定在县域之内，国家严格禁止地方擅自开展跨县、跨地区、跨省的异地占补平衡、异地代保③。

3.3.2　规划管理与指标控制

　　在国内外的实践中，土地利用规划及其他配套规划，是实施土地用途管制的依据和基础，指标控制是合理调节农村土地城市转用的手段。

3.3.2.1　规划管理体系

　　在我国，与农地城市转用密切相关的规划有两大类：一是土地利用规划；二是城市建设规划。前者是规制农村土地城市转用的主体，体现了中央意志，具有较强约束性；后者则更多体现地方意志，在很大程度上成为地方扩张城市

（接上页注③）规定应当划入基本农田保护区的其他耕地。此外，为了保护核心地带的耕地，《基本农田保护条例》第 10 条还规定：根据土地利用总体规划，铁路、公路等交通沿线，城市和村庄、集镇建设用地地区周边的耕地，应当优先划入基本农田保护区。

① 根据《土地管理法》第 45 条，征收基本由国务院批准。《基本农田保护条例》第 10 条也规定：土地规划中划入保护区的基本农田，任何单位和个人不得改变或占用。国家能源、交通、水利、军事设施等重点建设项目选址确实无法避开基本农田保护区，需要占用基本农田、涉及农用地转用或者征用土地的，必须经国务院批准。

② 《基本农田保护条例》第 4 条规定：县级以上地方各级人民政府应当将基本农田保护工作纳入国民经济和社会发展计划，作为政府领导任期目标责任制的一项内容，并由上一级人民政府监督实施。此外，《国家粮食安全中长期规划纲要（2008～2020 年）》也提出，要强化粮食安全责任，要求落实粮食安全省长负责制。

③ 除非被列入改革试点地区，如成都是全市范围、重庆是全"省"范围，其他地方被禁止异地的土地发展权交易，浙江、安徽等地在这方面曾进行了大范围试点，但 2008 年被《国土资源部关于严格耕地占补平衡管理的紧急通知（国土资电发〔2008〕85 号）》叫停。

的手段①。

（1）土地利用规划。

土地利用规划是政府根据一个区域经济社会发展的要求，考虑到自身的自然、政治、经济、社会条件，在时空两个维度对土地的开发、利用和保护所作的安排和布局，以维护公共利益和实现社会福利最大化。经过合法性论证或审批（理论上讲，应该由代表民意的立法机构批准或授权）的土地利用规划，具有法律强制性，体现的是公众意志，任何单位和个人都必须遵守。

按规划性质划分，土地利用规划体系分为土地利用总体规划、专项规划、详细规划三个层次。土地利用总体规划是核心，居于最高层次。按照规划范围和规划主体的不同，土地利用总体规划又可以分为全国、省、地、县、乡五个层次②。土地利用专项规划是对土地利用总体规划的完善和深化，目标是解决土地利用中某一特定问题，主要有土地开发规划、土地整理规划、基本农田保护规划。土地利用详细规划是在土地利用总体规划和专项规划指导下，直接对某一地段（某一用地单位）的土地利用及其配套设施作出的具体安排。从作用上划分，土地利用详细规划分为控制性土地利用详细规划和开发性土地利用详细规划。

（2）城市建设规划。

除了土地利用规划外，城市建设规划也是农地转用过程中影响土地资源配置的重要手段。

城市总体规划是城市建设规划的核心，它根据地方经济社会发展需要，规定了城市规模和发展方向、用地范围、功能分区，对产业用地、城市道路及交通设施用地、住宅用地、商业设施用地等作出安排。其中，"城市规划区"是一个重要概念，它是指城市建成区以及因城市建设和发展需要必须实行规划控

---

① 我国没有专门的土地规划法，而是通过《土地管理法》规定了土地利用规划的编制原则：①严格保护基本农田，控制非农业建设占用农用地；②提高土地利用率；③统筹安排各类各区域用地；④保护和改善生态环境，保障土地的可持续利用；⑤占用耕地与开发复垦耕地相平衡。2009年国土资源部发布的《土地利用总体规划编制审查办法》，对土地利用总体规划的编制要求、规划内容、审查和报批等作了明确规定。土地利用规划由土地管理部门负责编制。城市总体规划依据的是我国的《城乡规划法》，由城市规划部门负责编制。

② 我国《土地管理法》第4条规定：国家编制土地利用总体规划，规定土地用途，将土地分为农用地、建设用地和未利用地。严格限制农用地转为建设用地，控制建设用地总量，对耕地实行特殊保护。

制的区域。城市规划区的具体范围由有关人民政府在组织编制的城市总体规划中，根据城市经济社会发展需要划定。

十七届三中全会《决议》提出，在土地利用规划确定的城镇建设用地范围外（"圈外"），经批准占用农村集体土地建设非公益性项目，允许农民依法通过多种方式参与开发经营并保障农民合法权益。从一定意义上讲，是否在城市规划区，是确定征地合法性、合理性的重要判断依据。在实践中，很多地方为了更大范围地征用土地，频繁调整城市规划区范围的情况并不少见。

3.3.2.2　指标控制

我国对农地城市转用实行了层层分解的计划指标管理，其依据就是土地利用规划。中国的农地转用指标体现为三个配额，即建设用地总量配额、耕地保有量配额、土地利用年度配额。按照时间长短，计划指标分为长期指标、中期（5 年）指标和年度指标三类。在我国，土地指标控制权掌握在不同层级政府手中。

（1）指标的形成与分解。

首先由国家编制《全国土地利用总体规划纲要》。该规划纲要会对未来 15 年左右的全国土地利用作出统一部署，并对各省（市、自治区）耕地保有量、基本农田保护面积、建设用地等指标作出具体规定[①]。

在国家土地利用总体规划的基础上，各省级政府对新增建设用地指标分解，并最终形成土地利用年度计划，通过年度计划对各地区的新增建设用地计划指标、土地开发整理计划指标和耕地保有量计划指标作出限定[②]。在省级土地利用规划会逐次分解至各地（市），然后由各地根据本地的土地利用总体规划和城市总体规划确定具体指标的使用方式和项目[③]。

---

① 《全国土地利用总体规划纲要（2006~2020 年）》要求："依据土地利用总体规划、国民经济与社会发展规划和国家宏观调控要求，编制和实施土地利用五年近期规划，明确各项用地规模、布局和时序安排。按照土地利用总体规划和近期规划，编制和实施土地利用年度计划。"具体而言，《全国土地利用总体规划纲要（2006~2020 年）》提出，到 2020 年，全国新增建设用地 585 万公顷（8775 万亩），通过引导开发未利用地形成新增建设用地 125 万公顷（1875 万亩）以上。

② 年度计划管理的具体方式见《土地利用年度计划管理办法》（国土资源部第 37 号令）。

③ 《土地管理法》第 24 条规定：各级人民政府应当加强土地利用计划管理，实行建设用地总量控制。土地利用年度计划，根据国民经济和社会发展计划、国家产业政策、土地利用总体规划以及建设用地和土地利用的实际状况编制。土地利用年度计划的编制审批程序与土地利用总体规划的编制审批程序相同，一经审批下达，必须严格执行。

（2）指标的审批与管理。

在农地转换为城市用地的过程中，有两个审批手续：一是农用地转用审批①；二是土地征收审批②。各级政府掌握的审批权限不同（见表3－2）。

表3－2　2001～2011年国务院和省级政府批准的建设用地面积

单位：万公顷

年份	国务院	省级政府	合计
2001	7.26	9.44	16.7
2002	4.44	13.92	18.36
2003	17.06	25.00	42.06
2004	13.73	14.79	28.52
2005	14.96	20.12	35.08
2006	12.28	28.32	40.60
2007	15.39	25.89	41.28
2008	12.93	26.95	39.88
2009	30.21	28.56	58.77
2010	20.42	33.51	53.93
2011	27.60	33.60	61.20
合计	176.28	260.10	436.38

资料来源：《中国国土资源公报2011》《中国国土资源统计年鉴2011》。

需要指出的是，由于在具体执行过程中，这些审批程序同时依据土地利用总体规划和城市总体规划，而两大规划分别由土地管理和城乡建设部门编制，

---

① 对于农用地转用审批，《土地管理法》第44条规定：建设占用土地，涉及农用地转为建设用地的，应当办理农用地转用审批手续。省、自治区、直辖市人民政府批准的道路、管线工程和大型基础设施建设、国务院批准的建设项目占用土地，涉及农用地转为建设用地的，由国务院批准。在土地利用总体规划确定的城市和村庄、集镇建设用地规模范围内，为实施该规划而将农用地转为建设用地的，按土地利用年度计划分批次由原批准土地利用总体规划的机关（一般是省级）批准。在已批准的农用地转用范围内，具体建设项目用地可以由市、县人民政府批准。上述情况以外的建设项目占用土地，涉及农用地转为建设用地的，由省、自治区、直辖市人民政府批准。

② 对于土地征收审批，现行《土地管理法》第45条规定，征收下列土地的，由国务院批准：①基本农田；②基本农田以外的耕地超过三十五公顷的；③其他土地超过七十公顷的。除此以外需要征收土地的，由省、自治区、直辖市人民政府批准，并报国务院备案。征收农用地的，应当依照本法第四十四条的规定先行办理农用地转用审批。其中，经国务院批准农用地转用的，同时办理征地审批手续，不再另行办理征地审批；经省、自治区、直辖市人民政府在征地批准权限内批准农用地转用的，同时办理征地审批手续，不再另行办理征地审批，超过征地批准权限的，应当依照本条第一款的规定另行办理征地审批。

由此导致了一系列冲突和矛盾，给审批带来了困难（张飞，2006）。

3.3.2.3　小结

以上对以土地规划基础、计划指标管理为手段的用途管制体系进行了介绍，那么，这种制度能否真的抑制地方的土地转用冲动呢？是否真的完成了保护耕地、提高土地利用效率的目标呢？通过后文的分析，我们可以看到，效果似乎离制度设计者的初衷差距甚大。这种资源配置的计划管理模式，由于信息不完全，不可避免地重蹈了计划经济的覆辙，导致了指标分配不准确、空间布局不合理、建设用地紧张与浪费利用并存等问题。对此，很多学者（郑振源，2004；汪晖和陶然，2009）对刚性的土地利用规划和计划管理提出了批评。

有学者对我国的城市空间增长机制进行了实证分析，指出土地资源条件的限制（如耕地保护等）对城市空间增长的约束并不明显（杨东峰和熊国平，2008）。不少地方甚至将各种规划作为推动城市空间扩张所谓的依据，从而使其失去了客观性和科学性。以第二轮全国土地利用总体规划（1996～2010 年）为例，1997～2010 年全国非农业建设占用耕地控制指标 2950 万亩，实际到 2002 年就有 2/3 以上省份的耕地占用突破了 2010 年的控制指标，到 2005 年就已经用完全部耕地占用指标。

3.3.3　管制、征收与土地发展权

在"监管国家"（regulatory state）兴起的背景下，政府对市场行为进行监管是被广泛公认的必要手段，而用途管制事实上已经成为政府调节土地资源配置的重要手段[1]。但值得注意的是，在引入了用途管制与分区规划制度后，不同区域的土地的用途和使用方式受到了限制，这会导致不同的土地权利人（土地所有者或使用者）之间出现苦乐不均的结果。用途管制旨在消除土地资源浪费、环境破坏问题、粮食安全隐忧等外部性问题，由此带来的成本却由个人或特定群体来承担，这是否会带来公权对私权的侵犯呢？如何界定一般性的管制或带有征收性质的管制（管制性征收）的合理范围？对于政府管制性征收是否以及如何给予受损失的土地权益人补偿？接下来，本书将简要分析。

3.3.3.1　一般性管制与征收性管制的区分

从性质上讲，一般性管制是一种合法的"警察权"（police power）（刘向

---

[1]　对于 regulation，目前有不同的翻译方式，常见的有三种，即监管、管制、规制。

民,2007)。例如,政府为了实现公共安全、公共卫生而对财产的使用方式进行限制;政府为了减轻交通拥挤、减少 PM 2.5 的排放而采取汽车限行措施。在这些案例中,政府为了"公共利益"而采取了管制措施,无须对被管制主体进行各种"补偿"或"赔偿"。

但有些情况下,政府的管制行为可能会给财产所有者带来较为严重的损失。例如,为了限制 PM 2.5 的公共卫生危害,政府可能要求在特殊天气下建筑工地停工或工厂停产,对于某些面临交房违约的房地产商或者交货违约的生产企业而言,可能会遭受多种经济损失。当然,进一步假设这样的极端天气持续较长时间,如果继续管制,企业的损失可能就会是致命性的。笔者认为这种情况下的管制就是一种财产使用权的(暂时性)征收行为。要知道这些企业都是在政府现行法律法规允许的范围内从事经营的,而不是环保不达标的企业。对于后者,随时可以要求企业关闭而不必补偿,甚至会罚款。这一案例实际上引出了区分一般性管制与征收性管制的两大标准:公共利益和损失程度。

首先,从立法和司法实践的角度来看,区分公益或公害并不是件很容易的事情。因为公益和公害都是一定范围的,对不同群体而言,受益或受害性质不同。

其次,如果以损失程度来区分,政府管制导致财产所有者损失较大的,就构成了管制性征用,那么,究竟是多大损失呢?美国的界定标准也是一种定性分析:如果政府管制完全摧毁了财产合理的经济价值,则是征收性管制,需要补偿;如果政府管制仅仅是降低了财产价值,并未达到摧毁的程度,则仍是一般性管制(刘向民,2007)。例如,如果为了保护一个城市历史风貌而规定其产权人不得对其占有的历史建筑改扩建,但该建筑仍可以按照一定经济价值使用和收益,则不属于征收性管制。又如,如果一个人在海边买了一块土地准备修建私人住宅并且在当时是被允许的,但此后政府出台规定,禁止在海边修建任何建筑以维持自然风貌,那么政府的这一做法就构成了征收性管制,它损害了该土地的所有经济价值。

最后,政府的一些管制规定往往不是直接限制土地所有者使用,而是通过附加条件允许其他人同时使用。这种做法使得政府可以在不增加税收的情况下简便地转嫁公共服务的供给责任,因而在 20 世纪 70 年代以后开始流行。例如,在美国的一个案例中(Nollan v. California Coastal Commission),当地政府要求海边房地产的所有者允许公众通过其土地前往沙滩,以此作为其开发的附加条件。但法院判决认为,公众通行权与开发海边项目对沙滩造成的损害并没有什么内在合理的关联,因此,这一规定是征收性管制,政府应给予土地所有者补偿。除了合理关联外,政府管制附加的条件也要适度,与所要消除的损害比例相当。

总之,相对于占用性征收(possessory taking)而言,管制性征收(regulatory taking)行为的界定更为困难,因为并不是政府从行为上直接占用或授权他人占用土地,而是通过法律法规来"管制"土地的使用。

管制性征收范畴,特别适合分析我国的农村集体建设用地的状况。无论是对集体建设用地对外流转的限制,还是对集体建设用地用途范围的限制,都对其所有者或使用权人——农民构成了严重损失,因此,可以在一定程度上说,我国对集体建设用地采取了管制性征收的做法。但遗憾的是,这种管制性征收是无偿的,更重要的是,政府的这种管制似乎与公益或公害并无关联,因此,又不具备管制性征收的基本要件。

需要说明的是,在美国,由于土地产权清晰,因此,管制对于产权所有人的产权限制、影响或侵害一目了然,但在我国,由于集体土地产权的有意模糊和"集体"虚置,管制性征收才得以畅通无阻。

当然,我们也应该看到另一个重要区别,那就是美国的管制性征收是个案,是在明确的法律框架下政府管制行为对个体土地产权的剥夺,对此类案件的审理,是在既有法律和制度框架下进行的。而在我国,政府管制对集体建设用地产权的限制是一种长期、普遍的做法,要改变这一局面,唯有变革已有制度,修订或完善法律法规。

3.3.3.2 一般性管制下的土地发展权

上文介绍了管制性征收的内涵与特征,并分析了我国对集体建设用地的限制"疑似"管制性征收,但不符合管制性征收的目标和补偿特征。实际上,征收性管制只是土地使用管制的极端例子,除此之外,对土地的任何管制规定都会对土地产权人带来影响,导致土地权益的再配置。在此,我们将以耕地保护为核心的土地利用规划及分区管理等视作一般性管制,接下来分析它对土地产权格局的影响及土地发展权补偿问题。

政府的规划不仅会规定土地的大类用途,如农用地、商业用地、居住用地、工业用地、湿地、林地等,而且会说明每一类土地的使用特征,如建筑规范、建筑密度、高度、空间比例乃至停车位多少等。这样一来,从规划生效之日起,被不同用途所管制的土地权益人便苦乐不均。这就是所谓的土地发展权问题(land development right)。

例如,对于那些被划定为农用地(假定农用地市场价值相对较低)的土地所有者而言，实际上是被强制性地剥夺了变更用途以获取更大经济利益的权利。这就是农地的发展权。

又如，对于那些被界定为土地经济性较差或开发强度较低的城市土地而言，其所有者对城市土地的开发利用也受到了限制。这就是市地的发展权。

虽然不像管制性征收那样属于个案判决，而且并不是所有土地所有者的损失都很显著，但仅仅通过政府管制就造成了财富不公正的再分配，并不符合公平原则。因此，土地利用规划本身必须经过公开的论证和民意机构的审查批准。国家也应通过适当的补偿或建立某种交易机制以实现利益的均衡化。实现这种均衡化的手段主要有两种：

一是在政府的组织和监督下，通过对管制受益者征税（或收费）然后补偿利益受损者来实现。这种做法存在很高的交易成本，在土地增值信息获取、补贴额评估、执行等环节存在着诸多现实困难。

二是采用土地发展权交易方式，通过公开交易实现土地增值收益在不同土地权利人之间的平均分配。这也是以英国、美国为首的很多国家普遍采用的模式（详见征地补偿部分的美国案例分析）。

一般而言，在一个国家设立土地发展权后，其他一切土地财产权或所有权以目前规划编定的正常使用范围为限，如变更土地使用类别，就涉及土地发展权问题。在美国，如果一个农地所有者想改变土地现有利用方式，就需要通过一定的程序申请调整土地区划。当然，农地所有者的目的是追求自身经济利益最大化，但他必须说明调整土地区划对本地经济社会发展的好处，如经济发展、增加税收和促进就业等，并且只有得到议会的批准后才能调整。当然，至于当初为何该农地所有者同意"被用途管制"则是另一个问题，他或者是得到了补偿，或者是成为政治过程的牺牲者，合理诉求未得到公正对待。

总之，现代用途管制制度改变了土地产权的时空配置、主体配置和利用配置，由用途管制所衍生的土地发展权也被视为一种动态产权。20 世纪之前，立法对土地权利关注的重心是静态土地权利设置与保护。它着重从现状角度对各国的土地权利规定进行阐释，是在用途管制的条件下，在某一时点上的土地所有、使用、收益、处置等细分权利的分配规定。进入 20 世纪，尤其是第二次世界大战后，随着城市化的加快发展，动态产权问题成为关注的焦点，如何设置与保护这种动态的权利已经成为世界各国关注的焦点。

3.3.3.3　中国特色的土地发展权问题

中国正处于城镇化和工业化的快速发展期，同时面临着土地发展权的再配置问题。

（1）中国的特殊国情。

不同于西方国家，中国的土地发展权问题具有自己的特征，这种差别表现在历史背景与发展阶段两个方面。

一是历史背景不同。在西方国家建立土地发展权之时，经过长期调整，土地的归属已经相当明确，产权关系稳定而清晰。在我国，情况远非这么简单。在新中国成立前，我国的土地实行的是私有制。新中国成立后，国家通过先没收地主土地后均分的方式重新建立农民土地私有制。后来国家又逐步建立了"三级所有，队为基础"的集体所有制。因此，无论从历史归属的角度看，还是从集体所有制的现实特征来看，我国的土地产权归属都是十分模糊的。从这个意义上，尽管"还权赋能"的初衷是保护弱势农民、明晰产权和以市场化方式优化土地资源配置，但它并不是一个很准确的说法，因为从历史角度看，土地产权主体已经无法追溯，从现实角度看，集体土地产权模糊。实际上，新中国成立之初，国家建立集体经济，完全是按照保障农民的基本生存权方式划分土地归属的，是从全国角度来统筹，划定人均土地及公粮上缴比例，当时是国家"赋权"给农民，全国的农民所获得的生存权是基本均等的。

二是发展阶段不同。自英国在 1947 年建立土地发展权制度以来，发达国家也逐步建立了自己的发展权制度。而在第二次世界大战后，世界主要国家的城市化水平都超过了 50%，明显高于现在的中国（户籍人口城市化率仅为 35%）。因此，对于有 13 亿多人口的中国而言，城市化任务远远大于当时的西方国家。这意味着，必须将土地发展权与人的发展权结合起来，而不仅仅局限于"初始产权"、按照某个比例"一刀切"来规定土地发展权，应根据各地实际，以农民能够进城并达到基本的城市生活标准来界定。

（2）中国的土地发展权现状。

改革开放后，由于地区发展水平的差距拉大，不同地区的农民的状况发生了显著变化，从全国来看，土地发展权分配出现了高度不均，这实际上也是一种发生在城乡之间、农民内部的隐性不公平。概括起来，主要有以下几个方面：

第一，基本农田保护的机会成本不合理分摊。基本农田保护事实上造成了其权益人的土地发展权被强制性剥夺。这意味着耕地承包人只能用于生产经济效益低、社会效益高的重要农产品（主要是粮食），因此被剥夺了利用土地取得更高收益的机会（黄祖辉和汪晖，2002）。

　　第二，不同地区（区位）之间的土地发展权配置不合理。耕地保护的责任在空间分布上的不均衡性，导致了不同省、市、县乃至不同地块的土地所有者的土地发展权不同，各个地区对土地征收补偿的做法进一步拉大了这种差距。

　　第三，土地发展权限制后的利益分配往往也助长了城乡差距的扩大。我国的土地财政主要用到了城市建设之中，由此导致土地增值收益事实上有利于城市居民，从而拉大了城乡差距。

　　值得注意的是，一些地区开始通过允许集体建设用地直接入市（广东、江苏等）来赋予农民土地发展权，而城乡建设用地"增减挂钩"和"地票交易"等也在一定程度上改变了土地发展权的配置，在那些补偿水平较高的地区，偏远地区的农民实际上间接分享了一部分土地发展权收益。

3.4　转用通道：从土地征收到土地出让

　　以上从制度基础和用途管制的角度说明了我国农地转用的制度基础和实现框架。那么，在现实中，一块农地是如何变为市地的呢？这就是农地转用的通道问题。除了前期的规划外，农地转用从土地征收开始，经过土地整理和储备，最终通过土地出让进入市场。由于土地征收在本书后面会有专题论述，在此不再分析。土地储备制度是农地转用通道的一个环节，服务于政府出让的战略战术需要，因此，也不作为本部分的分析重点。本部分将重点介绍土地出让问题。

3.4.1　土地征收制度

　　土地征收制度是我国整个农地转用制度的核心与最关键环节，是实现农地向市地转变的入口。

3.4.2　土地储备制度

　　土地储备是指城市政府通过征收或收购土地所有权或使用权，然后按照土地利用规划和城市发展规划，对土地进行前期开发整理和储备，以便满足城市用地需求，平衡城市土地供求关系。

　　土地储备制度肇始于1896年，起源于土地资源高度紧张的荷兰。荷兰实行土地储备的初衷是抑制土地投机和地价过快上涨，实现城市的均衡与合理发展，并为城市居民提供相对廉价的居住场所。此后，法国、瑞典、英国及美国等纷纷成立土地发展公司、"土地银行"（land banking），由其代表政府调控土地市场供求关系。

1996 年，我国上海出现了第一个土地收储机构，即上海市土地发展中心，随后很多城市（如杭州、青岛）纷纷成立土地收储机构，目前全国已经有城市储备机构 2000 家以上。土地储备制度是在 20 世纪 90 年代提出建设社会主义市场经济的背景下产生的，是土地制度市场化发展的必然结果，是建立土地出让制度的必然要求，服务于地方发展本地经济的需要。土地储备制度建立的直接动因是国有企业脱困、盘活国有资产和规范企业土地资产的市场化变现，而"经营城市"的思想为土地储备制度发展提供了强大动力。

经过十多年发展，我国的土地储备运作模式已经十分成熟，并建立起了完整的法律支撑体系，土地储备的收储重点也从存量土地转移到新增城市建设用地，从城市国有土地转移到农村集体土地，从注重土地收购向土地收购与整理并重转变（卢新海，2008）。

虽然土地储备制度的目标都是调控市场供求关系，土地储备的运作流程也大致相同，但在不同国家，土地储备所发挥的实质性作用存在差异。例如，在荷兰，政府出台土地储备制度更多的是基于该国人多地少，通过土地储备最优化地利用其国土资源，因此，更多地偏重技术性考量。又如，在现代土地储备制度最完善的瑞典，出台土地储备制度的初衷是让本国公民安居以抑制移民潮，因为 20 世纪之初，瑞典有近 1/3 的人口移民美国，为了增强本国的吸引力，瑞典决定为公民提供合理价位的土地和房屋。

在我国，土地储备制度则兼具多重目标。概括起来，目前我国土地储备的功能包括以下几个方面：一是为政府垄断土地一级市场提供土地"蓄水池"，增强政府对土地市场乃至整体经济的调控能力（土地调控）；二是与土地出让一起（商服、住宅土地出让）为城市建设和发展提供强大的资金支持（土地财政）；三是通过收储土地，增强城市的融资能力（土地金融）；四是通过土地储备，为招商引资提供土地要素保障，促进地方工业经济的发展；五是通过土地储备，为建设保障性住房提供空间保障。

3.4.3　土地出让制度

除部分公益性土地通过划拨方式外，土地出让是农地城市转用的主要"出口"。对于这一制度的建立，笔者曾在前文关于二元土地制度发展中做过简要介绍，在此将作进一步细化。

土地出让是土地使用权出让的简称，是指国家以土地所有者身份将一定年限的土地使用权以有偿方式让与土地使用者，由其按国家规定的用途和方式使用的过程。取得使用权后，土地使用者不仅可以占有、使用和取得土地收益，还可以独立支配和处置土地使用权。

在我国，土地使用权出让方式有协议、挂牌、招标和拍卖四种，其中后三种方式被称为"公开出让"。协议出让，是指国家以协议方式将国有土地使用权在一定年限内出让给土地使用者，由于是关起门来的谈判，所以价格往往低于公开出让。对于其他三种公开出让方式，《招标拍卖挂牌出让国有土地使用权规定》（国土资源部令第 11 号）给出了解释①。

划拨土地与出让土地的比例以及不同出让方式的比例，被看做衡量我国土地市场化程度的两个重要指标。到 20 世纪 90 年代末，在我国的国有土地使用环节，行政划拨仍占有较高比重，而在土地出让方式中，公开出让方式占比仍然比较小，甚多商服用地和住宅用地出让也多采取了协议方式，不但造成土地资源配置的效率较低，而且出现了一系列腐败行为，造成了国有资产流失。

此后，国家发布了一系列文件，逐步缩小了行政划拨范围，提高了经营性用地公开出让比例②。根据相关统计资料，2001～2011 年，"招拍挂"出让面

---

① 招标出让国有土地使用权，是指市、县人民政府土地行政主管部门（出让人）发布招标公告，邀请特定或者不特定的公民、法人和其他组织参加国有土地使用权投标，根据投标结果确定土地使用者的行为。拍卖出让国有土地使用权，是指出让人发布拍卖公告，由竞买人在指定时间、地点进行公开竞价，根据出价结果确定土地使用者的行为。挂牌出让国有土地使用权，是指出让人发布挂牌公告，按公告规定的期限将拟出让宗地的交易条件在指定的土地交易场所挂牌公布，接受竞买人的报价申请并更新挂牌价格，根据挂牌期限截止时的出价结果确定土地使用者的行为。

② 1999 年资源部下发了《关于进一步推行招标拍卖出让国有土地使用权的通知》，要求严格限定行政划拨供地的范围，规范协议出让国有土地使用权的行为，并规定商业、旅游、娱乐和豪华住宅等经营性用地，有条件的，都必须招标、拍卖出让国有土地使用权。2001 年，国务院发布了《关于加强国有土地资产管理的通知》（国办〔2001〕15 号），首次明确提出国有土地招标拍卖的范围和界限，对经营性用地协议出让作出了更严格限定，标志着经营性土地由非市场配置向市场配置转变。2002 年 5 月，国土资源部发布了《招标拍卖挂牌出让国有土地使用权规定》（国土资源部令第 11 号），进一步明确规定商业、旅游、娱乐和商品住宅等各类经营性用地，必须以招标、拍卖或者挂牌方式出让，严禁协议出让。2004 年 10 月，国务院发布了《关于深化改革严格土地管理的决定》，明确提出，要大力推进土地资源的市场化配置，逐步实行经营性基础设施用地有偿使用和推进工业用地的挂牌拍卖挂牌出让。此后土地公开出让比例有所上升，但工业用地仍普遍采用协议出让方式。2007 年 9 月，国土资源部发布了《招标拍卖挂牌出让国有建设用地使用权规定》（国土资源部令第 39 号），工业用地（不包括采矿用地）首次被明确定义为经营性用地从而列入招拍挂范畴，并提出工业、商业、旅游、娱乐和商品住宅等经营性用地以及同一宗地有两个以上意向用地者的，应当"招拍挂"出让。

积占出让土地面积的比重从 7.3% 提高到 91.3%。出让收入占比更是在 2011年达到了 95.9%。因此，从形式上看，我国基本实现了国有土地使用权的市场化配置。

在此，笔者之所以说中国的国有土地使用权基本实现市场化配置是"形式"上的，是因为以下几点：第一，从整个土地资源配置方面，只是在出让以及后续的转让环节实现市场化，在其他领域市场化程度不一；第二，对于工业用地，目前的市场化也普遍是形式上的，对于绝大多数地区而言，在招商引资竞争的形势下，控制土地价格仍是地方取得成本优势的关键；第三，以笔者的了解和观察来看，对于相当一部分三、四线城市和县城，房地产用地在很多情况下也是"先协议，后公开"，公开出让也是流于形式，是私下"勾兑"的结果。

3.5 本章小结

本章对我国农村土地向城市转用的整个制度体系进行了介绍，并对其中一些重要制度进行了深入分析。将本章内容概括一下，主要包括以下几个重点：

第一，我国的农地转用制度，从构成要件上看，分为三个大的组成部分，即所有制与产权基础、转用的制度框架、转用的通道。

第二，城乡二元的土地所有制及产权，是现行农地转用制度的重要基础。在这里，必须区分所有制与产权，改革开放以来，在名义的二元所有制之下，我国的土地产权发生了和发生着一些重要的结构性变化，目前正孕育着新的革命。集体土地产权的缺陷，为现行农地转用模式的持续运行提供了重要条件，其核心是限制农民的农地转用主体地位，其关键是营造集体土地产权的"人为模糊性"。

第三，以用途管制和计划管理为特征的土地资源管理体系，是农地向城市土地转用的基本框架。这一框架服务于中央集权、行政主导的土地资源配置需要，在取得一定成效的同时，形成了比较高昂的制度运行成本，并导致了土地发展权的不公平、低效率配置。

第四，征地、储备、出让构成了农地向城市转用的唯一合法通道。无论是现行产权设计还是政府管制，在很大程度上都服务于土地资源在这一通道内的顺畅"流动"。借助这一通道，农地变为市地，集体变为国有，非商品变为商品。

第4章　中国特色的土地征收

4.1　本章引言

前文对土地征收在中国农村土地城市转用中的独特地位进行了简单说明。在发达经济体，土地征收往往仅限于"公共利益"（public interest 或 public benefit）或"公共使用"（pubic use）且需要给予"公正补偿"（just compensation），并且具有明确的程序保障。

在我国，由于合法的农地转用"必须且必需"征收，因此，土地征收的范围实际已经扩大到全部城市建设用地范畴，并且在补偿标准和程序方面也远离了土地征收的本意。虽然从形式上看，中国的土地征收制度具备了法治国家土地征收制度的全部要件，从征收的公益限制到足够补偿再到程序约束，中国都在法律上予以规定，但在实质内容上，在现实的经济运行中，中国的土地征收制度只具备了土地征收制度的外壳，从每个环节、每个方面来看，都存在着严重问题，都服从和服务于追求粗放增长的目标以及部分牢固确立的既得利益。

本章将对中国的土地征收制度形成过程、每个方面的特征进行深入剖析。笔者将首先介绍国外土地征收的理论与发展历程，然后对照分析中国的征收实践。

4.2　土地征收的理论与经验

土地征收是世界各国都要采取的、带有强制性的土地资源配置手段。但在不同国家，做法差异明显。我国提出建设法治国家的目标，因此，本部分主要以法治国家的征地做法为主，通过理论与实践分析提炼出一些可供我国征收制度改革汲取的"营养"。

4.2.1　为什么要征收土地

土地征收是指政府为了公共利益需要，依照法律规定的程序和权限将单位和公民所持有的土地占有并给予补偿的强制行为。

土地征收的本质是什么？一种观点认为，土地征收是对公民私有财产权的剥夺和限制（赵世义，1999；李累，2002）。另一种观点则认为，从学说史的角度来看，土地征收并不只是对私有财产权的限制，同时也是对政府行为的限制（柳志伟，2007）。从土地征收起源及其在多个国家的实践来看，后一种观点更为全面，更符合发达国家的土地征收实践。

那么，为什么政府需要对土地进行征收呢？对此，很多社会科学理论都作出了解释。笔者主要从经济学的视角出发进行分析①。

经济学的解释主要是根据成本－收益分析作出的，考虑问题的基本出发点是政府和市场在资源配置中的功能。在现代经济学中，无论是自由主义者还是政府干预主义者，都承认市场机制的基础性作用。除非存在所谓"市场失灵"（market failure），否则，政府没有干预的必要。作为一种强力的政府干预手段，土地征收自然也是为了克服市场失灵而采取的一种替代措施，目的是使土地资源得到更有效率或更公平的配置。

土地征收针对的是哪些市场失灵的情况呢？对此，经济学家主要从三个角度去解释：一是与土地使用谈判相关的高交易成本问题；二是土地资源稀缺所带来的供给垄断问题（高建伟和李海伟，2009）；三是土地分散开发所带来的负外部性和高成本。

现代制度经济学认为，利用市场机制是有交易成本的。交易成本是达成一笔交易所要花费的成本，包括买卖过程中所花费的全部时间和货币成本，交易成本被视为一种社会福利损耗。土地开发往往具有规模化特征（如铁

----

① 在法学中，土地征收制度是财产征收制度的最重要内核。对于土地征收的依据或正当性，有一种观点认为，在公民与公民之间的交往中，公民拥有完全的土地财产权；但在政府面前，公民的对土地财产占有权就是不完整的，政府为了公共利益而取得财产的权力，被默认是附加于公民土地权利之上的保留权力（reserved rights）。实质上，公民对财产的占有权源自国家的授予，国家为了公益决定收回，是一种自然的权利。在 19 世纪，美国很多司法判决都是基于这样一种认识作出的，直到 20 世纪，仍有一些此类判例。另有学者（柳志伟，2007）从美国宪法精神和美国历史出发，认为政府的征地权是一种衍生权力，它源自政府对社会事务进行管理的权力，也就警察权，而不是基于财产所有权。这种看法可追溯至社会契约论，个人财产因社会公共利益需要而被征用，是基于个人加入社会时所做的一种义务承诺，因此立法机构有权作出这样的决定（洛克，中译本，1964）。

路、公路建设），土地开发者往往要与多个产权人打交道，这需要耗费大量的时间、精力和财力（如信息搜寻、讨价还价、缔约、产权转换登记），付出巨额的谈判成本，导致开工日期的不确定性，乃至放弃那些符合公共利益、有利于社会整体福利提高的项目。在这时，政府通过土地征收，运用强制力获得土地，参照一定的标准给予相对统一的补偿，能够节约交易成本，提高经济效率。

垄断是市场失灵的另一个重要理由。相对于其他生产要素，土地本身就缺乏供给弹性，并由此导致垄断问题。对于某些特殊区位的建设项目用地供给，垄断问题就更为突出，有时甚至具有唯一性。因此，如果是基于平等协商的谈判，具有垄断地位的土地所有者就会以自身垄断利益最大化为目标去套取超额利润或阻碍公益项目的顺利开工。对于这种具有垄断性乃至唯一性的土地获取，利用市场谈判机制或者走入死胡同，或者成本极高，因此需要政府出面干预，采取征收手段。例如，在市场机制下，如果因为无法获得土地而更改交通设施路线，就往往需要付出很高的经济成本和社会成本，从而导致这些设施低于最优规模，通过市场配置土地资源将导致此类服务的供给不足。正如波斯纳（中译本，1997）指出的，在经济学意义上，国家掌握征收权的依据是防止垄断。

此外，土地分散开发所带来的负外部性，也是政府对土地进行征收的初衷。不同地块的土地开发各自为战，缺乏协调统一性，往往会带来一系列负外部性（如建筑风格冲突、基础设施配套缺乏衔接），并且由于土地开发本身具有不可逆性（irreversibility），重整的成本往往很高。此外，大规模统一开发往往具有规模效应和成本优势，能够分摊很多开发成本（如管理成本、基础设施成本）。因此，由政府统一组织征收，然后进行"三通一平""五通一平""七通一平"，具有合理依据，能够提高经济效率①。

以上解释，具有一定的理论依据和实践基础。当然，在不同国家和地区，由于政治、经济、历史、文化、环境等方面差异，在带有"公共利益"特征的不同土地开发项目中，利用政府干预还是市场机制之间的成本比较关系，也存在一定差异，需要具体分析和选择。毕竟，不仅市场能够失灵，政府失灵甚至是更常见的情况，即使是弥补两者缺陷的"社会治理机制"也存在进一步失灵的可能性。

---

① "三通一平"包括：通水、通电、通路、平整土地；"五通一平"指在三通一平基础上加通信、通燃气；"七通一平"是指在五通一平基础上加通邮、通热力。

4.2.2　土地征收的历史起源

早在 1215 年的《英国大宪章》（Magna Charta）就可以看到征用补偿的影子，其中第 28 章规定，王室的膳食供应按照对价原则进行交易，而不能"夺取他人之麦子或其他粮食"。但柳志伟（2007）认为，这是一条早就存在的原则，大宪章不算首创。另据学者考证，1427 年英国的《下水道条例》（Statute of Sewers）规定了征收补偿，因而是最早的征收补偿成文法。但这条例很快被废止，此后 100 多年再无类似法令。

现代土地征收的起点被认为是 1514 年，英国的《制定法》授权坎特伯雷（Canterbury）市为改善河道而对沿岸私人所有的磨坊、桥梁或者大坝进行征用，并给予"适当补偿"（reasonable satysfyed）。此后，财产征收成为一种立法惯例。在 25 年后的 1539 年，英国埃克塞特（Exeter）市政府被议会授权对埃克斯河（Exe）进行清污，可以对相关财产和土地进行征用并对河道的所有者进行足值补偿。这是历史上首次由议会授予的财产征收权（柳志伟，2007）[①]。

"土地征收"（eminent domain）一词由 17 世纪自然法学家格劳秀斯（Hugo Grotius，1583—1645）首次提出，他也因此被称为"征收权"之父[②]。

在世界历史上，最早将土地征收写入宪法的国家是美国。1791 年，著名的美国《宪法第五修正案》规定："未经公正补偿，私有财产不得充作公共使用。"在该修正案中，"公共使用"（public use）和"公正补偿"（just compensation）是两个构成要件[③]。后来，公共使用的内涵又不断被扩大，事实上已经宽泛地解释为公共利益，与其他国家别无二致。

综上所述，如果以 1514 年为起点计算，包括土地在内的财产征收制度即将迈入 500 岁，而这一制度的宪法地位确立也有 222 年。

---

① 柳志伟转引自 William B Stoebuck，"A General Theory of Eminent Domain,"*Washington Law Review* 47（4）（1972）：553 - 604。

② 格劳秀斯在其著作《战争与和平法》中提到："国王能够通过征收权……从国民处取得财产。通过征收的方式取得财产，第一，必须满足公共福利（公共福祉）；第二，必须对损失者予以补偿，如果可能，（补偿应该）从公共基金中获得。"比格劳秀斯稍晚一些的瑞士法学家瓦特尔（Emer de Vattel，1714—1767）也在 1758 年《国家法》一书中指出，征收权是属于社会或者掌权者……仅在必须和为了公共安全的情况下使用。

③ 实际上，在 1791 年美国宪法修正案通过之前，美国弗吉尼亚和宾夕法尼亚两州的宪法已经规定了财产征收要符合公共用途。

4.2.3　土地征收的公益限制

从各国的规定来看，土地征收都要符合公共利益，这是土地征收的基本要件之一。那么，究竟什么是公共利益？如何确保土地征收在公共利益的范围内而不被扩大？这是世界各国都关心的问题。从实践的角度来看，土地征收中的公共利益范畴也经历了一个不断演进变化的过程，总的趋势是外延不断扩大。

4.2.3.1　关于公共利益的思想渊源

对于公共利益的内涵，争论自古有之。早在古希腊时代，亚里士多德就使用"大众福祉"一词来代表公共利益①。到了近代，法国启蒙思想家卢梭（1712—1778）进一步发展了亚里士多德的公共利益概念，认为公共意志（公意，general will）是公共幸福，是国家各种力量的指导，治理社会应该依据共同的利益②。从历史的角度来看，相当长一段时间里，卢梭的公共利益思想在学术界占据了主导地位。但从 20 世纪 50 年代开始，卢梭的公意思想开始受到挑战和批判。以公共选择学派为代表的反对理论认为，公共利益只是政治参与者（包括政府）实现自身利益的手段，是个体利益和集团利益冲突的产物（Cochran，1974）。

关于公共利益界定的另一传统来自边沁（1748—1832）的功利主义思想（边沁，中译本，2000）。边沁认为，公共利益就是其成员的个人利益的总和，社会发展目标是实现最大多数人的幸福③。

①　在亚里士多德看来，公共利益是现实社会中"最高的善"的体现形式，而国家作为最高的共同体，存在的目的就是实现"最高的善"。亚里士多德认为："我们看到，所有城邦都是某种共同体，所有共同体都是为着某种善而建立的（因为人的一切行为都是为着他们所认为的善），很显然，由于所有的共同体旨在追求某种善，因而，所有共同体中最崇高、最有权威、并且包含了一切其他共同体的共同体，所追求的一定是至善。这种共同体就是所谓的城邦或政治共同体。"详见亚里士多德《政治学》，颜一、秦典华译，中国人民大学出版社，2003，第 1 页。
②　卢梭认为，公意不是个别意志的总和，而是个人利益没有矛盾的共同部分，也就是扣除众意相异部分之后所剩下的相同部分。根据卢梭的定义，公意应该是公民们全体一致的决定，但是在一切问题上，求得全体一致显然是一件不可能的事，因此卢梭又表示多数人的决定同样可以构成公意。
③　边沁在《道德与立法原理导论》中指出，"共同体本身是虚构的，它是由那些被认为可以构成其成员的个人所组成。那么，共同体的利益是什么？——是由组成共同体的那些成员的利益的总和"。详见边沁《道德与立法原理导论》，时殷弘译，商务印书馆，2000，第 58 页。在看待公共利益问题上，边沁的功利主义观和卢梭的公共意志观存在着根本区别：前者认为，共同体本身是虚构的，公共利益不过是共同体成员利益的加总；后者则认为，共同体客观存在，因而也不能否认公意的客观性，并且在一些情况下，公共利益和个体的利益是没有关系的。

当然，对边沁的功利主义公益观的批评更为激烈。最著名的就是阿罗的不可能定理。阿罗（Arrow，1963）认为，如果我们尊重个人定义偏好顺序的自由与偏好的多元标准，那我们不可能以一个民主的方式统合出一致的利益偏好。而如果我们无法整理出一致的利益偏好，那公共利益就应当是不存在的。

4.2.3.2　美国的公共利益扩大化趋势

从上述分析可以看出，公共利益在道德哲学意义上的争论一直没有间断过，这使得人们很难给它一个简单明确的含义。这就为土地征收实践中的公共利益扩大化奠定了基础。在最早将私人财产征收的公共利益（公共使用）和公正补偿写入宪法的美国，情况就是如此。

美国宪法中最早出现的是公用，而不是其他的词汇，并不是偶尔的、随意的。宪法制定者们想用"公共"一词（而不是公共利益、公共目的、社会福利或是合理等）对政府征收财产的行为作出严格的限制，从而防止政府的不当行为（柳志伟，2007）。"公共"意味着为私人用途而进行征收不具有合法性；"使用"则意味是一种可见的、实在的直接用途，而不是概念上的间接解释。两个词组合起来就形成了一种客观的标准，用以对征收行为进行限定，防止政府以"结果优化"的名义将土地征收随意化（Kochan，1998）[①]。

但是，上述立法初衷并未阻止公共利益范畴扩大化的趋势。在早期，土地征收案例都很容易与"公共使用"联系起来，我们可以看到公共使用的线索。但是，随着时间的推移，特别是第二次世界大战以后，土地征收的适用范围越来越广，逐步从铁路、水坝等公用事业建设扩大到旧城改造、均衡土地占有、招商引资（兴建工厂、开办百货公司）等多个领域[②]。从美国司法机构的判决中，我们可以清楚地看到这一点。

（1）1936 年穆勒案："保障房"建设征地问题。

1929~1933 年的大萧条之后，美国推行了罗斯福新政，其中一项重要内容就是进行城市改造，在这一计划中，兴建由政府管理的低收入户住宅赫然在列。初期，由于低收入住宅只供一部分低收入者私人使用，因此违反了公用征

---

① 在 18 世纪美国各字典中对"公共"的定义是"属于一个州或一个国家的，不是私人的……是普遍的……不考虑私人利益，而考虑整个区域的利益"。详见 Donald J. Kochan，"Public Use and the Independent Judiciary: Condemnation in an Interest-Group Perspective," *Texas Review of Law & Politics* 3 (1) (1998): 49。

② 这使得在高度强调私有财产神圣不可侵犯的美国，财产权作为一项基本经济权利，其受保护程度与地位已经低于一系列基本权利，如言论表达权、宗教自由权。

地的基本要求，一些地方的此类征地行为被视为非法而遭到法院否决。直到1936年，纽约州上诉法院在"穆勒案"判决中支持了纽约市房屋管理局的做法。此后，这类项目征地请求的正当性得到了法院认可①。

1949年，美国国会重新修订了《住宅法》（Housing Act），授权联邦政府对地方政府进行补助，以促进后者征收拆除凋敝与贫穷社区并兴建新的国民住宅。此后，美国又出现了一系列是否符合"公共使用"合宪性诉讼案件，但绝大多数州和联邦法院都依照"穆勒案"判决思路（高建伟，2011）。

（2）1954年伯尔曼案：旧城改造征地问题。

1954年，美国国会通过了《哥伦比亚特区改造法》（District of Columbia Redevelopment Act），允许城市规划局制订实施城市改造计划，并通过改造解决城区的犯罪率上升与公共卫生问题。政府除有权将被征收土地移交给公共部门兴建公共设施（路灯、休闲设施与学校等），还可将剩余土地出租或出售给私人机构或个人。

作为被征地者之一的"伯尔曼"百货公司认为，被征收土地由私人公司管理与使用，不符合宪法的"公共使用"原则，违反联邦宪法第五修正案，并上诉至联邦最高法院。但联邦最高法院审理后认定，华盛顿特区政府旧城改造计划符合"公共使用"，并未违宪②。通过该案，关于土地征收案的两个判定原则也得以确立：第一，确定是否符合"公共使用"范畴的，是立法机构，而非司法机构，因此不能由法院来审查这一范畴；第二，不能狭义地理解"公共使用"，其"价值相当广泛"。"伯尔曼案"被认为是美国土地征收史上的重要里程碑，使得"公共使用"解释日趋宽泛化。

（3）1981年波兰镇案：工业招商引资征地问题。

1981年，底特律市政府依据州议会制定的《经济发展公司法》（Economic Development Corporation Act），通过征收将465英亩的土地（包含住宅、教堂、临街店面等状况完好的财产）收归政府，然后以优惠条件转让给通用汽车公司建设一条新的汽车装配厂。

土地所有者将底特律市政府告到密歇根州最高法院，认为底特律市政府为将土地移转给通用汽车公司而进行的征收行为构成滥用权力，不符合征收后财

---

① New York City Housing Authority v. Muller, 270 N. Y. 333, 1 N. E. 2d153 （1936）.

② 联邦最高法院的判决书写道："就目的而论，城市改造是否符合公共目的，立法者居于最权威性的地位，司法所能审察的范围相当狭窄。"所谓公共目的，"其包含的价值相当广泛，不仅是物质与金钱上的，也包括精神与美感的"。详见 Berman v. Parker, 348 U. S. 26 （1954）.

产以公共使用为目的原则。

但法院并未支持原告主张。多数法官认为，市政府的主张与做法符合《经济发展公司法》规定，有助于降低失业率、促进产业发展、推动凋敝地区改造和城市再造，最终有利于公共卫生、安全与福利。因此，市政府将土地征收然后转让给私人企业的行为能使公众显著受益，符合"公共利益"（public benefit）。

"波兰镇案"虽然没有上诉至联邦最高法院，但它同样产生了广泛影响。它使得某些"招商引资"的工业项目征地具有了合法性[1]。

（4）1984 年米德基夫案：不动产再分配征地问题。

1967 年，夏威夷州议会通过了《土地改革法》（Land Reform Act），目的是解决历史遗留的封建土地制度所导致的土地权力过于集中格局（酋长握有土地所有与分配权）。根据该法案，为改变土地垄断格局，政府可在召开听证会后动用土地征收权。

"米德基夫案"上诉人认为，《土地改革法》违反宪法的公共使用原则，向最高法院提起诉讼。1984 年联邦最高法院作出判决，指出只要土地征收具有可信的"公共目的"，该行为就不违反第五修正案中的"公共使用"原则。夏威夷州出台《土地改革法》，并不是为了使特定个人或团体得益，反而有助于解决土地过于集中所带来的问题，因而符合"公共目的"（public purpose），并不违宪[2]。在该判例中，征收决策权限以立法机关为中心原则再次得到强调[3]。

（5）2005 年凯洛案：促进经济发展征地问题。

1998 年 2 月，新伦敦市为解决高失业率和人口流失问题（1998 年该市失业率为康涅狄格州平均水平的两倍），新伦敦市授权一家民间非营利机构——新伦敦发展公司（NLDC）对在该市原海军基地附近一个区域进行重新规划并征收土地，以吸引辉瑞医药（Pfizer）投资 3 亿美元建立一个国际研究中心，同时建立一座滨水会议酒店。

---

[1] 但在 2004 年的一起类似案件中，密歇根最高法院作出了完全相反的决定，认为仅仅因为一个私人组织利益的最大化对促进整个地区经济健康发展有利，从而对公众产生一个概括性的经济利益，并不能构成公共用途。详见 County of Wayne v. Hathcock 684 N. W. 2d765（Mich. 2004）。

[2] 根据 Hawaii Housing Authority v. Midkiff 467 U. S. 229（1984），"征收的形式并不重要，目的才是关键，只要最终符合公共利益，形式上不动产被转让给私人没有问题"。

[3] 此案之后，联邦最高法院更是在长达 20 年的时间里拒绝受理有关"公共目的"界定案件，这就大大便利了各种土地征收活动。

2002 年年底，当地居民把政府和新伦敦发展公司告上法院，认为地方政府把土地卖给私人公司不属于"公共使用"，违反了联邦宪法征收条款的规定。但是，联邦最高法院的法官们以 5∶4 的微弱多数裁定，该征地计划符合"公共目的"，并未违反联邦宪法第五修正案（只要给予了原告公正补偿)①。

"凯洛案"的判决意味着，为经济发展而进行土地征收也可能是合法的。因为"促进经济发展传统上就是政府功能之一"。政府在实现"公共目的"的过程中，通常会带来对私人有利的影响，但这并不妨碍征地的合法性。

"凯洛案"的判决在美国引起轩然大波，历史上从没有一个联邦最高法院的判决遭到如此强烈的抵制。第一，超过 90% 的美国人反对这一判决；第二，美国众议院认为，联邦最高法院裁决损害了私人财产的神圣性，并于 2005 年通过一项法案来限制地方土地征收行为②；第三，40 多个州议会通过了对征收权进行限制法案③；第四，考虑到公众意见，各州法官也倾向于在以后的案件中对征收权予以一定限制（王静，2010）；第五，2006 年，时任美国总统的小布什发布了一道政令，要求联邦政府的征地权运用严格限定在"使大众获益目的"④。

综上所述，在美国的征地历史演进中，有两点比较突出：第一，公共利益扩大化趋势明显；第二，征地是否符合公共利益是由作为民意机构的议会作出。

接下来，本书将分析其他国家和地区对于征地应符合的"公共利益"是如何理解和确认的。通过下文的分析，我们可以看出，其他国家的实践同样证明，公共利益很难界定清楚，并且，在其界定过程中，立法机构并不是唯一的

---

① 联邦法院认为，法官们"不能坐在屋里来决定是否一个特别的房屋改造计划是适宜的还是不适宜的。公共福祉的概念是宽泛和无所不包的，代表的价值包括精神上的、物质上的、美学上的以及经济上的好处。立法机关有权决定这个社会应该美丽和健康、宽敞和干净、和谐和错落有致"。详见 Kelo v. City of New London，545 U. S. 469（2005）。

② 2005 年 11 月 3 日，美国众议院以 376 票对 38 票的绝对优势通过了《2005 年私有财产权保护法案》。该法案规定，如果州或地方政府以经济发展作为财产征收的主要理由，联邦政府则在两年内不得向其提供经济发展资金。同时，该法案也禁止联邦政府为经济开发使用征收权。

③ 其中，有一半左右的州议会通过制定新法对凯洛案所认可的征收方式加以严格限制，另有一些州的立法则对市镇政府以经济发展为目的动用征收权加以某种形式的限制。

④ 由于资金等原因，"凯洛案"中的土地被征收后至今没有得到有效开发，辉瑞公司也没有在此设立研发中心，项目最终被废除。但是，自从联邦最高法院判决"凯洛案"后的一年内，地方政府已经征收或已经威胁要征收 5783 块土地用作私人项目开发，这个数字已经超过 1998 ~ 2002 年土地征收量（10282 块）的一半。

裁决者。这些特点使得通过界定公共利益来约束政府行为的作用普遍弱化。

4.2.3.3　德国通过规划确定宽泛的公共利益

在德国，早期的《魏玛宪法》就曾规定，财产所有权应负有社会义务，所有权不受侵犯只是一个相对概念。德国基本法于 1949 年 5 月 23 日获得通过《德意志联邦共和国基本法》（即德国的宪法，简称《基本法》）再次确认了这一点①。

那么，在德国，人们又是如何看待公共利益呢？事实上，围绕财产征收应符合"公共利益"问题，近百年的争论一直没有中断过，政策也在一直摇摆不定。在德国的宪法史中，"公共福利""公共目的"等诸多提法经常被混同使用。《基本法》一经颁布，围绕第 14 条所使用的"公众福祉"与"公共利益"概念是否有区别，学界就展开了激烈争论。最终的多数意见是这些不同的说法都是在表达同一个概念——"公共利益"，最后在德国行政法学奠基人奥托·梅耶（Otto Layer）的倡导下，符合"公共利益"才被认定为征收的法律基础。

那么，在德国，如何认定公共利益呢？王维洛（2007）指出，对于德国公民来说，公共利益的界限是通过各种规划（但不是全部规划）确认的，而这些规划是经各级政府和议会严格批准的。具体而言，有三种情况：第一，一些大型基础设施项目，一旦列入州或地区发展规划及各种专业规划，那么，为实施这些项目所涉及的征地拆迁，就符合公共利益；第二，居住区、商业区、工业区建设征地是否符合公共利益，需要通过详细建设规划（具体标明了每块地的界限）来确认，如果纳入了这类规划，也就达到了公益标准；第三，城市总体规划中的用地边界还未划清，因此，不能以城市总体规划作为公益标准。

基于以上体制，德国的规划就成了征地利益分配的中心。所以，德国公众对规划的关心程度很高，《德国建设法典》也对公众参与规划作出了规定。从另一方面来讲，如果公民在规划制定过程中没有参与并提出自己的意见，那么，他就放弃了维权参政的大好机会。

---

① 其中，第 14 条规定：所有权负有义务，其使用同时也应当服务于公众福祉；所有权可以被国家合法地侵犯，也就是可以被征收，而其最重要的征收条件即是符合公共福利的要求。第 14 条译文是："一、财产权及继承权应予保障，其内容与限制由法律规定之。二、财产权负有义务。财产权之行使应同时有益于公共福利。三、财产之征收，必须为公共福利始得为之。其执行，必须根据法律始得为之，此项法律应规定赔偿之性质与范围。赔偿之决定应公平衡量公共利益与关系人之利益。赔偿范围如有争执，得向普通法院提起诉讼。"

与美国的情形相同，在三权分立的框架下，德国法院并不去判定土地征收是否符合公共利益，而是由专业机构作出并纳入规划，只是从程序上寻求补救（陈新民，2001）。

但根据袁治杰（2010）的介绍，德国联邦宪法法院最初虽然未对公共利益作出界定，但后来也开始探讨公共利益的内涵，并且认为：只有为了实现特别重要的、迫切的公共利益，才可以动用征收权。归根结底，德国的公益条款是为了保护私人所有权免受国家的侵犯。

综上可以看出，虽然德国在界定公共利益是以规划为基础，是否符合公益比较清晰可鉴。但是，这并不意味着德国关于公共利益的范围缩小了，只是商业、工业等建设项目征地都通过纳入规划的方式"被公益化"了。

4.2.3.4　法国的公共利益审查机制

法国现行宪法的正文中并没有关于财产征收的规定，因为1789年《人权宣言》已经对此作出规定，而该宣言是法国宪法的重要组成部分[①]。在《人权宣言》之后不久的1810年3月8日，法国还公布了世界第一部《土地征用法》。

对于何为公共需要，什么情形下适用土地征收权，法国采取了一种损益比较的方法。在法国，对于何谓达到公用目的也有一个认识逐步深化的过程，在行政审判实践中，行政法官逐渐探索出了一种"损益对比分析方法"的公共利益审查机制。法国最高行政法院在1971年运用这种方法对"新东城案"作出了判决，标志着损益对比分析方法诞生（张莉，2009）。

通过"新东城案"的审理和判决，法国解决了土地征收过程中公共利益和私人利益的平衡问题，奠定了损益对比分析方法的基础。根据该判决，一项工程建设的征地行为是否符合公用目的，主要取决于该项目所带来的利益大于其对私人财产的损害、工程造价和可能存在的社会不利因素之和。"新东城案"解决了公私利益权衡问题，那么，如何利用损益对比方法，权衡征地所涉及的不同的、相互冲突的公共利益呢？1972年10月20日的"圣玛利私立医院案"判决解决了这一问题[②]。

---

① 按照法国现行宪法："法国人民庄严宣告，他们热爱1789年的《人和公民的权利宣言》所规定的，并由1946年宪法序言所确认和补充的人权和国民主权的原则。"《人权宣言》第17条规定："财产是神圣不可侵犯的权利，除非合法认定的公共需要所显然必需时，且在公平而预先赔偿的条件下，任何人的财产不得受到剥夺。"
② 在该案中，最高行政法院提出了土地征收是否符合公用目的的审查标准："一项工程只有在对私人财产的损害、工程造价和可能存在的社会不利因素或对其他公共利益造成的损害不超过其带来的利益时，才能被宣告为具有公用目的。"

1974 年的"亚当案"（Adam）进一步解决了行政行为损益对比分析方法与行政行为适当性审查间的关系问题。

4.2.3.5 公益约束宽松的国家和地区

在一些土地资源高度紧张的国家和地区，如中国香港、新加坡、荷兰等，符合公共利益本身更不是限制土地征收的核心要件。为了充分利用好有限的土地资源，政府往往采取严格的控制措施，直接参与土地资源的开发（王正立和张迎新，2004）。在中国香港，政府征地并不需要太严格的公共利益论证，特别是不需要经立法机构批准[①]。在新加坡，土地征收范围也非常宽泛[②]。

值得注意的是，公共利益规定模糊和内涵宽泛的情况不仅存在于土地资源稀缺的发达经济体，在广大发展中国家，由于法治的不完善和经济发展的需要，公共利益审查也没有成为征地权扩张的硬约束。

秘鲁、委内瑞拉、玻利维亚、津巴布韦、俄罗斯等国出现了大规模的农地征收。由于政治和法律制度不完善，法治欠缺，对于政府侵犯个人财产权的行为往往缺乏有效的约束。虽然同样情况有时也出现在发达国家，但在发展中国家问题更为严重（Lopez，2010）。例如，在俄罗斯，《俄联邦民法典》将土地征收目的进一步扩大为"为国家或自治地方需要"，那么这种国家或地方需要是否符合"公共利益"？对此，俄罗斯法律并未明确说明。

4.2.3.6 小结：公共利益约束必要但有局限

综上所述，我们可以看出，在征收适用范围界定方面的做法可以总结为以下四点：

第一，无论是发展中国家，还是发达国家；无论是英美法系国家，还是大陆法系国家，都以公共利益作为征收的基本要件。

第二，公共利益本身是一个模糊、受到广泛争议的概念，其一般趋势是公共利益范围的扩大化。当然，在不同国家，界定公共利益概念的制度和技术方法不尽相同，如德国的"规划确认法"、法国的"损益对比分析法"。

---

① 《香港特别行政区收回土地条例》第 3 条第 4 项指出，"为行政长官会同行政会议决定为公共用途的任何类别用途而作出的收回，不论该用途是否与以上的任何用途同类"（前三项都列明了具体的公共用途）。

② 1985 年修订的《新加坡土地征用法》规定：当某一土地需要作为公用，经部长批准的任何个人、团体或法定机构，为公共的利益或公共利用，需要征用该土地作为某项工程或事业之用；作为住宅、商业或工业区加以利用时，总统可以在公报上发布通知，宣布该土地需要按通告中说明的用途加以征用。

第三，在阐释公共利益范畴方面，立法机构、司法机构、行政机构都发挥了一定作用，除了立法机构的决定是基础之外，在不同国家"三权"的话语权不同。例如，美国是高度尊重立法机构决定的国家，法院就是否符合公共使用目的作出实质性判断[1]；而中国香港、新加坡、中国内地的行政机构则在征地是否符合公益方面具有较大的自由裁量权。

第四，公共利益的内容界定得如此广泛，在土地征收过程中，通过界定"公共利益"来平衡国家权力和私人财产权，很难达到预期目的，这并不是规制公权的一个有效途径，甚至有美国学者认为，公共利益界定的扩大化实际上助长了政府滥用土地征收权（King，1972）。

既然公共利益限制在很多情况下已经失效，那么，如何平衡所谓公共利益和私人利益，如何有效限制政府征收权的扩大呢？有越来越多的学者认为，只有公正补偿，才能够保护被征收者的权利（柳志伟，2007）。公正的征收补偿在土地征收体系中具有核心意义，本书接下来将对此进行分析。

4.2.4 征收补偿的核心意义

在接下来的部分，笔者将回答以下几个相对复杂、逻辑上嵌套的关键问题：既然土地征收是出于公共利益，符合增加社会福利的目标，那么，为什么还需要进行补偿呢？如果需要补偿，需要依照什么样的补偿原则，为什么公正补偿得到了越来越多的推崇？如何补偿才能做到公正呢？基于市场价值的补偿是最接近公正补偿的做法吗？市场价值补偿的内涵究竟是什么，以何种方式确定？补偿方式多样化一定优于单一的货币补偿吗？

4.2.4.1 为何要给予公正的征收补偿

从历史上看，征收制度诞生以来相当长一段时间内，政府征收个人财产并不需要补偿，美国的情况就是如此（Treanor，1985）。

在殖民时期和联邦早期，联邦政府征收土地但不给补偿是普遍现象，各州也出现过这种情况，而征收补偿反而仅是个案[2]。这种做法的法律思想就是"普天之下莫非王土"，受到英国的封建法律思想的影响，王室及其授权的州政府有权限制个人财产权（Treanor，1985）。

---

[1] 事实上，从1984年的"米德基夫案"以后，美国的司法机构便很少利用宪法第五修正案中的"公共使用"对征地进行限制，原因就在于，法院认为自己应该尊重立法机构的决定。

[2] 18世纪殖民地议会过程中通过的法令都基于这样的认识：为了公共使用（public use，当时的"公用"大多是用于修建公路、桥梁等基础性设施）而剥夺个人财产不需要赔偿，但也有个别例外（如马萨诸塞州就有过赔偿的先例）（Stoebuck，1972）。

　　独立战争结束后，征用补偿原则并没有在美国确立。尽管一些州（马里兰州、纽约州和北卡罗来纳州）的宪法提及了土地征收须经所有者或议会同意，但实践中，所有者并没有被赋予决定权，征收决策由议会作出。美国独立战争以后，土地征收补偿虽得到联邦党人的支持，但并没有在全国范围实施。

　　但在个别州的宪法中，征用补偿条款开始出现①。美国历史上第一个征收补偿条款出现在 1777 年佛蒙特州宪法中，制定该条款的初衷是限制立法机构剥夺民众手中的土地。1791 年，美国通过了著名的《宪法第五修正案》，财产所有权才从宪法意义上、在全国范围内得到保护②。

　　那么，从征收但不给予补偿到给予补偿仅仅是偶然现象吗？如何从理论上解释征收补偿的存在呢？对此，法学和经济学都作出了分析。前者主要是从公平正义等自然权利的角度进行解释，后者则集中关注征收但不给予补偿所带来的市场失灵和政府失灵问题。

　　（1）防止多数人专制。

　　法学的征收补偿解释主要是基于公正，通过征收补偿防止现代民主造成多数人对少数人的专制。因为在绝大多数国家，土地征收决定是由议会作出。而议会从本质上讲是一个民意机构，它的决定代表着多数人的意志，是一种基于民主产生的代言机构。

　　但是，民主本身并不是完美的，除了复杂的民主程序所导致的低效率之外，民主并不能保证每项决策都科学合理（尽管一般认为多数情况下如此）③。此外，还有一些基本权利（如生命权、财产权）的保障，并不是基于多数人的同意和民主程序，而是天赋人权。以美国为例，杰斐逊之所以坚持将征收补偿写入美国宪法，一个重要的原因就是担心占人口多数的无产者以实现公共利益为借口，通过民主表决和政府强制剥夺有者者的私人财产。

　　到了现代，征收补偿制度的意义变成了约束政府行为。因为如果政府补偿经费来自财政收入，而后者来自全体纳税人的贡献，征收补偿能够改变纳税人的

---

　　①　如 1777 年的佛蒙特州宪法、1780 年的马萨诸塞州宪法和 1787 年的《西北条例》（The Northwest Ordinanee）。佛蒙特州的宪法是这样规定的："无论何时且在何种情况下，人民的财产被充为公用之后，财产所有者应该获得与其等价的金钱。"
　　②　负责起草第五修正案的麦迪森认为，各个社会利益集团的矛盾焦点就是对财产占有问题，"造成战争的最普遍而持久的原因，是财产分配的不同和不平等。有产者和无产者在社会上形成不同的利益集团"。详见汉密尔顿、杰伊、麦迪逊《联邦党人文集》，程逢如、在汉、舒逊译，商务印书馆，1980，第 47 页。
　　③　这也是法治国家设立司法审查机制的重要原因，其目的就是保护个人的合法权利不被大多数人的民主决定而侵犯（柳志伟，2007）。

成本收益函数，从而影响其决策，使得民主不至于成为多数人专制的手段。

（2）维护分配正义。

保障利益分配的正当性与合理性，是建立征收补偿制度的另一个重要动因。既然政府征收土地是为了维护公共利益，那么自然而然的逻辑就是让征地项目的受益者——公众共同负担成本，否则，就是由被征收者单独不成比例承担了实现公益的成本。

最理想、最公平的做法是谁受益，谁付费。但现实中，由于公益项目往往在不同程度上具有非竞争性、非排他性特征，精确地计算谁从中受益或者不可能，或者成本过于高昂而变得不现实[①]。因此，只能由公共利益的一般代表——政府来负责补偿，其来源便是集合了所有纳税人贡献的财政收入。

这就是美国财产法中的"阿姆斯特朗原则"（Armstrong Principle）：个人为公共利益而遭受损失，不应由个人担负，而应当由公众一起来承担。这是公正补偿的最基本含义（Treanor，1997）。即使在以"涨价归公"著称的英国，"阿姆斯特朗原则"同样得到了遵守。

（3）形成稳定预期。

风险是影响投资决策的基本因素，稳定有保障的产权能够促进降低投资者的政策风险，从而促进投资。如果政府可以随意征收财产而不进行补偿，那么，财产所有者的理性选择就是减少投资或者转移财富，从而导致社会生产的投入不足和财富过度消耗。由于市场上没有哪家保险公司愿意提供针对征收不确定性的险种，从这个意义上讲，建立征收补偿制度能够分散土地所有者及相关产权人的投资风险，促使其形成稳定预期，从而弥补了市场失灵，增进了社会福利（Blume and Rubinfeld，1984）。

世界银行（2005）指出，稳定和安全是投资环境（investment climate）的核心要素之一，保障产权能够促进付出与收益的对应。多国经验表明，权利保障程度越高，经济增速越快。明确土地产权、建立征收补偿制度是保持产权的关键领域之一，要采取措施避免在未经及时、充分、有效补偿情况下征收私人财产[②]。

---

① 反过来讲，如果能够清晰地辨识出谁是受益者，就不需要政府出面来统一组织了，那是市场和社会的职能，或者说，非政府手段更有效率。

② 世界银行还通过两个有关土地产权保护的案例说明了上述观点：在泰国，在土质相同的情况下，自耕农倾向于进行大量投资，从而使单位面积产量比佃农耕种土地高 14~25 倍；在津巴布韦，2000 年开始的没收白人土地行动，直接导致农业生产急剧下滑，使得该国经济形势急速逆转。

（4）消除"财政幻觉"。

对于政府权力的制约，除了通过传统的三权分立、公民维权等外部制约手段外，控制政府的行动能力是一种重要的内部机制，其中就包括控制政府的经济能力，即财政收支行为控制。建立征收补偿制度，就是避免政府征收权无限扩张的有效措施，有利于避免政府产生所谓的"财政错觉"（或"财政幻觉"，fiscal illusion）。也就是说，如果政府可以征收公民个人财产而无须补偿，那么政府决策者就会认为这种行为没有成本而只有收益，从而助长其征地权泛滥。这会带来一系列深层次的长期经济社会不利影响，但这些影响需要迟滞很长时间才会显现。

如果征收土地必须补偿，那么，政府征收行为就会受到来自私有财产权益保护的压力，政府决策者就必须证明征收后项目所带来的收益大于其成本，从而形成了有效的监督和约束①。

进一步讲，如果政府可以随心所欲地索取土地资源而无须付费，那么市场价格机制就很难发挥作用，由此土地等稀缺性资源就无法有效配置。因此，征用补偿规定能够约束政府权力，提升经济资源的配置效率（Fischel and Shapiro，1998）。

4.2.4.2　公正补偿为何要基于市场价值

正是出于公平正义的考虑，出于限制政府权力扩张和提高资源配置效率的目的，现代法治国家都提出了征收土地要予以补偿，并且往往以是否公正作为补偿合理与否的基准②。因此，如何补偿才能做到公正且有效，一直是学术界和政策实践者关注的焦点。

在不同国家或地区，对于公正补偿的理解并不相同。对此，美国最高法院的看法可以总结为三个原则：第一，也是最重要的原则，征地按照其被征用时的公平市场价值（fair market value）补偿；第二，征地补偿要基于土地及地上物的"最高和最佳用途原则"（highest and best use）；第三，被征地者无权分享因征地所建项目使该不动产增加的任何价值。其中，基于公平市场价值进行补偿构成了公正补偿的基石（刘向民，2007；米勒，2008）。

---

① 正如波斯纳所说的："对公正补偿要件的最简单的经济学解释是，它能预防政府过度使用征用权。如果不存在公平补偿规定，政府早已积极地去用土地替代对社会更便宜但对政府成本更高的其他投入了。"见理查德·A. 波斯纳《法律的经济分析》（上）将兆康译，中国大百科全书出版社，1997，第71页。

② 1777年，美国佛蒙特州宪法在确定补偿原则时采用的是"等价钱财"标准；1780年的马萨诸塞州宪法确定的是"合理补偿"，1791美国宪法第五修正案中正式提出了"公正补偿"。

在美国的征收补偿实践中，"公正补偿"标准最终被确定为"公平市场价值"，这一实践甚至早于1791年宪法第五修正案。在1878年美国联邦最高法院的一个征地补偿判例中，法院认为，调查这类案件的关键是了解该类产品的市场价值，财产有无价值不取决于其所有者的使用情况①。在15年后的另一个最高法院判例中，补偿范围得到了更清楚的界定。最高法院指出，征收的公正补偿指的是财产的客观价值，而不是所有者的（主观）价值②。

公平市场价值意味着公正补偿不应以被征收者对财产的主观评价为出发点。不同的利益主体或道德标准和价值观不同的主体，都会出于自己的立场和情感对土地财产给予不同的评估价值。按公平市场价值补偿能够发挥以下三方面作用：

第一，减少"价值评价不对称"带来的交易成本。从客观意义上看，人们对土地及财产的主观评价往往会高于其重置成本，这被称为"价值评价不对称"问题。Kahneman等（1991）分析了造成这种现象的心理原因，如对于现状的"路径依赖"、对于"失去"所带来不确定性的厌恶。由于这个问题的存在和信息不对称，土地权益人往往会高估财产价值，而评价这种情感价值是否合理，需要政府付出更多的交易成本。

第二，实现公平对待。上述主观价值评估困难，意味着如果考虑情感价值，会导致同等条件的土地和资产，政府要基于不同的补偿，这并不符合广泛的公平价值观。

第三，控制财政负担。按照土地权益人的主观价值进行赔偿，不可避免会出现个别"漫天要价"的情况，从而大幅增加征地补偿的财政支出，从而给全体纳税人带来负担，导致更大范围的不公平问题。

以市场价值作为征地补偿标准，弥补了主观价值补偿的几方面不足。不同机构的评估都不会显著影响基于市场交易的客观价值，从而节省了各种交易成本，能够实现土地所有者与政府之间的利益平衡。基于这些原因，在实践中，除了土地资源高度紧张的中国香港、新加坡等经济体情况特殊外，市场价值补偿得到了多数发达国家的推崇。即使是曾推行过按被征收者主观价值给予更高补偿的加拿大，也开始转向以市场价值为核心，以控制补偿金额。

加拿大曾在相当长的一段时间内按照财产所有人认可的价值进行赔偿，以确保其福利不因征地而降低。但是，从20世纪40年代开始，各州和联邦政府逐

---

① Boom Co. v. Patterson. 98 U. S. 403. （1878）.

② Meonongahela Navigation Co. v. United States. 98 U. S. 403. （1893）.

步放弃了这种补偿方式，而是广泛采用了所谓"市场价值"标准。但在加拿大财产征收补偿价格一般还是比市场价格高 5% ~ 10%（Knetsch and Borcherding，1979）。有学者（柳志伟，2007）认为，该部分的价值可被视为对财产被征用者的精神慰藉。

同样的例子在美国也开始出现。在"凯洛案"后，美国一些州修改了征地法规，征用家庭住宅也要考虑业主的情感因素，应当按照正常市场价值的125% 补偿，并且，如果一家所住房屋年限超过了 50 年，就要按市值的 150%补偿（文贯中、许迎春，2009）。笔者认为，这种公正补偿虽然考虑了感情因素，但仍可视为一种基于市场价值的客观价值补偿，它明确规定了一个溢价幅度，而不是由被征地者凭主观意志定价。

同样，在名义上实行适当补偿的德国，事实上也采取了按市场价值补偿的做法。德国的适当补偿规定可追溯至第一次世界大战，为了集中战略资源应对战争，德国提出了"适当之代价"的补偿原则，以取代此前偏重保护被征收人权益、以"对等价值"为基础的全额补偿。第一次世界大战结束后，1919 年《魏玛宪法》延续了"适当补偿"原则，以缓解国内的严重房荒。

第二次世界大战以后，德国的基本法对征收补偿作出进一步规定，原则是"公共利益与原所有者利益的公平的平衡"，而不是按照被征收者的损失来计算，因此，从立法角度看是进一步延续了"适当补偿原则"。如前所述，其基本理由是财产权负有社会义务（《基本法》第 14 条）。

但是在实践中，德国并没有按照"适当补偿"执行，该原则只是流于形式，最终的结局都是对原所有者的完全补偿（陈新民，2001）。王维洛（2007）也指出，在德国，土地所有者或使用者的补偿费是市场价格。

在法国，征地补偿标准参考的是被征土地周围土地的交易价格或所有者纳税时的申报价值，以征用裁判所一审判决之日为基准。为了控制补偿数额过高，防止为骗取征收补偿款的过度投资行为，不动产的用途不是按现状，而是以土地征用计划的发表、征求意见开始前一年的实际用途为依据。

英国法律也规定，在中央政府、地方政府、供水机构、新城开发机构等公共组织为履行其法定业务进行征地时，应参照其原用途下的市场价值。但是，由于公益项目建设计划而引起的地价变动，一律不纳入征地补偿考虑（个别情况除外，如该土地已经按计划授予使用许可）。

韩国是由政府统一公布基准地价，在已公布基准地价的地区，以基准地价为基准，同时考虑从公告之日至裁决之日的近邻地价变动率、批发价格变动率等市场变化因素。但是，基准地价的制定仍然参照其市场交易价格。

4.2.4.3 如何计算市场价值呢

市场价值尽管撇去了情感价值等因素，但实际上它也不是一个毫无争议的清晰概念。理论上讲，市场价值应该是在一个公开、正常的市场上，潜在购买者能够支付给卖主的价格和卖主所能够接受的价格，也就是由供需双方博弈决定①。

当然，在征地补偿的市值基础方面，不同学者存在一些观点分歧，不同国家和地区的做法也不尽相同。但总体而言，大家普遍认为，征地补偿的市值计算应该综合考虑以下因素：

（1）同类资产的市场报价。与被征收财产特性近似的资产在公开市场上的真实价格，它可能是同一地段或相同区域最近发生的不动产自愿出售的成交价格。

（2）重置成本。财产被征收之后，在现行市场条件下，为了恢复以往的状况而需要的支出。

（3）组合价值。在现实中，任何一个被征收地块都不是孤立的。"公平市场价值"计算应该考虑区位价值和地块组合的最佳收益②。

上述三个方面，是大家公认的应该补偿的，但以下两个方面，则看法和做法不尽相同。

（4）搬家费用。在美国，不动产所有者的搬家费用理论上讲也不属于公正补偿的组成部分。但实际执行中，为保障征地拆迁顺利进行，市级立法最后往往会允许提供搬家费用补偿；在联邦一级，根据征地项目的性质和类型，一些联邦立法也规定可以给予搬家费用的补偿。

（5）商业收入。土地征收使得产权人因失去资产而在未来可能遭受收入损失。对于一些虽然固定资产较少，但无形资产（包括商誉）和收入较高的

---

① 详见 1984 年的判例：United States v. 50 Acres of Land, 469 U. S. 24, 29（1984）（"Duncanville Landfill"）。

② 在 1943 年的 U. S. v. Powelson 一案中，联邦政府要征一块地修建田纳西河谷大坝，该土地所有者认为，他的地本可以和周围的另三块地一起修建一个由四个小坝组成的水坝系统，因而补偿标准应按照假如四个小坝建成后的本地块价值决定。最高法院判定，公平的估值方式应该考虑如上因素，而不应将它当做一块孤立的土地计算。详见 United States ex rel. TVA v. Powelson, 319 U. S. 266（1943）。1997 年的 Prince v. Williams 一案沿用了这一标准，判定单个地块的公平市场价值，可以考虑与周围地块组合产生的最佳收益，只要这种收益在近期的实现有着"合理的可能性"。详见 Prince v. Williams 485 S. E. 2d 651（1997）。

项目，这点尤为突出。在美国的不同地区，对这点的规定不同。例如，在纽约，对于征收土地所导致的商业利润损失不予赔偿，但在加利福尼亚州则会对商业损失提供补偿。

在具体执行过程中，一般还要参考独立专家（第三方）的评估意见；要考虑以及计算市值的时点，包括在征收和补偿之间的时滞而产生的利益。

4.2.4.4　公平市值补偿与原用途价值补偿的关系

在中国，征地制度饱受批评的一个重要方面就是农用地（特别是农业用地）按原用途补偿，农民无法分享工业化和城市化带来的土地增值收益。那么，我们自然会关心，基于公平市场价值的补偿与中国的基于原用途价值的补偿是什么样的关系？或者说，如何认识公平市场价值补偿与"涨价归公"（归私）的关系？对此，笔者根据现有的理解作简要分析，基本结论是：公平市场价值补偿与原用途价值补偿并不是"非此即彼"的对立关系，两者既可能重叠，也可能错位，关键是区别"实证分析"与"规范分析"。下文继续讨论美国征地的"公正补偿三原则"（米勒，2008）。

征地补偿必须基于不动产的"最高和最佳用途"。这意味着，在评估被征收土地的市场价格时，应考虑该土地按照其他的、最佳的用途所能产生的收益，包括在可预见的将来所能带来的收益。如果将这一原则运用于农地转用情形，有不少学者可能会简单地将其归类为"涨价归私"。

不动产所有者无权分享因征地后新建项目使该不动产增加的任何价值。这意味着，衡量公正补偿的标准是被征收者承担的损失，而不是新所有者的得益，也就是说，在一块土地被征收和开发以后，政府及后来的土地使用者无须向其原所有者支付新的补偿。如果将这一原则运用于农地转用情形，另有一些学者可能会将其直接归类为"涨价归公"。

那么，在向来以逻辑严密著称的美国司法体系下，怎么会出现如此冲突的判决依据呢？仅仅是源于美国不同的地区法院之间、不同层级法院之间的价值观念差别使然吗？答案显然是否定的，因为它们既然可以被美国著名财产权、征收制度专家、哥伦比亚大学教授托马斯·米勒（Thomas Merrill）称为公正补偿的"原则"，必然是一种共识乃至公理，是美国司法审判中的基本依据。

既然如此，解释上述"矛盾之锁"的"钥匙"在哪里呢？笔者认为，关键就在两个方面：一是"最高和最佳用途"的前提条件是符合美国的土地利用规划；二是产权的实际分配关系，并且这两个方面是紧密联系的。

美国是一个高度强调法治的国家。土地用途管制和利用规划，无论是作为议会的立法，还是作为一种监管规则，都具有法律效力。事实上，这种"监管性征收"（regulatory takings）与我们在此讨论的占用性征收（eminent domain）相同，都是对土地产权的限制或剥夺。因此，"最高和最佳用途"必须符合用途管制和利用规划，而后者实际规定了土地的产权边界，而土地的产权又在很大程度上决定了其公平市场价值的高低。

例如，如果用途管制没有对某一农业用地的具体使用作出限制或限制不严，从而使得该土地具有了多种用途，那么，只要其所有者遵守一般性的法律规定（如基本的环境保护要求），就有了较大的自主支配权，可以基于自己对市场需求的判断更自如地作出利用（转用）决策，或者是转让给其他更专业的市场主体转用到"最高和最佳用途"，从而创造出更高的市场价值。在这种情况下，如果该农业用地被征收，那么，作为土地所有者就应该按照"最高和最佳用途"的估值获得征收补偿，原因在于：在市场信息充分的情况下，如果土地所有者将这些土地卖给彼此竞争的土地买主，最终获得土地的是那些出价最高的买家，而这些买家必然有能力在政府管制的框架之下，按照"最高和最佳用途"使用土地。这就是公正补偿第二原则的含义所在。

下面笔者有针对性地分析一下"受到严格用途管制的农用地"被转用为城市建设用地的情况（以便和我国的情况形成对照）。我们假定，一块农业用地受到了较为严格的用途管制，不能被转用为建设用地，但可以在农业用途内进行转换，例如，可以用做耕地、牧草地、林地等。这时情况就复杂得多了。我们先从这种管制结果的可能成因说起，因为在美国这样一个强调私人产权保护的国家，除非特殊情况或所有者自愿，"原始的"私人土地利用不应受到限制。

一般而言，这种仅限于农业用途的严格用途管制一定是在历史上某个时间，原来或现在的农地所有者按照某种约定放弃或出让"土地发展权"（land development right）的结果。如前所述，在美国，政府不能随意通过监管性征收（限制产权但不补偿）来管制土地用途，这会导致私人土地所有者的经济权益受到不公正的侵害①。它只适用于一些负外部性极强的特殊情况（如环境污染），而农业用途土地通常不存在这种状况，反而具有正外部性。

---

① 这个问题最早是在 1922 年宾西法尼亚州的一个案件中被提出来的。联邦最高法院大法官 Oliver Wendell Holmes 认为，如果一项土地用途管制的限制性极强，以至于私人土地所有者无法从自己的土地中获得经济保障，那么根据美国宪法第五修正案，该土地管制就被认定含有政府强取私人土地的内容。详见 Pennsylvania Coal Co. v. Mahon, 260 U. S. 393 (1922)。

从美国的实践来看，放弃土地发展权可能出于两种情况：一种情况是政府给予放弃土地发展权者某些特殊优惠①；另一种情况是土地所有者通过土地发展权交易机制兑现了自己的利益②。

现在，假设政府提出的土地利用规划调整获得当地立法机构通过，根据调整后的土地利用规划，某一区域的农用地要转用于新城建设，尽管其中包括部分营利性项目，如商场建设乃至房地产开发（假定后者市场价值最高），但当地议会认为，这种做法有利于本地区的公共利益和长期发展。为了实施该规划，政府需要征地。这时，计算该土地征收补偿的原则虽然仍要符合"最高和最佳用途"价值，但它仅限于在耕地、牧草地、林地等农业用途土地范围内比较何为最高市场价值。当然，如果该土地用途被用途管制限定于谷物用地，那么，这时比较的用途可能只会是种水稻、小麦、玉米等不同用途所带来的收益了。在笔者看来，从美国立法的精神来看，应该不会按照规划调整后的房地产用地来确定其补偿价值，因为这么做恰恰违反了美国关于征地公正补偿第三个原则。美国公正补偿的首要原则是弥补原所有者的损失，而不是分享新所有者的利益。

笔者认为，与其笼统地说美国土地增值收益分配是"涨价归公""涨价归私"抑或是"公私兼顾"，不如更细致地考察不同主体间的产权配置以及形成如此格局的历史溯源与制度框架；与其大而化之地从所有制角度来比较不同国家或地区的做法，不如从产权的角度进行更细致的分析，考察产权在不同主体之间是如何配置的。对此，相当一部分学者存在着错误的解读，认为如果一块土地已被纳入规划，那么，公平补偿价值基准就是该土地未来区

---

① 第一种情况的案例是 1973 年的美国俄勒冈州划定农场专用区的做法。该州通过了《土地利用规划条例》，目标是保护农业用地。根据该条例规定，所有被划定为优等或有价值的所有农地必须作为"农场专用区"，禁止开展城市建设。条例还在其他方面作出了一些限制性规定。作为对土地所有者限制的回报，被划入农场专用区的农场主在地产税、遗产税及其他方面享受许多特殊优惠条件。这实际上也是一种变相的土地发展权在政府与土地主之间的交易，得到了公众的有力支持，并有效阻止了农业用地向城市用地的转换。

② 第二种情况的案例是 20 世纪 80 年代在美国被广泛采用的土地发展权交易机制。20 世纪 80 年代，纽约州、新泽西州、马里兰州等开始效仿英国曾经采用的土地发展权转移的办法，开展了政府监督下的发展权交易，试图以这种做法有效控制农业用地城市转用，并保护土地所有者的利益。这种做法可以简要概括为：首先建立专事农耕的农业保护区；根据不同农业保护区的发展潜力，换算为一定数量的发展权，分配给所有在保护区内的土地所有者；保护区内的土地所有者可将其发展权份额出卖给指定开发区域的所有者；指定开发区域的土地所有人在购买规定份额的土地发展权后才可进行土地开发。此外，政府也可以出于保护农地的考虑，从地主手中收购土地发展权，然后令其专事农业生产。

划的价值。

回到公平市场价值与原用途价值补偿的关系上,我们可以看到:公正市场价值是一个客观标准,它是基于既定产权进行评估的价值,可能是基于原用途价值,也可能是基于其他用途(包括转用后的用途)。这种价值可能是征地时土地利用方式的价值,也可能是用途管制限定范围内、其他的最高和最佳用途价值。在前一种情况下,征地的公平市场价值补偿就是按原用途补偿;在后一种情况下,就不是按原用途补偿。当然,如果在征收之前,受到用途管制的严格约束,被征收土地只能是用于农业,那么公正补偿就只能是原用途补偿了(在美国,还要考虑不同种类养殖品种的差异,按最高收益的类型补偿)。

至于土地征收后,按照新的开发规划,经过一番基础设施投入转变为非农业用途并形成了增值,则与原土地所有者无关了(除非彼此进行了其他约定)①。

总之,在美国,虽然采用了基于公平市场价值的公正补偿原则,但土地非农化转用过程中的增值收益分配也未必归私人所有。不能抽象地谈论这个过程中的涨价归谁,关键看产权约定,在一定程序上允许政府与公民平等协商。当然,在其他一些发达国家,公共利益以及由其派生的公权力可能会占有更高地位,征地时对土地所有人或使用者的补偿标准可能会远不及美国。

4.2.4.5　市值补偿制度没有缺陷吗

虽然在很大范围内以及多数情况下,市值补偿被等同于公正补偿,但在现实中,所谓征收市值补偿或者难以完全做到,或者会引发不公平和效率损失。

(1)征收补偿中的"马太效应"。

Munch(1973)通过大量的实证研究提出,在美国城市化进程中发生的征收补偿,往往会产生价高者更高、价低者更低的马太效应,从而破坏分配的公平性。

---

① 丽莎・波娃亚特女士(Lisa Bova-Hiatt)十年来负责向市政府提供征地法律建议,处理涉及征收权的诉讼、评估和房地产所有权的清理。她在 2008 年 3 月 27 ~ 28 日 "中美土地征收和土地纠纷解决机制研讨会"(国家行政学院行政法研究中心、国土资源部政策法规司和耶鲁大学法学院中国法律中心主办,国土资源部测绘研究院承办)上的发言指出,正如美国纽约市政府法务部税收和破产诉讼司(房地产)法律副总监丽莎・波娃亚特女士(Lisa Bova-Hiatt)所说: "确定补偿数额的标准是根据不动产的公平市场价值,但区域规划将来可能会发生变化导致不动产价值升高,升值部分是不补偿的。如果是因为征收而导致该不动产的价值下降,则评估价格应该是以市政府征收导致该不动产衰败行为开始之前的价值为准。"

一方面，在土地征收立项和论证过程中，一些财力丰厚的被征收者，对议会和行政机构的游说和营销能力更强，会促使其作出对自己更有利的决定。在这种情况下，土地征收就为特殊利益集团寻租提供了重要机会，政府支付的补偿越高，也就意味着他们从其他纳税人中获得了更多的利益。

另一方面，当土地征收发生在弱者身上的时候，情况则出现逆转。一些相对弱势的被征收者则没能力就将要发生或可能发生的征收决策进行游说，难以有效表达自己的意愿。而政府的目标总是成本最小化或收益最大化，为减少财政支出，倾向于选择"低补偿"要求（尽管市场价值相同）的土地进行征收。

基于上述政治架构，在征收补偿过程中，往往还会产生这样的结局：被征收财产价值高者获得更高补偿，而低价值的财产获得了比其财产本身更低的补偿。

（2）基于市值补偿的资源错配。

以市场价值为标准进行征收补偿，经常导致资源配置失效和资源浪费。一般认为，主要有两种情况。

第一种情况，信息不完全和过量征收。在征收之初就对征收的成本和收益作出准确的评估，是非常困难的事情。现实情况是，决策者往往倾向于夸大收益而低估成本，从而作出错误的决策，最终导致征收得不偿失。另外，如果低估被征收资产的市场价值，也会导致"财政幻觉"，进而使得土地征收过量和资源浪费。

第二种情况，机会主义与过度投资。如果财产被征收会得到足额市场补偿，被征收者往往会将一些不必要的生产要素都投入到要被征收的财产之中，从而会造成投资过度现象，因为这些投入都会以市场价值的方式（乃至更高标准）得到补偿。

4.2.4.6　小结：市值补偿是实现公正补偿的重要基准

综上所述，在那些市场价值难以确定或用市场价值对被征收者或者公众将产生明显的不正义时，市值补偿标准就失灵了（Bigham，1970）。但客观地讲，基于市场价值进行补偿是目前而言达成公正补偿的一种手段，它在一定意义上构成了公正补偿的"底线"。

4.2.5　土地征收的程序保障

除了公益限制和补偿限制，土地征收的程序限制对于确保公正和效率也具有十分重要的意义。现代法治国家都将正当程序（due process）摆到了与结果公正同等重要的位置，并且，前者是保证结果公平的重要手段。例如，在德国，土地征收过程也十分严格，可以总结为"先买后征，先政后法，先行政诉讼后民事诉讼，几进几出"（王维洛，2007）。又如，在俄罗斯，虽然对土地征收必须符合的"公共利益"的界定存在模糊之处，但《俄联邦宪法》设定了严密的土地征收程序，并要求事先取得土地所有人的同意。

4.2.5.1　土地征收权的机构制衡

土地征收过程中，有两个程序性问题特别关键：一是"权力"，即土地征收决策与执行权在"政府体系"（立法、行政、司法）不同主体间的配置与彼此制衡；二是权利，即土地征收过程中如何维护相关主体（特别是被征收者）的权利。以权力制衡权力、以权利制衡权力及其组合，是确保土地征收必要且合理的基本思路，只不过不同国家或地区采取的模式不同。

在现代三权分立的国家，土地征收的权力在立法、行政和司法机构之间的配置一般是这样的：立法机构作为民意机构，有权处分人民财产，因此有权就土地征收作出决策；行政机构具体执行立法机构的征收决定，并确定补偿标准等具体执行方案；司法机构限于对行政机构确定的征收补偿标准和是否合乎程序作出裁决，解释何为公正补偿，而很少会质疑立法机构征收决定是否合理（Munch，1973）。

但也有一些国家或地区，如中国香港、新加坡，是由行政负责人作出土地征收决定。为了确保土地征收合理公正，法律往往规定一套公开和透明的程序，特别是公示和听证程序。比如，《香港特别行政区收回土地条例》第2条第4款虽然规定"为行政长官会同行政会议决定为公共用途的任何类别用途而作出的收回，不论该用途是否与以上的任何用途同类"，但在后文又对这种决定权予以程序性限制，详细地规定了权利人"公告、藉协议购买、补偿、补偿申索"等参与权。

此外，对于土地征收权的纵向权力配置，各国的做法也不尽相同。例如，基于地方自治的国情，在美国土地征收决定由地方议会作出。但在法国，只有国家（总理、部长和省专员）可以作出征地决策。对于国家重点工程，征地宣告应以咨询国家参事院的政府命令形式作出（张莉，2009）。

4.2.5.2　对被征收者的程序性保护

土地征收的程序合理与否，关键不在于法律文字上的规定如何详尽具体，而在于具体的执行过程，在于被征收者实际享有的各种权利和维权手段。事实上，在我国虽然对土地征收作出了一系列明文规定，但在执行过程中往往流于形式。从已有研究（李蕊，2005；王维洛，2007；田莉，2004）对发达国家的实践的总结来看，以下几点至关重要。

第一，保证被征收人的知情权。如美国法律规定，土地征收人虽有权进入土地权利人的土地进行调查、检测、估价等，但进入前，必须提前2～30天告知土地权利人，并对进入给权利人的财产造成的损害予以赔偿。

第二，赋予被征收人平等谈判权。美国法律规定，土地征收人尽一切努力与土地权利人达成协议。为此，征收权人必须做到：财产评估应根据公平市场价格独立作出，土地权利人有权参与其中；向土地权利人发出一份书面补偿要约。在德国，法律规定，在征地程序启动前，必须采用自由平等协商办法。

第三，启动征收是国家行为（而不是征地公司在未经政府授权的情况下实施）。在美国，征收土地前征地人必须向法院提出征地请求，并对有关情况进行说明①。在德国，只有在协商失败后，开发商才能向地区专员（即该城市的上一级行政机构）申请启动征地程序，并且须证明自由协商已经尽力，土地征收是唯一选择。

第四，赋予被征收者诉讼维权渠道。美国法律规定，如果土地所有权人挑战征收权，法院必须就此举行听证会。土地权利人可就补偿费的数额、征收公共目的性和必要性、征收人履行协商义务等方面对占用申请提出质疑，并由审判团来决定补偿费数额。在法国，被征收不动产的所有者及利害相关者不服批准公用目的的决定，可以在决定公布后的2个月内向行政法院起诉，请求法院撤销。在德国，如果土地权利人不同意地区专员的征收决定，可以向高级行政法院提起行政诉讼；如果不服后者作出的不利决定，可以进一步诉讼至联邦行政法院，由其作出最终判决；如果土地权利人对征收补偿不满，可以逐级向普通法院提起民事诉讼。

4.3　中国征地制度的演进历程

近现代的征地制度的一个基本内涵就是国家对私人产权的强制占有并给予补偿，因此，私人土地产权是征地制度的前提。但在中国，长期以来，在传统"普天之下，莫非王土；率土之滨，莫非王臣"理念的影响下，在个体与国家的土地产权关系方面，国家明显享有优先权。尽管个体之间的产权关系得到了相对清晰的界定，但国家（君王）被认为是地权的最终归属者。例如，"上端

---

① 该请求需要详细说明拟占用土地状况、占用目的及必要性以及征收人对协商谈判的陈述等（美国虽有紧急征收申请程序，但只有在建设公共道路、战争等高度公共需要的情况才适用）。

统筹支配而不在下端固定私人财产权"是宋朝的财政设计理念（黄仁宇，1999）。因此，中国的征收补偿制度属于舶来品（柳志伟，2007）。

4.3.1 新中国成立前土地征收制度的萌芽

中国的现代土地征收思想萌芽于 1908 年的《钦定宪法大纲》，但它只宣告了"臣民之财产及居住，无故不加侵扰"为"臣民权利"，并没有提及如果"因故侵扰"如何去补偿，因此，基本沿袭了传统的地权归属理念。在个人财产权保护与限制方面，1912 年《中华民国临时约法》沿袭了《钦定宪法大纲》的思路，仍然没有补偿的规定。1923 年《中华民国宪法》虽然首次出现了"公益""征收"等词，第一次在宪法意义上确认了征收制度，但是仍然没有征收补偿规定。1931 年颁布的《中华民国训政时期约法》同样没有规定征收补偿。1947 年《中国民国宪法》提出为"增进公共利益"可以"公用征收"，并在中国宪法史上首次对土地征收补偿作出规定[①]。

在宪法之下的普通法律法规层面，征收制度（特别是征收补偿）的提出则要早很多年。1914 年 3 月颁布的《矿业条例》中就有关于征收土地的条文。1925 年，为合理规制"国家或国家认许地方自治团体或人民因谋公共事业而征收土地"所发生的法律关系，当时的国民政府借鉴日本经验制定了《土地收用法》。《土地收用法》对土地收用作出了规定，并首次明确提出征收土地要予以补偿，土地本身的补偿依照土地价值，地上附属物或者收益部分则依照市场价格。1930 年，国民政府颁布《土地法》，对土地的征收作了更为详细的规定，主要包括通则、征收准备、征收程序、补偿地价等内容。

1935 年，国民政府公布《土地法施行法》（实施条例）。1936 年，国民政府又颁布了《各省市地政施行程序大纲》，规定了土地征收施行程序。同年，为调节因经济建设征地所带来的矛盾，国民政府颁布了《经济建设区土地政策实施办法》。至此，中国首次形成了比较完整的土地征收制度（柳志伟，2007）。

4.3.2 新中国成立后土地征收制度的形成

新中国成立后，我国的土地征收制度主要受土地制度改革总体进程的影响。改革开放前的土地征收制度大致分为以下两个阶段。

---

① 1947 年《中国民国宪法》第 147 条规定："人民依法取得之土地所有权，应受法律之保障与限制。私有土地应照价纳税，政府并得照价收买。"

（1）"土地私有＋征收补偿"时期（1949～1958年）。

新中国成立后，最早提及土地征收的法规是1950年6月24日的《铁路留用土地办法》。值得注意的是，当时使用的不是"补偿"，而是"收买或征购"，从字面上看，带有一定的平等协商色彩①。1950年6月28日，我国颁布了《土地改革法》，对工商业土地和财产采取了保护态度，而不是简单没收②。1950年11月21日政务院颁布的《城市郊区土地改革条例》也提及了因市政建设征收土地的问题，对农地的征收补偿是以"公平合理"为原则，而其中的"国有土地调换"事实上是变相赋予了农民土地发展权，这使得农民能够分享工业化、城市化成果③。

新中国成立后首部土地征收的专项法规是1953年11月5日通过的《政务院关于国家建设征用土地办法》。该办法所称的"国家建设"包括国防工程、厂矿、铁路、交通、水利工程、市政建设以及其他经济、文化建设。征地范围除了一些典型的公共利益外，还包括"经济建设"。在征地的原则上，该办法规定即使符合公共利益，建设项目征地前也必须妥善安置被征地者，否则，必须改换选址或稍后进行④。在这里保护土地权益人的考虑放到了首位，这可能是出于当时的形势需要，目的是维持政局和治安稳定。在具体的征收补偿上，虽然当时的补偿标准较现在而言明显偏低，但是，该办法强调

①　1950年《铁路留用土地办法》第6条规定："铁路因建设关系，原有土地不敷应用或由新设施需要土地时，由路局通过地方政府收买或征购之。"

②　1950年《土地改革法》在"第二章土地的没收与征收"中，第2条规定"没收地主的土地、耕畜、农具、多余的粮食及其在农村中多余的房屋"。另外，又规定对团体土地和工商业土地予以保护。第3条规定："征收祠堂、庙宇、寺院、教堂、学校和团体在农村中的土地及其他公地。但对依靠上述土地收入以维持费用的学校、孤儿院、养老院、医院等事业，应由当地人民政府另筹解决经费的妥善办法。"这实际上带有统筹补偿的含义，新政权并没有完全拒绝征收补偿制度。更重要的是第4条规定："保护工商业，不得侵犯。地主兼营的工商业及其直接用于经营工商业的土地和财产，不得没收。不得因没收封建的土地财产而侵犯工商业。工商业家在农村中的土地和原由农民居住的房屋，应予征收。但其在农村中的其他财产和合法经营，应加保护，不得侵犯。"

③　1950年《城市郊区土地改革条例》第14条规定："国家为市政建设及其他需要征用私人所有的农业土地时，须给予适当地价，或以相等之国有土地调换之。对于耕种该土地的农民也应给予适当的安置，并对其在该项土地上的生产投资（如凿井、植树等）及其他损失，应予公平合理的补偿。"

④　1953年《政务院关于国家建设征用土地办法》第7条规定是：国家建设征用土地既应根据国家建设的确实需要，保证国家建设所必需的土地，又要照顾当地人民的切身利益，必须对土地被征收者的生产和生活有妥善的安置。凡属有耕地、空地可资利用者，应尽量利用，而不征用或少征用人民的耕地良田。凡属目前不需要的工程，目前不应举办。凡虽属需要，而对土地被征用者一时无法安置，则应安置妥善后再行举办，或另行择地举办。

了征地及征地补偿的协商性，而不是强制性，强调对失地农民的补偿要"公平合理"①。并且，该办法提出要考虑土地征收的全面影响，尤其是一些"负外部性"影响，并提出了补偿要求②。此外，该办法还体现了补偿方式的多样化，特别是要对被征地农民进行合理安置，要求用地单位在推进土地非农化的同时，负责解决人口非农化问题③。1954年《宪法》对上述办法作了肯定④。

（2）"土地公有 + 征收无偿化"时期（1958～1978年）。

1955年，中共中央通过《关于农业合作化问题的决议》，正式发起了集体化运动。1956年6月，全国人民代表大会通过了《高级农业生产合作社章程》，集体化运动迅速发展，越来越多的土地从私有转变为集体所有。

1957年10月18日国务院对《国家建设征用土地办法》进行了修改，并在1958年1月6日颁布实施。受"左"倾思想影响，该办法突出了征地的强制性，修订后的《国家建设征用土地办法》对农民利益考虑较少，一般土地的补偿标准降低为最近2～4年的产量的总值（部分地区甚至不再发放征地补偿款）。更重要的是，随着高级社模式在全国的推广，土地征收开始转向"无偿化"⑤。对于失地农民安置，该办法提出了"先农业安置，后非农安置，最后移民安置"的解决办法⑥。

在此后的20多年时间该办法一直是我国征用土地的主要法律依据，直到

---

① 1953年《政务院关于国家建设征用土地办法》第8条规定："被征用土地的补偿费，在农村中应有当地人民政府会同用地单位、农民协会及土地原所有人（或原使用人）或由原所有人（或原使用人）推出之代表评议商定。一般土地以其最近三年至五年产量的总值为标准，特殊土地得酌情变通处理。如有另有公地可以调剂，亦须发给被调剂的农民以迁移补助费。"

② 1953年《政务院关于国家建设征用土地办法》第11条进一步规定："因修建工程而使附近未被征用土地蒙受损失者，对该项土地所有人（或使用人）亦应给予应得的补偿。"

③ 1953年《政务院关于国家建设征用土地办法》第13条规定："农民耕种的土地被征用后，当地人民政府必须负责协助解决其继续生产所需土地或协助其专业，不得使其流离失所。用地单位亦应协同政府劳动部门和工会在条件需要的范围内，尽可能吸收其参加工作。"

④ 1954年《宪法》第8条规定："国家依照法律保护农民的土地所有权和其他生产资料所有权。"第13条规定："国家为了公共利益的需要，可以依照法律规定的条件，对城乡土地和其他生产资料进行征购、征用或者收归国有。"

⑤ 1958年《国家建设征用土地办法》第9条规定："征用农业生产合作社的土地，如果社员大会或者社员代表大会认为对社员生活没有影响，不需要补偿，并经当地县级人民委员会同意，可以不发给补偿费。征用农业生产合作社使用的非社员的土地，如果土地所有人不从事农业生产，又不以土地收入维持生活，可以不发给补偿费，但必须经本人同意。"

⑥ 1958年《国家建设征用土地办法》第13条规定："对因土地被征用而需要安置的农民，当地乡、镇或者县级人民委员会应该负责尽量就地在农业上予以安置；对在农业上确实无法安置，当地县级以上人民委员会劳动、民政等部门应该会同用地单位设法就地在其他方面予以安置；对就地在农业上和在其他方面都无法安置的，可以组织移民。组织移民应该由迁出和迁入地区的县级以上人民委员会共同负责。移民经费由用地单位负责支付。"

1986 年《土地管理法》的出台。但在法律条文上，"征购"的说法一直保留下来。1975 年《宪法》第 6 条第 3 款规定："国家可以依照法律规定的条件，对城乡土地和其他生产资料实行征购、征用或者收归国有"，但删去了"为了公共利益的需要"的规定。1978 年《宪法》第 6 条第 4 款作出了同样的规定："国家可以依照法律规定的条件，对土地实行征购、征用或者收归国有。"

4.3.3　改革开放后土地征收制度的发展

1978 年后，随着我国市场经济的发展和对外开放的扩大，土地征收制度也在逐步演进，重新恢复了征收补偿的做法。

为了吸引外资和营造良好投资环境，改革开放后中国首先对外资进行了产权保护①。为了明确土地征收的适用范围，1982 年《宪法》恢复了 1954 年《宪法》关于征用目的应符合公共利益的要求，同时删去"征购"和"收归国有"方式②。

与此同时，国家进一步突出了征地的强制性，但提高了土地征收补偿标准。1982 年 5 月 14 日生效的《国家建设征用土地条例》第 2 条规定的征地范围是"国家进行经济、文化、国防建设以及兴办社会公共事业"的需要。按照该规定，在征地过程中，作为个体的农民没有参与权③。而在补偿标准方面有所提高：征用耕地的补偿标准提高至年产值的 3 ~ 6 倍；增设了安置补助费，但每亩耕地安置补助费不得超过其年产值的 6 ~ 10 倍。个别特殊情况，按照上述补偿和安置补助标准，尚不能保证维持群众原有生产和生活水平的，经省、自治区、直辖市人民政府审查批准，可以适当增加安置补助费，但土地补偿费和安置补助费的总和不得超过被征土地年产值的 20 倍。值得注意的是，对于失地农民安置，该条例作出了进一步细化的规定，并将安置责任主体统一上升为"县级以上地方人民政府"④。安置的主要途径有：首先是本集体内部安置，

---

① 1979 年的《中华人民共和国中外合资经营企业法》中规定："国家对合营企业不实行国有化和征收；在特殊情况下，根据社会公共利益的需要，对合营企业可以依照法律程序实行征收，并给予相应的补偿。"1986 年 4 月 12 日《中华人民共和国外资企业法》获得通过，征收补偿规定相应调整。第 5 条规定："国家对外资企业不实行国有化和征收；在特殊情况下，根据社会公共利益的需要，对外资企业可以依照法律程序实行征收，并给予相应的补偿。"
② 1982 年《宪法》第 10 条第 3 款规定："国家为了公共利益的需要，可以依照法律规定对土地实行征用。"
③ 1982 年《国家建设征用土地条例》第 7 条第 2 款规定："建设地址选定后，由所在地的县、市土地管理机关组织用地单位、被征地单位以及有关单位，商定预计征用的土地面积和补偿、安置方案，签订初步协议。"
④ 1982 年《国家建设征用土地条例》第 12 条规定："因征地造成的农业剩余劳动力由县、市土地管理机关组织被征地单位、用地单位和有关单位分别负责安置。"

包括发展农业生产、发展社队工副业生产、迁队或并队；其次，按照上述途径确实安置不完的剩余劳动力，符合条件的可以安排到集体所有制单位就业；最后，用地单位如有招工指标，也可以选招其中符合条件的当工人。在这个过程中，对于安置单位而言，激励机制就是其可以分享部分或全部安置补助费①。

改革开放初期，在城市蔓延和乡镇企业遍地开花的背景下，大量耕地转化为建设用地②。为了制止滥用耕地行为，加强土地管理，1986 年我国仅用了三个多月时间就酝酿出台了《土地管理法》。该法结束了长期以来土地管理无法可依的局面，实现了由多头分散管理向集中统一管理的历史性转变。但 1986 年《土地管理法》带有较浓厚的计划经济色彩，在征地制度方面基本沿袭了 1982 年《国家建设征用土地条例》的有关规定，并将其上升为法律。

1992 年邓小平南方谈话明确了我国建设社会主义市场经济的方向，我国经济也开始进入上行期。此后，在分税制改革的刺激下，地方政府发展本地经济的动力大大增强，各地掀起"开发区"建设热潮，导致我国耕地面积的第二轮锐减。为了顺应市场经济发展的要求和加强土地管理，1998 年 8 月 29 日，第九届全国人大常委会第四次会议修订并通过了《土地管理法》，在实现土地利用管理方式重大变革的同时，提高了补偿标准，但规定两者合计不得超过 30 倍。

从该法第 47 条规定来看，有几点值得注意：第一，首次提出"原用途补偿"；第二，提高了征用耕地的土地补偿费，从耕地被征用前 3 年平均年产值的 3～6 倍提高至 6～10 倍；第三，调整了征用耕地的安置补助费，每个需要安置农业人口的安置补助费标准，从该耕地被征用前 3 年平均年产值的 6～10 倍降至 4～6 倍，但同时规定，每公顷被征用耕地的安置补助费，最高不得超过被征用前 3 年平均年产值的 15 倍；第四，提高了土地补偿费和安置补助费的总和上限，规定两者合计不得超过土地被征用前 3 年平均年产值的 30 倍。

从 2002 年下半年开始，在经济建设加快的带动下，改革开放以来的第三轮"圈地热"在各地出现，在征地规模不断扩大的同时，由于人们经济意识和权利意识的增强，征地矛盾日趋激化，征地制度改革呼声高涨。2003 年 10 月 14 日十六届三中全会通过的《中共中央关于完善社会主义市场经济体制若干问题的决定》提出要完善农村土地制度，其中，"严格界定公益性和经营性

---

① 对于因征地而发生的户口"农转非"，《国家建设征用土地条例》第 13 条规定：相应的粮食供应指标以及不能就业人员的生活安置工作，分别由当地劳动、公安、粮食、民政部门负责办理。

② 1980～1985 年，"全国耕地净减 3680 多万亩，年均减少 700 多万亩，尤其是 1985 年，这一数据史无前例地超过了 1500 万亩"（张传玖，2006）。

建设用地"首次出现在中央文件中①。

2004 年 8 月 28 日，《宪法修正案》将《宪法》第 10 条第 3 款修订为"国家为了公共利益的需要，可以依照法律规定对土地实行征收或者征用并给予补偿"。自 1982 年以后，征收给予补偿再次回归我国《宪法》。同年，《土地管理法》针对土地征收调控进行了合宪性修订。但无论是《宪法》还是《土地管理法》，都没有将"公正"写入，公正补偿原则仍未确立。

2004 年 10 月 21 日，为了加强土地管理，国务院通过《关于深化改革严格土地管理的决定》，在完善征地补偿制度方面进行了一定创新：第一，首次提出"确保被征地农民生活水平不降低"的精神；第二，保障被征地农民的长远生计；第三，强调了农民的知情权，建立和完善协调与裁决机制；第四，要加强对征地实施过程监管，征地补偿安置不落实的，不得强行使用被征土地。

2007 年通过的《物权法》再次强调了征地补偿标准是恢复农民原有生活水平，并加入了"安排征地农民的社会保障费用"的要求，但对土地征收补偿的计算大体保持不变。

2008 年 10 月 12 日，十七届三中全会通过的《中共中央关于推进农村改革发展若干重大问题的决定》提出征地制度改革的三个要求：第一，改革征地制度，严格界定公益性和经营性建设用地，逐步缩小征地范围；第二，完善征地补偿机制。依法征收农村集体土地，按照同地同价原则及时足额给农村集体组织和农民合理补偿，解决好被征地农民就业、住房、社会保障；第三，在土地利用规划确定的城镇建设用地范围外（圈外），经批准占用农村集体土地建设非公益性项目，允许农民依法通过多种方式参与开发经营并保障农民合法权益。但从目前的实际情况来看，这一精神并未得到很好落实。2003 年以来的土地征收情况见表 4 - 1。

此外，2006 年以来的城乡建设用地"增减挂钩"政策极大地改变了我国的征地影响范围。城乡建设用地"增减挂钩"是指依据土地利用总体规划，将若干拟整理复垦为耕地的农村建设用地地块（即拆旧地块）和拟用于城镇建设的地块（即建新地块）等共同组成建新拆旧项目区，通过建新拆旧和土地整理复垦等措施，在保证项目区内各类土地面积平衡的基础上，最终实现增加耕地有效面积，提高耕地质量，节约集约利用建设用地，城乡用地布局更合理的目

---

① 该文件提出征地制度改革的思路是"按照保障农民权益、控制征地规模的原则，改革征地制度，完善征地程序。严格界定公益性和经营性建设用地，征地时必须符合土地利用总体规划和用途管制，及时给予农民合理补偿"。

表 4 - 1 我国土地征收情况统计

单位：公顷

年份	土地征收面积	其中农用地面积	农用地中耕地面积
2003		286026	202509
2004	195655	156459	109688
2005	296931	233370	161315
2006	341644	253781	169706
2007	301973	223116	148241
2008	304011	223206	149112
2009	451026	351174	216763
2010	459246	345188	228663

资料来源：《中国国土资源年鉴》（2001～2011）。

标①。在城乡建设用地"增减挂钩"政策的影响下，一些相对偏远的农村土地也被卷入土地整理的"洪流"，虽然整理后的土地仍然是集体所有，没有发生土地"变性"，但这个过程普遍带有一定强制性，其目的是获得建设用地指标，以便通过"挂钩"在城市周边落地为国有建设用地，因此，也可以理解为一种"间接征地"②。

---

① 2008 年 6 月 27 日发布的《城乡建设用地增减挂钩试点管理办法》（国土资发〔2008〕138 号）。

② "增减挂钩"的相关文件包括：（1）2004 年 10 月 21 日，国务院发布了《国务院关于深化改革严格土地管理的决定》（国发〔2004〕28 号），要求严格执行占用耕地补偿制度，为贯彻落实《国务院关于深化改革严格土地管理的决定》（国发〔2004〕28 号），推进土地集约节约利用，促进城乡统筹发展，国土资源部 2005 年研究制定了《关于规范城镇建设用地增加与农村建设用地减少相挂钩试点工作的意见》（国土资发〔2005〕207 号，以下简称《意见》）。（2）《关于天津等五省（市）城镇建设用地增加与农村建设用地减少相挂钩第一批试点的批复》（国土资发〔2006〕269 号，以下简称《批复》），并在天津、浙江、江苏、安徽、山东等五省展开了试点工作。（3）2007 年 7 月 13 日，国土资源部针对个别试点地区思想认识不统一、整体审批不完善、跟踪监管不到位等问题发布了《关于进一步规范城乡建设用地增减挂钩试点工作的通知》（国土资发〔2007〕169 号）。（4）为进一步加强和规范城乡建设用地"增减挂钩"试点工作，2008 年 6 月 27 日，国土资源部又发布《城乡建设用地增减挂钩试点管理办法》（国土资发〔2008〕138 号），规定"挂钩"试点工作必须经国土资源部批准。自 2006 年以来，国土资源部共开展三批城乡建设用地"增减挂钩"项目，其中，前两批 1000 个试点项目直接由部批准，第三批 9000 个试点由部向有关省（区、市）下达周转指标，由省国土资源部门确定试点项目并报国土资源部备案（合称"万村整治"示范工程）。三批"挂钩"试点项目共下达周转指标 43 万亩，涉及省份共 24 个。到 2009 年年底，第一批试点已拆旧复垦 5.85 万亩，约占下达周转指标的 80%；第二批试点已拆旧复垦 3.84 万亩，约占下达周转指标的 33%；各地正在组织编制第三批试点实施方案（胡德斌，2010）。

城乡建设用地"增减挂钩"试点从 2006 年开展以来，总体进展顺利，各地在实践中形成了一些典型做法和经验。"增减挂钩"试点促进了耕地保护，推动了节约集约用地，支持了新农村建设，促进了经济发展，推进了农村土地管理制度改革，取得了明显成效，初步达到了预期目标（国土资源部，2010）①。

但在政策执行中，一些严重问题也不容忽视。特别是国土资源部实际上已经失去了对"增加挂钩"范围的控制：一是有的地方在部批准试点之外擅自开展"挂钩"；二是很多地方的"增减挂钩"范围已经超越了县（区）域范围。例如，在笔者调研过的山东、安徽等地，上述两个问题都较为普遍地存在着。

针对近年来农村土地整治和城乡建设用地"增减挂钩"试点工作所引发的突出问题，2010 年 11 月 10 日，国务院常务会议进行了专门的研究部署，会议强调，开展农村土地整治，要以促进农民增收、农业增效和农村发展为出发点和落脚点，把维护农民合法权益放在首位；要充分尊重农民意愿，涉及村庄撤并等方面的土地整治，必须由农村集体经济组织和农户自主决定，不得强拆强建；严格控制城乡建设用地"增减挂钩"试点规模和范围②。

4.3.4　小结

改革开放以来，从《土地管理法》及相关立法的修订思路来看，主要出发点或者是为经济发展提供足够的建设用地，或者是保护稀缺的耕地资源。有学者指出，至少到目前为止，土地修法只注重土地的资源属性，而忽视土地的资产属性（陈小君，2012）。

从现在的主流观点来看，新一轮征地制度改革的重点是从土地资产属性的视角出发，明确地权并予以保护。下文将在比较分析的基础上介绍我国现行土地征收制度的关键特征。

4.4　我国征地的公益约束缺失

符合公共利益是限制政府征地权的第一道门槛。但在我国，公共利益内涵变得毫无边界，并且缺乏审查机制，因此，征收土地符合公共利益成了一个形同虚设的规定。

---

① 国土资源部网站：http：//www. gov. cn/gzdt/2010 – 06/04/content_ 1620579. htm。
② 中央人民政府官方网站：http：//www. gov. cn/gzdt/2010 – 01/05/content_ 1503420. htm。

4.4.1 公共利益界定的逻辑矛盾

现行的《宪法》第10条规定："国家为了公共利益的需要，可以依照法律规定对土地实行征收或者征用并给予补偿。"同样的规定见于《土地管理法》第2条第4款。但究竟什么是"公共利益"，相关法律并未作回答。对于何为公共利益，我国《宪法》本身就存在"二律背反"问题（蔡继明，2007）。

同样是《宪法》第10条规定："城市的土地属于国家所有。农村和城市郊区的土地，除由法律规定属于国家所有的以外，属于集体所有；宅基地和自留地、自留山，也属于集体所有。"从动态的角度看，在城市化进程中，城市空间会不断外延，这就需要占用城市郊区和农村的土地，随着郊区和农村变性为"城市"，这些地区的集体土地也就自然地应该通过征地变性为国有土地，而不论这种变性是否符合"公共利益"。

4.4.2 行政机构界定公共利益

确认"公共利益"是"国家"实行征收的前提条件。在法治国家，为了约束行政机构的征地权扩张，一般都是由立法机构作出土地征收的决定，也就是确认每个项目征地是否符合公共利益。

但是，在中国，行政机构成为确认某个项目是否可以征地的主体，从而成为国家意志的代表。在中国，不同性质和规模的土地征收的决定权分别由国务院、省级政府和市县政府掌握（详见表4-2）。

表4-2 我国的征地管理权划分

行政层级	征地决定权限划分
国务院	征收下列土地的，由国务院批准：（一）基本农田；（二）基本农田以外的耕地超过三十五公顷的；（三）其他土地超过七十公顷的
省级政府	征收前款规定以外的土地的，由省、自治区、直辖市人民政府批准，并报国务院备案
市、县政府	市、县人民政府按照土地利用年度计划拟订农用地转用方案、补充耕地方案、征用土地方案。"合规"条件下，具体征地方案的决定者

但值得注意的是，国务院和省级政府只掌握宏观意义上的征地审批权，市、县政府是微观意义上的土地征收决定者。并且，中国还没有公开的征地必要性论证程序，省级以上部门在决定市、县征地方案是否合规时，往往是形式审查重于实质性审查。一般而言，在符合土地利用总体规划和城市总体规划的情况下，在

土地建设用地指标数量范围内，具体的征地方案，都是由地方（市、县）人民政府决定①。另外，与国际上的普遍做法相同，行政机构还是土地征收的执行主体，"县级以上地方人民政府"就成为"国家"的代表②。

上述两方面结合起来，所得出的结论就是：在中国，在最为关键的土地征收微观领域，市、县级政府被赋予了从征收决策到征收执行的完整权力。这使得所谓"公共利益"被深深烙上了市、县政府（乃至市、县领导个人）意志的标签。

4.4.3　公益约束缺失的后果

从国际经验的角度来看，公共利益不清、行政机构决定土地是否被征收，并不是中国所特有的。但是政府意志即是公益、市县政府实际主导且未受到制衡和监督，则是土地征收的"中国特色"。

当然，由于我国的特殊政治体制，实际上，我们无法用标准的三权分立政治思维来评判中国的征地决定权如何配置。因此，这里所说的政府，实际上是个模糊概念。在不违反具有一定刚性的土地利用规划（城市规划调整并不复杂）和年度土地利用指标的前提下，土地征收的决策权基本掌握在具有政治权力金字塔顶端的市、县"常委会"手里。

上述制度性缺陷造成了我国土地征收决策的随意性和征收范围的无限扩大化。根据北京天则所课题组（2007）的调查：在东部工业化程度较高的县市，工业用地占到建设用地总量的30%，而用地主体以民营企业为主；房地产、商业和服务业等经营性用地占用地总量的20%，这部分用地完全是为了营利；第三类用地是市政设施和基础设施用地，约占建设用地总量的50%，这部分用地具有公益性目的，但其中很大一部分也背离了公共利益的特征。

4.5　我国基于生存权的征地补偿

在土地征收公益限制缺失的同时，我国对土地权利界定的模糊和低征地补偿进一步造成政府征地权的"自由放任"。如前文所述，鉴于征收补偿在限制征地权方面的核心地位，接下来，本书将做重点分析。

---

① 《土地管理法实施条例》第20条规定："市、县人民政府按照土地利用年度计划拟订农用地转用方案、补充耕地方案、征用土地方案，分批次逐级上报有批准权的人民政府。"

② 《土地管理法》第46条规定："国家征收土地的，依照法定程序批准后，由县级以上地方人民政府予以公告并组织实施。"

4.5.1　土地征收的生存权补偿原则

我国《宪法》和《土地管理法》都提出了征收土地应给予补偿，但对补偿的原则并未明确表述。在其他一些法律法规中，有关征地补偿表述多种多样，其中最常见的有以下四种，即"一定""相应""合理""适当"（见表4-3）。

表4-3　我国征地补偿原则的多样性提法

补偿原则提法	法律法规出处
一定补偿	《乡镇企业负担监督管理办法》第17条
相应补偿	《农村土地承包法》第16条；《戒严法》第17条；《海域使用管理法》第30条；《划拨土地使用权管理暂行办法》第30条
适当补偿	《最高人民法院关于审理农业承包合同纠纷案件若干问题的规定（试行）》第12条；《国防法》第48条；《国务院关于加强和完善文物工作的通知》第2条
合理补偿	《矿产资源法》第36条；《归侨侨眷权益保护法》第13条；《防沙治沙法》第35条；《治理开发农村"四荒"资源管理办法》第22条；《电力供应与使用条例》第16条；《建制镇规划建设管理办法》第32条；《乡镇煤矿管理条例》第11条；《国务院办公厅关于治理开发农村"四荒"资源进一步加强水土保持工作的通知》第3条

资料来源：柳志伟：《农地征收的补偿问题研究》，博士学位论文，湖南大学，2007。

虽然这些表述看起来有不小差异，都体现了一些"视情况而定"的不确定性，但它们的共同之处是，都带有一定的"不完全"含义，结合我国征地补偿水平较低的具体实践，有学者（柳志伟，2007）认为，我国现行法律中采用的是"适当补偿"的原则。从直觉上讲，适当补偿较"公正补偿"有很大差距。"适当"在一定程度上带有适可而止的含义，而"公正"则带有公平正义的内涵，对补偿要求可能较高。

上述字面意义上的讨论，并不能解决实质性问题，对此，实际上国家已经通过"立法释义"的方式进行了回答，那就是"农民生活水平不降低"[1]。该释义同时回答了采用这一原则立法的两个关键词：一是"义务"；二是"贡

---

[1]　全国人大常委会法制工作委员会的《中华人民共和国土地管理法释义》曾经有这样的表述："关于确定征用土地补偿的原则，在修改《土地管理法》过程中……经过反复研究认为：一是征地是一种国家行为，也是农民对国家应尽的一种义务，不是农民向国家卖地；国家征用土地再出让时，决定不同地价的级差地租是国家投资形成的，原则上这项收益应当属于国家。二是征地补偿以使被征用土地单位的农民生活水平不降低为原则。根据以上两条，对征地补偿标准进行了调整，而对补偿的原则和方法未作修改。"

献"。"义务论"的逻辑在于，征地是国家行为，国家代表公共利益，在个人利益和公共利益之间，前者要服从和服务于后者。这是一种集体主义至上的逻辑，按经济学的术语来说，是一种"规范分析"。"贡献论"的逻辑在于，级差地租的形成和土地增值是国家投资的结果（其实还有一部分是自然区位垄断造成的），因此，涨价自然应该归公，否则不公平。很明显，这种论调是基于土地增值源泉分析作出的，在经济学上应该归入"实证分析"范畴。

总之，目前的征收补偿只是作为一种"生存权"的补偿，或者说是对被征地农民的生活成本补偿，而不是基于土地价值本身的补偿（吴次芳、汪晖，1996；凌维慈，2003）。将我国宪法第 13 条的规定与某些法治国家的征收补偿条款相比就会发现，我国的征收补偿条款存在的突出缺陷就是未确立"公正补偿"的原则（柳志伟，2007）。

理解上述立法原则，我们就不难评价中国的土地征收补偿何以如此有特色了。通过接下来的分析，我们可以看到，无论是具体补偿标准的制定与挑战，还是补偿方式的多样化，都是实现这一立法原则的手段而已。

4.5.2　中国特色的原用途补偿

落实生存权补偿、保障农民生活水平不降低，这一原则的自然推理就是原用途补偿标准，因为征地主要影响的是失地农民的土地收入，对于生活状况的影响，给予一定的安置补助就可以了[①]。

《土地管理法》第 47 条通过设定各种"预案"的方式，针对土地征收补偿可能遇到的情况提出了应对方案，目的只有一个，尽量将农民生活维持在征

---

① 我国《土地管理法》第 47 条明确规定："征收土地的，按照被征收土地的原用途给予补偿。"而征收耕地的补偿费用包括三项：第一，地上附着物和青苗的补偿费。第二，土地补偿费。征收耕地的土地补偿费，为该耕地被征收前 3 年平均年产值的 6～10 倍。第三，安置补助费。征收耕地的安置补助费，按照需要安置的农业人口数计算。需要安置的农业人口数，按照被征收的耕地数量除以征地前被征收单位平均每人占有耕地的数量计算。每一个需要安置的农业人口的安置补助费标准，为该耕地被征收前 3 年平均年产值的 4～6 倍。但是，每公顷被征收耕地的安置补助费，最高不得超过被征收前 3 年平均年产值的 15 倍。征收其他土地的土地补偿费和安置补助费标准，由省、自治区、直辖市参照征收耕地的土地补偿费和安置补助费的标准规定。被征收土地上的附着物和青苗的补偿标准，由省、自治区、直辖市规定。征收城市郊区的菜地，用地单位应当按照国家有关规定缴纳新菜地开发建设基金。依照本条第 2 款的规定支付土地补偿费和安置补助费，尚不能使需要安置的农民保持原有生活水平的，经省、自治区、直辖市人民政府批准，可以增加安置补助费。但是，土地补偿费和安置补助费的总和不得超过土地被征收前 3 年平均年产值的 30 倍。国务院根据社会、经济发展水平，在特殊情况下，可以提高征收耕地的土地补偿费和安置补助费的标准。

地之前的水平之上，这既是对农民的保护，同时也是对农民的限制，它意味着农民丧失了分享城镇化、工业化所带来的土地增值权益的权利。这恰恰是前文所说的立法宗旨的体现①。

那么，如何看待我国的基于原用途价值的补偿与公正补偿或者说公平市场价值补偿的关系呢？两者必然像很多学者所说的是矛盾、严重不公的吗？对此，正如我们在国外经验部分所分析的，对这个问题不能笼统的回答，应该考虑被征用时实际的土地产权配置。

在我国，虽然从所有制上看，如前所述，农村土地集体所有，归属关系非常明确，但深入到产权层面，我们就可以看到，农地（包括农村农业用地和农村建设用地）向可市场化的城市建设用地的转用、转让权，被现行的土地用途管制剥夺了（当然乡镇企业用地稍微特殊些，但仍存在市场化障碍）。如果考虑到这一现实，那么，在现有的产权约束条件下，以耕地为例，目前国家制定的不超过年产值 30 倍（很多地区实际超过了）的补偿额，未必偏离"最高和最佳用途"（在我国指的是不同种养殖品种的用途）价值很多。

我们可以通过简单比较说明这一点：在华北地区，农民流转土地的年租金普遍约在 1000 元/亩/年，由于农业用地流转基本是放开乃至地方政府鼓励的，因此，在不考虑土地违法转用（小产权房、度假村等）、假定仍保持农业用途的情况下，这种补偿就应该是"最高和最佳用途"价值，因为租种土地的经营者是以利润最大化为目标的。按照 2%～3% 的长期利率贴现，假定农民的土地承包经营权"长久不变"，地租的资本化价值即地价（农地使用权价格）是 3 万～5 万元。如果贴现率再提高或者去掉"长久不变假定"，那么土地价格会进一步降低。而目前我国农业用的土地补偿标准，大致也是这么一个水平。也就是说，在现有用途管制（包括基于所有制的用途管制）条件下，在现有的农村土地产权约束下，国家对农民的实际补偿水平，基本接近乃至超过原用途意义的公平市场价值。

回到公平市场价值与原用途价值补偿的关系上来，我们可以看到：在中国，按照原用途补偿的水平，如果考虑到现有的产权约束下，并没有偏离客观的"公平市场价值"太多，有时甚至有过之而无不及。因此，当我们评判原用途补偿是不是公平市场价值补偿（公正补偿），一定要考虑到用途管制和所

---

① 正如全国人大常委会法制工作委员会在《中华人民共和国土地管理法释义》中所说明的："在具体实施征地行为时，也应由政府按照《土地管理法》的规定确定具体的补偿办法，而不是由国家（政府）和农民协商或按'市价'补偿。支付的费用仍然是补偿或补助性质的，而不是完全的地价，不能根据土地使用权出让价格确定征地补偿标准。"

有制管制下的产权配置这个前提。至于产权配置对农民利益增长的限制，是不是符合社会公平正义标准、是不是有利于收入分配的均衡、是不是有利于我国经济社会的长期发展，则是另一个层面的问题。当然，大家普遍认为有必要重新配置产权。这就需要根据我国的经济社会发展历史、现状与趋势，作出深入的系统分析和综合权衡。

但是，上述基于实证分析所做的"辩解"，并不能否认我国在征地补偿方面仍存在明显缺陷的事实。即使从现有的所谓"原用途"补偿上看，我国的补偿标准计算和实际补偿到位方面也存在以下几个突出问题：

第一，没有考虑土地征收对被征收者的系统性影响。从海外实践来看，公正补偿虽然并不等于"全面补偿"，但从实践角度来看，公正补偿呈现出扩大化趋势，也就是对征收给土地权益人生产生活带来的影响进行"更全面"的补偿，除了从成本方面出发，考虑同类资产的市场报价、重置及搬迁成本（相当于我国的土地补偿费、安置补助费、地上物及青苗补偿费），更重要的是从收益方面出发，考虑征地给土地权益人未来收入造成的损失（有些"轻资产"的项目可能会产生高收入），甚至出现了就征地对商誉等无形资产损失进行补偿的案例。我们国家虽然很多地方采取了综合性、多样化的补偿方式，在一定程度上弥补了上述问题，但总体而言，我国对失地农民的补偿仍不系统，并且往往采取"一刀切"的补偿标准，未考虑对不同个体的影响差异。

第二，我国的征地补偿未考虑征地对残留地和相邻土地的负面影响。实际上，征地行为不仅影响了直接被征收土地，使其所有者失去了"原用途"价值，而且会间接影响残留地和相邻土地继续保持"原用途"价值。当然，这种影响可能是正面的、积极的，会带来土地的自然增值，土地权益人会因此坐享渔利，对此，国家可能需要通过税费方式调节增值收益分配。至今，国家尚未建立针对这种增值的财税政策。如果土地征收行为对残留地或相邻土地的影响是负面的（造成了污染、影响了生产设施、破坏了安静氛围或遮挡了阳光），那么，土地开发者和受益者理应给予必要的补偿。在中国，这点并未得到重视。而在美国，有一种"反向征收"（inverse condemntailon）机制，如果土地权益人认为征地行为导致土地价值下降，可以要求政府及相关主体对其损失价值予以补偿（Alstyne，1968）。

第三，即使是缩水的原用途补偿标准也往往得不到有效执行。实践中，各地的征地补偿标准不一，在很多地方出现了"先征后补""多征少补"等违规情况，使得本来就不完整的原用途补偿也得不到有效落实。

综上所述，虽然在现有产权配置条件下，按照市场化租金的方式去套算，中国的原用途补偿标准水平接近乃至超过了"公平市场价值"，似乎符合了"公正补偿"的要求，但是，我们必须看到，这种公正补偿是建立在产权低效率、不公正配置的基础上的。实际上，中国特色的"按原用途补偿"，只是一个比较模糊的说法而已，其目标是在经济发展和城市化占地冲动强烈但财力紧张情况下，低成本地解决城市建设用地来源问题。在实践中，具体的补偿水平高低，有一定随机性：财政收入水平低、财政收支关系紧张等，都可能成为补偿低于国际标准的理由；提取征地管理费、补偿监督不严等，都可能是补偿资金被非法截留的原因。

4.5.3　实际补偿标准的不统一

上述征地补偿标准，对我国的征地补偿制度作了原则性框定。但在实际执行中，补偿标准并不是严格按法律文件执行的，最终的补偿高低往往是多方博弈的结果。从立法原则来看，由于征地补偿只是一种补助，农民的土地被国家征收是国家的权力、农民的义务，而不是基于市场价值（即使是原用途价值）。因此，征地补偿高低，完全取决于政府的支付意愿、价值倾向和财政能力。概括起来，补偿标准不一主要体现在以下几个方面。

（1）基于用途（公益性）差异的补偿不一。

基于用途差异的一个典型，就是水利建设征地的有关规定。根据《土地管理法》第51条："大中型水利、水电工程建设征用土地的补偿费标准和移民安置办法，由国务院另行规定。"在1991年国务院制定的《大中型水利水电建设征地补偿和移民安置条例》中，征地补偿费被进一步降低（见表4-4）。

从全国人大常委会法制工作委员会的《中华人民共和国土地管理法释义》来看，水利工程项目征地补偿费用进一步降低的支撑性因素有三个方面：第一，占地范围大[①]；第二，征地较集中[②]；第三，国家投入少[③]。上述三点，听起来有一定道理。前文我们对征地为什么需要公正补偿进行了分析，其中一个

---

① "大中型水利水电工程建设征地的范围大，一般占用耕地都要几千或几万亩，有一些水电工程淹没达十几万亩，是其他工程所少有的"。

② "不像铁路、公路那样涉及的乡镇很多，因此，需要迁移的人口也相对比较集中，一般达几千、几万人，甚至达到十几万人"。

③ "对水利、水电工程的投资不足，对移民安置只能采用低标准，待水电、水利工程建成取得效益时，再给予扶持和补助"。

原因就是"分配的公平正义"和"阿姆斯特朗原则",也就是说,不能让土地权益人为了公共利益而不成比例地承担公益成本。因此,上述三点并不能构成水利项目低补偿、非公正补偿的论据。

表 4 - 4　水利工程项目的低补偿

	《土地管理法》一般规定	《大中型水利水电建设征地补偿和移民安置条例》
(1)耕地补偿费	6 ~ 10 倍	3 ~ 4 倍
(2)安置补助费	4 ~ 6 倍,甚至更高①	2 ~ 3 倍,甚至更低②
(1) + (2)限定最高倍数	30 倍	库区(含坝区)人均占有耕地 1 亩以上的,不得超过 8 倍 库区(含坝区)人均占有耕地 0.5 亩至 1 亩的,不得超过 12 倍 库区(含坝区)人均占有耕地 0.5 亩以下的,不得超过 20 倍

①根据《土地管理法》,每公顷被征收耕地的安置补助费,最高不得超过被征收前 3 年平均年产值的 15 倍。

②《大中型水利水电建设征地补偿和移民安置条例》规定,大型防洪、灌溉及排水工程建设征用的土地,其土地补偿费标准可以低于上述土地补偿费标准,具体标准由水利部会同有关部门制定。

注:计算基准是耕地被征用前 3 年平均年产值。

更让人不解的是,该释义提到水利工程低补偿的另外两个原因:一是位置偏僻;二是条件较差①。前者只能说明安置方式选择的特点;后者似乎支持了水利项目应该给予更高(而不是更低)补偿。

在地方的征地补偿规定中,土地用途也是影响补偿高低的重要影响因素②。一般的做法是:征地项目的公益性越强,补偿标准越低,两者具有反向变化关系。从农民的角度来讲,似乎也普遍接受这样一种理念:土地征收的公

---

① "库区的位置较为偏僻,对安置的人口采用农转非和招工安置等途径不具备条件,只能采用农业综合开发,发展农、林、牧、副、渔或建乡镇企业的办法安置移民";"库区的经济条件和自然条件较差,人民生活水平低,如果安置不好将会对农民的生活带来长期困难"。

② 例如《辽宁省实施〈中华人民共和国土地管理法〉办法》第 23 条规定:"在城市规划区外单独选址的属于公益事业和城市基础设施的建设项目,征用耕地的土地补偿费为该耕地被征用前三年平均年产值的六至七倍;其他项目征用耕地的土地补偿费为该耕地被征用前三年平均年产值的八至十倍。"又如,根据《江西省征用土地管理办法》第 15 条:征用土地用于出让土地使用权的,按《实施办法》第 27 条规定的标准提高 10% 进行补偿。这意味着,对于能够形成土地出让收入、公益性较弱的营利性项目,在土地征收过程中要给予更高补偿。

益性越强，在其他条件不变的情况下，农民越倾向于"发扬风格"，作出利益牺牲。这点也得到了问卷调查的支持。

（2）基于地区（区位）差异的补偿不一。

我们可以对《土地管理法》第47条的规定进一步分解（见表4-5）。通过分解我们可以看到：

表4-5　法律意义上的土地征收补偿的影响因素

补偿项目	土地类型	影响因素总结
土地补偿费	耕地	征收前3年平均年产值；倍数
	其他土地	由省、自治区、直辖市参照征收耕地的土地补偿费标准规定征收前3年平均年产值；倍数
安置补助费	耕地	征收前3年平均年产值；倍数
	其他土地	由省、自治区、直辖市参照征收耕地的安置补助费的标准规定征收前3年平均年产值；倍数
附着物和青苗补偿		由省、自治区、直辖市规定

首先，各地对于补偿倍数执行标准并不统一。我国考虑到各地的情况不同，规定了一个补偿倍数变化区间（如耕地的土地补偿费为6~10倍）。实际执行中，补偿倍数是各省在国家规定范围内自主确定的，这使得各地的补偿倍数并不一致。以耕地的土地补偿费为例，有的省份完全按照国家标准确定，如江西、河北；有的省份则在国家标准范围内就上限确定，如江苏；有的省份则区分了耕地的具体类型确定，如福建、贵州（见表4-6）。

此外，对于按照补助费，各地的差异也很大。而被征收土地上的附着物和青苗的补偿标准，由省、自治区、直辖市规定。这些因素都决定了土地征收的区域差异。

表4-6　各地对耕地的补偿倍数差异

	土地补偿费	备注
国家标准	6~10倍	《土地管理法》第47条
福建	耕地(水田)8~10倍 其他耕地6~8倍	《福建省实施〈中华人民共和国土地管理办法〉办法》第27条
江苏	8~10倍	《江苏省土地管理条例》第25条
江西	6~10倍	《江西省实施〈中华人民共和国土地管理法〉办法》第27条、28条

其次，土地征收前 3 年平均年产值也不可能一致。土地征收前 3 年平均年产值是决定土地补偿标准的首要因素。它构成土地补偿费和安置补助费（无论是耕地还是非耕地）计算的重要基础。但征收前 3 年平均年产值只是个模糊概念，它本身也取决于很多因素，如土壤肥力、区位条件、气候条件、农业科技、农业管理、市场价格等。由于土地年产值的波动变化和不确定性，各地在实际计算时差异也很大。目前的基本做法是根据农业产值增长和社会经济发展统计情况原则上每 2~3 年各省统一更新一次，逐步提高。

那么，造成这些地区差异的因素究竟有哪些？仅仅是按照"原用途"所带来的收益差别吗？或者更进一步，回到土地征收补偿的原则上来，实际执行中的变通仅仅是为了保证农民生活水平不降低吗？显然，情况并非如此。下面以四川省为例说明这一点。

以四川省为例，2009 年 11 月 26 日发布的《四川省国土资源厅关于组织实施征地统一年产值标准的通知》（川国土资发〔2009〕54 号）按照耕地等级（7~21 等）对土地年产值补偿标准作出了规定。从一般规律上看，越是区位条件好的地区，"耕地等级"越高，这似乎符合人口聚集于土地富饶地区的社会发展规律。但我们可以看到一些显著的例外，如征地补偿金额最高的是成都市龙泉驿区（见表 4-7），之所以如此，恐怕不是土地自身肥力造成的，而是一些其他因素。

表 4-7　四川省征地补偿中的区位影响因素

	所在市	区域	补偿标准（元）
最低等级（7 级）	阿坝州	壤塘县	800
最高等级（21 级）	攀枝花市	仁和镇	2800
未定级	成都市	五城区及高新区	3065
	成都市	龙泉驿区	3406
	攀枝花市	银江镇	3119

资料来源：《四川省国土资源厅关于组织实施征地统一年产值标准的通知》。

在北京，征收补偿差距被进一步放大。2004 年 5 月 21 日，北京市出台了《北京市建设征地补偿安置办法》，根据《关于〈北京市建设征地补偿安置办法（草案）〉的说明》，北京市的"征地补偿水平差异较大，每亩最低有 7000元，最高达到 80 万元"，除了政府基础设施工程征地外，"影响征地水平的主要因素是项目性质和土地区位：开发项目征地补偿水平高；区位优势强的，补偿水平高"，而"土地征用前的类别和被征地乡镇的人均耕地面积，对征地补偿水平影响很小"。从这一分析来看，土地征用后的开发性质和土地区位是两个主要影响因素。对于前者，前文已经做了分析，下面重点分析土地区位影响补偿水平问题。

理论上讲，按原用途补偿并不意味着完全不考虑区位因素，但既然原用途、区位因素所形成的级差地租应该来自运输成本的节约。很明显，运输成本不是决定龙泉驿区失地农民得到最高补偿的关键。

那么，关键是什么呢？是为了实现"农民生活水平不降低"的原则吗？的确，在大都市周边和城中村地区，生活成本支出会显著高于城市远郊和偏远农村，给予更多补偿有利于保证城市周边失地农民的生活问题。但我们从收入的角度来分析，就能否定上述结论了。在城市地带的农民往往有更多非农就业机会，甚至可以通过自建和出租房屋（无论是否合法）获得丰厚的财产性收入，而基于原用途的耕地收入只是农民收入的一小部分。此外，城市周边农民是最有可能被优先解决社会保障问题的，因此土地的保障功能本身也有所下降。总之，城市周边农民失去耕地导致农民生活水平下降的可能性和程度，甚至低于偏远地区的农民。

因此，所谓区位补偿差异，实际上已经脱离了《土地管理法》的立法宗旨，不能用按原用途补偿标准来解释。区位补偿高低与区位重要性成正比，而补偿来源是"重要区位"集体所有土地的农业用途价值和国有建设用地的市场价值之间的差额。

除了省级层面立法带来的补偿差异外，地市政府单独立法调整征地补偿标准，也是造成各地补偿不一的重要因素。虽然《土地管理法》第47条规定，只有省级政府才有权调整征地补偿标准，但实际上，一些比较发达的地市还出台了专门的征地补偿细则，对征地补偿标准进行立法解释或落实，如《苏州市市区征地补偿和被征地农民基本生活保障实施细则》和《常州市征地补偿安置和被征地农民基本生活保障实施暂行办法》。这些立法行为有的是经过上级机关授权的，有的则根本没有授权。这意味着地市级人民政府实际上行使了省级政府的立法权。这些地市补偿立法的初衷很大程度上也是为经济发展和城市化提供空间保障，而高额的土地转用收益为提高补偿奠定了物质基础，但客观上使得农民部分乃至很大程度上分享了土地增值收益，因而具有一定合理性。与此同时，这种做法造成了各地补偿标准不一、农民苦乐不均的现实情况。

综上所述，从地区（区位）差异的角度来看，尽管《土地管理法》仍未修改，但我国的土地征收补偿原则实际上已经开始走向多元化。在立法没有调整补偿原则的情况下，各地补偿标准的差异取决于一系列复杂的因素（增值空间、地方财力、力量博弈、风俗文化等），并带有一定的随机性。

（3）基于个体差异的补偿不一。

从国外的土地征收实践来看，在土地征收中的财产补偿尽量采取"一对一"方式，以确保每个财产所有者都能得到相对合理的补偿，因为每份财产的市场价值存在一定差异。

在我国，表面上看，在土地征收补偿过程中，土地财产的价值主要依据行政规定评估（如前所述），普遍采取了"一刀切"的办法，制定统一标准，予以统一补偿。即使地上物和青苗补偿费也按统一标准，对经济作物的补偿往往也忽视不同作物的价值差异。

这种做法是不是就意味着我国在征地过程中对个体补偿只是整齐划一呢？从实际的执行结果来看，我国对不同个体间的征地补偿差异不但存在，而且普遍，并导致了严重的分配不公。这种分配不公主要体现为"纵向不公"和"横向不公"两个方面。

所谓"纵向不公"，是指由于土地征收时间不同而发生的同类资产补偿标准出现差别的现象。一般的趋势是征地时间越晚，补偿水平越高。对此，笔者认为主要有以下几个影响因素：

第一，土地增值。城市土地持续、快速增值，为较晚征地农民分享增值收益获得更高补偿提供了客观基础，并且使得"钉子户"问题、土地开发延期的时间成本上升、不确定性增大。

第二，货币幻觉。物价上涨带来的"高补偿幻觉"，也就是说，从货币补偿的角度来看，由于物价上涨带来补偿额的提升，虽然可能购买力差异不大，但较早前被征地农民感觉自己"吃亏"了，觉得补偿不公。

第三，学习效应。在征地过程中，农民并不是被动的主体，发生在身边的征地现象以及各种媒体报道，使得农民掌握了更多的信息和国家政策取向，在博弈中维权意识和能力都有所提高，从而能够争取到更多利益。

第四，政策调整。近年来，随着征地矛盾日益突出，政府（尤其是中央）加强了征地管理，基本上每 2～3 年都会提高一次补偿水平。近年来，国家出台了一系列政策和文件要求保护农民利益，控制征地规模，避免社会矛盾。

第五，行政考核。一方面，近年来国家加强了行政考核机制建设，特别是进一步强化了信访体系职能，在一定程度上为被征地农民投诉提供了更有效的渠道；另一方面，各地日益加强对官员的行政考核机制，有不少地方规定，官员一旦被上访、投诉，其政绩和晋升就会受到一定影响。

当然，我们还可以看到其他一系列变化导致了征地补偿标准的提高，进而形成了纵向不公问题。如近年来，地方领导的更迭变化速度有明显加快趋势，这也会导致补偿政策变化。但在实践中，我国征地补偿不公的主要方面并不是"纵向不公"，而是"横向不公平"。这里所说的横向不公包括两种情况：一是相邻的、不同土地开发项目对农民的征收补偿标准差异很大；二是同一个开发项目在征地过程中，对不同农民（个体或群体）采取的因人而异的歧视性补偿。这里重点分析后一种情况。从笔者本人的访谈和调研来看，出现后一种情况的主要原因可以归结为以下几方面：

第一，博弈与对抗，也就是所谓的"钉子户"问题。"钉子户"问题并不是中国独有的现象。但在中国，"钉子户"并不是像法治国家那样靠法律来维权，除了成为"上访专业户"之外，就只能用身体的直接对抗来争取更高补偿。

第二，家族力量与个人权势。在征地过程中，一个农户所在的家族力量、农户在外面有没有亲戚"做官"、有政府关系以及认识新闻媒体等都成为能否获得更高补偿的重要因素。

第三，内部人照顾。在村委会负责制、村长负责制的现行乡村治理机制下，村干部及其亲属、朋友等在很多情况下能得到一些显见或隐形的眷顾，从而获得更高补偿。

第四，土地开发利益结构的变化。上述三点都是从被征地者角度来看的，从土地征收者（主要是地方政府及其背后的资本利益集团）在实际的项目开发过程中，由于充满不确定性（包括土地政策和房地产政策的变化），成本－收益关系时刻在变化着，征地方会基于自己的分析判断来确定是否基于不同主体给予更高补偿。

综上所述，中国的征收补偿从功能、空间、时间及主体四个角度来看，都存在法律意义上的补偿标准与实际发生的补偿标准不统一的情况。从农民得益的角度来看，在中国存在着四类补偿原则和标准：①远低于农地使用价值、违规国家底限规定要求的"压榨型补偿"；②仅满足国家底限规定要求的"基本生存型补偿"；③按照国家规定要求执行、适当考虑农民生活安置的"生活水平维持型补偿"；④以中国特色的原用途补偿上限为基准、以农民长远生计有基本保障为目标的"生活水平改善型补偿"；⑤以加快经济发展、做大蛋糕为目标，以土地快速增值为保障，政府和开发主体适当牺牲短期利益，让农民适当分享土地增值收益的"生活富裕型补偿"。

4.5.4 补偿方式为何多样化

在其他国家或地区，土地征收补偿主要是货币形式。例如，在美国，各州的宪法或者宪法性文件中，都以"与被征用的财产市场价值相当的货币"来定义公正补偿。

但在中国，补偿形式出现了多样化趋势，除了货币补偿外，还出现了社会保障补偿和实物补偿，而后者又包括住房补偿、留用地补偿、就业安置等具体形式。那么，这些补偿形式的实质和影响是什么？中国为什么会出现如此之多的补偿形式？在此做一简要分析。

在中国，补偿形式的多样化并没有写入《宪法》，在《土地管理法》中，也只有第 50 条带有一定的安置含义："地方各级人民政府应当支持被征地的农村集体经济组织和农民从事开发经营，兴办企业。"但在其他一些法律、行政法规、部门规章以及地方性法规、规章和文件中有很多关于补偿形式的规定。

在长期的土地征收实践中，中国形成了这样一个惯例，那就是把货币补偿与其他形式的补偿区分开来。前者一般被简称为"补偿"，后者则通常用"安置"来指称。例如，在《关于印发〈关于完善征地补偿安置制度的指导意见〉的通知》（国土资发〔2004〕238 号）中，第一部分对征地补偿标准作出了规定，主要说明的是货币补偿问题；第二部分则是"关于被征地农民的安置途径"。在最新一轮的《土地管理法》修订和《农村集体土地征收条例》制定过程中，"补偿与安置分开"也是官方倡导的一个基本原则①。

（1）征收补偿的主要形式。

第一，货币形式。在前文关于征收补偿标准的介绍中对此已经做了详细解读，主要包括土地补偿费、安置补助费以及地上物和青苗补偿费三类。

第二，就业安置。对于无法通过自主农业生产获得收入的失地农民，政府或用地单位通过多种途径帮助其重新就业，既包括政府或用地单位直接提供就业岗位，也包括为农民提供就业信息和技能培训。

第三，留地安置。它也叫划地安置或开发性安置，是在规划确定的建设用地范围内安排一定比例（一般是 10%）支持被征地的村集体和村民（主要是前者）从事第二、第三产业经营。留给农民的土地可能继续保持集体性质，

---

① 2011 年 11 月 23 日，时任国家土地副总督察的甘藏春接受新华社采访时的发言，转引自纪睿坤《征地补偿与安置分离，地方政府和专家都不买账》，《21 世纪经济报道》2011 年 11 月 24 日。

也可能变性为国有土地。这种方式在广东、江苏、浙江等经济发达地区较为常见①。

第四，住房安置。在 2008 年之前，我国征地对象以城市周边或城市规划区以内的农业用地为主，其中耕地占了近 50%。2008 年之后，国家一方面加强耕地保护（特别是基本农田保护），同时开启了城乡建设用地"增减挂钩"试点，这使得集体建设用地成为各地获取建设用地的重要对象，从而掀起了全国范围的大拆大建，作为集体建设用地主体的宅基地也自然被卷入其中，从而形成了强烈的住房安置需求。

第五，社会保障。在中国，土地收入虽然不再是农民的主要收入来源，但土地所具有的社会保障价值是其他收入无法比拟的。在农村社会保障体制仍不完善的情况下，失去土地在很大程度上意味着失去重要保障。因此，2007 年 3 月 16 日通过的《物权法》第 42 条第 2 款规定了失地农民"社会保障费"②。在地方，有关社会保障安置的最大争议来自浙江嘉兴的"土地换社保"（详见后文关于地方改革探索的分析）。此外，重庆市也在 2008 年出台过类似规定③。

（2）多样化补偿的动因与影响。

从表面上看，中国采取了多样化补偿，对失地农民的生产生活都予以了

---

① 例如，早在 2001 年，浙江省《关于进一步发展壮大村级集体经济的通知》（浙委〔2001〕20 号）就规定："村集体土地被征用，可以按批准征用土地面积的 10%～15% 作为安置人员留用地，用于发展第二、三产业。"2006 年，浙江省国土资源厅又发布了《关于进一步规范村级安置留地管理的指导意见》（浙土资发〔2006〕23 号），指出："对城市规划区范围内人均耕地面积低于 0.2 亩的农村集体经济组织，因国家建设需要（不包括本集体经济组织建设项目）实施征地的，可安排村级安置留地指标。具体安置留地标准以实际被征收的农用地的土地面积为基数，按一定比例核定，但最高不得超过 10%。"
② 原文是："征收集体所有的土地，应当依法足额支付土地补偿费、安置补助费、地上附着物和青苗的补偿费等费用，安排被征地农民的社会保障费用，保障被征地农民的生活，维护被征地农民的合法权益。"
③ 根据 2008 年 4 月 24 日印发的《重庆市人民政府关于调整征地补偿安置政策有关事项的通知》（渝府发〔2008〕45 号），土地补偿费为被征地的农村集体经济组织所获得的补偿，被征地土地补偿费总额的 80% 首先统筹用于被征地农转非人员参加城镇企业职工基本养老保险，由土地行政管理部门代为划拨到劳动保障部门；其余 20% 支付给被征地农村集体经济组织，用于发展集体经济和安排集体经济组织成员的生产、生活。安置补助费的支付按被征地农转非人员的不同年龄段确定，对未年满 16 周岁的被征地农转非人员，其安置补助费全额支付给个人；对年满 16 周岁及以上的被征地农转非人员，其个人按照有关规定应缴纳参加城镇企业职工基本养老保险费用总额的 50%，由土地行政管理部门从其安置补助费中代为划拨到劳动保障部门，专项用于该征地农转非人员的基本养老保险，安置补助费的其余部分支付给个人，用于安排其生产、生活。

"无微不至的关怀"，体现了我们的制度优越性。但实质上，多样化补偿在很大程度上恰恰体现了我国的土地产权不清和保护不力、货币补偿标准不公正和补偿不足的基本现状。因为，如果赋予了农民一定土地发展权、基于市场价值的公正补偿，通过货币补偿本身就足以解决大部分争议和问题。从动因上看，多样化补偿旨在解决财政压力和维持社会稳定的两难问题。

首先，缓和财政压力的需要。无论是相对发达地区还是相对落后地区，财政资金约束是共同的问题，因为中国的地方政府作为建设型政府和一个利益主体，有着不断扩张财政规模进而是经济规模的内在动力，只不过在不同发展阶段，财政支出的方向不同，财政短缺的形式各异。"土地财政"已经成为地方收入的重要支柱，为了实现土地收入特别是即期收入的最大化，作为建设用地市场的"双头垄断者"，压低具有现付压力的货币补偿然后通过其他手段进行弥补，就成为必然的选择。

其次，维持社会稳定的需要。如前所述，地方官员行政考核体系由一揽子指标构成，除了经济增长和财政扩大指标外，维持社会稳定也是一项基础性指标。如果仅仅通过低货币补偿来安置失地农民，可能会引发农民的不满和社会不稳，进而影响地方官员的现期政绩（实际上我国责任追溯的长期政绩考核制度很不完善）。一方面要继续保持低货币补偿，另一方面要维持稳定，面对两难，政府只有通过其他一些没有太大资金支出压力或减少资金支出的方式来解决。

通过对非货币补偿安置的进一步分析，我们就可以看到，这些安置方式在有利于维持社会稳定和政府公正形象的同时，对财政支出的压力并不大。

第一，就业安置不需要太多货币支出，往往是由用地单位招工解决，或只提供一些就业信息和就业培训。

第二，留地安置虽然可能会减少地方的土地出让收入增量，但它还是失地农民在发展中获得的动态、隐性利益，而不会对地方政府构成现实资金压力，并且留用地本身占比较低（10%以下）。

第三，社保安置虽然需要地方给予现实的资金支出，但它在很大程度上来自失地农民应得的安置补助费，是无论如何都要支出的，因此，有"羊毛出在羊身上"的挪用嫌疑。

第四，住房安置当然需要实实在在的资金支出，但地方政府往往采取一些变通的做法，将资金支出压力"外包"出去。一种做法是"谁开发，谁建设"，让未来的土地开发者承担起为失地农民建房的责任，这种方式主要见于经营性用地开发征地中。对于主要用来招商引资的开发区征地，由于土地出让收入很低，土地增值空间也不大，处于"乙方"地位的地方政府不可能要求被引入企业解决失地农民住房问题，但可以采取"先开发，后转移"的"BT模式"，由工程企业垫资建设，然后等几年地方财政收入增长后再支付给工程企业垫资款，从而将资金支付压力推迟，很多时候是由下一任地方官员收拾烂摊子。

（3）多样化补偿只是权宜之计。

多样化补偿作为中国的一种"制度创新"，因循了我国增量改革、"做大蛋糕"的一贯思路，通过"以时间换空间"来"搁置争议，共同开发"，然后在经济发展的基础上使失地农民生活有改善或给予一定保障，从而在一定程度上缓解征地矛盾。

但这种做法只是一种权宜之计，并不能消除产权不清、补偿较低带来的根本性影响，并且带来了两个负面影响。

第一，加剧了政府的"财政幻觉"。前文提到过，政府如果可以征收土地而不给予补偿或公正补偿，就会产生"财政幻觉"，进而形成滥用征收权的冲动。补偿多样化大大减轻了财政支出的压力，再加上低货币补偿和高出让利益，必然会助长政府的征地冲动。这会导致从分配失衡到资源错配的一系列不利影响。

第二，进一步损害了农民的自主选择权。政府以"父爱主义"的方式向农民提供了一揽子的补偿安置方式，实际上在很大程度损害了农民的自主选择权。虽然在实际征地过程中，有些地区的政府和项目开发主体也会就补偿安置方式征求农民的意见，但总体而言，政府更习惯通过一纸命令包办如何补偿。微观经济学理论告诉我们，向消费者直接配置商品的效用通常低于发给货币，因为货币是一般等价物，消费者可以根据自己的情况通过购买行为实现效用最大化目标。"以土地换保障"为例，在不少省份，土地换社保并不是政府给予失地农民的额外福利。尽管《土地管理法实施条例》第26条第2款规定，安置补偿费可以用于支付被安置人员的保险费用，但其前提是"征得被安置人员同意后"。现实中地方政府往往是直接强迫农民用安置补偿费缴纳基本养老、医疗保险等社会保障费用，部分替代了"货币补偿"，实际上是对农民土地权益的"二次征收"①。有学者（柳志伟，2007）指出，这种做法实际违反

---

① 上海市政府2003年发布的《上海市小城镇社会保险暂行办法》第41条规定："本市被征用土地人员（以下简称'被征地人员'）中的征地劳动力，应当参加本办法规定的社会保险。"同时，第42条规定："被征地人员按本办法规定参加社会保险，其安置补助费首先应当用于支付一次性缴纳不低于15年的基本养老、医疗保险费。"

了我国《立法法》第 8 条的规定，根据该规定，"对非国有财产的征收"只能制定法律，因而是一种对法律和财产权的严重侵害。

4.5.5　征地补偿对象究竟是谁

除了补偿方式多样化的"中国特色"外，在征地补偿方面，中国还有一个绝大多数都不具备的独特之处，那就是补偿对象模糊。表面上看，这不应该是问题，既然是征收农民土地，补偿对象理所当然是失地农民。但通过下文的分析，我们可以看出，问题远不是这么简单，集体与集体成员之间、集体成员之间、集体与集体外组织或个人之间都存在着补偿分配关系，有时，基层政府还参与进来试图"分一杯羹"，通过征地管理费等形式截留，使问题变得更为错综复杂。

（1）国家关于补偿对象的模糊规定。

对于土地补偿费和安置补助费，国家并没有界定清楚。具体而言：

第一，土地补偿费归属最模糊。根据《土地管理法实施条例》第 27 条规定："土地补偿费归农村集体经济组织所有。"那么，谁来代表农村集体经济组织呢，是村委会还是农户，抑或是个体农民？对此并没有说明①。

第二，安置补助费归属模糊。虽然"谁安置，谁领取"的原则是清楚的②，集体组织或基层政府不能"只领取，不安置"，但如果是"多领取，少安置"又如何界定和监管呢？这显然是个重要问题。此外，安置补助费的发放对象不仅是承包经营者，还包括土地使用者，这样一来，被安置对象范围同样扩大化了。在土地广泛流转的背景下，这就为安置补助费纠纷的发生埋下了

---

① 即使是《土地管理法释义》也没有作更明确的说明："土地补偿费是因国家征用土地对土地所有者和土地使用者对土地的投入和收益造成损失的补偿。补偿的对象包括土地所有权人和使用权人。"从这个释义来看，还是所有权人、使用权人都有权获得，由于加入了使用权人，问题进一步复杂化了，因为使用权人不仅包括本集体的成员，还有可能是外村农民或其他社会资本。

② 《土地管理法实施条例》第 27 条规定："征收土地的安置补助费必须专款专用，不得挪作他用。需要安置的人员由农村集体经济组织安置的，安置补助费支付给农村集体经济组织，由农村集体经济组织管理和使用；由其他单位安置的，安置补助费支付给安置单位；不需要统一安置的，安置补助费发放给被安置人员个人或者征得被安置人员同意后用于支付被安置人员的保险费用。"《土地管理法释义》指出：安置补助费"主要安置的应当是耕地的土地使用者或承包经营者。因征地使之终止了土地承包经营合同或土地使用权，应当由国家予以安置或发给安置补助费……安置补助费主要用于征用土地后农业人口的安置，因此，谁负责农业人口的安置，安置补助费就应该归谁。如果是农民自谋职业或自行安置的，安置补助费就应当归农民个人所有"。

隐患。

第三，地上附着物及青苗补偿费归属相对清晰。《土地管理法实施条例》第 27 条规定："地上附着物及青苗补偿费归地上附着物及青苗的所有者所有。"

从上面的分析可以看出，由于不同地区乃至同一地区的集体经济发展差异很大，因此，国家"一刀切"地规定土地补偿费归集体所有还是个体所有，或者是在两者之间的分配比例，显然是不合适的，不符合因地制宜的原则。正因为如此，2007 年《物权法》中规定"土地补偿费等费用的使用、分配办法"必须"依照法定程序经本集体成员决定"。这显然是赋予各地一定自主权，只是要求在乡村一级建立起"法定程序"。下文将征地补偿的分配关系进一步细化为四类，逐层进行分析。

（2）补偿对象不清引发集体与集体成员之间的矛盾。

国家对于补偿对象的规定存在着严重的模糊，地方在实践中是不是会通过专门立法的形式加以明确呢？对此，各地的做法差别很大，以土地补偿费为例，归结起来主要有三种倾向（柳志伟，2007）。

第一，沿袭国家的模糊规定。例如，《江苏省农村土地承包经营权保护条例》虽然规定了存在"依法应当补偿给被征地农户的部分"，但并没有对其比例作出规定①。

第二，规定了集体与农户的分成比例。例如，《山西省征收征用农民集体所有土地征地补偿费分配使用办法》就对此作出了具体规定②。

第三，归村集体所有。例如，浙江省《绍兴市区征用集体土地办法》就是这么规定的③。

之所以出现这种分化格局，是因为各地的经济发展水平、农民权利意识、

---

① 第 28 条对承包的土地的征地补偿作了如下规定："征收、征用承包地应当依法给予补偿……依法应当补偿给被征地农户的部分，可以由国土资源行政主管部门直接将补偿款发放给被征地农户，也可以委托集体经济组织代发给被征地农户，任何组织和个人均不得截留。"

② 第 12 条规定："土地被全部征收，同时农村集体经济组织撤销建制的，土地补偿费 80% 分配给被征地农户；其余 20% 平均分配给征地补偿方案确定时，本集体经济组织依法享有土地承包经营权的成员。土地未被全部征用的，其土地补偿费以不低于 80% 的比例支付给被征地农户，剩余部分留给村集体经济组织。"

③ 第 16 条规定："土地补偿费归农村集体经济组织所有，主要用于发展经济和改善生产、生活条件，也可部分用于被征地农民养老保障的补助。"虽然该办法规定了部分土地补偿费用于被征地农民养老保障，但前提是首先将补偿费发放给集体经济组织，然后由其根据情况统筹使用。

乡村治理机制、地方政府管理能力等方面存在差异。但这并没有改变一点，那就是集体和集体成员都享用土地补偿费：可能是直接分享，也可能是间接分享；可能是马上分享，也可能是未来分享。

在现行土地制度下，集体及其成员都有获得土地补偿费的正当理由。集体经济组织是农村土地的法定所有者，理所当然地获得了土地补偿费分配权，因为集体经济组织丧失了土地所有权，如果征收的是仍归集体使用的土地，还同时丧失了土地使用权。

但是，什么是农民集体经济组织？谁来代表集体经济组织呢？到目前为止，这是一个没有界定清楚的问题。虽然早在 1982 年《宪法》中农村集体经济组织作为一个法律概念就已经出现，其性质是农村统分结合双层经营体制中"统"的功能的承担者，现在《宪法》《民法》《物权法》等都对集体经济组织作了规定，但农村集体经济组织的概念、性质、功能、形式等既未界定清楚，也存在矛盾冲突。

一方面，在现实中，所谓农民集体经济组织似乎只是一个空洞的说法，几乎从未真正出现过，而村民委员会实际发挥着农村集体经济组织的功能①。那么，村民委员会又是如何产生的呢？理论上讲，村民委员会委员由民主选举产生，但实际上，该选举过程或者不规范，或者存在贿选、暴力威胁等从而不公平，抑或是由乡镇一级政府内部直接任命，而选举只是走形式而已。从运行的角度看，村民委员会的重大决策都要由全体村民投票，但实际上在运行过程中很难保证公正透明。在这种情况下，由这样的村委会代表集体处置土地补偿费，难免会出现各种各样的问题。

另一方面，集体经济组织是由集体成员组成的，从所有权的角度来看，集体获得的土地补偿款最终也要由集体成员分享。更重要的在于，征地后农民丧失了承包经营权，因为作为土地使用权人和收益权人，农民应该得到土地补偿费。

既然集体经济组织和集体成员之间都有正当的理由获得土地补偿费，土地补偿费的分配就应该依照《物权法》规定，由集体成员依照法定程序决定如何分配和使用。因此，实际上直接规定如何分配及分配比例，都是违反《物权法》的，而《物权法》的法律位阶不但高于地方性法规、国务院法规，

---

① 《村民委员会组织法》第 5 条规定："村民委员会应当支持和组织村民依法发展各种形式的合作经济和其他经济，承担本村生产的服务和协调工作"；"村民委员会依照法律规定，管理本村属于村农民集体所有的土地和其他财产"。这些规定意味着，农村集体土地所有权的行使以及集体经济的经营管理可由村委会进行，导致农村集体经济组织缺乏独立功能。

甚至高于《土地管理法》，因为《物权法》是由全国人民代表大会通过的基本法律，而《土地管理法》只是全国人民代表大会常务委员会通过的一般法律。

在乡村治理机制不健全的情况下，由政府这个强力机构适当介入，作为中立的第三方监督土地补偿费的合理发放，也不失为一种务实的做法。但政府监管、直接干预的出发点应该是保护弱者，防止滥用特权。而在现实中，基层政府往往是征地的受益者（基层政府官员同时是征地"业绩"的被考核对象），因此，他们反过来需要利用农村的"能人""强人"来实现征地目标。

因此，在政府的支持或授意下，便产生了村集体组织（村委会）及其负责人将"土地补偿费"等挪为私用或者贪污等行为，并且屡见不鲜。而集体与集体成员的矛盾，实质上是地位弱势、力量分散的普通农民与由村干部和基层政府组成的强势利益集团之间的矛盾。

以上主要分析的是土地补偿费，在实际的征地补偿费发放过程中，对土地补偿费、安置补助费乃至地上物和青苗补偿费并没有明确的用途划分，往往是层层包干的方式下发，最后由基层政府和村集体制定具体标准或根据情况统筹使用。

（3）集体成员确认难题引发集体成员之间补偿分配矛盾。

除了集体与集体成员之间的矛盾外，在集体成员内部，征地补偿矛盾同样不容忽视。特别是在征地补偿费"包干"的情况下，集体成员之间的博弈，从补偿金分配的角度看，实际上是一种"零和博弈"。这种矛盾主要体现在三个方面：一是失地农民与其他农民之间的矛盾；二是村集体成员调整带来的矛盾；三是集体组织消亡带来的成员辨认难题。

第一，失地农民与其他农民之间的矛盾。虽然一些地方（如安徽、四川）采用了"整村推进"的土地征收方式，但多数情况下，土地征收只是村集体的部分土地，或者是部分农民失地。这就出现了征地补偿分配和剩余土地分配方面的矛盾问题。有些地方采取了谁被征地谁领取征地补偿的做法，另一些地方则进行重新调整，重新分配了土地补偿费和剩余土地。从实际执行情况来看，前者效果总体较好，并且符合国家维持土地使用权稳定的政策取向，因此逐渐成为主要的方式。

第二，村集体成员调整带来的矛盾。随着城市化进程和人口流动的加快以及城市非农就业的市场化，集体成员的判定成为一个越来越大的难题。例如，由于城市就业的待遇越来越低或丧失了比较优势，很多已经毕业（特别是没找到工作）的农民大学生要求将户口迁回本村，或者一些在校的大学生，虽然户口暂时迁出，不再属于集体成员，但仍没有收入能力，他们能否获得征地补偿呢？

这类问题同样发生在外嫁女、上门女婿、新生子女、丧偶和离婚妇女、服刑人员等这类特殊人群身上。在以上人群中，尤其是外嫁女和上门女婿、丧偶和离婚妇女问题更容易引发纠纷。特别是对"外嫁女"和"离婚女"的补偿问题，官方文件是指将其上升为"传统封建思想或者是政策法规不健全"（柳志伟，2007）。

第三，集体组织消亡带来了集体成员界限的模糊。在城市化扩张趋势下，原来在同一个村子集中居住的农民在失去大部分土地后，开始分散于城市各个角落，或者通过不同途径转变为城市户籍。那么，剩余的部分土地一旦被征收并获得补偿后如何分配呢？是不是仅分配给仍然居住在村庄所在地的集体成员；是不是只分配给仍然在世、身份还是农民（而不是城市居民）的集体成员，已经转为非农业户口或者集体成员的后代有没有资格分享？这些问题都没有从立法的角度加以解决。

（4）土地使用权人参与补偿分配引发集体与非集体成员之间矛盾。

除了集体内部的种种矛盾外，在土地承包经营权大范围流转、农业经营规模化的形势下，相当一部分集体之外的利益主体获得了土地使用权和部分收益权，从事生产经营，这也是国家或地方所鼓励的。如前所述，《土地管理法》实际上赋予了这部分"土地使用权人"获得部分土地补偿的权利，以弥补土地征收给其带来的损失。

理论上讲，村集体（或集体成员）与外部的土地经营者之间应该签署土地使用合同，并在合同中约定中止合同损失如何分担。但由于契约的不完全性，很多此类合同并未考虑征地因素。而征地补偿款一旦进入村集体，特别是在已经直接分配给村集体成员的情况下，很容易产生法律纠纷。这种纠纷在以下两种情况下尤为突出：一是村集体与外部成员签订使用权流转合同，但征地补偿款发到了集体成员手中；二是村集体成员与外部成员签订使用权流转合同，但征地补偿款发到了集体手中，而不再分配。

上述问题影响了产权稳定，带来了较高风险，从而对农业土地的开发利用和长期投资带来了负面影响。

4.5.6　小结

本部分对征地补偿问题进行了系统分析，从中可以看出，我国的征地补偿制度在补偿原则、补偿标准、补偿方式、补偿对象、征地主导力量等方面都具有显著的"中国特色"。

在"征地是国家行为，也是农民对国家应尽的一种义务，不是农民向国家卖地"这样的立法思想主导下，征地原则只是保障农民生活水平不降低；服务于这一原则，征地标准只是"缩水版"的原用途补偿；补偿方式的多样化，也只是平衡财政压力与稳定压力的一种权宜之计；我国独特的集体组织方式和集体土地产权制度则决定了补偿对象的模糊以及由此造成的种种矛盾；而在上述问题的背后，是征地制度的行政主导问题，"全能政府"不仅决定了何时何地征地，而且决定了如何征地补偿。

近年来，尽管我国的征地补偿标准在不断提高，"十一五"期间，征地补偿标准提高了30%（甘藏春，2011），实际上，很多地方在实际中执行的补偿安置标准已经突破了前3年平均年产值的30倍①。

但是，土地征收补偿矛盾随着（直接或间接）征地范围的扩大而日益激化。这说明，仅在原有框架下改革我国的征地补偿制度，并不能根本解决问题。除了建立系统全面的征地制度框架外，还需要对我国征地补偿的原则、标准、方式、对象等进行重新审视。

4.6　我国形同虚设的征地程序

前面对中国征地的公益限制和补偿限制问题进行了分析，通过这些分析可以看到，两者无法对地方政府征地权构成实质性限制。实际上，上述两种制度设计是服从和服务于政府尤其是地方政府意志的，反而助长了征地扩张的冲动。

那么，作为限制征地权的第三根支柱，中国的征地程序又如何呢？既然程序正义与结果正义同等重要，那么，能否通过完善征地程序来限制和规范政府行为呢？通过下面的分析，我们难以给出肯定的回答，至少到目前为止，中国对征地的程序限制普遍还流于形式，用"形同虚设"来形容毫不为过。下文将分析从征地的公益性审查到征地行为实施的全过程。借鉴其他学

①　此外，2010年6月26日，国土资源部发出了《关于进一步做好征地管理工作的通知》，明确要求各地应建立征地补偿标准动态调整机制，根据经济发展水平、当地人均收入增长幅度等情况，每2~3年对征地补偿标准进行调整，逐步提高征地补偿水平。目前实施的征地补偿标准已超过规定年限的省份，应按此要求尽快调整修订。未及时调整的，不予通过用地审查。

者对国外土地征收程序的分析（王维洛，2007；刘向民，2007；米勒，2008），通过与法治国家对比的方式，能够更好地发现我国土地征收程序存在的缺陷与漏洞。

如果从广义的角度出发，从公益性确认开始，征地程序大致分为以下五个阶段，下文将通过中外比较方式加以说明。

4.6.1　公开论证与公益审查阶段

对于何种征地符合公共利益，前文已经有所论及，在此再简单分析一下。在美国，美国的每一项具体的征地行为必须得到立法机关的授权。政府在征地之前，要公布其发展规划与征地规划，而被征人及利益相关者可以就此向政府提出看法，政府应根据这些看法调整征地规划。此后，政府要举办若干次公众听证会（何时及如何举行听证会，各州规定不尽相同），以便让公众当面表达自己的看法。即使所有规定的听证会都举办过，如果政府有违反法律规定或程序的话，土地权益人仍可以提出抗辩。在美国，即使是像全国性高速公路这样的国家性公益项目，也会在项目动工之前保障公众参与权，使其了解该项目并表达意见。如果双方不能在此阶段就征收方案达成一致，不动产所有者可以直接向法院提起诉讼，法院审查会就征地的性质是否符合公共目的、符合环境评估要求或联邦（或州）的其他要求作出判决。如果法院驳回政府征地请求，若想继续征地，市政府都必须回到整个流程起点，开展新一轮的公众听证会。

在德国，依据就是土地利用是否符合规划，而这些规划是经过议会批准的，是在公众广泛参与下制定的，并且这些规划是标明每块土地界限的详尽规划，而不是粗略的城市总体规划。

尽管在中国现行政治体制下，立法机构缺乏独立性，其决定能否代表民意值得商榷，但征地是否符合公共利益，并不需要立法机构的授权与确认，而是行政机关直接决定。

行政机关实施征地权的范围由规划来界定，并且主要是土地利用规划，城市总体规划的约束力相对较弱。这些规划都是粗线条的，并没有具体到每个微观地块。市、县级政府都可以对具体的微观地块向省级政府提出征地申请，只要不违反国家用途管制及其他政策规定（如产业管制）并且没有超出用地计划指标，省级政府就认为该征地项目可以通过，因此，省级政府的审查只是合规性审查，而不是也不可能做到公益性审查。这么看来，每个征地项目的实际决定权基本掌握在市、县政府手中。

在上述过程中，公众无权参与，甚至连知情权也被剥夺，因为这些规划在政府正式公布前，往往都是涉密的。当然，规划制定过程会邀请专家参与，但这些专家都是技术专家，服从和服务于地方领导和规划部门。

4.6.2　平等协商购买阶段

符合公共利益只是动用征地权的必要而非充分条件，公正补偿是另一个基本要件。理论上讲，基于市场规则、平等协商的土地价格是双方认可、最为公正的。征地虽然带有一定强制性，但它的动用是以补偿合理为前提的，而不是反过来，因为可以强制，所以否定市场价值。因此，在法治国家，开发商在申请征地之前，要向土地权益人协商购买，这种协商是平等自愿的，它并不以"必然征地"为前提。在德国，这种自主协商是必需的。

在美国，在进入征收程序前，不动产所有者也可以和市政府进行谈判，由市政府以购买的方式获得土地，在政府相关部门批准后生效（这一过程也被称为"行政调解"）①。在美国，实际上非常强调行政调解，避免案件走上法庭，各州都制定了申诉程序，建立了申诉委员会。

王维洛（2007）指出，自由协商购买十分重要，它体现了宪法对保护私人土地所有权保护的基本原则以及市场经济的根本原则，并使得土地所有者可以通过协商过程了解更多信息，降低开发商与土地所有者之间的信息不对称。

在中国，并不存在这样的平等协商机制。在城市规划圈范围内，有的情况下，开发商会与村集体代表（村领导）、村民在实施征地前进行补偿协商，但这种协商是在"必然征地"的前提下进行的，并且有时也只是与村领导之间的利益"勾兑"，其他村民则没有知情权和参与权。

4.6.3　申请强制征收阶段

这一阶段的中心目标是共同论证征地的必要性。因为，即使符合公共利益，也未必非得通过征地手段，政府必须证明进行征收是出于无奈。

在德国，自主协商失败后，开发商要向拟开发项目所在区域的上一级（而不是本级）行政机构（地区专员）提出土地征收申请。地区专员除了进行公共利益审查和符合规划审查外，还要考虑开发商在自主协商阶段是否尽力，也就是说，要明确征地只是万般无奈采取的下策。如果地区专员评估后

---

①　但这只是少数情况，多数情况最后还是会进入司法性质的征收程序。因为土地利益关系复杂，通过征收程序能够理清各种责任关系，确保征收完的土地没有污点。

认为，非征地不可，就会通过征地审查。此后，地区专员会限制拟征土地买卖并发布征地公告。如果土地权益人不同意征地决定，可向地区专员提出不同意见并要求收回决定。如果地区专员坚持原决定，被征地者可向高级行政法院对地区专员提起诉讼，并可以一直上诉至联邦行政法院，以其判决为终审判决。

在美国，行政部门实施征地的必要性还要经受司法审查。政府首先向法院提出征收申请，并将征收通知所有的利益相关方。随后，法庭会对征收申请进行判决，同样，政府也必须在法庭上说明征收的必要性。如果被征收人不同意地方法院的征收判决，可以逐级上诉至联邦最高法院。

在我国，按照《土地管理法》第 45 条规定：第一，征地审批主体是国务院或省级人民政府；第二，农用地转用审批与土地征收审批是同一过程，只要获得了前者或者说建设用地指标的权利，后者是自动实施的①。

由上级政府部门作出审批，也不是中国独有的，在德国也是如此。但如前所述，中国的行政审批并不是公益性审查，也不审查征地是否是万不得已的手段，而只是审查其是否符合用途管制、国家政策和指标控制要求。在这个过程中，土地利益相关者根本不知情，更谈不上参与；即使知道了，有不同意见，也没有投诉渠道和诉讼渠道。

4.6.4　征地补偿确认阶段

在征地决定成为事实无法再改变的情况下，政府便开始协商制订征地方案。但这不意味着政府可以为所欲为，而是要与被征地者认真协商，否则会遇到新的麻烦。

在德国，征地开始时，双方要就征地的具体方案继续进行口头协商，并由地区专员作出决定。如果被征地者不同意地区专员关于征地方案的决定，可以依照前述程序一直上诉至联邦行政法院作出终审判决。在征地方案中，征地补偿问题并不是行政法院的管辖范围。如果土地所有者对地区专员决定的征地补偿方式和数额不满意，可以向所在州法院提起诉讼，并可以一直上诉至联邦法院，由其作出终审判决。开发商依据最终确定的征地补偿额在两个月内支付补偿款。

---

① 《土地管理法》第 45 条规定："征收农用地的，应当依照本法第四十四条的规定先行办理农用地转用审批。其中，经国务院批准农用地转用的，同时办理征地审批手续，不再另行办理征地审批；经省、自治区、直辖市人民政府在征地批准权限内批准农用地转用的，同时办理征地审批手续，不再另行办理征地审批。"

在美国，在多数征地纠纷案件中，被征收者并不质疑"公共使用"，更多的争议都是围绕补偿金额问题（米勒，2008）。征地补偿的确定是以法庭为中心开展的。双方都要向法院告知自己的评估价值，法院会首先让双方协商，尽量达成和解（也被称为"司法和解"）。事实上，美国超过95%的征地案件是以司法和解的方式结束的[①]。

如果不能达成和解，就要进入司法诉讼程序。政府无法控制征收的时间和方式，其间，更不能通过施加压力，迫使被征收人接受政府方案。而且，进入司法程序后，法庭会要求政府将预定的补偿金额存到法庭。

在这个过程中，美国的宪法并未规定陪审团参加，但有些州要求设立陪审团，其职能限于决定公平的补偿数额（是否符合公共使用和征收的必要性仍由法院裁决）。如果不设陪审团，就由法官或特别委员会来裁决。庭审结束之后，法院将会作出判决，确定最终的补偿金额。

如果被征收人不同意地方法院的判决，可以逐级上诉至联邦法院。并且，如果法庭最终裁判的补偿金额明显超出政府的补偿保证金，法庭会要求由市政府来承担一系列的费用，包括律师费、工程师费和评估师费。此外，即使进入这一阶段，土地所有者仍有机会就征收行为的合法性提出异议，但实际很少发生。

在中国，征收土地方案是在申请农地转用方案时一并上报的，与征收权批准是同一概念。因此，在征地审批获得通过后，方案也就同时确定了。在征地方案批准后，便进入了"两公告一登记"程序。《土地管理法实施条例》第25条对此作出了规定[②]。对补偿标准有争议的，由县级以上地方人民政府协调；

---

① 出现如此之高司法和解的一个重要原因是律师的收费模式。根据米勒（2008）的介绍，在美国的征地案件中，律师报酬是按照法庭判决的征地补偿数额超出政府征地补偿数额部分的某一百分比计算。因此，一方面，律师只有胜诉才能拿到律师费，律师会不遗余力地为自己的当事人争取获得补偿的权利；但是另一方面，律师不是按照小时收费，所以不会愿意花更多时间，因此更倾向于与政府司法和解。

② "两公告一登记"是指：首次公告，"征收土地方案经依法批准后，由被征收土地所在地的市、县人民政府组织实施，并将批准征地机关、批准文号、征收土地的用途、范围、面积以及征地补偿标准、农业人员安置办法和办理征地补偿的期限等，在被征收土地所在地的乡（镇）、村予以公告"；补偿登记，"被征收土地的所有权人、使用权人应当在公告规定的期限内，持土地权属证书到公告指定的人民政府土地行政主管部门办理征地补偿登记"；二次公告，市、县人民政府土地行政主管部门根据经批准的征收土地方案，会同有关部门拟订征地补偿、安置方案，在被征收土地所在地的乡（镇）、村予以公告，听取被征收土地的农村集体经济组织和农民的意见。征地补偿、安置方案报市、县人民政府批准。

协调不成的，由批准征收土地的人民政府裁决，也就是国务院或省级人民政府（实际执行中以后者为主）。

"两公告一登记"的问题和漏洞相当多：首先，征收土地的初步方案是地方政府上报由上级机关批准的，而不是在利益中立机构（无论是德国的地区专员还是美国的地方法院）的主持下协商确定的；其次，在"二次公告"的规定中，在提出"听取被征收土地的农村集体经济组织和农民的意见"之后，并没有"然后根据意见进行修改完善"之类的要求，而是直接规定了上报和实施；最后，被征收人对征地补偿、安置方案不满，只能由上级政府协商，难以借助司法手段维护自身权益。

2005 年 8 月 1 日，《最高人民法院关于当事人达不成拆迁补偿安置协议就补偿安置争议提起民事诉讼人民法院应否受理问题的批复》（法释〔2005〕9号）发布，虽然这一司法解释针对的是城市国有土地的"拆迁补偿安置"争议，但事实上，各级法院也不再受理针对农村集体土地的"征地补偿安置"争议申诉①。

4.6.5　征地执行阶段

在征地决定获得批准后，就进入征地执行阶段。首先遇到的一个问题，就是"先补偿后征地"问题。在法治国家，一般都是要求先补偿后征地。在德国，开发商要依据最终确定的征地补偿额在两个月内支付补偿款。在美国，政府在正式占有不动产之前要把确定的补偿金额支付给原不动产所有者。

其次，在征地执行过程中，被征地者的知情权和其他相关权利仍受到保护。在德国，被征收人仍可以对地区专员的征收决定依次向各级行政法院提起诉讼。在美国，被征收人在收到的搬迁通知中，应该说明搬迁的期限、被征收人在接下来的程序中享有哪些权利，其中就包括申诉和接受政府援助的权利。此外，在居民和企业被搬迁时，都可以获得搬迁费用的补偿②。对于居民搬迁补偿，政府往往还被要求提供"体面、安全、卫生、足够大的"替代住所。

---

① 根据该司法解释："拆迁人与被拆迁人或者拆迁人、被拆迁人与房屋承租人达不成拆迁补偿安置协议，就补偿安置争议向人民法院提起民事诉讼的，人民法院不予受理，并告知当事人可以按照《城市房屋拆迁管理条例》第 16 条的规定向有关部门申请裁决。"

② 相对而言，对企业搬迁补偿的费用比例会低于居民搬迁补偿。

再次，关于强制拆迁的实施，法治国家都是通过公权实现的。在美国和德国，如果出现拒不搬迁的"钉子户"（所有者或租户），政府应向法院申请强制执行。

就以上三个方面看中国的情况，就会发现差距所在：第一，我国并没有在法律中对"先补偿，后征地"作出明确规定①，反而规定"征地补偿、安置争议不影响征收土地方案的实施"（《土地管理法实施条例》第25条规定）；第二，在执行阶段，被征地农民的知情权和合理安置并没有得到有效解决。征地过程中，农民无处栖身的情况并不少见；第三，对于征地拆迁的批准与执行主体，"中国特色"也十分明显。按照《土地管理法》第46条：征地申请批准后，由县级以上政府予以公告并组织实施。

目前有关征地拆迁的具体执行模式，国家尚未作出明确规定。对于一些营利性较强的经营性用地项目，尤其是房地产项目，开发商、建筑商或其雇用的专业拆迁公司，往往会在政府的授权或授意下具体执行征地任务。在很大程度上，何时及如何征地拆迁，这些营利性主体具有较强的自主性，再加上强大的利益驱使，他们往往无所不用其能。对于其他一些难以形成高额利润的用途项目，如工业园区建设、公益性项目，尽管也会雇用拆迁公司，但政府直接参与的程度相对较高。

对需要强制执行的项目，往往是有关的各执法部门齐上阵，由此引发了一系列严重矛盾。鉴于强制征地拆迁所引发的恶性案件频发，2011年9月9日，最高人民法院发布了《最高人民法院关于坚决防止土地征收、房屋拆迁强制执行引发恶性事件的紧急通知》（以下简称《通知》），这一紧急通知似乎表明了法院执行时要考虑征收的合法性，考虑是否公正，但它仍不具有前文所述的一种"公益审查"或者"公正补偿审查"职能，看起来更像是一种"免责"

---

① 《土地管理法实施条例》第25条规定："征收土地的各项费用应当自征地补偿、安置方案批准之日起3个月内全额支付。"但该规定并没有要求补偿安置到位后方可实施征地。实际上，由于"最后，土地征收由市、县人民政府土地行政主管部门组织实施"，"征地补偿、安置争议不影响征收土地方案的实施"（《土地管理法实施条例》第25条），很多地方的征地可以大行其道，而不必受到补偿安置到位的约束。直到2010年6月26日，《国土资源部关于进一步做好征地管理工作的通知》中才提到："探索完善征地补偿款预存制度。为防止拖欠征地补偿款，确保补偿费用及时足额到位，各地应探索和完善征地补偿款预存制度。在市县组织用地报批时，根据征地规模与补偿标准，测算征地补偿费用，由申请用地单位提前缴纳预存征地补偿款；对于城市建设用地和以出让方式供地的单独选址建设项目用地，由当地政府预存征地补偿款。用地经依法批准后，根据批准情况对预存的征地补偿款及时核算，多退少补。"目前，这一思路也被纳入《土地管理法》修订内容之中。

和"缩后"的姿态①。这明显与法治国家由法院扮演征地最终执行者的模式相悖。

2012 年 3 月 26 日，最高人民法院又发布了《最高人民法院关于办理申请人民法院强制执行国有土地上房屋征收补偿决定案件若干问题的规定》（法释〔2012〕4 号），它基本上是《通知》的具体化，明确了所谓"裁执分离"原则，第 9 条规定："人民法院裁定准予执行的，一般由作出征收补偿决定的市、县级人民政府组织实施，也可以由人民法院执行。"更重要的是管辖权下移至基层法院。第 1 条规定："申请人民法院强制执行征收补偿决定案件，由房屋所在地基层人民法院管辖。"而在此之前，政府要想收回一块国有土地，必须由地市政府下文，所以如果被拆迁人提起诉讼，就直接告到了中级法院，二审（终审）就到了省高院。现在管辖权下移意味着中级法院就可以做出终审，从而使地方政府对强制拆迁的控制力更大了。当然，上述规定目前适用于城市国有土地的房屋拆迁，但如果不加快推进土地立法改革，这些规定会很自然地"移植"到农村土地征收中。

最后，对于中国而言，还有一个独特的问题，那就是由于征地补偿对象不清所带来的补偿争议，特别是发生在集体内部的补偿争议。2005 年 7 月 29 日，最高人民法院发布《最高人民法院关于审理涉及农村土地承包纠纷案件适用法律问题的解释》（法释〔2005〕6 号），规定发包方可以依照法律规定的民主议定程序决定在本集体经济组织内部分配已经收到的土地补偿费。"当事人就用于分配的土地补偿费数额提起的民事诉讼的，人民法院不予受理"。

4.6.6　小结

以上通过阶段特征比较的方式说明了中国征地程序存在的严重缺陷。对不同阶段的问题进行梳理后，我们会发现一些共性或突出的问题。

第一，从公权机构制衡的角度看，征地程序是完全行政主导的。政府征地的公益性受到立法机构审查，政府征地方案特别是补偿的合理性没有受到司法

---

① 该通知要求："必须严格审查执行依据的合法性。对行政机关申请法院强制执行其征地拆迁具体行政行为的，必须严把立案关、审查关，坚持依法审查原则，不得背离公正、中立立场而迁就违法或不当的行政行为。凡是不符合法定受案条件以及未进行社会稳定风险评估的申请，一律退回申请机关或裁定不予受理；凡是补偿安置不到位或具体行政行为虽然合法但确有明显不合理及不宜执行情形的，不得作出准予执行裁定。"通知甚至要求："积极探索'裁执分离'，即由法院审查、政府组织实施的模式，以更好地发挥党委、政府的政治、资源和手段优势，共同为有效化解矛盾营造良好环境。"

体系的制约。相反，在"服务大局"思想的指导下，以地方党委为中心，所有的公权力都被统一起来，以便尽快完成征地拆迁工作，实现跨越式发展（实际是增长）。

第二，暗箱操作是惯例，征地程序几乎忽视了公民的知情权与参与权。在地方的拆迁过程中，从征地决策到最后的征地执行，农民一直处于"被安排""被上楼"的被动地位，很难发表自己的看法和伸张自己的权益，由此形成了"官民对立"的互信缺失局面。

第三，也是非常重要的一点，在整个拆迁过程中，农民往往陷入"告状无门"的境地，行政和司法救助机制缺失。为了尽快完成征地拆迁工作，为"上项目""保增长"铺平道路，对于群众的维权行为，基层政府往往采取围堵的做法，而不是认真疏导。对此，法院掣肘于自身地位和能力，也"高挂免战牌"。现实的情况是，征地民怨的不断积累，成为我国群体性事件的主要根源。

从表面上看，这些问题有些是流程设计不完善造成的，但在笔者看来，更多的还是我国征地制度的系统性失灵。这些体制机制性问题最终在征地过程中特别是征地拆迁环节集中爆发。尽管如此，我们也不能轻视程序制约的重要性，要通过程序设计的优化形成有效的力量制衡，以限制公权泛滥，维护农民的正当权益。

4.7　本章小结

土地征收是财产征收的核心内容。在任何一个国家，这个问题都是焦点和难点。基于国情区情、发展阶段和文化传统的不同，各国采取的土地征收制度也有所差别，很难总结出所谓的最佳模式。即使是在发达国家和法治国家，土地征收制度的差别也不小。

但情况差异并不妨碍我们找出可能的有效做法，为此，我们必须首先回归到土地征收的本质和功能的理论层面。作为政府直接配置资源的强制性手段，土地征收的意义就在于弥补市场失灵。

在法学理论中，对于为何征收土地，有"保留权力说"和"衍生权力说"两种解释：前者是指土地征收是政府为了公共利益而取得财产的权力，被默认为附加于公民土地权利之上的保留权力；后者认为政府的征地权是一种衍生权力，它源自政府对社会事务进行管理的权力。

从经济学理论中，土地征收主要是为了降低交易成本和防止垄断：前者是指对于一些公益性明显的土地开发（如道路），通过土地征收来避免或降低与多个产权人谈判的巨额成本问题；后者是指在特定区位的土地供给是有限乃至唯一的，土地所有者居于垄断地位，通过市场谈判或走入死胡同，或者成本极高，因此需要运用政府强制权。

　　上述理论解决了市场失灵问题，但不可忽视另一种可能，那就是政府失灵。因此，必须通过一定的体制机制设计来规范和约束政府征地行为，那就是土地征收要符合公共利益，要给予失地者公正补偿，要建立完善的程序来制约行政力量。

　　公益限制的依据在于如果不是为了实现广泛的公共利益（尽管难以给出十分清晰的定义），仅仅是为了实现局部私利，那就不该动用公权力，否则，必然导致不公正的分配结果。但从美国实践的角度来看，公益限制并不是那么有效，至少是引发了广泛争议。100 多年来，公共利益的范围日益扩大，概念日益模糊：从最早、最狭隘的公共拥有，到公共使用，再到社会福利、公共意志乃至公共目的。这使得美国的征地项目类型越来越多，保障房建设、旧城改造、土地再分配、招商引资等陆续入列。在美国，公共利益审查是立法机构的职能范围，司法力量对此保持了尊重姿态。在德国，征地符合公共利益是通过一些经过公开审查的详细规划来确认的，因此界限更为清晰。法国则建立了基于成本－收益比较的公共利益审查机制，通过不同的判例解决了公共利益与私人利益以及不同公共利益目标的权衡问题。但总体而言，公共利益不那么清楚明白，公益约束的有效性必然大打折扣，有学者甚至认为，符合公共利益已经成为很多政府滥用征地权的幌子。

　　在公益限制不那么有效的情况下，美国宪法中规制征地行为的另一个支柱——公正补偿，就被人们寄予了厚望。美国也经历了从征收无补偿到征收补偿的历史过程，防止多数人借助民主机制实施对少数人的专制、维护分配正义、建立产权安全的稳定预期、消除财政幻觉等，都是出现这种转变的重要考量。对于何为公正补偿，似乎共识远大于公共利益认识，那就是它必须基于公平市场价值，也就是指一个理性的卖主可能从一个理性的买主购买不动产支付的价格。正因为如此，德国虽然在法律上规定了"适当补偿"，但在实践中还是采取了市值补偿的做法。那么，如何计算市场价值，对于农用地而言，是不是要考虑以用途转换后的新价值为基础对失地者补偿？这是个非常复杂的问题，需要结合不同国家的用途管制规定和产权配置来回答。如果我们将产权配置与补偿标准问题分开，将实证与价值判断分析，就会发现按原用途补偿与公共市场价值之间并不存在必然的矛盾。当然，市场价值补偿也存在一些缺陷，特别是会导致利益分配的马太效应和土地占有者的过度投资，但这些都不能否认市场价值补偿的总体公正性。

程序限制是确保征地不偏离公共利益轨道、实现公正补偿的重要保障。它包括两个方面的内容：一是利用不同机构之间的力量制衡来控制行政机构的行为，实现公权力之间的相互监督；二是通过正当程序保护维护公民的知情权和参与权，通过公民和社会的监督抑制行政权扩张。在那些行政力量主导土地征收的国家或地区（中国香港、新加坡），完善的征收程序具有特别重要的意义。

中国的土地征收制度从每个环节、每个方面来看，都存在着严重问题，服从和服务于追求粗放增长的目标以及部分牢固确立的既得利益。新中国成立后，在实行了不到十年的"征购"制度之后，我国的土地征收进入了无补偿或低补偿时期，并一直延续至今。这与农地城市转用通道的另一端——土地出让的市场化形成了鲜明对照。近年来，城乡建设用地"增减挂钩"政策的影响范围扩大使得我国出现了更大范围的"间接征地"，导致了征地矛盾的快速蔓延和升级。

深入到我国的征地内涵中，我们可以发现，征地的中国特色首先体现为公共利益的全面化、无约束：所有从农村土地向城市土地的转换，都是公益的；所有政府的征地决定，都是公益的。

征地补偿问题是目前征地制度的最突出矛盾。在补偿原则上，我国采用的是"农民生活水平不降低"这样一种"生存权"补偿，这种补偿是基于经济社会发展需要设定的，出发点从来都不是维护土地产权损失。而所谓原用途补偿，也只是生存权补偿原则的一个符号，其功能只是为制定具体的生存补偿原则找一个参照标准。至于这个标准的高低、公平与否，需要分清两个层次：在现有产权约束下，我国对农业用地的 30 倍上限补偿或实际的补偿水平接近或超过农地原用途的公平市场价值；但是，这不意味着我国对农村土地的产权限制是公平的，是合乎我国经济社会发展需要的。事实上，产权配置问题已经成为我国今后发展的一个桎梏。当然，也有不少地区并没有严格执行这一标准，那又是另一需要加强监督的问题了。

我国征地补偿的第二问题出现在补偿标准与水平不一方面。这种补偿差距主要源自三个方面，即征地后用途的公益性高低、地区或区位的差别以及个体差别。其中，最后一个方面引发的矛盾最突出。它包括纵向不公平和横向不公平两个方面，此外，"一刀切"的均等化补偿本身就是不公平的，因为它忽视了征地对不同农民个体的影响。

我国征地补偿的第三个问题是补偿方式的多样化，除了货币补偿以外，还有留地、就业、住房、社保等其他补偿方式。补偿多样化对于维持稳定发挥了一定作用，也是中国国情所决定的。但其出发点是政府"甩包袱"，目标是实现拓展经济发展空间和减少政府财政支出的平衡。它加剧了政府的"财政幻觉"，导致土地利用浪费；以土地换社保实际上进一步剥夺了农民的自主选择权，是对农民的"二次征收"。

征收对象的模糊是我国征地补偿的另一个特有现象。这种模糊根本上源自我国的集体土地产权制度，而国家关于征地补偿对象的规定本身也不清晰。

完善征地程序是抑制政府征地权无序扩张的又一道防线。但遗憾的是，在我国，征地程序用"形同虚设"来形容一点也不为过。虽然从表面上看，我国的征地程序"流程"清晰，甚至还规定了被征地农民的知情权和参与权，但深入到细节，通过与法治国家的比较可以看到，这些所谓的流程规定难以发挥多大实效。从阶段上讲：

第一，我国的征地决定直接就是封闭运行的行政命令，从前期的规划到每个征地决策，都是行政机构的"一言堂"，这与法治国家的民意机构——议会决定征地是否符合公共利益的做法形成了鲜明对照。

第二，我国的征地程序缺少平等协商阶段设计，在很多法治国家，在具有强制性的征地启动前，是征收机构与土地权益人商量征地方式与价格，并且尽量达成"行政和解"，以避免进入司法诉讼惹来更多"麻烦"。在中国，即使前期有协商，这种协商或者是政府及背后的开发商与村里的"实权派"背后的交易，或者是在"必然征地"前提下的不平等对话。

第三，征地手段的运用体现了国家强权，因此，在很多法治国家，征地者必须向司法机构证明征地是"唯一的出路"，必须在此之前尽了平等协商之责任。但在中国，农地转用和土地征收是同一审批过程，虽然看起来"简洁高效"，但带来了后患。

第四，征地补偿金额的确定是征地程序的核心环节，在很多法治国家，这个过程往往是由法院这个中立机构来主持公道，由征地者和被征地者反复协商，最终的价格往往是妥协的结果，也就是"司法和解"。但在我国，"两公告一登记"看起来连贯完善，也给了农民说话的权利和时间，但征地机构听不听是另一回事，原因很简单——"征地补偿、安置争议不影响征收土地方案的实施"。

第五，按照一切从简的原则，我国的征地就进入了最后一个环节——征地决定的执行。正是在这一阶段，各种征地矛盾终于在沉默中爆发了，我国各种征地乱象都集中体现在执行环节。在地方政府的直接征收或背后导演下，在各种企图以地生财的既得利益的积极推动下，黑色暴力和白色暴力致使一幕幕征地闹剧和惨剧不断上演，而在此时，在"裁执分离"原则的指导下，本应该成为征收主体和维护民权主体的法院却"退居二线"，让路于行政力量。

综上所述，行政主导、权力失衡是主旋律：立法机构不审查公益性，司法机构不监督征地执行过程和赔偿合理性，老百姓缺乏知情权、参与权和维权能力保障，在这种情况下，只能任由行政力量唱"独角戏"。在德国，在征收公民土地方面，政府被誉为"弱势群体"，征地过程中的任何程序错误，都可能导致征地中止，并且要相隔一定时间后才能重新申请。在美国的纽约市，从开始举行听证会到最后产权真正转移到市政府，往往需要2～3年的时间。这些表面的低效率赢取的是长期的高效率和社会公平。

第5章　农地转用决策模型
及绩效评价

5.1　本章引言

本章将在分析农地转用决策模型的基础上对我国农地转用制度的绩效进行评价，包括这种制度的历史作用、现实功能及引发的问题。

对制度绩效的评价方法很多，但总结起来都离不开效率和公平这两个维度。无论是运用哪种公平观和效率观来评价一种制度，最终往往能得出一些共识性结论。在社会现实中，共识程度既取决于评价主体价值观的相似性，也取决于评价客体——制度自身绩效（缺陷）程度和显见性。但是，现实中总存在一些既无效率也不公平的制度，其之所以能够延续，根源就在于既得利益者的坚持。对于这种制度，理论上我们不需要在效率与公平之间进行权衡取舍（见表5－1）。

表5－1　效率与公平的静态评价（未考虑时间因素）

	效率	无效率
公平	（效率,公平）	（无效率,公平）
不公平	（效率,不公平）	（无效率,不公平）

在本章，笔者将就中国现行的农村土地向城市转用制度的绩效进行评价。笔者采用了长期、整体的视角，也就是从全国的角度出发，关注我国现行转用制度对长期效率和公平的影响。通过本章的分析可以看到，笔者的意图并不是否认这种行政主导的转用制度在历史上的积极作用，而是站在新的起点，以未来中国的经济发展、城市化推进和市场经济体制完善为指针，审视和评价这种制度的长期效应。

　　新制度经济学用交易成本（也称交易费用）来衡量制度运行效率。它以总收益既定条件下"消耗性"的交易成本最小化为目标，考察制度安排（体制）和治理方式（机制）的合理性。这与以产出最大化来评价制度效率的新古典制度范式形成了对照，相对而言更"接地气"。但客观地讲，交易成本本身也不是一个十分清晰的概念，交易成本经济学只是为我们提供了一个分析问题的方向和框架，而不是精确的计算结果。

　　本章的分析特点在于：不仅要关心制度运行中的短期交易成本，而且要关注制度的长期影响；不仅要看制度的直接交易成本，而且要看制度的间接影响。就土地征收而言，之所以采取这种政府强制手段，原因就在于节省市场条件下大量个体谈判所带来的巨额交易成本，用政府替代市场，避免"市场失灵"带来的严重损失和不利后果。

　　通过本章的分析，我们可以看到，以土地强制征收为核心的农村土地向城市转用制度，除了政府的财政支出成本低以外，它还能够以更快的速度、更低的交易成本为经济发展和城市化提供必需的土地资源，征地过程可谓"干净利落"。在一定意义上讲，中国的征地效率构成了中国发展奇迹的重要基础。

　　但是，深入分析我们发现，情况远非如此简单。虽然从短期看，我国的土地征收似乎符合了其存在的初衷——节省交易成本、弥补市场失灵，但从长期来看，简单、强制乃至野蛮的征地方式，加上征地的土地增值收益分配失衡，直接导致了政府失信，助长了官民对立，使得政府的征地工作日益艰难，征地必须投入的人力、财力、物力不断增加，政府征地的强制力日强。简言之，长期征地成本的递增趋势明显。

　　此外，虽然从征地工作本身来看，付出的补偿成本和交易成本明显低于法治国家，体现了我们的"制度优越性"。但是，如果我们把视角放到全社会、全国就会发现，某一个地区的某一次征地行为，会带来广泛而全面的社会影响，例如，部分失地农民的长期福利损失、失地农民对社会稳定的影响、征地恶性事件带来的负面社会冲击、土地腐败带来的收入分配失衡及人们的不满情绪。当然，我们也不能忽视征地对经济增长和社会发展的积极效应，系统权衡征地的正负效应也是一个更为复杂的问题。但不可否认的是，包括直接和间接交易成本在内的"征地总交易成本"呈现上升趋势，并且，间接成本上升速度可能更快。我们也可以将其理解为征地"交易成本的再分配"。

　　本章将首先分析制度评价的理论及关键范畴。接下来，笔者将分析现行土地转用制度对土地资源配置、增值收益分配、经济增长、社会发展带来的一系列长远影响。

5.2　土地资源配置的理论框架

如同其他经济资源一样，土地具有稀缺和多种用途两大特性，只不过，相对而言，土地的这些特性更为突出。如何使得稀缺的土地资源在多种用途上合理配置，是土地经济学研究的基本问题。本书既然研究农村土地向城市转用问题，那么，对土地资源配置的评价就以城市土地和农村土地的配置为基本视角，研究这一转用过程的效率特征。本章采用了边际成本与边际收益比较的基本方法，当城市土地与农村土地（主要是农业土地）的边际收益（成本）相等时，便实现了土地资源的最优配置。也就是说，一方面，农村土地的收益就是城市土地转用的机会成本；另一方面，城市土地的收益就是农村土地按现状利用的机会成本。除此之外，还要考虑不同用途之间转换的"摩擦成本"或者说"不可逆性"以及影响决策的外在制度约束。

5.2.1　基于直接经济价值的农地转用均衡

我们先来看最简单的情况。假设不存在外部性问题，那么决策主体就会按照边际原则作出农地转用决策。

MR 曲线：农地转用的边际收益曲线，主要是指建设用地的一般市场价格或地租水平，在此不考虑用途差异（工业、商业、住宅等）。

MC 曲线：市场化条件下的私人边际成本曲线，主要是指农业地租、土地前期开发成本（包括"五通一平""七通一平"等"硬成本"和规划论证等"软成本"）。

在最简化的决策模型中，决策主体会按照边际成本等于边际收益的原则作出均衡决策。如图 5 - 1 所示，均衡点为 MR 曲线与 MC 曲线的交点 E_1，此时的均衡数量为 Q_1，均衡价格为 P_1。

5.2.2　考虑农地非直接价值的转用均衡

对于农村土地的综合功能与价值，目前有了一些共识，但在不同国家或一个国家的不同发展阶段，在农地价值体系中，不同价值的高低与重要程度各

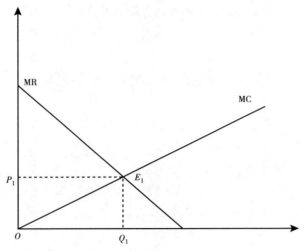

图 5 - 1 仅考虑经济价值的农地转用均衡

异。在此，首选需要区分两种农地类型：一种是我们常说的农业用地；另一种是约 2.5 亿亩农村建设用地。在下文中，我们主要以农业用地为讨论对象，对农村集体建设用地的多重价值也会做简单介绍。

农地向城市转用导致了哪些价值损失呢？从表面上看，保留大量低经济价值的农地（每年收入 1000 元、资本化价值不超过 5 万元）似乎是不划算的事情，因为城市建设用地（特别是房地产用地）的高价几乎是农地的 10 倍，乃至几十倍。而政府的征地普遍也是按 3 万 ~ 5 万元的成本支付的，那为什么不将所有农地转换为建设用地呢？这就涉及土地非农化的外部性问题。也就是说，土地非农化过程给开发者所带来的收益与这一过程的社会成本不一致，并且，一般而言是前者明显小于后者，因而具有负外部。

概括起来，土地非农化的隐性成本或者说机会成本包括三种：首先，城市化扩张首先会危及耕地面积，而耕地面积又是粮食安全的主要决定因素；其次，城市化还会破坏地面植被和森林，工业生产和生活废水会污染江河湖泊和土地[1]；最后，农地还具有社会保障价值，在中国以及广大的发展中国家，由于经济发展水平较低、社会保障体系不完善，土地承担着社会保障功能，失去土地的农民流浪于城市或居住于城市贫民窟，是影响社会稳定的不利因素。

如图 5 - 2 所示，在将农地非直接价值纳入分析后，减少单位面积的农地

---

① 尽管城市绿化、水资源净化、垃圾处理、空气污染防治等措施能部分缓解这一问题，但较之自然状态差距很大，并且这个过程本身就足以对生物多样性造成不可逆的损害。

所带来的损失不仅仅是农业收入，还包含粮食安全、生态、社会保障等方面的情况恶化。我们会看到，私人边际成本曲线（MC 曲线）向左扭转为边际社会成本曲线（MSC 曲线）。此时的均衡发生了变化，从 Q_1 减少为 Q_4。

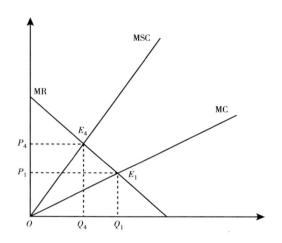

图 5 - 2　考虑农地非直接价值的转用均衡

下面，我们分别考察一下农地的隐性价值及其在中国的特殊意义。

5.2.2.1　粮食安全价值

"无粮不稳"，1966 年 4 月，联合国粮农组织（Food and Agriculture Organization of the United Nations，FAO）在罗马召开的"联合国世界粮食会议"上最早提出粮食安全概念，并指出粮食安全的最终目标是：确保所有人在任何时候既能买得到又能买得起为生存和健康所需要的基本食品。

一方面，耕地保护是我国的基本国策，其首要指向就是粮食安全。对此，虽然有少数学者（茅于轼，2010）表示异议，认为利用世界市场能够解决粮食供给不足问题，但绝大多数学者对此表示了反对，认为对于中国这样一个发展中大国而言，不保护耕地而依赖进口解决粮食问题根本不现实，面临着巨大的风险。

另一方面，农业科技进步是提高单位面积产量的重要支柱，但农业科技进步是个长期的变量，并且往往具有突发性和人为不可控因素，因此，至少就短期而言，粮食安全不能指望农业科技进步这一长期战略手段来解决。根据耿玉环（2007）的研究，耕地数量减少与粮食产量减少的相关性系数高达 0.9993。

在此，笔者以多数人的共识为基础，假定过多的耕地占用会导致粮食安全问题，而这一问题又会进一步波及整个的经济社会稳定。并且，由于我国优质农田主要集中于城市周边区域，如果不加管制，城市化扩张首先占用的可能是优质农田，从而在更大程度上影响粮食安全。

以粮食安全和耕地保护为目标，更进一步分析，我们会发现，我国的保护耕地任务更为艰巨。作为世界上头号人口大国，我国总人口约占世界人口的22%，而耕地面积却只占世界耕地总面积的7%，也就是说，我国的人均耕地面积不足世界平均水平的1/4。从这个意义上讲，如果假定耕地的"粮食安全价值"随着耕地数量的减少而提高的话，我国每亩耕地的这方面价值将处于世界较高水平。

5.2.2.2　生态保护价值

土地非农化对生态保护价值的损害主要包括两个方面。

一是城市占地对生态系统平衡的破坏以及由此造成的不可逆后果。农地占用的直接生态效应就是"生态价值存量"的减少。由于农地转用往往具有不可逆性，因此，农地城市流转往往意味着农地资源永久性消失，进而导致依托于农地资源上的生物多样性和自然生态价值消失，其中包括农地所具有的休闲价值和精神价值。此外，无序的农地开发还可以引发水土流失和自然灾害。

二是城市化后的生产生活方式对环境的污染与破坏，以及由此造成的资源减少及其他危害。土地非农化占用会导致工业化和城市化相伴生的各种污染在更大范围扩散，包括空气污染、水污染、固体废弃物污染等多种形式。需要指出的是，农地的这种生态价值也可以看做城市用地的负外部性，从而使得城市土地的社会价值偏离其经济价值。

这些生态环境影响往往具有长期性，并且涉及代际公平问题。Costanza（1997）对全球10种类型用地"全球意义"的生态服务价值进行了开创性研究，评估了每种用地类型的生态价值，成为学者评估的基本依据。

气候状况是考察农地全球生态价值的最重要依据。从气候的角度看，我国温带、亚热带和热带三大地带，不同地带的耕地占用生态价值不同。但是，评价生态价值不仅要考虑气候条件，还要考虑生态脆弱性，此外，人们的主观感受与需求也是影响这种评价的重要因素，而经济发展阶段和收入水平是影响生态环境需求的重要因素。因此，生态价值评估只具有参考价值，很难做到准确。

5.2.2.3　社会保障价值

土地的社会保障价值是指以土地作为生存手段对于社会稳定和社会公平所具有的重要价值。以土地作为社会保障手段，是一个经济体在完善的社会保障体系建立之前的普遍现象。从阶段上看，这一现象跨越了从传统农业社会到前工业社会再到工业化阶段的很长时期。当然，在不同时期，土地作为社会保障替代的重要性和内涵也有所差别。一般规律是：随着经济发展水平的提高和社会保障体系的完善，土地的社会保障价值会逐步降低。

以中国为例，土地的社会保障价值至少体现在失业保险、养老保险和最低生活保障三个方面：

首先，土地具有强大的失业保险功能。我国农村普遍存在的隐性失业，之所以没有因为经济周期波动（如 2008 年全球金融危机）造成社会动荡，一个重要原因就是土地对失业人口的吸纳和保障，因而农地是维护社会稳定的重要因素（姚洋，2000）。

其次，土地具有重要的养老保险功能。在农村养老保险尚未全面建立或完善之前，除了自我储蓄、"养儿防老"（很大程度上也依赖于土地）等手段之外，土地为农民养老提供了基本保障。当然，随着我国养老保险覆盖面的扩大和水平的提高，这一功能可能会相对弱化。

最后，土地作为农民基本生存权的一种保障，还具有最低生活保障的功能。在相当长的一段时期内，以土地为基础的农业收入是农民收入的重要来源。尽管这种农业收入占比在不断下降，但在一些相对落后地区，它仍是农民收入的主要来源。在城乡收入差距持续扩大的背景下，土地为农民提供了基本的生活来源。

在农地城市转用的过程中，政府会给予一定的征地补偿，能够部分替代农地的社会保障价值。但客观而言，这种补偿水平还比较低，普遍只能维持农民5～10 年的生活成本。因此如果农地城市转用过快，与社会保障制度改革没有同步，必然会危及社会稳定。

耕地的社会保障价值具有重要意义，有些学者甚至认为，社会保障价值是我国农地价值的最重要组成部分。例如，蔡运龙和霍雅勤（2006）研究了东、中、西部三个典型城市的耕地价值，得出的结论是：社会保障价值占耕地资源价值的 60% 以上。

5.2.2.4　农村集体建设用地转用的价值损失

从价值上讲，以宅基地为主体的集体建设用地，虽然不像农业用地那样具有很强的粮食安全价值和生态价值，但它具有几方面的独特价值。现实中，政府征地模式往往导致这些价值的隐性损失。

第一，住房保障价值。长期以来，农民在村庄里生活劳作，宅基地与农房则是农民安身立命的场所。

第二，社会文化价值。大范围土地整治和征用集体建设用地，拆除的不仅是物质形态的房屋，而且是农村社会文化生态，千百年来，中国各地的农民在以自己的方式与他人、与社会交往互动着。

第三，农业生产的配套服务价值。集体建设用地虽然不是农业种植的空间，但是农业生产配套服务和劳动力培育的场所。很多"被上楼"后的农民反映农业生产很不方便，就说明了这一价值的存在。

第四，非农业生产的要素价值。集体建设用地包含乡镇企业用地，它曾经并仍在为我国乡镇企业发展提供着空间保障。此外，随着城市范围的扩大和影响的扩张，以旅游休闲、房屋租赁等代表的服务业开始在农村萌芽和发展。政府主导的集体建设用地征收和统一开发，在很多情况下会影响农村非农产业发展。

因此，在农村集体建设用地转用为城市土地决策方面，我们也应当全面认识上述几种价值的损失（或增益），然后，将转用的价值与上述价值进行比较，并考虑转用前后的利益分配是否均衡公平。

5.2.3　考虑城市土地非直接价值的转用均衡

从已有的研究来看，目前，绝大多数学者关注的大都是农地减少的外部成本问题，以强调农地城市转用的危害及改革的必要性。客观而言，这的确是我国土地资源配置中的主要矛盾。但笔者认为，对于城市土地的评价也不能局限于其经济价值方面，或者强调其生态环境破坏等负外部效应，而应客观地评估我国城市用地的全部功能，看到其经济价值不能涵盖的一些外部性收益。这些外部收益会推动农地转用的边际收益（MR）曲线向右上方移动，从而改变均衡水平：均衡价值提高，均衡数量增长。

如图5-3所示，由于市地的边际社会收益高于边际私人收益，考虑了市地价值的农地转用边际收益曲线向右移动（MSR），并由此引发了均衡数量的变化。

E_1（Q_1，P_1）：仅考虑农地经济价值与市地经济收益的均衡点。

E_2（Q_2，P_2）：仅考虑农地经济价值与市地综合收益的均衡点，此时的均衡转用量Q_2高于Q_1。

E_3（Q_3，P_3）：考虑农地综合价值与市地综合收益的均衡点，此时的均衡转用量Q_3肯定低于Q_2。需要指出的是，Q_3与Q_1的大小关系是不确定的，取决于农地的非直接价值和市地非直接收益的比较。

E_4（Q_4，P_4）：仅考虑农地综合价值和市地经济收益的均衡点，此时的均衡转用量达到最低水平。由于没考虑市地的综合收益，一味地减少农地转用数

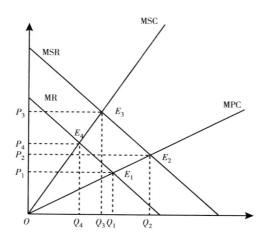

图 5 - 3　考虑市地综合价值的转用均衡

量也会带来效率损失。而在以往的学者分析中，往往是以 E_4 为均衡点的。

那么，农地城市转用会带来哪些外部收益呢？下面结合中国的实际笔者进行了探索性分析，初步总结出了农地城市转用后的四类正溢出效应。

第一，非农就业机会增加和非农收入的增长。转用后的城市用地的主要部分是产业用地，包括工业和服务业，即使是住宅用地和基础设施，也会提供若干物业管理岗位和市政服务岗位。一般而言，这些岗位的非农就业收入往往高于农民的农业收入。

第二，农地价值的提升与农业收入的增长。对于那些仍未改变农业用途的土地而言，随着周边土地的非农化和基础设施条件的改善，这些农地的区位价值也会发生变化。除了农业生产面对更大的市场之外，农业的生产模式也可能从传统农业向现代的都市观光农业转变，农民除了获得土地租金收入外，还可以获得作为"农业工人"的工资收入。

第三，农村基础设施条件改善和农民生活质量的提高。基础设施条件差是影响农村生活质量的重要因素。随着城市范围的扩张，城市的基础设施网络的覆盖面也会逐步扩大，逐渐辐射到农村地区。除了国家"新农村"建设加大了农村基础设施投入外，那些较早实现农地转用的地区往往能够最先接通城市基础设施网络。此外，随着土地"变性"，一些商业设施也开始向农村辐射，农民可以更方便地享受到购物、餐饮和娱乐服务。

第四，经济规模的扩大和财政收入的增长。在市场化条件下，土地需求方在决策时考虑的只是土地的直接收益，而不是项目投资后对地方经济发展的衍生效应，而在地方经济发展的同时，财政收入也会增长，政府提供公共服务的能力会进一步提升，当然在我国，政府财政还广泛用于各种建设领域。这个溢出效应虽然可能存在广泛争议，甚至是诟病政府过度扩张的重要依据。笔者也认为：首先，过度重视 GDP 扩张的发展理念会导致一系列经济社会问题，但在相当长一段时期内、在相当广的范围内，"发展才是硬道理"仍是一种合理的优先选择；其次，在我国，不同群体之间、城乡之间从经济发展与财政扩张中获益程度肯定是不均衡乃至不公平的，但需要我们客观上承认这样一个现实，即对于中国绝大多数民众而言，都从做大的蛋糕中获得了更多收益，只不过蛋糕的份额有所不同。我国刚进入工业化后期，仍处于中等收入阶段，人均 GDP 还不到美国的20%，因此，不能忽视发展的迫切性，但需要在此基础上对经济增长的蛋糕切分及公平的财富和收入分配予以越来越多的重视，以消除既无效率又不公平的分配结果。

5.2.4　考虑不可逆性风险和管制的转用均衡

上文对农地城市转用的"两端"——农地和城市土地的价值内涵进行了分析，尚未考虑两种重要用途之间的转换成本问题。实际上农地城市转用的不可逆性（irrevesibility）是一个具有广泛影响的重要特性。

这种不可逆性是指农地一旦转换为建设用地，就难以再恢复到原有状态或功能，或者虽有可能恢复，但恢复的成本过高以至于不再具有经济可行性。对于不可逆性对决策的影响，阿罗和费希尔（Arrow and Fisher，1974）进行了开创性研究。在土地转用过程中，如果不考虑不可逆风险，发展的好处往往会被高估。阿罗和费希尔称这种净得益（net benefits）减少量为"准期权价值"（quasi-option value）。

具体而言，不可逆性又包含两个层面的含义和成因：一是从自然价值的角度来看，人类的开发行为一旦发生，对生物多样性、自然环境、耕作土层的破坏就可能是永久性的，或者恢复到原有状态需要漫长的自然过程；二是从经济价值的角度来看，城市土地恢复为农地，除了要考虑开发投入时期的巨额沉淀成本之外，还要新投入资金用于非农用地设施的拆除与重整，"双重成本"导致这一逆向转用不具有可行性。不可逆性问题的突出案例就是美国：一方面是美国旧城区的大量土地闲置与荒废；另一方面是美国"已开发土地"的持续扩张，即使是进入了后工业化时期，这一趋势仍在延续乃至加快。

在我国，近年来在"土地重整"、占补平衡和城乡建设用地"增减挂钩"政策的指引下，广大农村地区掀起了对农村建设用地的大范围复垦，以便在达到耕地保护目标的同时获得建设用地指标。这并不能否定土地转用的不可逆性规律，原因在于：第一，农村建设用地的地上地下附着物较少、历史投入和经济价值较低；第二，复垦耕地的质量状况并不尽如人意，"占优补劣"的问题在一些地区仍然比较突出。这些建设用地指标一旦转入城市用途，在大规模开发之后，考虑到我国城市化土地需求的持续增长，再次复垦的可能性微乎其微。

如果不可逆风险所带来的损失全部或部分由农地转用的决策者承担，那么，转用决策的边际成本曲线因为风险增加而有所增大。如图 5 - 4 所示，我们假定边际成本曲线从 MC 移动至 MC'，与此相应，均衡点从 E_1 移动至 E'，导致均衡数量从 Q_1 减少至 Q'，由此对农地形成了一定保护。

除了不可逆风险外，农地转用决策还受到政府用途管制和计划管理的约束。在图 5 - 4 中，我们用 REG 代表转用量管制。这种制度性约束主要是一种外生变量，其目的是纠正政府失灵，使得农地转用量达到最优水平。当然，对管制和制度遵守的效果取决于违法的成本与收益比较，这是另一个值得以后深入研究的问题，在此不做分析。

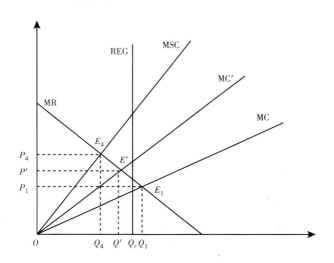

图 5 - 4　考虑不可逆风险与管制的转用均衡

5.2.5　中国现实的农地转用模型

综上所述，融合了农地（以农业土地为例）综合价值、城市土地综合价值、不可逆性，管制农地转用模型可以表示为

$$Q = F(\mathrm{RV}, \mathrm{UV}, \mathrm{IR}, \mathrm{RE})$$

$\mathrm{RV} = f\ (R_r,\ \mathrm{food},\ \mathrm{ecol},\ \mathrm{soci})$；$\mathrm{UV} = g\ (R_u,\ \mathrm{empl},\ \mathrm{agri},\ \mathrm{life},\ \mathrm{ed})$

其中，Q 表示最优农地转用数量；RV 表示农地价值；UV 表示市地价值；IR 表示不可逆性成本；RE 表示管制。

RV 中，R_r 表示农地市场价格；food 表示粮食安全价值；ecol 表示生态保护价值；soci 表示社保保障价值。

UV 中，R_u 表示市地市场价格；empl 表示就业价值；agri 表示农业收入价值；life 表示生活改善价值；ed 表示经济发展价值。

以上述模型为基础，我们可以得出最优转用量的决策模型，即在政府考虑了农地、市地多重价值及不可逆成本的情况下，均衡条件为

$$\mathrm{RV}' + \mathrm{IR}' = \mathrm{UV}'$$

最后，回到中国的农地转用现实中。在中国，政府（主要是地方政府）可被视为农地转用的决策主体，并且是唯一主体。正因为这样，中国的农地转用存在严重的政府失灵和过度转用。具体而言，造成失灵的原因可以综合地概括为四个方面：强调市地综合价值，忽视农地非直接价值，轻视不可逆风险，政府管制实效。

（1）强调市地综合价值。

首先，也是更重要的一点，我国地方政府能够独享市地的间接经济价值。在市场化国家，农地转用主体是多元化的，因此，市场竞争必然导致市地地价与农地地价趋于一致，而农地转用后市地的溢出效应是由社会主体分散享有的，而城市化扩张所带来的财政收入增长由政府享有，与其转用决策主体无直接关联。在这个过程中，地方政府虽不是利益中立地位，但直接干预程度受限，并且很多时候更侧重扮演管理者的角色。

中国的情况则并非如此，由于政府几乎是农地转用的唯一合法主体，农地转用的利益享有是高度集中化的。农地转用为市地后，除了能促进增长、改善就业从而获得更好的政绩评价外，政府（主要是地方政府）还可以获取大量财政收入。并且，由于是双头垄断，地方政府还能通过"低入高出"获得丰厚的土地出让收益。在这个过程中，地方政府不再只是管理者，也不再相对被动地分析农地转用的利益，而是通过"经营城市"和独家垄断来获得经济收入。如果仅从经济收入的角度考虑，地方政府的农地转用均衡点沿着边际成本曲线（MPC）在 E_1 和 E_2 之间移动，具体位置取决于经济收入的高低。

其次，以 GDP 为核心的考核机制助长地方政府过度转用。在 GDP 主义倾

向的指导下，地方政府倾向于扩张建设用地，以便实现跨越式发展。因此，尽管国家一再强调科学发展，近年来一些地方的发展理念也有所调整，国家也在制定主体功能区规划，以便对地方发展进行差异性考核，但到目前为止，我们也很难说，过度强调经济发展和市地多重价值的理念能够在短期内扭转。依照前面的推理，过度强调市地的综合价值，使得土地转用的边际收益曲线过度右移，从而使转用量高于最优值。

最后，土地批租制使得地方政府倾向于追求短期土地收益。以上关于地方政府的讨论有一个前提：不同届地方政府的利益是一致的。但现实并非如此，为了凸显在任期间的政绩，地方政府领导必然系统通过土地运作来获取收入和资本，以实现短期政绩的最大化。

上述几点，使得地方政府的边际收益曲线从 MR 移动到 MSR（见图 5 -5），在某些情况下还可以超出市地综合价值水平，达到 MSR′ 的高度，此时的均衡转用量为 Q_5。需要指出的是，很多学者从低补偿的角度出发研究我国的农地过度转用或过度征地问题。他们认为，低征地补偿意味着实际的征地均衡点沿着 MR 曲线移动，最终达到了 E_6 的水平。但笔者在前文分析过，现有的补偿水平相对于农地的经济价值并不低。因此，解释的方向应该是考虑市地的价值变化及地方政府行为激励。

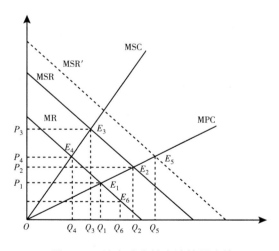

图 5 - 5　地方政府的农地转用决策

（2）忽视农地综合价值。

在土地资源量既定的条件下，农地转用为市地是此消彼长的关系。如果地方政府能够对农地价值作出合理评估，可能会影响其决策，将土地转用控制在一定限度内。但现实情况是，在高估市地价值的同时，地方政府在土地转用决策时，往往又会忽视（没意识到或意识到了不愿做）农地的多重价值。如果我们分解一下农地的非经济价值，我们就可以看到原因所在：

首先是粮食安全与耕地保护。粮食安全的收益是全国共享的，但其成本却由耕地保护地区来承担。虽然中央政府高度重视耕地保护问题，在约束机制方面，规定了18亿亩耕地红线的保护目标，加强了对地方保护耕地的考核和土地执法；在激励机制方面，我国加大了对农业产区的转移支付力度，采取了一系列提高农地收益性的综合措施，如设立耕地保护基金、推出种粮直补、加大农业基础设施投入，以缓解农业与非农业收入不均衡局面。此外，近年来的农产品价格也呈现出上涨趋势，从而使得农业生产营利性有所改善。但是，由于人口城市化进程的滞后、农业规模经营比率偏低、人多地少的格局没有根本改变，农业生产与非农化的收益差距依然巨大，并且，我国尚未建立可持续的农地发展权交易与补偿体系（无论是政府直接补偿还是市场化方式补偿），导致地方政府和农民普遍缺乏保护耕地的积极性与主动性，倾向于低估农地的粮食安全价值。

其次是农地的生态保护价值。这个问题就更突出了，因为农地转用中的生态环境破坏有时并不是那么显性，往往需要经过一个阶段达到饱和后才集中爆发（正如 PM 2.5 问题一样）。中央虽然对环保考核的重视程度日益提高，但问责机制尚不完善，地方环保机构也缺乏必要的执法能力。随着环境的恶化，虽然一部分相对富裕的民众的"环境需求"显著上升，但他们缺乏必要的决策影响能力，况且，大部分中下收入阶层对收入增长的偏好本身也可能高于环境改善。上述综合因素造成了地方政府低估农地转用对生态价值的损害。

最后是农地的社会保障价值。客观上讲，随着我国居民收入的总体上升和社会保障体系的不断完善，农民的社会保障水平显著提高，农地的社会保障价值出现了相对下降。但这并不意味着它不再具有重要意义，失地农民对社会稳定的影响依然是我国面临的一个大问题。虽然近年来中央针对失地农民的补偿和社会保障问题出台了一系列措施，要求确保失地农民"生活水平不下降，长远生计有保障"，另一方面，将"维稳"也纳入了地方官员的考核体系，但总体而言，失地农民对稳定的影响具有外部性，在我国人口快速流动、2.2亿农民进入城市务工的背景下，稳定问题被当成一个可以"踢开的皮球"，或者留给其他地区，或者留给后任领导。在这种形势下，农地的社会保障价值必然会受到地方不同程度的忽视。

总之，由于地方并不是以农地的综合价值作为决策基础，因此，倾向于低估农地价值，从而导致考虑了农地综合价值的边际成本曲线向右下方移动，进而诱发了农地过度转用。

（3）轻视不可逆风险。

同样，现行的政绩考核和官员任免体系导致了政府行为的短期化，使得地方政府在农地转用过程中根本不考虑"准期权价值"，因为这些风险和投资失误代价往往需要一段时间以后才会显现，而招商引资、政府投资、税收增长、土地财政等所带来的益处则是在即期体现，从而产生了土地过度转用的冲动。

在我国，特殊的制度因素也导致了农地数量减少后的不可逆性，如前文所述，农地转用审批和建设用地指标的计划管理方式，使得土地成为地方政府发展经济、扩大财政、凸显政绩的法宝，在激烈的地区竞争中，谁掌握了土地指标，谁就能在招商引资大战中获得主动，因此，地方政府倾向于储备大量"熟地"待用，以防不时之需。从局部来看，储备一定量的土地具有客观必然性与合理性，它节约了投资的等待时间，对地方经济发展也有益，但从整体来看，过度的"圈地"行为导致了国家土地资源的闲置浪费。

（4）管制约束的弱化。

理论上讲，面对地方政府的农地过度转用，中央政府（或上级政府）应该代表国家的长远利益进行管制。现实中，中央政府也是这么做的。如前所述，通过用途管制和指标管理，以及对征地过程的控制与监督，中央政府在很大程度上抑制了地方政府过度占用农地行为。

但遗憾的是，中央政府的目标是多元化的，包括经济增长、耕地保护、农民利益维护、环境保护、政治稳定等方方面面，并且，在相当长的一段时期内，经济增长成为全国的优先考量。中央政府在政策目标上的波动与摇摆，再加上财税等体制方面不顺，使得中央对地方的监督明显弱化，对违法行为也缺乏必要的惩罚手段。

综上所述，现实中，地方政府转用决策的一般逻辑是：高估市地综合价值→依据征地补偿规定（上级和本级）所确定的征地数量→考虑上级各种约束或激励对地方政府有关市地价值、农地价值、不可逆性评价及土地转用决策的影响→土地转用决策的作出。这一系列行为导致了农地的过度转用，接下来笔者将结合一些现实情况对其绩效进行具体介绍。

5.3　效率评价：土地资源利用低效

评价土地资源的配置效率，首先要理解在中国土地具有哪些功能。接下来，笔者首先提出土地资源配置效率的分析框架，然后，具体分析我国土地资源的制度性浪费问题。

5.3.1　耕地数量减少与粮食安全形势

中国的粮食安全问题最早引起全球关注始于 1994 年，面对中国的经济发展、人民生活水平和粮食需求的不断提高，美国地球政策研究所所长莱斯特·布郎提出了"21 世纪谁来养活中国"的疑问。但这并没有阻止后来的中国耕地不断减少、粮食安全形势日益严峻的基本趋势。

5.3.1.1　耕地面积变化情况

改革开放前，我国的耕地面积经过了几次增减变化，一般认为，1978 年与 1949 年比，总量变化不大，也有学者认为是略有增加（封志明等，2005）①。改革开放后耕地面积出现了下降，又可分为三个大的变化阶段：1979 ~ 1999 年是耕地持续减少期；1999 ~ 2008 年则属于迅速减少期；2008 年以后则进入了稳定期。其中，前两个时期的年均耕地减少量约为 20 万公顷（300 万亩）。

我国在 1996 年对耕地面积统计进行了大范围调整，从而使得其可比性受到影响，因此学者们习惯以 1996 年为界分析耕地在这一时点前后的变化情况。笔者根据这一划分对比了改革开放以来几个阶段的耕地面积变化。

第一阶段：1985 ~ 1995 年，耕地面积仅减少了 6628 万亩，每年减少 600多万亩。

第二阶段：1996 ~ 2008 年，耕地面积减少了 1.2485 亿亩，每年减少 1000万亩以上。这一阶段是耕地减少最为突出的阶段，不但耕地总量减少，甚至连需要国务院审批占用的基本农田数量都在快速减少。2005 年国土资源部和农业部组织的基本农田保护检查结果显示，当年基本农田面积 15.89 亿亩，比

---

① 新中国成立以来一直到 1986 年国家土地局成立之前，为中国统计耕地数据失真较严重的时期，统计不全和故意减报，造成了统计耕地量持续减少的假象。1986 年后，统计数据及手段的完备使得耕地面积在短时间内骤然出现了"统计意义"上大幅攀升假象。详见封志明、刘宝勤、杨艳昭《中国耕地资源数量变化的趋势分析与数据重建：1949 ~ 2003》，《自然资源学报》2005 年第 1 期。

2001 年减少近 4000 万亩，其中 16 省（区、市）的在册基本农田面积低于《全国土地利用总体规划纲要》确定指标（陈美球等，2009）。为了保护耕地，我国在 1997 年开始采取用途管制制度，以遏制耕地减少趋势，但是很明显，在此后的十多年来并未取得预期的实施效果。

　　第三阶段：2008～2011 年，由于我国采取了严格的耕地保护措施，耕地总体净减少仅为 126.4 万亩（徐绍史，2012），其中，2011 年耕地净减少 49 万亩，到 2011 年年末耕地保有量为 18.2476 亿亩（其中基本农田稳定在 15.6 亿亩以上）[①]。图 5-6 说明的是 1985 年以来的耕地占用减少情况[②]。

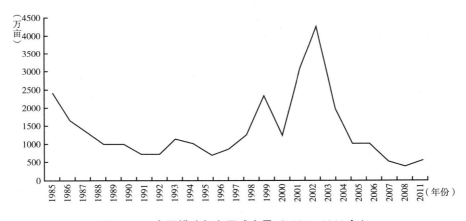

图 5-6　我国耕地年占用减少量（1985～2011 年）

资料来源：《中国统计年鉴》（2010 年）；《国土资源公报》（2009 年）。

　　耕地数量的减少直接威胁粮食安全。例如，有的学者对 1997～2004 年因耕地减少对粮食产量的影响进行了测算，计算结果是导致粮食减产 2700 万吨（朱红波，2006）。

5.3.1.2　建设占用是耕地减少的重要原因

　　需要指出的是，城市建设占用并不是耕地减少的唯一原因。除了建设

---

①　在 2012 年 12 月发布《全国土地利用变更调查报告 2011》数据前，国土资源部已经几年没有发布耕地数据，《2012 中国统计年鉴》仍采用的是国土资源部《2008 年度土地变更调查》公布的结果（截止时点为 2008 年 12 月 31 日），由此导致了本书分析中 2009 年和 2010 年耕地变化及其原因相关数据的缺失，《国土资源公报》虽然也按时发布，但缺少耕地情况数据。对此，一种解释是国土部在进行第二次全国土地调查时发现全国耕地数据有大幅增加。

②　耕地净减少量 = 耕地占用减少量 - 土地整治新增耕地量。

（包括城乡建设）占用外，耕地减少还有两个原因：一是由于农业内部结构调整，如退耕还林；二是灾害毁地和撂荒。与此同时，通过土地复垦等形式也会补充一部分耕地。那么，建设占用耕地的总体情况如何呢？

首先，改革开放以来，我国建设占用耕地①速度一直处于上升轨道。如图5－7所示，1978～1989 年，年均建设占用耕地的数量为 237.15 万亩；1990～1999 年，年均建设占用耕地的数量为 252.15 万亩；2000～2005 年，年均建设占用耕地的数量为 295.95 万亩（曲福田等，2007）。而 2006 年、2007 年、2008 年、2011 年 4 年的年均建设占用耕地数量为 360.65 万亩。

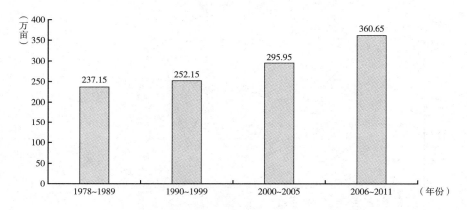

图 5－7　改革开放以来我国建设占用耕地增长趋势

资料来源：《中国国土资源年鉴》历年；《全国土地利用变更调查》相关年份。

其次，扣除退耕还林的短期政策影响，建设占用耕地是我国耕地减少的重要乃至主要原因。2000 年以后，我国开始实施退耕还林政策，在很长一段时期内成为我国耕地面积减少的主因②。根据《国土资源部关于 2005 年度全国土地利用变更调查结果的报告》（国土资发〔2006〕30 号），"十五"期间，我国耕地减少总量为：退耕还林减少耕地 8065 万亩，占 70.9%；建设占用减少耕地 1641 万亩，占 14.4%（见表 5－2）。

---

① 需要说明的是，建设占用耕地包括城市建设占用耕地和村庄建设占用耕地两类，但后者比例相对较低，为 5%～10%，后面关于农村建设用地利用方面会有专门的分析。

② 退耕还林是我国实施西部开发战略的重要政策之一，其基本政策措施是"退耕还林，封山绿化，以粮代赈，个体承包"。1999 年，国家率先在四川、陕西、甘肃 3 省开展退耕还林试点，由此揭开了我国退耕还林的序幕。2002 年 1 月 10 日，国务院西部开发办公室召开退耕还林工作电视电话会议，确定全面启动退耕还林工程。2003 年 1 月 20 日，为规范退耕还林行为，国务院还专门颁布了《退耕还林条例》。

表 5 - 2　"十五"以来我国耕地减少量及原因

单位：万亩

	耕地减少	生态退耕	建设占用	农业结构调整	灾毁耕地	耕地净减少
"十五"	11380.0	8065.0	1641.0	1293.0	381.0	9240.0
2006	1011.0	509.1	387.8	60.3	53.8	460.2
2007	511.0	38.2	282.4	163.5	26.9	61.0
2008	373.4	11.4	287.4	37.4	37.2	29.0
2011	532.7	14.2	485.0	0.0	33.5	49.0

资料来源：国土资源部《全国土地利用变更调查结果的报告》（2005 年、2006 年、2007 年、2008 年、2011 年）。

随着我国大范围生态退耕工作的完成，建设占用逐渐成为我国耕地减少的主因。2007 年、2008 年和 2011 年，我国建设占用耕地占耕地减少量的比例分别为 55.3%、77% 和 91%（见图 5 - 8）。

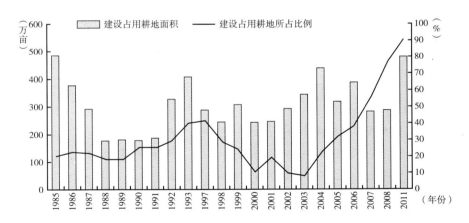

图 5 - 8　1985 年以来我国的建设占用耕地面积及其占比

资料来源：《中国国土资源年鉴》历年；《全国土地利用变更调查》相关年份。

另据严岩等（2005）的分析，城市建成区 50% 以上来自对耕地的占用，在居民点及工矿用地中这一比例更是高达 80%。根据赵阳（2011）的分析，在中国（1978～2011 年）和日本（1965～1995 年）的高速增长阶段，GDP 总量都是增长了 100～110 倍（约 5 万亿美元），但中国耕地净减少高达 1200 万公顷以上，而日本净减少的耕地只有 103 万公顷，只有中国的 1/12（赵阳，2011）。

5.3.1.3　建设违规占用耕地情况屡禁不止

在招商引资和土地财政两大目标的驱动下，地方政府出现了大量违规使用建设用地的情况，其中，相当一部分占用的是耕地。

根据国土资源部《关于 2004 年度全国土地利用变更调查情况的报告》（国土资发〔2005〕31 号），2004 年通过土地市场治理整顿，查出 1996 年以来一部分往年已经建设，由于未批先建等原因未变更上报的建设用地 442.8 万亩，其中占用耕地 221.6 万亩。仅仅在 2 年后的 2006 年，根据国土资源部《关于 2006 年度全国土地利用变更调查情况的报告》（国土资发〔2007〕43 号），又查出新的往年建设、未变更上报的建设用地 277.9 万亩，其中占用耕地 136.8 万亩。

尽管早在 2004 年《国务院关于深化改革严格土地管理的决定》（国发〔2004〕28 号）就提出，综合利用各种手段加强土地执法，但是，土地违法违规至今仍呈现易发多发态势。根据笔者的统计，1999～2011 年，我国违法用地面积为 715.85 万亩，涉及耕地面积达 379.15 万亩，占违法用地面积的 53%，2005 年这一比例最高时曾达到 54.87%。根据《国土资源统计公报 2011》，2011 年全国违法用地的数量 7 万件，面积 75 万亩，其中耕地 27 万亩，占比仍达 36%。

虽然国土资源部督察发现的违规土地面积总量有所下降。但从建设占用耕地方面来看，未批先建的耕地占用比例近年来一直保持在较高水平，2011 年甚至达到了 35.6%（见图 5-9）。

事实上，从笔者在地方调研的情况来看，至少在一些地区，违规占用耕地问题远比国土资源部统计的严重。例如，山东省某县 2009 年建设用地年度指标只有 500 亩，而实际建设用地已经达到近 5000 亩，实际开发建设用地违规利用超过 9 倍。在该县，除了未经上级国土部门认可的城乡建设用地"增减挂钩"项目提供了部分农村建设用地指标外，很多项目圈占的都是耕地①。

在土地违法行为中，地方政府是直接或间接主体。虽然各级地方政府（包括村集体）直接违法涉及的耕地面积平均每年只占 27% 左右，但没有地方政府的间接支持，各类企事业单位的违法占地行为是不可能得逞的。正如梁若

---

① 这也印证了笔者 2007 年与国土资源部门的一次座谈结果，国土资源部通过卫星遥感发现，我国违规用地呈现出比例高、从南向北递增的特点：在长三角违规用地比例为 60% 以上，到了华北地区，部分省份已经超过 90%。

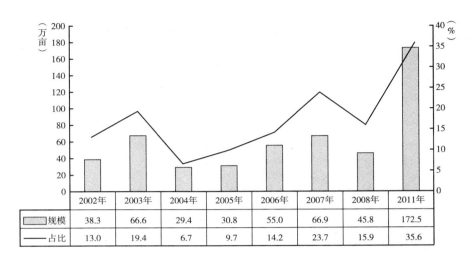

图 5 – 9　"未批先建"占用耕地的规模及在建设用耕地中的比例

资料来源:《全国土地利用变更调查结果》相关年份。

冰(2009)所指出的,很多土地违法行为如果没有地方政府的配合根本无法实施。张蔚文和李学文(2011)估计,地方政府的直接或间接违法比例应该在 80% 左右。

5.3.1.4　建设占用耕地严重影响了土地的粮食安全价值和生态保护价值

首先,建设占用耕地多数是居民点周边的优质高产良田,所占用的耕地一般具有相对较高的肥力和复种指数(国土资源部,2005)。考虑到退耕还林、灾毁耕地等主要发生在农地生产力相对较低的偏远地区,这意味着,建设占用耕地对粮食安全的不利影响可能数倍于其他耕地占用。

其次,建设占用耕地的重点地区逐步从东部沿海地区向中西部地区扩展,考虑到东部沿海地区农业设施的完善程度和水热条件普遍处于较优水平,耕地的粮食安全价值较高。以 2003 年为例,根据国土资源部《关于 2003 年度全国土地利用变更调查结果的报告》(国土资发〔2004〕13 号),全国建设占用的耕地面积中,有灌溉设施的占 71%,多数是居民点周边的优质良田。因而,改革开放以来的建设占用耕地对我国粮食安全的影响,可能要大于耕地面积数字减少所反映的程度。

再次,近年来我国耕地面积基本稳定是建立在大量补充耕地的基础上,其中存在不同程度的占优补劣和生态质量问题。建设占用补充的耕地相当一部分

（普遍在 50% 以上）来自未利用地的开发①。这导致了两种情况：一方面，补充耕地的质量较差，综合地力明显低于占用的耕地，例如，《关于 2003 年度全国土地利用变更调查结果的报告》指出，2003 年补充耕地中有灌溉设施的只占 51%，比占用耕地的这一比例低 20 个百分点（见图 5 - 10）；另一方面，未利用地开发导致土地生态质量呈现下降趋势②。

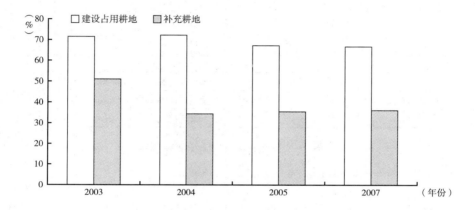

图 5 - 10　部分年份建设占用耕地与补充耕地中有灌溉设施的占比

资料来源：《全国土地利用变更调查结果》相关年份。

　　最后，除了直接影响外，在耕地面积减少、质量下降的同时，为了实现粮食生产"连增"任务，只能加大对现有农地的利用强度。这导致了现有农地过度利用，如过度使用农药化肥等，引发了严重的生态环境破坏和土地退化。

　　此外，城市土地扩张中的耕地占用还会导致农地变得更为细碎化，不利于土地规模经营，农业生产基地设施弃置等方面的问题。

---

①　从已有的国土资源部土地利用变更调查数据来看，2002 年未利用地复垦占补充耕地的比例为 66.4%，2004 年为 66.1%，2005 年为 23%，2011 年为 54.1%。

②　近年来，国土资源部牵头在全国范围内开展了"农村土地整治"，以促进耕地保护，增加高产稳产基本农田和改善农村生产生活条件。国土资源部在全国重点划定的 15.6 亿亩基本农田范围内，有计划地对田、水、路、林、村进行土地综合整治。"十一五"期间，全国通过土地整治新增耕地 150 万公顷，超过同期建设占用耕地的面积，保持了耕地面积基本稳定，对坚守 18 亿亩耕地红线起到了至关重要的作用。特别是 2008 年以来，国土资源部会同财政部部署实施了黑龙江三江平原东部土地整理等 10 个重大工程和湖北仙洪等 10 个农地整治示范建设，今后每年将安排 3 ~ 5 个示范省的土地整治重大工程和项目。

5.3.1.5　我国日益严峻的粮食安全形势

从上述分析中我们可以看出，由于地方政府的占地冲动强烈，它们往往倾向于高估城市土地的价值、低估农地的价值、忽视土地的不可逆性风险，从而导致土地资源的错误配置。谭荣和曲福田（2006）认为，全国的农地非农化都已经进入边际收益小于边际成本阶段，1989～2003 年中国农地转用规模数量应减少 21.7% 左右。

从目前情况来看，建设过度占用耕地的局面有初步改观，并且，通过农村土地整治（特别是集体建设用地的整理复垦），我国能够在中期内确保 18 亿亩耕地红线目标。国土资源部的《土地利用变更调查 2011》也指出，到"十二五"期末，我国有望达成 18.18 亿亩耕地保有量目标。

但应该客观地看到，我国人均耕地不足 1.3 亩，不到世界平均水平的1/2、发达国家的 1/4，只有美国的 1/6、阿根廷的 1/9、加拿大的 1/14[①]。况且，农地城市转用、建设占用耕地具有长期性，在工业化后期乃至后工业化时期，城市土地扩张的动力依然会比较强劲[②]。并且，政府主导的农村土地整治已经引发了各种社会矛盾，推进的阻力与难度也会越来越大。这些都是未来维持耕地保有量、确保粮食安全的重要隐患。

展望未来，我国将面临更为严峻的粮食安全形势。人口的持续增长及人均粮食消费量的提高，都会导致我国粮食总需求不断攀升。虽然在 2012 年，全国粮食总产量 58957 万吨，比 2011 年增长 3.2%，实现了粮食产量连续 9 年增长。但我们也应同时看到我国粮食进口量的持续、更快增长。根据海关总署提供的最新数据，2012 年我国进口谷物类农产品（小麦、大米和玉米）达到了 1398 万吨，相比 2011 年同期的 545 万吨大幅上升了 156%。

虽然中国 2012 年的谷物进口量约相当于全球 2.8 亿吨谷物贸易量的 5%，与韩国每年谷物进口量相当，大约是日本谷物进口量的 60%，作为一个人口大国这似乎不足为惧，但考虑到其他作物（尤其是大豆）进口或者说"耕地对外依存度"，情况就没那么乐观了。根据海关总署的最新数据，2012 年我国大豆进口 5838 万吨，较 2011 年增长了 11%，比 2005～2012 年大豆的年进口量增长了 1.2

---

① 《中国"地耗"之痛》，《半月谈》2011 年第 3 期。
② 以日本为例，1946～1973 年，战后 27 年间日本耕地面积减少了 35 万公顷左右。20 世纪 70 年代进入工业化后期以来，日本农地的非农化进程加快，耕地出现锐减的局面。1973～2000 年耕地减少量相当于战后前一阶段的 2 倍多。详见孙强、蔡运龙《日本耕地保护与土地管理的历史经验及其对中国的启示》，《北京大学学报》（自然科学版）2008 年第 3 期。此外，如前文所述，后工业化的美国也在 20 世纪 90 年代以后出现了耕地快速减少的局面。

倍，相当于全球大豆贸易量的 55% 以上。根据陈锡文（2012）的分析，从近几年农产品进口情况来看，如果不进口，中国农业耕地将存在 6 亿亩的"缺口"。这意味着，从"耕地对外依存度"看，我国已经达到了 20%[①]。

5.3.2 城市建设用地的粗放利用

在建设占用耕地后，建设用地有没有得到合理配置与充分利用呢？这是本书接下来要分析的问题。笔者将这一问题分解为三个方面：一是城市建设用地（城镇）的扩张及总体利用效率问题；二是比较引人关注的工业用地（开发区）的折价出让与低效扩张；三是存量集体建设用地的无序利用与隐性市场化。

通过这部分的论述我们可以发现，城市和农村建设用地一直在双向挤占农用地，我国的土地资源紧张与粗放利用并存，这是我国现有的土地转用制度造成的。但正如有的学者（刘守英，2012a）所指出的，"如果这套用地制度不改，那么土地利用方式转变和发展方式转变实际上就是一句空话"。

我们首先进入第一个问题。近年来，我国的城市建设用地规模迅速扩张，从人均建设用地面积现状来看，这一指标不仅高于资源短缺的国家，甚至高于部分资源丰富的国家（徐绍史，2012）。

5.3.2.1 城市用地扩张之势

在前面的城市化进程部分，我们对中国的空间城市化快于人口城市化问题进行了介绍。在此，将进一步深入分析。

（1）建成区面积。

在城市建成区面积方面，根据《中国城乡建设统计年鉴 2011》，我国城市建成区面积从 1981 年的 7438 平方公里增加到 2011 年的 43603 平方公里，后者是前者的 5.86 倍；而同期城市（镇）人口则从 2.02 亿人增加到 6.91 亿人，后者是前者的 3.42 倍。这一期间的建成区面积扩张速度是城市人口增速的 1.71 倍（见图 5 - 11）。

（2）城市用地面积。

这里指的是城市用地面积中的各项建设用地面积，包括居住用地、公共设

---

① 陈锡文分析指出，在 18 亿亩的耕地中，有一部分地在南方可以复种，所以农田总播种面积为 24 亿亩多。按现在的实际生活水平，如果都由中国自己保障农产品的供应，需要有30 亿亩以上的农作物的耕作面积。这与笔者的估算相当：我国现在的耕地，按播种面积来折算是 23 亿亩，播种面积里面要种粮食的面积是 16 亿亩，其他的还有像棉花、糖料、油脂、蔬菜。现在，大豆植物油、棉花和糖料已经大量进口，换算成耕地面积差不多 5亿~7 亿亩。

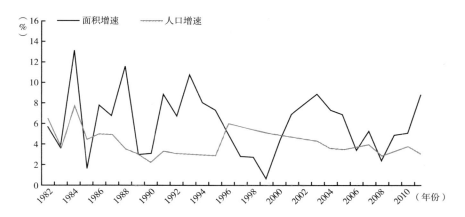

图 5 – 11　我国城市建成区面积与人口增速的关系

资料来源：《中国城乡建设统计年鉴 2011》。

施用地、工业用地、仓储用地、对外交通用地、道路广场用地、市政公用设施用地、绿地和特殊用地。城市建设用地面积与城市建成区面积既有区别，又有联系：前者是国有土地，后者则以国有土地为主，但同时也包含集体土地；前者一部分已经成为"建成区"，一部分则为非建成区。

根据《中国城乡建设统计年鉴 2011》，我国城市建设用地面积的增长不但快于城市人口增长，而且快于城市建成区面积增长。我国城市建设用地面积从 1981 年的 6720 平方公里增加到 2011 年的 41860.6 平方公里，后者是前者的 6.23 倍。这一期间的城市建设用地面积扩张速度是城市人口增速的 1.82 倍。

需要说明的是，由于我国在 1996 年对城市建设用地面积指标进行了调整，所以对这一时期之后的变化更具可比性，并且，1996 年我国人口城市化率首次超过 30% 。1996 ~ 2011 年，我国城市建设用地面积从 19001.6 平方公里增加到 2011 年的 41860.6 平方公里，后者是前者的 2.2 倍。而 2011 年城市人口数是 1996 年的 1.85 倍。据此测算，城市建设用地面积增速是城市人口增速的 1.19 倍。

5.3.2.2　城市用地增长弹性系数超出合理范围

在衡量土地城市化与人口城市化关系的协调性方面，有一个指标就是城市用地增长弹性系数，即城市用地增长率与城市人口增长率的比例，这个指标的所谓国际公认的合理标准为 1.12。

如表 5 – 3 所示，无论是用建成区面积还是用城市建设用地面积来衡量，我国城市用地增长弹性系数都超出了合理范围。从年均增速来看，2000 年以后我国的土地城市化速度大约高于人口城市化速度 2 个百分点。

表 5 - 3 我国的城市用地增长弹性系数情况（按官方统计城镇人口计算）

年份	建成区面积增速/城市人口增速	城市建设用地增速/城市人口增速
1981 ~ 2011	1.71	1.82
1996 ~ 2011	1.16	1.19

资料来源：《中国城乡建设统计年鉴 2011》。

虽然从趋势上看，近年来上述弹性系数似乎有向合理水平回归的趋势，但考虑到以下两点，我们应该审慎客观地看待这一结果：第一，如前所述，我国的人口城市化率是有"水分"的，统计上的城市人口包含了"半城市化"或"被城市化"的镇区人口和农民工，按照户籍人口城市化率重新计算，问题会更加突出；第二，我国存在大量违规用地和建设，肯定会有一部分未纳入建成区面积或城市建设用地统计。由于第二个问题统计起来比较复杂，笔者在此针对第一个问题进行分析。

在此，我们采用"非农业人口"标准计算城市户籍人口规模，考虑到绝大多数非农业人口生活在城市，因此，这一替代应该不会影响基本判断。我国的非农业人口从 1981 年的 2.02 亿增加到 1996 年的 2.91 亿，到 2011 年这一数字为 4.69 亿。据此，我们计算出 2011 年非农业人口分别为 1981 年的 2.32 倍和 1996 年的 1.61 倍，从而得出了新的城市用地弹性系数（见表 5 - 4）。

表 5 - 4 我国的城市用地增长弹性系数情况（按农业/非农业户籍人口计算）

年份	建成区面积增速/城市人口增速	城市建设用地增速/城市人口增速
1981 ~ 2011	2.52	2.68
1996 ~ 2011	1.34	1.37

资料来源：《中国城乡建设统计年鉴 2011》。

通过比较计算结果，我们可以看出，按照户籍人口计算的城市用地弹性系数要大很多，从而更加偏离了国际标准水平。

5.3.2.3 人均城市用地超出合理范围

土地城市化快于人口城市化的必然结果，就是城市人均占地面积的增加。下面从人均城市建设用地面积和容积率两个指标来分析。

（1）人均城市用地面积。

2000 年，我国城市人均土地面积为 117 平方米，2008 年则增加到 134 平方米（刘守英，2011）。那么，人均 134 平方米的城市建设用地面积是什么概念呢？从横向对比来看，首先，发展中国家平均为 83.3 平方米，远低于我国（薛志伟，2006）；其次，一些欧洲国家只有 82.4 平方米，而它们的城市化水平比我们高得多；最后，美国的城市居民人均占地面积 130～150 平方米，但其人均土地面积是我国的 10 倍（北京天则经济研究所"中国土地问题课题组"，2007）。

从我国实际人均城市建设用地面积与国家规划标准来看，我国的土地城市化也是过度的。根据 2012 年 1 月 1 日正式实施的《城市用地分类与规划建设用地标准》（GB50137 - 2011），新建城市的规划人均城市建设用地标准在 85～105 平方米，这被认为是符合我国国情的合理水平①。这意味着，我国的人均建设用地面积超出我国合理水平近 30～50 平方米。

（2）容积率水平。

容积率指标最早产生于 1957 年美国芝加哥城土地区划管理实践，它是城市土地开发强度的重要控制指标，目前已被多数国家采用，指的是区域内总建筑面积与总用地面积的比率。

目前，我国的城市容积率大约为 0.33，而在国外一些土地资源高效利用的城市，该指标则达到或超过了 2.0。土地闲置是造成我国容积率低下的重要原因（北京天则经济研究所"中国土地问题课题组"，2007）。但另有研究（刘彦随等，2005）认为，2003 年全国 660 座设市城市建成区平均综合容积率约为 0.5，城市居住区容积率仅为 0.9～1.2。

尽管从直觉上讲，我国的部分大城市过于拥挤问题已经比较突出，但有学者（刘彦随等，2005）研究认为，我国一些超大城市如北京、上海等与世界上的同类城市如纽约、东京等相比，在综合容积率上存在较大差距，因此，综合考虑我国国情，城市综合容积率可达 0.60，居住区容积率可高达 1.80。

5.3.3　工业用地的圈占与粗放利用

上文对我国城市用地（城镇用地）的粗放利用进行了简要分析。实际上，

---

①　首都的规划人均城市建设用地指标应在 105.1～115.0 平方米/人内确定。边远地区、少数民族地区以及部分山地城市、人口较少的工矿业城市、风景旅游城市等具有特殊情况的城市，应专门论证确定规划人均城市建设用地指标，且上限不得大于 150.0 平方米/人。

在我国的国有建设用地中，工业用地的粗放利用问题最为突出。究其原因，又与工业用地的低价出让有关。工业用地之所以低价出让，是由地方招商引资大战决定的。以县为主体的招商引资大战，对促进中国经济增长发挥了积极作用（张五常，2009）。为了吸引投资，地方政府普遍采取了土地折价出让策略，通过暂时减少地租收入换取以后的投资增长和税收的长期来源，这就是所谓的"租税替代"。非市场化、低价的土地使用权交易，使得土地资源严重错配。接下来，本书将介绍一下相关情况。

5.3.3.1　工业用地面积增长过快

改革开放以来，我国经历了从前工业化到工业化后期的发展过程，这是我国工业用地面积持续快速增长的基础性原因，而我国的特殊制度及地区竞争使得工业用地扩张进一步加快。

我国的工业用地，主要由两部分组成。一类是城市建成区内的工业、仓储用地。根据《中国城乡建设统计年鉴2011》，2011年，它们合计达到10303平方公里（约1545万亩），大约占"城市建设用地面积"的25%。另一类是独立工矿用地，包括各类开发区、园区，根据笔者的测算，目前大约为7300万亩。从增长趋势来看，由于城市建成区相对饱和，因此新增的工矿仓储用地应该主要是指独立工矿用地。本书主要以后一指标作为分析对象。

从图5-12可以看出，我国的独立工矿用地增长快于城市用地增长。1996～2011年，我国城镇用地从3976万亩增加到6374万亩，增长了60.3%；同期，独立工矿用地则从4153万亩增加到7317万亩，增长了76.2%。

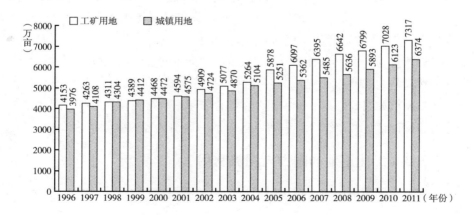

图 5 - 12　我国独立工矿用地的快速增长

资料来源：历年《全国土地利用变更调查结果》《中国国土资源公报》，经加工整理。

近年来，在我国新增建设用地中，新增工矿仓储用地一直占有较高比例。根据笔者统计，2002～2011 年的 10 年间，新增工矿仓储用地占全部新增建设用地的比重为 38.8%。在 2005 年这一比例曾达到 53% 的最高值。如果考虑到我国大量闲置土地主要是工业用地，工业占地问题会更加突出。

各类开发区是我国工业占地的主要方式。根据 2005 年的统计，在清理整顿前，全国共有各类开发区 6866 个，规划面积 3.86 万平方公里，而截至 2011 年我国的城市建成区面积也只有 4.36 万平方公里。各类开发区圈占了土地资源，造成了工业用地的低效利用（李强，2012）。

到 2006 年年底，经中央清理后的开发区数量缩减至 1568 个，规划面积压缩至 9949 平方公里。保留下来的开发区多是国家级或省级开发区，被"清理"掉的开发区其实只是被摘牌而已，它们往往被改头换面为各类产业集中区，其开发和运作模式鲜有改变。

根据《中国国土资源年报 2007》统计，经过 2007 年的全国土地执法"百日行动"，查出违规违法案件 3.1 万多件，涉及土地 330 多万亩，其中，"以租代征" 30 多万亩，违规扩区设区约 100 万亩，未批先用先占约 200 万亩。

5.3.3.2　工业用地利用效率过低

工业用地过快扩张的另一后果，就是土地利用的效率和经济强度提高速度相对缓慢。

（1）工业用地占比高、容积率低。

我国工业用地增速明显快于其他建设用地，使得工业用地在全部建设用地中的比重呈上升趋势。

笔者根据相同统计资料对我国独立工矿用地在全部建设用地（含农村）及国有建设用地中的比重进行了估算。如图 5－13 所示，2002～2011 年的 10 年间，前一占比提高了 3.6 个百分点，后一比例提高了近 8 个百分点。30.5% 的存量占比也明显高于不到 15% 的一般国际水平。如果再加上城市内部的工业用地和仓储用地，2011 年全部工业用地占总建设用地的比重约为 17.2%，占全部国有建设用地的比重约为 36.9%。

此外，我国工业用地的容积率也明显偏低。据国土资源部统计，我国工业用地容积率普遍处于 0.3%～0.6%，而国际平均水平在 1% 左右（刘守英，2012a）。

（2）工业用地的经济强度不高。

黄小虎（2011）对上海和香港的工业用地效率进行了对比：在我国土地利用最为集约的城市——上海 2006 年的工业用地利用效率约为 20 亿美元/平方公里（133 万美元/亩），而香港 1996 年的水平即达到 30 亿美元/平方公里（200 万

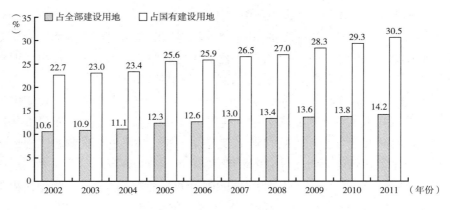

图 5 - 13 我国工矿用地的快速增长

资料来源:历年《全国土地利用变更调查结果》《中国城乡建设统计年鉴》,经加工整理,2006 年、2009 年为估计值。

美元/亩);近年,上海的工业用地的产出提高到 80 亿美元/平方公里(533 万美元/亩),而香港已达 300 亿美元/平方公里(2000 万美元/亩);而日本东京 2001 年就达 523 亿美元/平方公里(3487 万美元/亩)。笔者对全国 2011 年的工业用地效率情况进行了分析,发现差距更加显著。2011 年,我国的单位工业用地增加值仅为 144 万元/亩,按照年底汇率折算,约为 22 万美元/亩[1]。

投资强度是考察土地利用效率的另一重要指标。从投资强度来比较,法国、新加坡、马来西亚工业开发区每亩投资强度在 60 万 ~ 100 万美元,而我国开发区的平均投资强度仅在 20 万美元左右(黄小虎,2011)[2]。

5.3.3.3 工业用地价格过低

从直接原因上看,导致工业用地粗放利用、用地企业"不珍惜"的原因在于工业用地低价出让。

根据《中国国土资源公报 2011》,全国 105 个主要城市 2011 年第 4 季度末综合地价为 3049 元/平方米,其中商业、住宅、工业用地分别为 5654 元/平方米、4518 元/平方米和 652 元/平方米。工业用地价格仅为商业用地的 12%、住宅用地的 14%。从趋势上看,与 2000 年以后商业用地、住宅用地价格快速上升相比,工业地价则一直保持稳定。

---

① 参考资料:《中国统计年鉴 2012》《中国城乡建设统计年鉴 2011》。

② 随着我国土地调控日益严厉,我国新增工矿用地投资强度有显著提高。2011 年,我国新增工矿仓储用地 19.26 万公顷,而当年的工业投资为 129011 亿元,据此测算,我国每亩工业用地的投资为 447 万元/亩,大约为 70 万美元/亩。

事实上，在很多地方，工业土地出让价格都低于其开发成本。根据北京天则经济研究所"中国土地问题课题组"（2007）的数据，在浙江，国家级工业园区的土地开发成本在 9.88 万 ~ 20 万元/亩，而工业用地平均出让价格为 8.83 万元/亩，1/4 的园区土地平均出让价格不及开发成本的一半。在经济相对落后地区，这一问题就更为突出，很多地方通过"先征后返"等手段事实上对工业用地采取了"零地价"出让。

为了规范地方对工业用地的低价出让，国土资源部曾在 2006 年 12 月 23 日发布《全国工业用地出让最低价标准》（国土资发〔2006〕307 号），在详细界定了各省市主要区域土地等别的基础上规定了所谓最低出让价，以避免恶性竞争。

在此后不久的 2008 年 1 月 31 日，国土资源部又发布了《工业项目建设用地控制指标》（国土资发〔2008〕24 号），详细规定单个工业项目及其配套工程在土地利用上的控制标准，如要求工业项目的建筑系数应不低于 30%、工业项目所需行政办公及生活服务设施用地面积不得超过工业项目总用地面积的 7%。

但从实施上看，简单地强制规定"工业用地出让必须招拍挂"和所谓最低价格，并不能达到预期效果①。行政手段配置土地资源加上低工业地价，破坏了市场化条件下的生产要素组合模式，必然会导致企业作出"以土地替代资本"的经营决策。这就解释了为什么我国工业用地如此粗放，容积率如此之低。

5.3.3.4　低地价招商引资的综合效应

那么，为什么工业用地低价出让问题屡禁不止呢？仅仅是因为地方政府头脑发热、缺乏理性吗？恐怕原因没有这么简单。

从约束的角度看，不同地区之间的可竞争性还取决于我国制造业部门的高度流动性。也就是说，我国的制造业部门缺乏对特定区域的依赖，可以根据生产要素条件的变化进行灵活选择，而地方政府的投资软硬件环境和优惠政策直接决定了企业的成本与利润，从而成为资本决策的重要考虑。土地优惠便是地方政府之间竞争的重要变量，低价出让往往能增强本地的"竞争力"。

但是，如果再进一步问，为什么地方政府有这么强大的动力招商引资呢？从激励的角度看，除了我国长期以来以 GDP 为中心的行政考核机制的影响外，长期收入最大化或者前文所说的城市土地"正外部性"的角度也能在

---

① 随后国家审计署专项审计也验证了这一点：2008 年 1 月至 2009 年 6 月，有 7 个省级和 59 个省以下地方政府及开发区为吸引投资，自行出台税收减免和先征后返政策，或以政府奖励、财政补贴等名义将税收和土地出让金等收入返还给企业，涉及金额 125.73 亿元。

一定程度上解释这种行为。具体而言，假如地方政府可能通过包括土地低价出让在内的一揽子政策成功招商引资，那么，他们能获得一系列直接或间接好处。

（1）直接效应："租税替代"与就业扩大。

也就是说，地方政府通过暂时减让土地租金来实现外部企业落地，然后通过直接投资和生产发展获得增值税和企业所得税，以弥补之前的地租损失。

这的确是地方政府的一个重要考量，但不能完全解释地方政府行为。原因包括两方面：其一，虽然增值税是我国的第一大税种，但在分税制下，只有25%留在本地；其二，企业所得税虽然有40%留在地方（市、县各20%），但在激烈的竞争下，多数地方对外来企业的所得税采取了"两免三减半"（2年免征，3年减半征收）政策，有些地方的优惠幅度更大，事实上征税多少往往是地方与企业协商和博弈的结果。

另一个可见的直接效应是制造业发展能够带动本地就业，实现劳动人口从农业向制造业的转移，而这也是对地方政绩进行考核的重要方面。

（2）间接效应：本地化产业发展与土地财政。

除了通过直接的税收增长来弥补地租亏欠外，地方政府事实上更看重的是招商引资的长期、间接效应。这种效益包括以下几个方面：

第一，对于大多数地区而言，只有制造业的快速发展才能带动第三产业发展，形成一个本地化的配套产业和服务产业体系，而本地产业的发展能够推动相关税收的增长。

第二，非农就业增长、本地产业发展能够提升本地的消费和投资需求，从而带动商业用地、住宅用地价格的快速提高，而地方政府借助于"双头垄断"地位获取大量"土地财政"收入。在城市生活用地开发的基础上，地方政府又能再次获得不菲的房地产相关税费收入，尤其是各种缴费①。

通过上述分析我们可以看到，工业用地过快扩张、占比过高和低价出让造成两种鲜明对照的结局：一端是工业用地的低效利用乃至大面积闲置；另一端是商业、住宅用地的高度紧张，进而导致高房价、高容积率、低绿化率和公用设施配套不足。这并不是偶然的结果，而是现行体制下政府实现自身利益最大化的必然结局。它直接破坏了土地资源在不同区域和用途上的合理配置，带来了直接或间接的福利损失。

---

① 详见王兰兰、汪晖《走出"小产权房"困境：现状、成因、政策建议及配套改革》，北京大学林肯研究院城市发展与土地政策研究中心工作论文，2009。

5.3.4　城市土地闲置及其损失

城市土地闲置，是我国土地资源浪费使用的重要特征。它带来了巨大的经济、生态与社会损失，而房屋闲置也是因制度造成的一种变相的土地浪费，同样会带来不利的后果。

（1）城市土地闲置及其影响。

城市土地闲置问题从 20 世纪 90 年代就开始大范围出现，根据黄小虎（1996）的分析，1995 年全国闲置各类建设用地近 200 万亩，其中广东闲置 23 万亩，海南闲置 18 万亩，广西闲置 8 万亩。我国城市土地除部分处于闲置状态外，还有 40% 土地属于低效利用状态。

2000 年以后，建设用地闲置问题愈演愈烈。根据相关年份的《中国国土资源公报》：到 2004 年年底，全国城镇规划范围内共有闲置土地 108 万亩，空闲土地 82.2 万亩，批而未供土地 203.4 万亩，三类土地总量为 393.6 万亩，占城镇建设用地总量的 7.8%；2008 年清理处置闲置土地 99 万亩，2010 年查处 30 万亩。

但学者们的估计比官方严重得多，北京天则经济研究所"中国土地问题课题组"（2007）根据 2005 年前后对 400 个城市的调查发现，城市建城区闲置土地占建成区面积的 1/4，据此推算，大约为 1200 万亩。

近年来情况进一步恶化。根据彭开丽（2009）的分析，目前全国闲置土地不少于 3500 万亩，基本相当于全国城市建设用地总面积的 70%，其中，开发区闲置土地有 2000 多万亩，批后 2 年内不开发的土地大约有 1000 万亩。

大量土地闲置带来了巨大的经济、生态和社会价值损失。我们采用彭开丽的分析结果，假设全国闲置土地总量为 3500 万亩。首先我们来计算这些闲置土地的经济价值。考虑到这些土地过去多数是城市周边的优质农地，其中一半以上是高产耕地，因此，我们以耕地农业价值为计算基准，假设每亩耕地能创造的增加值为 2000 元/亩/年，我国每年因此损失的农业增加值高达 700 亿元。

其次，我们来分析一下闲置建设用地的生态价值。找到生态价值的计算基准并不容易，国内外学者对农地的生态环境价值估差异很大。本书以其他学者的研究为基础，取一些学者（赵海珍等，2004；曹志宏，2009；李佳和南灵，2010）对典型区域农地生态价值评估结果的平均值 500 元/亩/年。据此测算，我国闲置建设用地的价值为 175 亿元。

最后，建设用地闲置还带来了社会保障价值和粮食安全价值等社会价值损失。对于这个问题，同样存在着广泛分歧。陈丽等（2006）实证分析结果是，每亩耕地的社会价值为22054元；李佳和南灵（2010）对社会价值的测算结果为23538元/亩。考虑到近几年农地价值上涨因素，通过折现（8%的折现率）计算出每亩耕地的社会保障价值约为2000元/亩/年。据此测算，每年我国闲置土地的社会价值损失将达到700亿元。

综上所述，我国每年因转用后的建设用地闲置所带来的直接损失将高达1575亿元。当然，如果考虑间接损失，如政府囤地对房价进而是城乡居民褔利的影响，结果恐怕更令人震惊。

（2）房屋闲置是变相的土地闲置。

除了直接的城市建设用地闲置外，房屋闲置也是一种变相的土地资源浪费。特别是住宅闲置，引起了广泛关注。对于城市房屋的空置率，目前，各方面的估计存在一定差别，普遍认为是20%～40%。

下面以城市住宅空置率为30%的计算基准，2011年我国城市住宅占地为1977万亩，由此，我国因住宅空置间接导致的城市住宅用地闲置达到593万亩。按照每亩农地4500元/亩/年的综合价值计算，我国因城市房屋闲置带来的损失约为267亿元/年。

当然，城市房屋闲置是个综合的制度性难题，土地制度只是造成这个问题的一个影响因素。但需要说明的是，我们在此仅考察了土地的机会成本，而不是房屋闲置的综合福利成本，而后者可能是前者的几十倍乃至更多。

5.3.5　农村集体建设用地闲置与无序利用

在我国的建设用地版图中，最大的一块是集体建设用地。由于我国特殊的体制，集体建设用地虽不是农业土地，但其市场化流转直接威胁到地方政府的"国有垄断地位"，因而受到比农业土地更为严苛的限制。例如，在使用权意义上，农业土地可以流转给包括城市市民在内的其他社会主体，但宅基地的使用权则被严格限制在集体组织成员内部。接下来，本部分首先介绍农村集体建设用地市场化流转为城市建设用地的限制对土地资源利用的影响，然后分析政府主导、以征收为手段的集体建设用地转用所带来的价值损失成本。

5.3.5.1　集体建设用地的规模估计

对于集体建设用地的面积，从笔者已有的考察来看，还没有特别准确、权威的统计。在此，笔者根据《中国城乡建设统计年鉴》《全国土地利用变更调查》等资料进行了分析（详见表5-5）。

表 5 - 5　我国集体建设用地规模估计

单位：万亩

年份	《全国土地利用变更调查》数据	《中国城乡统计年鉴》数据	
	村庄用地	村、乡、镇	村
1990		19991	17102
1995		22791	19157
2000		24420	20330
2004	24800	24966	20441
2005	24900	25784	21063
2006	24945		
2007	24977	26251	20849
2008	25015	25417	19676
2009		26275	20442
2010		26883	20988
2011		26799	20607

资料来源：《中国城乡建设统计年鉴》《全国土地利用变更调查》相关年份，经笔者加工整理。

第一，我国的集体建设用地大约占我国全部建设用地的一半。根据笔者的整理，2011 年我国全国建设用地总量大约为 5.2 亿亩，集体建设用地总量大约为 2.5 亿亩，占比最高。

第二，我国集体建设用地主要分布于村、乡、镇（镇区一部分为国有土地，乡镇企业也主要分布于乡镇），其中，村级是集体建设用地的主体，大概占我国集体建设用地总量的 80% 以上。

第三，1990 年以来，我国的集体建设用地总量呈现上升趋势。也就是说，在我国国有建设用地增加的同时，乡村建设从另一侧对我国的农用地（尤其是耕地）构成了持续的挤占压力。1990~2011 年我国的村、乡、镇土地面积增长了 34%，其中村土地面积增长了 21%。

第四，集体建设用地面积基本停止了扩张，近两年开始出现下降。除了统计调查因素带来的不确定性外，总体而言，由于农村土地综合整治和城乡建设用地"增减挂钩"政策的执行，集体建设用地开始以更快的速度直接或间接地"变性"为国有土地。

5.3.5.2　集体建设用地的浪费与闲置

由于自身制度的缺陷及国家对集体建设用地入市的限制，这一块庞大的土地资源闲置浪费和无序开发问题十分严重，下面先来分析第一个问题。

（1）人均占地面积严重超标。

我国现行宅基地分配制度是基于集体成员身份实行的福利性分配，由于宅基地为无偿取得、无成本留置，加上经济利益的驱动，造成一户多宅、超标准占地等问题比较严重。从图 5－14 可以看出：

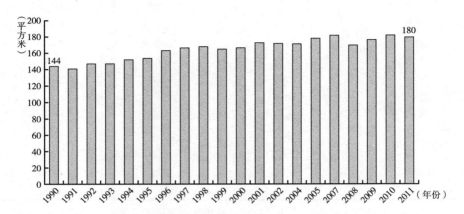

图 5－14　我国"村"一级按户籍人口计算的人均建设用地面积变化

资料来源：《中国城乡建设统计年鉴 2011》。

第一，从全国情况来看，2011 年我国在村一级的人均占用建设用地面积达到了 180 平方米，比建设部的村镇规划标准（人均用地 80～100 平方米。其中，发展用地偏紧地区，人均用地 60～80 平方米）高了 1 倍。

第二，1990 年以来，我国村一级的人均建设用地面积持续增长。这是村庄建设用地扩张和村庄户籍人口减少共同作用导致的[①]。

（2）宅基地闲置与空心村问题。

在我国土地资源高度紧张的情况下，集体建设用地却在增长，农村人均建设用地面积快速提高，必然造成土地资源的浪费与闲置。需要说明的是，上述判断是整体意义上的，对于居住于不同区位集体建设用地上的农民而言，命运是不同的。"空心村"与"城中村"就是这种分化的典型写照。

在我国城市化加快发展的背景下，多数已经进入城市的农民工（特别是举家外出的农民工）一方面缺乏城市住房保障，另一方面则闲置了农村的宅

---

① 国土资源部的典型调查也证实了这一点。例如，安徽某县 27 个居民点总占地 2972.4 亩，平均每个村占地 110.1 亩，人均居民点面积 0.59 亩，户均居民点面积达 2.22 亩，宅基地超出规定面积的占 51.52%。详见《宅基地管理方式亟待创新》，国土资源部网站（http://www.mlr.gov.cn/tdsc/lltt/201007/t20100705_153650.htm）。

基地；少数先富起来的农民虽在城市购房，但也没有出让（也没法或难以出让）农村宅基地，因而双重占有城乡土地资源。这些都造成了"空心村"现象①。

5.3.5.3　城中村与集体建设用地"黑市"

在远郊或偏远农村"空心化"的同时，在城市近郊区乃至城市内部，则出现了大量"城中村"。这些"城中村"普遍缺乏合理规划和基础设施，承载着大量外来低收入人口，还有一部分土地被"非法"开发成了小产权房。有学者（刘守英，2012c）将这部分集体建设用地称为"法外用地"，其合法化问题是目前土地管理中的难点。

"城中村"出现的一个重要原因是在城市扩张过程中，地方政府为减少征地成本而有意避开农民宅基地、只征收耕地（汪晖和陶然，2010）。遗留下来的"城中村"成为我国集体建设用地隐性市场化的重要地带。另有学者（赵阳，2011）从我国建设用地供求关系失衡的角度解释了"城中村"问题，目前我国每年建设用地的指标是 600 万亩左右，而"十一五"期间全国建设用地总需求每年在 1200 万亩以上。

"城中村"的存在极大地缓解了我国进城农民工和部分低收入群体的居住生活问题。据估计，全国 1.2 亿名进城民工中，半数住在 5 万个城中村。在这个符合市场规则的交易中，外来人口获得了性价比合适的居住场所，本地居民则获得了数量可观的房租收入，事实上是以市场化方式提供了基本的住房保障，为城市的发展解决了劳动力稳定供给问题。

当然，由于"城中村"建设是农民自发乃至偷偷建设的，存在着诸多模糊和非法地带，因而往往缺乏科学的规划指导、设施配套和服务配套，导致了一系列土地利用失序和社会管理后遗症，如犯罪率较高、私搭乱建、影响市容市貌。因此，综合来看，只能说它是对集体建设用地闲置浪费问题的部分缓解。

5.3.5.4　棘手的"小产权房"问题

如果说"城中村"模式下的集体建设用地直接入市，因其对地方经济社会发展的部分积极效应而得到了官方的默认的话，利用集体建设用地直接开发"小产权房"则是一种"与官争利"的行为，因而不可能得到支持。

---

① 根据陶然和汪晖等（2010）对吉林、河北、陕西、四川、江苏和福建 6 省、30 县、59 个乡镇、119 个村 2233 个农户的调查，平均有 7.5% 的宅基地完全或基本处于闲置状态（即平时无人居住或基本无人居住）；在 119 个样本村中，闲置宅基地比例超过 20% 的村达到 14 个，超过 30% 的村达到 7 个。

据报道，目前我国"小产权房"（基本都是住宅）面积已超过 66 亿平方米①。根据《2012 年国民经济和社会发展统计公报》，我国 2012 年全年的住宅竣工面积为 7.9 亿平方米，据此测算，我国小产权房存量相当于我国住宅竣工面积的 8.35 倍。

从存量上看，如果上述报道估计属实的话，我国小产权房占城乡住房总面积的比例接近 14%（见表 5-6），相当于城镇住宅面积的 30% 左右。如果按每户 90 平方米、户均 3.1 人（2010 年第六次全国人口普查数据）计算的话，我国"小产权房"面积涉及 7300 多万户家庭、近 2.2 亿人口。

表 5-6　我国的城乡住宅概况与小产权房比例

	"小产权房"	乡村住宅	城镇住宅	总面积
面积（亿平方米）	66.0	254.6	225.9	480.5
所占比例（%）	13.7	53.0	47.0	100

资料来源："小产权房"数据来自相关报道估计值；其他来自《中国城乡建设统计年鉴 2011》。

在一些重点城市，"小产权房"问题就更为严重。根据相关报道，目前北京已售和在建的"小产权房"超过 1000 万平方米②；而在市场经济更为活跃的深圳，住宅总面积为 2.6 亿平方米，其中 1.6 亿平方米为"小产权房"③。

相对"城中村"模式下的集体建设用地隐性入市，"小产权房"形式的集体建设用地非法入市，直接冲击了政府垄断的农地转用体制。并且，由于"小产权房"的资金投入力度较大，一旦不符合总体规划要求，后期的处置成本也较高。由于购买"小产权房"需要付出不菲的成本，很多人也以此为自己的安身居所，"小产权房"的清理难度更高。这也是"小产权房"问题长期悬而未决的主要原因。总而言之，"小产权房"问题好像是我国城市化肌体上的一块"伤疤"，深深植根于我国的现行制度之中，由此所引发了复杂的经济社会问题，至今政府没有妥善解决的明确思路。

5.3.6　小结

以上从土地资源利用的狭义角度分析了现行土地转用模式所带来的各种低效与福利损失问题。本部分的基础是一开始提出的农地与市地的价值比较

---

① 《国土部正研究制订小产权房清理整治政策方案》，《新京报》2010 年 6 月 2 日。
② 《北京四五环房价奔三万　通州小产权房没房源》，《北京晚报》2010 年 3 月 18 日。
③ 《占住宅总面积一半　深圳小产权房成"烫手山芋"》，《上海证券报》2009 年 6 月 16 日。

模型。

　　基于该模型，我们可以看到，地方政府倾向于高估市地的综合价值，而低估农地的综合价值，原因大致有几个方面：第一，市地的经济价值更为突出，而以 GDP 为核心的考核机制必然会指导政府赋予经济价值更高权重；第二，市地的价值往往是更为显见的、短期化的，而转用所带来的农地价值损失是隐性的、较长期显现的；第三，市地价值的"本地化""私人化"程度更高，而农地损失的社会性、外部性更强。此外，由于缺乏行政考核的追溯制度，地方领导的短期化行为倾向导致其忽视不可逆风险。

　　上述几点结合起来，就解释了现行农地城市转用模式的内涵，大致可以用四个词来概括：垄断、限制、扩张、浪费。"垄断"是政府垄断了农地转用的通道，成为唯一的"买方"和"卖方"；"限制"是政府为了垄断而限制其他可能的农地转用方式，限制市场机制的作用；"扩张"是农地转用速度过快，主旋律是不断扩张（无论是非法还是合法），当然，政府偶尔也会以土地调控、土地执法的名义急刹车；"浪费"包括国有建设用地扩张趋势下的"有序化"浪费，也包括农村集体建设用地闲置或不合法流转情况下的"无序化"浪费。

　　上述分析虽然暗含了低价征地补偿所引发的所谓"财政错觉"问题，但并没有深入分析。实际上，这是中国特色农地转用制度的基础与核心。假设政府高估市地价值、低估农地价值并非主观故意的话，那么，低价征地补偿、高价土地出让（或租税替代下的财税增长）条件下的"一本万利"，则是地方政府心知肚明的，它构成了地方政府扩张非农化土地的最强大动力。低进高出的征地模式直接改变了财富和利益分配格局，由此引发了一系列宏观层面的连锁反应，这是接下来要分析的问题。本书将在分析土地收益分配的基础上，跳出土地资源配置范畴，概要分析现行转用制度的衍生影响。

5.4　公平评价：土地增值分配失衡

　　现行农地转用制度在造成土地资源低效利用的同时，还带来了土地增值收益分配的失衡，从而形成了公平与效率的"双重损失"。本部分将首先简单介绍土地增值收益的本质与源泉，其次分析土地增值收益分配的争论与做法，最后提出一个解释我国土地增值收益分配格局的理论框架，即"三阶段增值"方法，并运用该方法来分析我国土地增值收益是如何分配的。

5.4.1　土地增值的基本范畴

5.4.1.1　土地增值的内涵

从人类开始思考价值的那一刻起，土地价值就是一个备受关注的重要命题。在价值理论方面，近代以来影响较大、体系完整的价值理论主要有劳动价值论、新古典价值论和斯拉法价值论。

对于土地是否创造价值、土地自身是否具有价值，不同价值理论也给出了不同的回答，即使在同一价值理论（如劳动价值论）内部也存在不同的看法。但是，无论人们如何从理论上来阐释土地价值问题，在现实中，任何价值创造过程都离不开土地，土地价值是通过土地价格的形式表现出来的。本部分所定义的"土地增值"就是指土地价格上涨。

土地价格是地租的资本化。因此，从长期来看，在经济发展的趋势下，在城镇化进程中，利率降低和地租增加是决定地价的两个内在力量：一方面，在资本有机构成提高导致利润率下降、货币超发等经济规律作用下，实际利率仍在降低（尽管比较缓慢）；另一方面，在规模经济、聚集效应等规律作用下，地租（包括级差地租、绝对地租等）不断增加。

此外，还有两个导致土地价格上升和增值空间格局调整的外在力量：一是投资，它沉淀于土地之中，影响地租水平，带动土地价格上升；二是管制，对土地非农化的限制影响了土地权利配置，改变了土地增值的空间分布规律，这一管制性增值也被称为级差地租Ⅲ。

5.4.1.2　土地增值的动力

土地增值是政治、经济、社会等多因素综合作用的结果。历史地看，土地增值的动力可以概括为四个方面（陈伟，2012）。

第一，以城镇化为特征的经济社会发展是土地增值的基础性支撑。城镇化是讨论土地增值的历史主线。1800年以来，分别经历了集聚化、郊区化、网络化三大阶段的城镇化进程，导致城市空间不断扩张。在发达国家，这一趋势延续至20世纪末，在1950～2000年的半个世纪里，美国城市人口增长了87%，而城市土地增长了400%，阿姆斯特丹、巴黎、东京、哥本哈根等城市都具有这个特点。在空间扩张的同时，城镇化带来的效益转移（人口集中和产业集群）推动了土地不断增值。

第二，以房地产开发和基础设施建设为中心的大规模投资是土地增值的直接驱动力。投资是导致土地增值的又一重要因素。投资可以分为个体投资和非个体投资两大类。前者主要是对某个地块的开发，后者主要是指基础设施投资

（包括经济性基础设施和社会性基础设施），两者相互影响，协同推动土地增值。

第三，以城市规划和分区管理为核心的用途管制导致农地向市地转换时出现突变性增值。城市规划的调整、土地用途和功能的改变、土地利用强度（如容积率的增加）的提高，都会导致土地利用效益的提高，出现所谓制度性溢价。

第四，土地投机和政府相关政策会改变土地供求关系变化，影响土地增值速度和空间分布。有些因素通过影响供求使土地价格出现起伏波动：政府在土地供给方面的特殊利益，如土地垄断；政府的诸多政策影响土地需求，如区域开发政策；土地投机导致地价短期震荡；其他一些随机性因素，如利率水平、通货膨胀、政治状况等。

以上述动力分析为基础，土地增值可以划分为人工增值和自然增值两部分。前者是指由于微观投资活动所带来的范围相对明确的短期增值，后者是各种宏观投资和经济发展的溢出效应所带来的范围相对模糊的长期增值。自然增值与人工增值之间的界限难以准确划定，并且，从长期看，短期的人工增值最终也会部分地汇入自然增值之中。

5.4.2　土地增值的归属之争

土地增值如何分配？对于投资或改良导致的土地"人工增值"，学界的分歧并不大；分歧主要针对的是除此之外的"自然增值"部分（但在现实中，两者往往难以准确划定）。

在自然增值的归属方面，有三种理论，即"涨价归公论""涨价归私论""公私兼顾论"。"涨价归公论"认为，土地增值归因于人口集聚和生产需求，而非某个人的劳动或投资，因此土地增值的收益应归全社会所有。"涨价归农（私）论"认为，各种资源的市值不是由其成本决定，土地所有者或使用者对农地转用中的土地增值有一项重要贡献，即"放弃"土地使用权。更多学者支持"公私兼顾论"，认为农地非农化过程中价值增值的分配中，应合理分配土地利益，保护各方的土地权利。

5.4.2.1　"涨价归公论"

"涨价归公"思想最早源自英国古典经济学家约翰·斯图亚特·穆勒（1806—1873），他意识到当时土地私有制中的种种不平等现象，主张对英国所有土地的市场价值进行全面评估，把土地自然增长的价值应收归公有。

穆勒的观点得到了大西洋彼岸的美国空想社会主义者亨利·乔治（1837—1897）的响应。乔治认为，"土地是住所，是人类在其上取得全部需要的仓库"，"人人都有使用土地的平等权利，正如人人都有呼吸空气的平等权利一样"。在其1879年出版的不朽名著《进步与贫穷》中，他将土地价值的增加归因于人口的集聚和生产的需求，而非某个人的劳动或投资引起的，因此土地增值的收益应归全社会所有①。亨利·乔治指出："土地价值不表示生产的报酬……它在任何情况下都不是占有土地者个人创造的，而是由社会发展创造的。因此，社会可以把它全部拿过来。"②

亨利·乔治认为，土地的"私有是盗窃，地租是赃物"，是导致工业衰退的根本原因。不同于穆勒的土地国有化主张，亨利·乔治主张没收全部地租，抽土地单一税，将土地增值的收益归整个社区所有，认为这种做法能够简化行政管理，增加政府税收，抑制土地投机和垄断。

亨利·乔治的土地价值分配理论，在西方世界产生了十分广泛的影响，如澳大利亚、新西兰和英国在土地政策上都被称为"乔治主义"国家。

以英国为例，1942年英国的阿斯瓦特（Uthwatt）报告完整地分析并提出了以土地开发权国有化来实现土地增值收益管理和补偿。

在当时土地投机盛行的英国，为解决老城区高地价、产权分散化问题，该报告提出了一个根本解决方案，即由政府向土地业主支付补偿金（金额由政府确定）后统一征用和开发土地，以抑制土地投机，缓和政府与公众之间的利益冲突，控制城市的非理性蔓延。

这份报告招致了很多批评，批评者认为这种主张只考虑国家利益而忽视了老百姓的利益。由于反对者的强烈抵制，该报告最终没有获得通过。但是，1947年的《城乡规划法》还是确立了土地发展权国有化原则：在对土地所有者进行适当补偿后，政府将土地发展权国有化，土地所有者只有按现有法规规

① 马克思在《资本论》中抨击了这种土地所有者利用社会进步而"不劳而获"的现象。他说："把真正地租的变动完全撇开不说，这就是随着经济发展的进程，土地所有者日益富裕，他们的地租不断上涨，他们土地的货币价值不断增大的秘密之一。这样，他们就把不费他们一点气力的社会发展的成果，装进他们的私人腰包——他们是为享受果实而生的"。（《资本论》第三卷，第699页）

② 在当时的美国，西部土地投机盛极一时。1785～1935年，美国政府把近2/3的国有土地转售、赠送给私人及私营机构。工业萧条期间，一方面，农业全面衰落，粮价暴跌、土地荒芜、农场破产，广大农民处于赤贫境地；另一方面，土地投机者则与立法部门勾结，大量囤积土地，推高地价，牟取暴利，生产因此停滞（田莉，2004）。1873～1907年，共发生了5次世界性经济危机。同此前的危机相比，这些危机的破坏性更强，其间隔时间在缩短。

定使用土地并获得收益的权利，超过现有条件使用土地的收益权属于国家。值得注意的是，在国有化土地发展权之前，政府要进行补偿，而不是一纸法令就无偿占有，这不同于中国当下的做法。

在中国，孙中山先生受乔治学说影响，主张在中国推行"涨价归公"的做法，提出了"平均地权"的口号，这与当时的历史情境有关（黄小虎，2011）。在 20 世纪初期，我国国力贫弱，土地大量集中在地主手中，而"地价高涨，是由于社会改良和工商业进步……这种进步和改良的功劳，还是由众人的力量经营而来的"，因此，"由这种改良和进步之后，所涨高的地价，应该归之大众，不应该归之私人所有"[①]。因此，从最终目标来看，孙中山的平均地权思想还是让大众能够公平地分享土地增值收益及社会发展成果。

5.4.2.2 　"涨价归农（私）论"

有些学者（周其仁，2004；张宁、刘正山，2008）则明确地反对"涨价归公论"。他们指出，"涨价归公论"的根本缺陷在于：错误地认为各种资源的市值是由其成本决定的，一块农地在转用为市地后因位置优势而身价百倍，而土地所有者或使用者对"位置的生产"显然没有贡献，也不因此耗费代价，因此不该分享土地增值。

农地因"位置"突然身价百倍，而农地之主对于"位置"的生产显然没有下过任何本钱。但土地的所有者仍可以从土地溢价中取利，原因在于农地主人对土地增值有一项重要贡献，那就是"放弃"农地的使用权（周其仁，2001）。

5.4.2.3 　"公私兼顾论"

对于涨价归属的问题，更多的学者（周诚，1994，2004；王文革，2006）认为"涨价归公"或者"涨价归私"都带有片面性。"涨价归公论"忽视了失地农民作为农地所有者也应当分享发展权利。"涨价归农论"则忽视了国家和其他农民也应当享有土地发展权。只有"公私兼顾"，才能合理分配土地利益，保护各方的正当权益。

"公私兼顾论"认为，虽然按照"谁贡献，谁得益"的原则，自然增值应归社会所有，但是这么做不利于调动土地开发、经营者的积极性，不利于活跃土地市场。因此，国家事实上只能是征收其中的大部分，以便有效激励土地开发热情。

5.4.2.4 　小结

以上对土地增值收益分配领域几种具有代表性的观点进行了简要介绍。笔

---

① 这是孙中山"民生主义"思想的重要组成部分。具体参见孙中山《三民主义》，岳麓书社，2001，第 200 页。

者认为，从表面上看，三种理论（特别是"涨价归公论"和"涨价归私论"）存在的分歧显著。但如果还原一下不同理论的历史背景，我们就会发现它们之间的差异并非难以调和。

从穆勒到乔治，再到孙中山，最后到第二次世界大战后的英国，"涨价归公"都源于当时的一些基本历史事实：一是土地资源的集中与垄断性占有；二是这时的土地所有者是"强势地位"，具有政治影响力；三是土地价格的快速上涨，土地所有者可以囤积居奇，非公正地独享土地增值成果。此外，即使在英国土地发展权国有化的过程中，也给予了土地所有者补偿，而不是简单没收。

与此对照，我们会发现中国的现实特征所在：首先，农地是由农民平均、分散占有的；其次，广大农民处于政治金字塔的最底层，缺乏申诉权益的能力；最后，虽然土地价格的快速上涨是事实，但占有增值收益的不是作为农地名义所有者的农民，而是政府、开发企业乃至市民这些非所有者，农民分享的土地增值比例远未达到公正水平。

基于上述差异，如果以"涨价归公"为借口阻碍土地市场化进程、阻碍农民公正分享土地增值收益，实际上背离了"涨价归公"的真实目标——让大众分享经济社会发展成果，实现包容性增长。

此外，在中国，完全采用市场化方式，由土地的实际使用权人完全或大部分占有农地转用后的增值，也无法统筹兼顾农民的整体利益，它只是造成不同地区、不同区位、不同用途的土地所有者苦乐不均。因此，"涨价归农（私）"的改革方案虽然相对合理，但也需要综合配套推进，最终的改革目标应该也是"公私兼顾"，但是"以公为主"还是"以私为主"，还有待实践的检验。

在实践中，多数国家对土地增值普遍采用的是"公私兼顾"路线，并在政策上呈现出"趋同"规律。各国做法体现了三个共识：一是城市土地的自然增值应收归国家，土地收益是地方财政的重要乃至主要来源；二是"人工增值"一部分是收归国家、城市政府所有，一部分增值归土地开发者、土地使用者所有；三是对城市土地开发使用过程中的"暴利"，应采取多种调节措施。从政府干预土地增值分配的手段来看，主要包括土地征收、土地税收、共同开发三种（陈伟，2012）。

5.4.3 我国土地增值收益分配失衡

在我国土地出让收入持续增长的同时，我国的土地增值收益分配出现了严重的结构性失衡。

5.4.3.1　土地出让收入持续增长与土地财政

土地出让收入是市县人民政府依据《土地管理法》《城市房地产管理法》等有关法律法规和国家有关政策规定，以土地所有者身份出让国有土地使用权所取得的收入，主要是以招标、拍卖、挂牌和协议方式出让土地取得的收入，也包括向改变土地使用条件的土地使用者依法收取的收入、划拨土地时依法收取的拆迁安置等成本性的收入、依法出租土地的租金收入等①。

如表 5 - 7 所示，1998 ~ 2012 年，我国的国有土地出让总面积达到2704645 公顷（4057 万亩），国有土地出让收入累计达到 156645 亿元，国有土地出让的平均价格为 579 万元/公顷（38.6 万元/亩）。2011 年土地出让收入（最高值）是 1998 年的 62 倍；2011 年土地出让均价是 1998 年的11.5 倍。

表 5 - 7　1998 年以来我国土地出让面积和收入情况

年份	国有土地出让面积 （公顷）	国有土地出让收入 （亿元）	国有土地出让单价 （万元/公顷）
1998	62058	508	82
1999	45391	514	113
2000	48633	596	122
2001	90394	1296	143
2002	124230	2417	195
2003	193604	5421	280
2004	181510	6412	353
2005	165586	5883	355
2006	233018	8078	347
2007	234961	12217	520
2008	165860	10260	619
2009	209000	17180	822
2010	293700	27464	930
2011	333900	31500	943
2012	322800	26900	833
合计	2704645	156646	6657

资料来源：《中国国土资源统计年鉴 2012》。

---

① 财政部：《2011 全国土地出让收入管理及使用情况》，财政部网站。

在土地出让收入增长的同时，它对地方政府的重要性也在增强。由于土地出让收入主要由地方政府支配并可以用于基础设施建设，1994 年分税制改革以后，中国逐渐形成了这样一种地方政府发展模式：吃饭靠财政，建设靠土地。至今，这一模式仍在不断强化。

1998 年，土地出让收入规模仅相当于（未被包含于）地方财政收入的10.2%，到了 2010 年这一比例最高时曾达到近 66.7%，2012 年虽回调至44%，但仍是较高比例（见表 5−8）。

表 5−8　土地出让收入与地方财政收入的变化情况

年份	土地出让收入 （亿元）	地方财政收入 （亿元）	出让收入/地方财政 收入（%）
1998	508	4984	10.2
1999	514	5595	9.2
2000	596	6406	9.3
2001	1296	7803	16.6
2002	2417	8515	28.4
2003	5421	9850	55.0
2004	6412	11893	53.9
2005	5883	15101	39.0
2006	8078	18304	44.1
2007	12217	23573	51.8
2008	10260	28650	35.8
2009	17180	32603	52.7
2010	27100	40613	66.7
2011	31500	52547	59.9
2012	26900	61077	44.0

资料来源：《中国国土资源统计年鉴 2012》《中国统计年鉴 2012》。

除此直接的国有土地出让收入之外，地方政府还获得了与土地出让收入规模几乎相当的房地产税收收入，在很多地区，房地产相关税收①占到了地方一般预算收入的 1/4 以上。

根据笔者的调研，2009 年，江苏省房地产业税收收入达到 767.83 亿元，

---

① 房地产税收是对房地产开发、保有、交易环节各类税收的统称，主要包括营业税、企业所得税、城镇土地使用税、土地增值税、房产税、契税等 9 个税种。房地产税多以地方税为主，中央仅通过企业所得税和个人所得税分享少量税收收益（大约 5%）。

占全省税收收入的 28.9%，占地方财政一般预算收入的 23.78%。2009 年，房地产税收增量已经占到江苏地方财政一般预算收入增量的 43.81%。在笔者实地调研的苏州和常州等地，房地产税收对地方税收增长的贡献率都超过了 60%。地处西部地区的重庆，2009 年，房地产业相关税收也达到 106 亿元，占到重庆市地方财政收入的近 1/10，增幅高达 31%。

但是，引人注目的土地出让收入并不是土地增值的全部，只是农地转用后的"首次增值"。在土地使用权出让后，经过投资开发和土地囤积，会形成土地使用权的"二次增值"。而在土地使用权通过出售不动产或直接转让后，还会形成土地使用权的"三次增值"。在此，笔者结合近年的数据进行简要分析。

5.4.3.2　中国农地转用的"首次增值"及其分配

那么，如何认识土地出让收入增长与土地增值的关系呢？对此，笔者提出了一个假说，可以此粗略区分土地出让收入中的成本、人工增值与自然增值。在中国的土地出让收入统计口径中，有以下几个大类。

（1）前文所述的土地出让收入。

（2）征地和拆迁补偿支出：主要按"原用途补偿"。

从土地属性上看，征地和拆迁补偿支出可以分为集体土地征收（征地）和房屋征收两类，前者的被征收者是集体土地所有权人——农民，后者的被征收者是国有土地使用权人——城市居民。

从补偿支出具体用途上看，主要包括土地补偿费、安置补助费、地上附着物和青苗补偿费、拆迁补偿费等征地时的"直接性补偿"。此外，还有两类征收后的"间接性补偿"，即补助被征地农民支出（补助被征地农民社会保障支出、保持被征地农民原有生活水平补贴支出）[①] 和支付破产或改制企业职工安置费支出。

征地和拆迁补偿，主要是基于"原用途"作出的，但相比农地（包括集体农业用地和集体建设用地）征地补偿基本按照原用途进行，针对城市房屋及国有土地使用权的征收补偿会更多考虑级差地租，因而在一定程度上考虑了市场价值因素，房屋所有者能够分享部分"增值收益"。在此，笔者为了分析方便，暂时忽略这个因素。

---

① 保持被征地农民原有生活水平补贴支出于 2012 年被正式纳入"成本补偿性开支"，之前被计入"三农支出"，属于"土地出让纯收益"范畴。

表 5 – 9　2009～2012 年我国土地出让收益构成

年份	土地出让纯收益		收支结余		成本补偿性支出		征地和拆迁补偿	
	规模（亿元）	占比（%）	规模（亿元）	占比（%）	规模（亿元）	占比（%）	规模（亿元）	占比（%）
2009	6653	46.7	1913	13.4	7587	53.3	4986	35.0
2010	12666	43.1	2421	8.2	16732	56.9	—	—
2011	9423	28.1	305	0.9	24054	71.9	15040	44.9
2012	6261	21.7	464	1.6	22625	78.3	17402	60.2

注："占比"的分母是"实际缴入国库的土地出让收入"[①]；成本补偿性支出包括征地和拆迁补偿支出、土地前期开发支出、土地出让业务费支出等项目；土地出让纯收益等于入库土地出让收入与成本补偿性支出的差额；收支结余是指每年入库土地出让收入减去成本补偿性支出、保障性安居工程支出、"三农支出"、城市建设支出后的账面余额，其中后三项包含在土地出让纯收益中。
资料来源：财政部：《2009～2012 年全国土地出让收支基本情况》。

如表 5 – 9 所示，2009 年以来，我国土地的成本性补偿开支持续上升，从 7587 亿元增加到 2012 年的 22625 亿元，占实际缴入国库的土地出让收入比重也从 53.3% 持续上升至 78.3%。

与此同时，征地和拆迁补偿也从 2009 年的 4986 亿元增加到 2012 年的 17402 亿元，占土地出让收入的比重从 35% 上升到 60.2%。据此测算 2009～2012 年，总的征地补偿费用（包括城市房屋拆迁）估计为 5.1 万亿左右。

那么这是否意味着被征地农民的处境有了显著改善呢？总体而言，征地补偿水平近几年有所提高，但以笔者的观察和分析，被征地农民的处境普遍没有根本改善，原因在于：

第一，根据财政部发布的《2011 年全国土地出让收入管理及使用情况》，"2011 年全国土地出让收入用于成本补偿性费用支出增长较快的主要原因：一是《国有土地上房屋征收与补偿条例》出台后，征地和拆迁工作更加规范，征地和拆迁成本有所提高；二是建筑材料、用工成本上涨，使土地开发成本相应上升"。在征地和拆迁成本上升中，城市房屋拆迁的上升是重要的方面。由于没有更细化的数据，所以无法作出准确衡量，但从观察上看，它的上升幅度应该大于对农民的征地补偿。

第二，2012 年征地和拆迁补偿为 17402 亿元，表面上看是增长了。但笔者深

[①]　2009～2012 年，实际入库土地出让收入分别为 14240 亿元、29398 亿元、33477 亿元、28886 亿元，合计 106001 亿元。

入分析后发现，这种增长完全是该统计指标口径扩大的结果：一是将"支付破产或改制企业职工安置费用"纳入，2011 年该数值为 3286 亿元；二是将"补助被征地农民支出"纳入，2011 年该数值为 690 亿元。按 2011 年的数值，笔者估计 2012 年的情况，扣除上述两项，2012 年的征地和拆迁补偿支出约为 13000 亿元，占入库土地出让收入的比重为 45%左右，几乎没有什么变化。

2009～2012 年，给农民的征地补偿大约为 3.9 万亿元，给市民的房屋征收拆迁补偿约为 1.2 万亿元。另据徐绍史（2012）的介绍，2008～2011 年，我国用于征地拆迁补偿、农民补助等支出 3.5 万亿元，2500 多万名被征地农民被纳入社会保障①。这与笔者的估计基本相当。

（3）土地出让前期开发支出和土地出让业务费：人工增值的直接基础。

土地出让前期开发支出是指土地一级开发过程中的基础设施建设成本，主要是"三通一平"（"五通一平""七通一平"）建设支出的成本。

土地出让业务费是指国土资源部门为了出让土地而发生的土地勘测、确权、测绘、评估、拍卖等费用，一般由财政部门按照土地成交价格的 2%～3%提取。

土地开发支出和土地出让业务费，可以看做是针对特定地块的直接投资，也就是人工增值的直接基础。而以往的同类支出及城市建设支出乃至其他社会投资，则是人工增值的间接基础，由于无法分清，因此也被视为自然增值的资本基础。当然，从更广义、更长期来看，由于土地出让前期开发的支出也源自以往被征地农民的贡献或其他公共资金，因而也可以被视为一种自然增值。

根据财政部《2009～2012 年全国土地出让收支基本情况》的统计数据，该支出规模 2009 年为 1323 亿元、2011 年为 5510 亿元、2012 年为 5223 亿元，分别占同期土地出让收入的 9.3%、16.5%和 18.1%。笔者估计，2010 年的土地开发支出大约为 5000 亿元。由此，2009～2012 年的土地开发支出合计约为 17000 亿元。笔者以此作为计算人工增值的资本投入基数。

（4）土地出让（纯）收益：人工增值与自然增值的混合体。

根据最新的统计口径，征地和拆迁补偿支出、土地开发支出和土地出让业务费支出，都被列入成本性补偿范畴。土地出让纯收益，就是土地出让收入减去成本性补偿支出后的部分，即

$$土地出让纯收益 = 土地出让收入 - 成本性补偿支出$$

① 徐绍史：《征地拆迁补偿 4 年支出 3.5 万亿》，《新京报》2012 年 12 月 26 日。

以 2008 年金融危机为分界线，我国的土地出让纯收益规模可以分为两个阶段：2003～2008 年，我国年均土地出让纯收益仅为 2909 亿元；2009～2012 年，这一数值则高达 8751 亿元。虽然在 2010 年达到 12666 亿元的最高值后逐渐下降，但仍保持在 6000 亿元以上的规模（见图 5 - 15）。

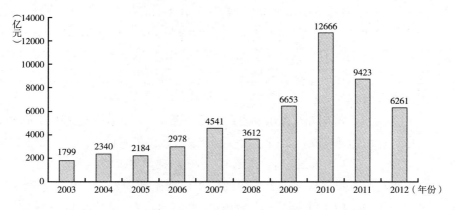

图 5 - 15　土地出让纯收益的变化

资料来源：《中国国土资源统计年鉴 2012》；财政部：《2009～2012 年全国土地出让收支情况》。

土地出让纯收益占土地出让收入的比重从 2009 年的 46.7% 下降到 2012 年的 21.7%，4 年下降了 25 个百分点。

如何认识土地出让纯收益的性质呢？笔者认为，土地出让纯收益在一定程度上代表了农地向市地转用后的土地增值。当然，在土地出让后，开发商也可以通过"占而不用"来获得新的"自然增值"（当然要扣除一定的风险成本），在此暂不考虑。

以 2009～2012 年为例，4 年的土地增值土地出让纯收益合计为 35003 亿元。那么，如何确定人工增值和自然增值的比例呢？在此，笔者以土地出让前期开发支出和土地出让业务费为基础进行估算，按照 10%（1700 亿元左右）的正常利润率水平进行扣除。由此可以看出，2009～2012 年，仅考虑建设用地一级市场（土地出让环节），农地转用的自然增值就高达 28200 亿元，每年的规模超过 7000 亿元。

（5）从土地出让纯收益的支出结构看农民分享的土地增值比例。

土地出让（纯）收益是如何分配和使用的呢？失去土地的农民能否直接分享这些土地增值尤其是自然增值收益呢？这就需要分析土地收益的支出结构，并进行综合评估（见表 5 - 10）。

表 5 - 10　2009 ~ 2012 年我国土地出让纯收益的支出结构

单位：亿元

年份	土地出让纯收益	三农支出	保障性安居工程支出	城市建设支出
2009	6653	1213	187	3341
2010	12666	2250	464	7532
2011	9423	2891	662	5565
2012	6261	2000	593	3204
合计	35003	8354	1906	19642

注：2012 年三农支出中不包含补助被征地农民，实际为农村和农业"两农"，该指标被计入了"征地和拆迁补偿"。

资料来源：财政部：《2009 ~ 2012 年全国土地出让收支基本情况》。

按照现有规定，土地出让纯收益主要被用做三大类：城市建设支出、三农支出和保障性安居工程支出。从 2009 ~ 2012 年的支出结构来看（见表 5 - 11），城市建设支出占土地出让纯收益的比例高达 56.1%，三农支出则为 23.9%，保障房支出约占 5.4%。虽然土地出让纯收益占出让收入的比例还不到 1/3，不到地方可用财力（包括转移支付）的一成（王保安，2012），但它对地方建设具有突出的意义。

表 5 - 11　2009 ~ 2012 年我国土地出让纯收益的支出结构

单位：%

	土地出让纯收益	入国库土地出让收入	土地出让支出
三农支出占比	23.9	7.9	8.3
保障性安居工程支出占比	5.4	1.8	1.9
城市建设占比	56.1	18.5	19.5

资料来源：财政部：《2009 ~ 2012 年全国土地出让收支基本情况》。

具体而言，笔者对上述三类支出中农民的受益程度进行了以下粗略估算：

城市建设支出所带来的综合收益主要是由已经生活在城市的市民享有的，因此，失地农民分享的比例相对较低。对于那些在城乡建设用地"增加挂钩"过程中被卷入土地整理的远郊和偏远地区农民而言，就更是如此。将农民作为一个整体来看，考虑到我国大概有 2.6 亿农民工[①]生活在城市（尽管不能完全

① 根据国家统计局《2012 年全国农民工监测调查报告》，2012 年全国农民工总量为 26261 万人。

融人），并考虑到城市建设所带来的广泛的外溢效益，假设农民分享了50%的城市建设效益，即2009～2012年累计不到1万亿元。

对于保障性安居工程，虽然农民可以申请公共租赁住房，地方政府也建设了一批城中村改造项目或新居工程等，但总体而言，这项收益主要由市民享有。在此，笔者假设农民分享的比例为30%，2009～2012年还不到600亿元。

相对而言，三农支出主要用于农村，包括农村基础设施建设、农地开发整理、农村教育、农田水利建设等项目。2009～2012年，该项支出为8354亿元。

综上所述，2009～2012年，在我国大约3.5万亿元土地增值收益中（其中，自然增值约为2.8万亿元），农民作为一个整体所分享的价值为1.8万亿～1.9万亿元，约为全部增值收益的53%（约为全部自然增值的66%）。需要说明的是，上述农民的整体得益是以同期2000多万失地农民被征地为直接代价的。若考虑到"增减挂钩"下土地整理，涉及的农民总数可能会增加一倍以上。很明显，这不符合"比例性原则"，多数人受益让少数人负担成本。

5.4.3.3　农地转用后的二次增值及其分配

土地"出让"后，增值过程并没有结束，而是会出现在开发企业（特别是房地产开发企业）手中的增值［"二次增值"和转让（销售）后的再增值（三次增值）。

下面先来看土地出让后的二次增值。土地以"招拍挂"或"协议"方式出让给使用企业后，土地的增值过程并没有结束，而是出现"二次增值"。这可能出于两个原因。

第一，不规范的征地补偿。理论上讲，征地应该是政府行为，但在多数地方，特别是基层，土地开发行为往往是在开发商的主动驱使下完成的，征地补偿款甚至不是来自地方财政，而是直接来自开发商。开发商可以通过压低征地补偿使得自己的利益最大化，并在走完征地程序后体现为"市场价值"。在前些年，一些地方的征地补偿低于国家规定原用途标准的情况并不少见。

第二，低价购买土地。在工业用地方面，在招商引资的背景下，很多地方都是通过协议完成的土地出让，地方政府低价出让土地几乎成了惯例，零地价也不罕见。近年来，国家加强了工业用地管理，要求工业用地也实行"招拍挂"出让，但在多数地区，投资驱动依然是经济增长的主要动力，这一政策难以真正落实，通过"先征后返"、减税等措施，变相地低价出让了工业用地。在房地产用地方面，"招拍挂"的情况要好很多，但事实上除了一线及多数二线城市外，在三线及以下城市，公开出让操作并不规范，一些地方政府先是通过内部协议圈定各个房企的"势力范围"，预售一部分"定金"，然后，政府与房企一起推动旧城改造或新城开发，土地的"招拍挂"也沦为一种形式。即使在一线城市，地方政府也可以通过"带方案招标"的土地出让方式事先议定出让价格①。

上述两种方式意味着，土地的出让价格低于"公允"的市场价格，因此，可以视为集体财富（被征地农民的财富）和国家财富的流失。

第三，延迟开发与分期开发。这主要体现在房地产用地方面。在我国城镇化加快发展的背景下，土地长期处于升值轨道。地方政府也有操纵地价上升，以实现土地财政最大化的内在冲动。因此，开发商购得土地以后，可以通过延缓开发、分期开发等策略持地待沽。近年来我国商品房销售与价格情况如表5－12 所示。

表 5－12　近年来我国商品房销售与价格情况

年份	商品房销售面积 （亿平方米）	商品房销售额 （万亿元）	商品房平均售价 （元/平方米）
2004	3.82	1.04	2716
2005	5.58	1.81	3240
2006	5.30	2.05	3868
2007	7.60	2.88	3789
2008	6.21	2.41	3881
2009	9.37	4.40	4696
2010	10.40	5.30	5096
2011	10.99	5.90	5369
2012	11.13	6.40	5750
合计	70.4	32.19	4267

资料来源：中国人民银行，《第四季度中国货币政策执行报告》历年；国家统计局：《国民经济和社会发展统计公报》。

当然，对于工业用地和房地产用地，土地升值的形式是不同的。工业用地的土地"二次增值"是随着从商品到货币的"惊险跳跃"实现的，体现为地租补贴导致的利润率上升和商品市场份额的扩大两个方面。由于我国"世界工厂"的特殊地位，有一部分增值是在国际市场上实现的，在一定程度上体现了我国的成本竞争优势，因而具有全球财富和收入再分配的意义，在一定时期促进了我国的经济起飞和成长，但牺牲了自然环境和可持续发展后劲。房地

_____

① 这方面的情况笔者都经过亲自调查，而不是想象或者看相关报道。

产用地的"二次增值"则主要是国内财富和收入的再分配，这种再分配公平性很差，并带来资源闲置和浪费，因而还有效率损失。下面以近年来房地产用地出让后的增值为例，简要说明上述情况（见表 5 - 13、表 5 - 14）。

表 5 - 13   近年来我国房地产投资与销售额对比

年份	房地产开发投资 （万亿元）	土地出让收入 （万亿元）	非土地投资 （万亿元）	商品房销售额 （万亿元）	土地投资占比（%）
2007	2.53	1.22	1.31	2.88	48.2
2008	3.06	1.03	2.03	2.41	33.7
2009	3.62	1.72	1.90	4.40	47.5
2010	4.80	2.75	2.05	5.30	57.3
2011	6.20	3.15	3.05	5.90	50.8
2012	7.18	2.69	4.51	6.40	37.4
合计	27.39	12.56	14.85	27.29	45.8

资料来源：中国人民银行：《第四季度中国货币政策执行报告》历年；国家统计局：《国民经济和社会发展统计公报》。

首先来看市场情况，2004～2012 年，我国商品房销售量总计超过 70 亿平方米，而商品房销售总额超过 32 万亿元，与此同时，商品房新房价格正好增长了 1 倍。需要指出的是，这只是统计意义上的增长，是建立在城市"摊大饼"式扩张基础上的统计，新房区位越来越偏远。

表 5 - 14   近年来我国商品房建设与销售规模

单位：亿平方米

年份	商品房销售面积	新开工面积	施工面积	竣工面积	土地购置面积
2007	7.60	9.58	23.60	5.82	4.02
2008	6.21	9.80	27.41	5.90	3.70
2009	9.37	11.54	31.96	5.77	3.19
2010	10.40	16.38	40.55	7.60	4.10
2011	10.99	19.01	50.80	8.92	4.10
2012	11.13	17.70	57.30	9.90	3.57
合计	55.70	84.01	—	43.91	22.67

资料来源：中国人民银行：《第四季度中国货币政策执行报告》历年；国家统计局：《国民经济和社会发展统计公报》。

其次，我们再通过房地产投资和商品房销售额的对比来分析一下土地在开发商手里的"二次增值"。为了分析简便，笔者在此忽视了物价上涨和货币的时间价值因素，仅进行简单加总。我们以 2007～2012 年为分析周期，这一时期，商品房销售额为 27.29 万亿元，房地产开发投资额为 27.39 万亿元，情况似乎是投资额已经超过了销售额，看起来似乎开发商没有利润了。由于同期土地出让收入（主要来自房地产用地的出让）高达 12.56 万亿元，因此，是不是只有政府享有了土地增值呢？

仔细分析我们会发现，实际上开发商销售的只是商品房的一小部分，27.39 万亿元投资包含了新开工、施工和竣工三类。2007～2012 年的商品房"总建设规模"可以用 2007 年的房屋施工面积加上 2008～2012 年的新开工面积总和来代表，经计算为 98.03 亿平方米。2007～2012 年，商品房销售总面积只是同期总建设规模的 56.82%。由此推算，这一时期形成的商品房"总市场价值"约为 48 万亿元。

那么，上述价值中，分别有多少可以归入人工增值和自然增值呢？考虑到房地产行业的高风险特征，我们以 15% 的年利润率"合理水平"、以复利来粗略计算，2007～2012 年的投资的合理利润约为 7.8 万亿元。在此，笔者将其视为商品房开发中的"人工增值"部分。

商品房"总市场价值"扣除开发成本（投资额）和合理利润后的部分，就可被视为"自然增值"，这一规模约为 12.81 万亿元。这就是土地出让后进入开发商手里、直到建成商品房出售时的"二次自然增值"，大约相当于同期土地出让收入。这种自然增值可能已经通过出售实现，也可能以土地和房屋的形式继续由房地产开发企业继续持有。

上述后一种形式甚至成为主要方式，这一点也反映在施工面积、竣工面积和销售面积的变化差异上。如图 5-16 所示，2007 年以来，我国施工/竣工面

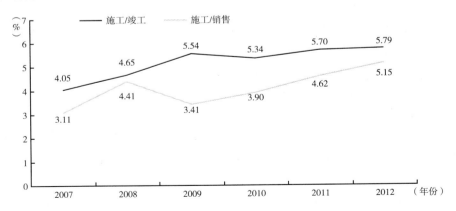

图 5-16　近年来我国商品房施工与竣工、销售面积的比例变化

资料来源：国家统计局：《国民经济和社会发展统计公报》。

积比、施工/销售面积比持续上升，这意味着虽然商品房施工的规模不断扩大，但竣工面积和销售面积没有等比例扩大，大量的房屋"积存"在施工环节。房地产企业获得土地后，"占地不开工""开工不完工""完工不销售"的囤积居奇现象相当普遍。

那么，"二次自然增值"已经或将要如何分配呢？是不是开发商独自占有了呢？当然不会如此，有一部分要通过税费的形式重新回到地方政府手中。2007～2012年，我国五种房地产相关税收总额超过3.6万亿元，加上同期其他相关税费，总计大约不到4万亿元，占同期地方财政收入总额的15.1%（见表5-15）。

表5-15　我国五种主要房地产税收增长情况

单位：亿元

年份	房产税	城镇土地使用税	土地增值税	耕地占用税	契税	合计
2007	575	385	403	185	1206	2754
2008	680	817	537	314	1308	3656
2009	804	921	720	633	1735	4813
2010	894	1004	1278	889	2465	6530
2011	1102	1222	2063	1075	2766	8228
2012	1372	1542	2719	1621	2874	10128
合计	5427	5891	7720	4717	12354	36109

资料来源：《中国统计年鉴》（2008～2012年）；财政部：《2012年全国财政收支情况》。

据此测算，2007～2012年，在约12.81万亿元"自然增值"中，大约不到4万亿元归入地方政府，大约有8.8万亿元以上归属房地产开发企业。在这个过程中，作为土地所有者的广大农民并没有直接享受"二次增值"收益。

5.4.3.4　土地使用权转让后的三次增值

值得注意的是，政府所获得的部分自然增值实际上来自土地使用权转让环节的第"三次增值"，如契税、土地增值税。

在土地出让后，开发企业通过房屋销售或土地转让等形式使得土地使用权再次转移后，土地增值过程并没有结束，而是会出现第三次增值。对于房地产领域而言，这就是"二手房"交易过程中的增值。

以北京为例，2012年的二手房价大约是2004年新购房价的10倍以上，扣除钢铁、建材价格上涨等因素，这一倍数也达到了8倍以上。再考虑房屋折旧和使用权期限缩短等因素，实际的土地增值倍数可能会更高。

当然，全国不同地区的房价上涨幅度并不相同。由于国家尚无关于二手房价格的权威统计，所以，笔者只能对此粗略估计。2004～2012 年成交的所有房屋，按照一定的房价上涨倍数测算（不考虑物价和折现因素），现有房屋的总价值至少是这一时期商品房市场销售总额的 2 倍以上，也就是说约 55 亿平方米商品房销售形成的增值收益高达 30 万亿元以上。如果将 200 多亿平方米城镇住宅（人均 32 平方米）都计算在内的话，保守计算，增值规模可能会达到 100 万亿元。

如此巨大的增值收益，政府主要是通过交易环节（契税、土地增值税等）获得了少量税收收入，相当一部分增值财富掌握在房地产投机者手中。

5.4.3.5　原用途补偿的非法挪用

除了增值收益分配外，在现实征地过程中，作为集体土地所有者的农民的微薄补偿也经常被基层政府或村干部非法占有、挪用和贪污。按照现行法律规定，土地补偿费归农民集体组织所有，青苗补助费等归农民个人所有，安置补助费归安置单位所有。但实践中征地补偿费和安置补助费大多被截留，农民得到的补偿很少。

根据国家审计署 2007 年 3 月 26 日发布的《34 个高等级公路项目建设管理及投资效益情况的审计结果》（2007 年第 2 号，总第 20 号），湖北、湖南、四川、云南等 14 省（区）21 个高速公路项目应支付给农民征地补偿费 51.7 亿元，其中 16.39 亿元被当地政府及征地拆迁部门截留挪用、长期拖欠或扣减。

5.4.3.6　小结：土地增值分配的严重失衡

以上从几个层次对我国土地相关利益分配情况进行了概要性分析。由于统计上的误差和认识上的局限，上述分析未必十分准确，但基本揭示了我国农地转用所带来的土地利益分配失衡局面，在此做一简要总结，并分析其影响。

由于第三次增值很难取得统计数据并且不是大家关注的焦点，在此，仅对前两次增值及其分配情况进行分析（见表 5－16）。

第一，被征地农民直接获得的征地补偿大约占土地出让收入的 36.8%。

第二，在土地出让纯收益（首次增值）中，全体农民可分享的利益为 53%。

第三，根据笔者估算，土地二次增值的规模为同期首次增值的 4 倍以上。

第四，在二次自然增值中，近 69% 由房地产开发企业享有，大约有 31% 进入了"公共财政"，被征地农民未能继续参与分享，而对于"全体农民"而言，能够分享多少，取决于公共财政的具体使用。

第五，综合上述分析，按照每年 1000 万失地农民计算（包括"增减挂钩"

表 5 – 16　两次土地增值分配结果

首次增值（2009~2012年）	价值（万亿元）		
土地出让收入	10.6		
市民房屋拆迁补偿	1.3		
农地征地补偿	3.9		
土地出让前期开发	1.7	三农支出占比	23.9%
土地纯收益	3.5 →	保障性住房占比	5.4%
人工增值	0.68	城市建设占比	56.1%
自然增值	2.82		
二次增值（2007~2012年）			
人工增值	7.8	政府税收	30.8%
自然增值	12.81 →	开发商	69.2%

项目），笔者估计 2009 ~ 2012 年直接作出农地转用"贡献"的被征地农民，在两次自然增值中（约为 12 万亿元）[①]"土地财政"和"公共财政"中间接分享的应该在 5000 亿元以内。而给予被征地农民的"成本意义上的"征地补偿规模还不到土地前两次自然增值的 1/3。

第六，如果再考虑本来就不高的原用途补偿款还经常被非法挪用，被征地农民的处境就变得更困难了。

第七，虽然农地转用后的第三次增值暂时难以评估，但可以肯定的是，相比前两次增值，它可能会在更大程度、更长时期内改变我国居民收入乃至社会财富的总量结构。

第八，在我国的政策框架中，"城市反哺农村"是一个常用的口号，但从土地增值收益的分配结果来看，这一政策并未有效落实，相反，是被征地农民的土地利益从农村向城市输入。

5.5　农地转用制度运行的衍生影响

除了造成土地资源利用低效和增值收益分配严重失衡外，现行农地转用制度还对我国经济增长、社会稳定乃至城市化进程等都产生了一系列深远而广泛

[①]　请注意，首次增值的分析区间为 2009 ~ 2012 年，二次增值的区间为 2007 ~ 2012 年，此处只是一个粗略估计。

的影响。

5.5.1　宏观经济模式的制度性畸形

改革开放以来，中国特色的农地转用模式，在中国经济中扮演了重要角色。中国经济增长有两个鲜明特征：一是依靠高投资和高出口，二是依托政府主导下的地区竞争（刘守英，2012c）。笔者认为，前一特征是必然结果，后一特征是动力和原因。它们都离不开现行土地制度的支撑，离不开以低价征地补偿为核心的农地转用制度。

这种经济增长模式是以牺牲农民利益为基础、以牺牲资源环境和发展后劲为代价的，越来越难以为继。早在 1995 年党的十四届五中全会就确立了"实现经济增长方式根本性转变"（后来调整为转变经济发展方式）的战略方针，至今已有近 20 年。但客观而言，我国的经济增长（发展）方式转变并未取得实质性进展。转变经济增长（发展）方式的重要内容之一，就是需求结构的转型，也就是改变以往过分依赖出口和投资的局面，转而依靠居民消费来推动经济增长。但如果延续现有土地制度，这些目标根本无从实现，原因在于以下几个方面。

5.5.1.1　现行土地转用模式不利于增加农民收入和扩大消费

从来源上看，缩小城乡收入差距、提高农民收入的主要途径包括四个方面：第一，农产品价格保护政策，维护农业收入稳定增长；第二，增加农民转移就业，提高农民工资性收入；第三，鼓励农民创业，获取更多经营性收入；第四，保护农民的私有财产，增加农民的财产性收入。对于绝大多数中国农民而言，土地是最宝贵的、最终可以依赖的财富。

现行征地制度和集体土地产权限制，严重抑制了农民获取财产性收入的可能。相反，征地制度还形成了数以千万计的失地农民，他们几乎没有享受到任何财产性收入，其中一部分人还因为失去土地而出现生活水平绝对下降。

随着城乡收入差距的不断拉大，考虑到社会保障体制还很不完善，我国农村地区的消费能力与消费水平持续在低水平徘徊。实际上，进入 20 世纪 90 年代以来，我国城乡居民消费支出的差距也一度呈现扩大趋势。近年来，受农民增收和取消农业税等因素影响，这一差距才略有缩小，如图 5 - 17 所示。

5.5.1.2　对城市建设和房地产投资的过度依赖

只有低价征地、高价向房地产企业出让土地，地方政府才能形成足够的自主财力去搞城市建设，在经营城市的循环投资中获得"跨越式发展"。但在现行土地制度的助推下，我国经济已经走上了一条以房地产为龙头、以投资为主导、危险而脆弱的增长轨道（详见表 5 - 17）。

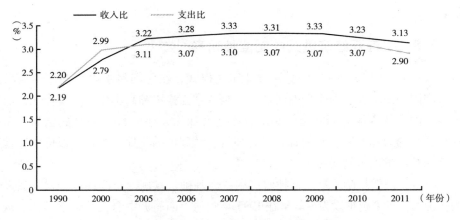

图 5-17 我国城乡收入和支出差距（城镇/农村）

资料来源：《中国统计年鉴》相关年份。

表 5-17 我国房地产投资、城镇投资、全社会投资与国内生产总值比例

单位：%

年份	房地产投资/城镇投资	房地产投资/全社会投资	房地产投资/国内生产总值	城镇投资/国内生产总值	全社会投资/国内生产总值
1995	20.1	15.7	5.2	25.7	32.9
1996	18.2	14.0	4.5	24.8	32.2
1997	16.6	12.7	4.0	24.3	31.6
1998	16.1	12.7	4.3	26.6	33.7
1999	17.3	13.7	4.6	26.5	33.3
2000	19.0	15.1	5.0	26.4	33.2
2001	21.1	17.0	5.8	27.4	33.9
2002	22.0	17.9	6.5	29.5	36.1
2003	22.2	18.3	7.5	33.7	40.9
2004	22.3	18.7	8.2	36.9	44.1
2005	21.2	17.9	8.6	40.6	48.0
2006	20.8	17.7	9.0	43.2	50.9
2007	21.5	18.4	9.5	44.2	51.7
2008	21.0	18.1	9.9	47.4	55.0
2009	18.7	16.1	10.6	56.9	65.9
2010	20.0	19.2	12.0	60.1	62.7
2011	20.4	19.8	13.1	63.9	65.9
2012	19.7	19.2	13.8	70.0	72.1

资料来源：《2011 中国统计年鉴》《国民经济和社会发展统计公报 2012》。

近年来，随着城镇化进程的加快，我国房地产实现了快速发展。房地产业快速发展对我国经济的带动作用十分明显。除了自身增长外，房地产业发展还带动了建筑工程、建筑材料、五金、家电、家具等行业增长[①]。

根据笔者 2009 在江苏和重庆两地的调研，2000 年以来，两地房地产建设规模普遍增长了 3 ~ 6 倍。2009 年，江苏房地产业回暖直接拉动 GDP 增长2.66 个百分点，对 GDP 增长的贡献率超过了 1/5，江苏房地产开发投资已经占到全社会固定资产投资的近 18%，重庆的这一比例也达到 23% 以上。在江苏，其规模已经相当于全社会消费品零售总额的 43% 以上。例如，在建筑业非常发达的江苏省，2009 年与房地产业密切相关的建筑业增加值已经占到GDP 的近 6%，建筑业拉动经济增长了 1.17 个百分点，对 GDP 增长的贡献率超过 10%。

5.5.1.3　购房储蓄对城市居民消费的"挤出效应"

随着房价过快上涨，一部分城镇家庭为了购房而"节衣缩食"，大大压缩了日常生活开支。这导致了一个畸形发展的结果：虽然房地产业直接带动住宅相关产业的快速发展，直接促进了"扩内需"目标的实现，但非住宅性产业发展受到严重抑制，导致我国内需结构严重失衡。

除此之外，在城市内部，随着房价的不断高涨，城镇居民也逐步分化为两大阵营，即少量持有多套房产的"有产阶级"和大量没有房产或仅有居住房产的"无产阶级"，在"马太效应"的作用下，财产性收入的快速增加加剧了城市内部的贫富分化，从而抑制了广大城市平民阶层的消费能力。

5.5.2　社会管理的制度性失序

除了经济影响外，现行的农地转用制度还带来了广泛的政治和社会影响，体现在破坏社会稳定、滋生贪污腐败和农民市民化的制度性排斥等多个方面。

5.5.2.1　地权之争下的维稳代价高昂

近年来，我国每年因各种社会矛盾而发生的群体性事件多达数万起甚至十余万起。这些群体性事件的主要诱因有三个，即征地拆迁、劳资关系和环境保护，其中，征地拆迁导致的群体性事件占到一半左右（陆学艺等，2012）。

---

① 房地产业横向和纵向带动的相关产业多达 50 多个，产品和服务多达几百种。根据 2009
年笔者在江苏调研时江苏省住建厅提供的资料，房地产业每投入 100 元可以为相关产业
创造 170 ~ 220 元的消费需求；商品房市场每销售 100 元可以带动 130 ~ 150 元的其他商
品消费。

"从某种程度上说，没有强拆就没有中国的城市化，没有城市化就没有一个个'崭新的中国'，是不是因此可以说没有强拆就没有'新中国'？"

——宜黄官员就宜黄强拆事件发表的公开文章《透视江西宜黄强拆自焚事件》，新世纪周刊财新网，2010 年 10 月 12 日

"推土机推不出政治，推不出和谐社会，也推不出真正的城市化，反而可能推出不和谐，推出不稳定，推出上访，推出流血，推出官民对立，推出对政府尤其是基层工作人员的不信任。"

——《清华大学法学博士研究生王进文致工学博士潍坊市长许立全先生有关拆迁问题的公开信》，2010 年 11 月 17 日

另据统计，2005 年全国发生的近 8 万起群体事件中，农民维权占 30%，其中因征地补偿不公而发生的群体事件占农民维权的 70%（总计为 21%）；在中央电视台"焦点访谈"节目 2005 年电话记录的 74000 多起群体性事件中，有 15312 起与土地有关，其中多数是政府低成本征收征用农民土地导致的冲突①。

现行农地转用制度和低价征地补偿，助长了一些地方片面追求经济增速，忽视了对民生的关注，违背农民意愿强拆强建，侵害农民利益，引发了一系列影响全国的恶性事件。从江西宜黄自焚事件到"没有强拆就没有新中国"的言论，再到清华大学博士王进文的网络公开信，土地强拆引发了一系列问题。

2010 年 5 月 27 日出版的《社会科学报》公布了一个值得关注的数据：2009 年度全国维稳经费达到 5140 亿元，中央政府公共安全支出增长幅度达 47.5%，该数字已逼近我国全年军费开支。

在这些支出中，有相当一部分应该是用于平息由于强拆所引发的案件。据笔者私下了解，很多地方政府北京办事处的一项最重要工作就是"拦截"本地上访者，全国各地普遍把上访案件多少作为考核地方官员的指标。如果政府能够把这部分维稳支出在拆迁之时就事前用于增加对农民的补偿，岂不是一件农民高兴、地方省心的好事。

5.5.2.2 失地农民问题的影响长远

从长远来看，我国也必须解决好失地农民的有效安置问题。对于失地农民的范畴和数量，目前尚有一些争议。例如，北京天则经济研究所"中国土地

---

① 于建嵘：《转型期中国的社会冲突和秩序重建》，三农中国网（http://www.snzg.cn）。

问题课题组"（2007）认为，到 2006 年全国失地农民已超过 4000 万人，未来 10 ~ 15 年（2016 ~ 2021 年）将进一步增加到 7000 万人；刘晓霞（2009）认为，考虑违法侵占、突破指标等非法现象，到 2009 年全部失地农民已经超过 6000 万人。据此测算，目前我国的失地农民总数应该已经超过 7000 万人。

在城市化加快推进的背景下，这一数字还会持续上升。如果我国每年征地 600 万 ~ 800 万亩，按每亩地形成 1 个失地农民计算，每年大约会直接形成 600 万 ~ 800 万失地农民。到 2020 年，失地农民总数应该会超过 1.3 亿人。

如果考虑到"间接征地"，受影响的农民数量会出现倍增。在耕地"占补平衡"和城乡建设用地"增减挂钩"政策下，地方政府只有通过开展土地整治项目（特别是集体建设用地整理）来获取城市建设用地指标，这会形成更大规模的"间接征地"。假设农用地占比为 75%（450 万 ~ 600 万亩），其中耕地占比为 50%（300 万 ~ 400 万亩）[①]，那么，形成 300 万 ~ 400 万亩补充耕地，按照已有实践，需要开展 1000 万 ~ 1300 万亩的土地整治，受此影响的农民应该也会在 800 万人以上。

5.5.2.3　农民市民化的制度束缚沉重

尽管我国把城市化当做未来发展的轴心，并强调城市化的本质是人口的城市化，也就是"农民的市民化"。但在现行土地制度下，我国的城镇化战略面临种种难题，中国的土地制度导致了制度性排斥农村人口的外生型城市化（文贯中，2008）。

从模式上分，我国的城市化模式大体有两种：一是我们常见的政府主导的城镇化模式（"农民进城市"）；二是农民自主的城市化模式（"农村变城市"）。现行土地制度使得两种模式都难以顺利推进。

（1）政府主导的城市化"要地不要人"。

在政府主导的城镇化模式下，"农民进城市"是需要支付各种成本的。有人估计是 10 万元/人，也有人认为不能低于 20 万元/人。照此测算，未来 20 年，6 亿左右农民（70% 城镇化率）进城将需要 80 万亿 ~ 100 万亿元（按现值计算）的庞大成本。解决这个问题的出路只有三个：一是政府"埋单"，负担相当一部分成本，尤其是着力解决社会保障、公共服务和住房问题；二是控制农民进入城市的成本，特别是要抑制房价的过快上涨；三是增加农民的收入和财富积累，提高农民进城的经济能力。但在现行土地制度下，这三个手段都受到了严重影响：

---

① 这两个比例来自 2004 ~ 2010 年的平均值。

第一，现行制度下政府不愿"埋单"。在现行财税制度、行政考核制度下，地方政府更关注 GDP 增速和土地财政最大化，二元土地制度也为地方政府实现这一目标创造了现实条件。并且，由于行为短期化，地方政府也不愿意从长远考虑，着力解决农民进城的各种保障和服务问题。

第二，高房价成为一道无形的"城门"。现行土地制度是导致房价快速上涨的重要因素，而过高的房价已经成为横亘在农民与城市之间一道无形的城门。经过多轮房价上涨，很多本可以实现在城镇就业和居住的外出农民工（目前约 1.6 亿人①）不得不延续"候鸟式"的生活模式。而那些仍旧在乡村过着农耕生活的农民更是觉得城市生活可望而不可即。

第三，农民逐步丧失最后的财富。现行征地制度使得利益分配高度倾向于非农民群体，于是，土地和房地产的大规模开发直接导致一种两极分化的结果，即"一端是贫困的积累，一端是财富的积累"，而绝大多数农民被归入了前一个阵营②。此外，对集体建设用地出租、出让的严格限制，也在很大程度抑制了农民在"农转非""村改居"积累起足够的财富。

（2）农民自主的城市化面临多重制约。

除了政府主导的城市化外，农民自主的城市化也应该成为我国城市化战略的重要组成部分。在一些地区，这种模式已经显现了强大的生命力，如北京昌平的郑各庄、河南的南街村、江苏的华西村和永联村、烟台的南山村等。但是，受到现行农地转用制度的束缚，农民自主的城市化进程受到了严重抑制，农民的创造力和主动性得不到充分发挥。

第一，资金性制约。农村发展首先要解决资金问题。但在现行二元制度下，农民无法通过征地或土地出让积累起自有资金。在利用外来资金方面，虽然农民可以通过以土地入股兴办乡镇企业，甚至是招商引资直接利用外来资金，但受制于集体土地的抵押权和流转权限制，很多投资者越来越多地选择在国有土地上投资兴业。农村的土地"资源"无法转化成现代的非农"资产"。

第二，资本性制约。在一些凭借早期努力或特殊机遇发展起来的乡村（如郑各庄），虽然已经实现了"资源"向"资产"的转化，但受到二元土地制度的制约，这些"资产"无法转化为现代"资本"。突出地表现在三个方面：①无法或难以利用集体土地进行抵押融资；②无法通过集体土地流转实现

---

① 根据国家统计局《2012 年全国农民工监测调查报告》，目前我国外出农民工 16336 万人，其中，举家外出农民工 3375 万人。

② 马克思在《资本论》中这样表述，资本积累的必然规律是一端是财富的积累，另一端是贫困的积累。这种两极分化必然引发经济危机与社会危机。

增值收益；③在企业上市时，集体土地资产难以计入企业账户，造成了诸多问题。

第三，产业性制约。国有建设用地和集体建设用地"同地不同权"还体现在产业限制方面。例如，集体建设用地无论所处的区域是否适合开发房地产，都被作为违法行为一律禁止，使得集体土地资源难以根据市场需求、在符合政府规划的条件下实现合理配置。

第四，体制性制约。在现有二元土地制度及与之配套的相关制度下，很多地方通过所谓"股份合作制"实现了集体土地的统一利用。但是，由于国家未将土地确权到户，而"村集体法人"并不是一个稳定的实体，至今也未被相关法律正式界定为"法人"，随着代际更迭与人口变迁的因素，现有村民的各种权益如何流转，能否继承，如何继承？这些都是影响农民自主城市化的重要问题。

5.6　本章小结

本章旨在对我国以土地征收为核心、政府主导、行政垄断的农地转用制度所带来的宏观层面影响进行全面评估。它分别从土地资源利用效率、土地增收收益分配和经济社会影响三个方面对现行转用制度的绩效进行了评估，得出的基本结论是该制度带来了诸多既无效率也不公平的结果，从长期来看，还可能导致经济社会长期畸形发展。

（1）转用决策分析模型的创新。

在土地资源利用的分析中，笔者以"政府"为决策主体，提出了政府农地转用（同时也是征收）决策的分析模型。在该模型的分析中，笔者引入了四个决策变量：农地价值、市地价值、不可逆风险及前文介绍的制度约束。农地的边际价值是农地转用的边际成本，而市地边际价值是这一转用的边际收益。

农地价值包含经济价值、粮食安全价值、生态价值、社保价值四种，后三种价值是一种外部性价值。不可逆风险是指由于农地向市地转化后再从市地转换为农地或者不可能或者成本太高，由此带来投资决策风险。在本书的分析中，笔者的创新之处在于提出了以往分析中普遍被忽视的市地的外部性价值，除了较高的经济价值外，农地向市地的转换还能带来就业机会增加、农业收入增长、农民生活便捷度和生活水平提高、经济规模扩大和财政收入增长。考虑到农地多重价值的边际成本曲线会向左上方移动，而考虑到市地多重价值的边际收益曲线会向右上方移动，从而使得新的均衡点不同于基于经济成本和经济收益的决策均衡。

在上述模式建构的基础上，笔者指出导致土地过度转用（征收）的主要因素：一是忽视农地的非经济价值；二是现行政绩观和追求财政收入最大化动力导致地方政府倾向于高估市地价值；三是轻视不可逆风险；四是现行制度约束的弱化，包括农民自主维权能力的缺失和中央政府控制能力的局限两个方面。

在本章接下来的分析中，笔者从四个方面分析了土地资源利用的低效问题：

第一，耕地的过快减少问题。目前我国"耕地对外依存度"已经达到了20%。

第二，城市建设用地（建成区面积）过快增长带来了粗放利用问题。改革开放以来我国城市用地增长的弹性系数超过了1.7，如果去掉"伪城市化"甚至超过2.5，远高于1.12的合理水平。

第三，工业用地的大量圈占和低效利用问题。目前我国工业用地占全部国有建设用地的比重约为36.9%，远高于15%的国际一般水平。我国工业用地容积率普遍为0.3%～0.6%，而国际平均水平在1%左右。

第四，集体建设用地闲置与无序开发方面。在我国近5.2亿亩建设用地中，集体建设用地占了约2.5亿亩。对农地市场化转用权的限制，一方面造成了"空心村"等土地资源闲置问题，另一方面导致了"城中村"的土地无序开发和小产权房问题。

此外，笔者还利用已有的研究成果对城市土地闲置带来的农地价值损失进行了评估，得出的初步结论是我国每年因此而损失的农地价值高达1575亿元，其中，农业增加值700亿元，生态价值175亿元，社会价值损失700亿元。此外，大量的房屋闲置也带来了近267亿元的农地价值损失。

（2）"三次增值"框架及其定量化分析。

如果将土地资源的配置与利用问题分析视为"效率"评价的话，那么，本章接下来的分析则主要是从"公平"的角度分析了土地增值收益分配的制度性失衡问题。

笔者将土地增值分为人工增值和自然增值两部分，指出围绕涨价归属问题的争论主要针对的是自然增值部分。笔者分析后认为，一方面"涨价归公"理论的产生，主要是基于土地占有不均衡和增值收益被土地所有者不公正占有的历史背景，我国的情况与此恰恰相反，土地占有高度平均化、土地增值被非土地所有者不公正占有，因此"涨价归公"理论不适用于中国现实。另一方面，如果以名义上的产权归属为基础，完全或大部分"涨价归私"，也会带来不同地区、不同区位的农民苦乐不均的结果，不符合公平分配的原则。所以，以维护农民利益为出发点、公私兼顾应该是一种比较好的选择。

接下来，笔者对我国土地增值收益分配进行了定量化的研究。笔者提出了"三次增值"的分析框架，即土地使用权出让环节的增值（首次增值）、土地使用权占有环节的增值（二次增值）、土地使用权转让环节的增值（三次增值），分析了不同环节（尤其是前两个）的增值收益分配结果。

现有关于土地增值分配的研究普遍局限于土地出让环节的增值，主要是通过征地补偿占土地出让价格的比重分析农民在土地首次增值分配中的处境。根据笔者的估算，近年来，被征地农民直接获得的征地补偿大约占土地出让收入的38%。

但这种分析除了过于简单外，还没有区分人工增值和自然增值，更无法深入到自然增值的最终如何占有层面。笔者在本章对此进行了探索性研究。笔者将研究的焦点集中于"土地出让（纯）收益"指标上，以近几年的可得数据为基础，指出在2009～2012年，农地转用的人工增值为1700亿元，自然增值高达28200亿元（每年的规模超过7000亿元）。同期，在土地出让纯收益的三大支出项目中，城市建设支出占土地出让纯收益的比例高达56.1%，三农支出则为23.9%，保障房支出约占5.4%。简单评估上述用途的受益对象，2009～2012年，在我国大约3.5万亿元的土地增值收益中，农民作为一个整体所分享的价值为1.8万亿～1.9万亿元，约为全部增值收益的53%。

接下来，笔者以房地产行业为例，对土地出让后的二次增值进行了分析。笔者指出，二次增值主要体现在两个方面：一是商品房销售收入与其成本及合理利润的差价；二是房地产企业囤积的土地和房屋。根据笔者估算，土地二次增值的规模大约为同期首次增值的4倍以上，其中自然增值相当于同期的土地出让收入，由于大量自然增值体现在囤积的土地和房屋上，因此并未得到广泛关注。在二次自然增值中，近69%由房地产开发企业享有，大约有31%进入了"公共财政"，被征地农民没能继续参与分享，而对于"全体农民"而言，能够分享多少，取决于公共财政的具体使用情况。

综合上述对首次增值和二次增值的分析，按照每年1000万失地农民计算（包括"增减挂钩"项目），笔者估计，2009～2012年，农地转用作出直接"贡献"的失地农民得到的征地补偿规模仅相当于土地前两次自然增值的不到1/4，而在两次自然增值中从"土地财政"和"公共财政"中间接分享的比例应该在 5000 亿元以内，仅相当于 3.1%。如果再考虑到本来就不高的原用途补偿款还经常被非法挪用，土地收益分配就更加失衡了。

虽然农地转用后的第三次增值暂时难以评估，但可以肯定的是，相比前两次增值，它可能会在更大程度、更长时期内改变我国居民收入乃至社会财富的总量结构。

在我国的政策框架中，"城市反哺农村"是一个常用的口号，但从土地增值收益的分配结果来看，这一政策并未有效落实，相反，是被征地农民的土地利益从农村向城市输入。

（3）制度衍生影响广泛。

本章的最后，笔者对我国农地转用制度的衍生影响进行了简要分析。笔者分析了其中的两个方面，一是宏观经济模式的制度性畸形，二是社会管理的制度性失序。

对于前者，笔者主要提出了三方面论据：第一，土地增值收益分配失衡导致城乡收入差距扩大，进而影响了农民消费的增长，而增加居民消费尤其农民消费是我国内需结构调整的主攻方向；第二，对城市建设和房地产投资的过度依赖，导致我国经济面临较大的波动风险；第三，购房储蓄对城市居民消费的挤出效应。

除了经济影响外，现行的农地转用制度还带来了广泛的政治和社会影响，体现在破坏社会稳定、滋生贪污腐败和农民市民化的制度性排斥等多个方面。对此，笔者集中分析了三个方面：一是地权之争下的维稳代价高昂，据估计，我国每年的维稳经费超过 5000 亿元；二是失地农民问题会带来长远的影响，笔者估计，到 2020 年我国失地农民总数将超过 1.3 亿人；三是人口的城市化或农民市民化受到了严重的制度性束缚，从而影响我国的城市化进程健康推进。

本章做了如此庞杂的论述，最终目的只有一个，那就是说明：现行农地转用制度尤其是征地制度改革不仅必要，而且紧迫。

第6章 土地征收与农民福利

6.1 本章引言

在第 5 章关于农地转用的决策模型中，地方政府是决策的主体，地方政府通过"成本 – 收益"比较来决定是否征地及如何征地。在这一分析中，我们事实上暂时忽略了两点：一是农地向市地转化的征地博弈过程；二是被征地农民在这个过程中的总体感受及征地后的福利变化。

接下来，本章将聚焦于被征地农民，着重了解征地对农民生产生活的影响，以及农民对征地制度改革问题的期望和看法。为此，笔者独立组织了针对全国被征地农民的大范围调查。从总体上看，该调查取得了预期效果。虽然问卷调查不可能十分精确，但基本反映了农民的真实想法①。

具体而言，笔者希望通过本次调查了解两方面信息：一是被征地农民的"短期福利"，也就是征地对于农民而言的"愉快（痛苦）指数"；二是农民被征地后的"长期福利"，也就是我们常说的农民是否得到了妥善安置，是否"融入"了城市。下面将对本次调查的基本情况和调查结果进行简要介绍。

6.2 问卷设计与调查结果

本次问卷调查设计主要以福利经济学理论和阿玛蒂亚·森的可行能力理论作为基础，在此做一简介。

---

① 在本次调查中，我们是通过学生入户调查的形式"秘密"进行的，调查对象排除了村干部，以免影响调查的进行和农民真实意愿的表达。

6.2.1　理论基础

现代福利经济学理论可追溯至 19 世纪英国的功利主义哲学。边沁认为，福利就是幸福和快乐。作为现代福利经济学的创始人，庇古认为，狭义的经济福利是可以直接或间接用货币尺度来衡量的福利，广义的社会福利除包含经济福利之外，还包括一系列难以量化的方面。庇古指出，一国的经济福利就是个人的经济福利的总和。个人的经济福利则是个人所获得的商品和服务的效用总和。

那么，如何增加国家的经济福利呢？对此，庇古提出了两种方案：一是通过生产要素的合理配置提高经济效率，以此带来国民收入增加（也就是俗称的“做大蛋糕”）；二是通过国民收入再分配优化分配结构，当 1 个单位货币对于所有个体的边际福利相等时，一国的经济福利就达到了最大值（也就是俗称的“切分蛋糕”）。

庇古建立在基数效用论之上的福利经济学理论后来受到了广泛批评。很多坚持序数效用论的经济学家认为，由于基数效用难以比较，因而简单地对个人效用进行加总缺乏合理依据。肯尼斯·J. 阿罗还通过严密的数理逻辑提出了著名的“阿罗不可能定理”。

此后，很多学者又提出了各种各样的福利指数，其中最有影响的就是阿玛蒂亚·森（Amartya Sen）的研究。森挑战了阿罗不可能定理，探索建立新的福利与贫困指数（index of welfare and poverty）。后来，森的理论被联合国开发计划署（UNDP）采用，并从 1990 年开始发布“人类发展指数”（Human Development Index，HDI）。

在国内，有学者（如高进云等，2007，2010；陈莹等，2009；刘祥琪等，2012）利用福利经济学理论及森的“可行性能力”理论对失地农民进行了问卷调查分析。这些研究都成为本次问卷调查分析的重要参考。

6.2.2　问卷结构

本次问卷以家庭为单位，“以户主填写为主”[①] 的方式对失地农民生活状况进行调查。这是由调研对象和征地行为特征所决定的。我国广大农村以家庭为单位进行日常生活和生产劳动。家庭共同承担抚养儿童、赡养老人的职能。

---

① 户主不在时，允许户主配偶或家庭主要劳动力进行填写。从结果上看，主要是由户主填写的。

本次问卷共设计相关方面问题 77 个，以期通过全面调查得到有益的结论。从结构上看，调查问卷具体包括六个有机的组成部分。

（1）个人及家庭情况。包括年龄、职业、教育程度、家庭成员及收入情况、所在区位特征等。

（2）征地概况及对征地问题的总体看法。主要包括三个部分：一是征地的基本情况；二是被征地者在征地前后所关注的问题；三是被征地者的总体满意度。其中，失地农民所关注问题的选项设置，均来自以往文献研究和前期实地调研经验；而总体满意度构成了后文模型分析的"被解释变量"。

（3）公共利益与征地用途。笔者将农地转用后的市地用途分为四类：纯公益性建设（如学校、道路）、旧城改造和保障性住房建设、开发区建设和经营性开发。有一种观点认为，出于公益性目标的征地项目应该比经营性目标的征地项目提供更低的补偿，笔者也在这部分提出了这个问题，以便了解失地农民的真实想法。

（4）征地补偿与安置。这是整个调查问题最多的部分，主要由三部分组成：一是货币补偿情况；二是征地安置情况，包括住房、社保、就业等多个方面；三是补偿安置是否公平到位。

（5）征地程序与农民自主。这部分主要包括四个方面：一是农民的知情权；二是农民的参与权；三是农民的上诉权；四是对农民财产权的保护机制。此外，笔者还在这部分提出了两个有关乡村治理的问题。

（6）失地农民生产和生活状况。相对于征地后的漫漫生活路，征地过程只是个短期过程，它影响的是农民在几个月到几年内的"幸福感"。为了反映农民征地后的生活状况或者说"长期福利"，笔者在最后一部分调查了征地后的农民生产、生活状况。为衡量"长期福利"，这部分提出的第一个问题就是征地对农民整体生活状况的影响，以其作为"被解释变量"。那么，哪些因素可能影响农民对征地后生活的满意度呢？笔者将其分为以下三个方面：第一，家庭收支及实际消费水平变化；第二，就业与生产方式变化；第三，生活的软硬件环境变化和社会融入及心理变化情况。

此外，从问卷的回答方式来看，主要包括三类问题：一是要求被调查者填写的问题；二是要求被调查者勾选的问题；三是要求被调查者打分的问题。其中，最后一类问题最多，设置数值为 1~7 的离散变量：1 表示最不满意，7 表示最满意，4 表示中间态度。在本地调查分析中，我们默认分值高于 4 为正面肯定；分值低于 4 为负面评价。

6.2.3 调查过程

我们向清华大学、南开大学、哈尔滨理工大学和浙江理工大学四所高校公开招募家庭所在农村曾经有过被征地情况或亲戚中有被征地经历的学生作为问卷调查员。调研组对所有报名的调查员进行了考核、培训、审核。调查员利用寒假回家和走访亲戚的时间对家庭所在地的失地农民进行了调研。

此外，我们还要求调查员撰写调查过程报告并进行实地拍照，因此，调查结果的真实性能够得到保障。

6.2.4 调查结果

本次共计发放问卷 438 份，回收有效问卷 400 份，问卷有效率 91.32%。本次问卷涉及辽宁、河北、北京、天津等 17 个省市，涵盖东部、中部、西部地区。问卷分布为：东部地区 228 份，占 57%；中部地区 70 份，占 17.5%；西部地区 102 分，占 25.5%。问卷具体分布如表 6-1 所示。问卷分布较为均匀，可以体现出全国的状况。

表 6-1　回收问卷的地区分布

地区	省市	份数（份）	百分比（%）
东部	北京	32	8.00
	天津	20	5.00
	河北	16	4.00
	山东	32	8.00
	江苏	15	3.75
	辽宁	51	12.75
	福建	8	2.00
	广东	13	3.25
	浙江	41	10.25
中部	安徽	16	4.00
	湖北	30	7.50
	湖南	23	5.75
	陕西	1	0.25
西部	贵州	10	2.50
	陕西	12	3.00
	云南	26	6.50
	重庆	54	13.50

根据调查员上交征地情况汇总分析，被调查地区的征地涉及从纯公益性到经营性的各种情况。

6.3　失地农民的结构性差异及其影响

6.3.1　失地农民的结构特征

（1）性别。

参与本次调查的失地农民的具体情况如表 6－2 所示。男女性别比为 2.39∶1，其中男 282 人，女 118 人。本次调查以家庭为调查单位，调查对象首选为本户户主。

（2）年龄。

调查对象的年龄分布以 41～60 岁的中年人为主。不同年龄结构的失地农民对征地反映是不同的。年龄越大的失地农民，由于自身对土地的依恋度以及劳动技能难以转化等因素，对征地的整体不适感逐渐提升。

（3）文化程度。

调查对象的文化程度主要为初中及以下。大部分调查对象仍然以务农为主，外出务工或在本地务工的失地农民也占相当大的比例。

（4）家庭成员结构。

调查对象的家庭成员人数 1～20 人不等。从调查结果来看，大部分失地农民的家庭成员为 3～10 人，属于父母与儿女共同居住类型，失地农民家庭大多拥有 2～3 名劳动力，平均每户有 1.17 个要抚养的孩子，1.11 个要照顾的老人。

（5）家庭收入结构。

大部分调查对象的家庭月收入低于 3000 元。失地农民中，家庭收入中包含工资收入的占比 42%，包含家庭（农业）经营收入的占比 51.25%，包含转移性收入（各种政府补助、其他人捐助）收入的占比 4.25%，包含财产性收入（房屋租赁、设备租赁、储蓄利息、投资收入）的占比 9%。失地农民的收入来源主要来自家庭（农业）经营收入和工资收入。、

（6）所在区位。

被征土地的区位也被认为是影响征地满意度和征地过程的重要因素。为此，在本地调查中，我们对被征地农民的区位特征进行了调查。从调查结果上看，城市近郊（城乡结合部）占 53.75%，城市远郊和农村地区占 41.50%，另外，还有不到 5% 的征地发生在城中村。

表 6-2　调查对象个人及家庭情况

变量	百分比(%)	变量	百分比(%)
性别		农转非过程中	4.50
男	70.5	人均农用地	
女	29.5	小于0.5亩	26.00
年龄结构		0.5~1亩	33.75
20岁及以下	0.25	1~2亩	30.50
21~30岁	13.00	2~3亩	4.25
31~40岁	14.00	大于3亩地	5.5
41~50岁	35.00	文化程度	
51~60岁	21.50	小学及以下	27.75
61~70岁	12.75	初中	43.00
71~80岁	3.00	高中	16.75
81岁及以上	0.50	中专	5.25
征地前家庭所在地		大专	3.50
城中村	4.75	本科及以上	3.75
城市近郊或城乡结合部	53.75	家庭月收入	
城市远郊或农村	41.50	低于500元	21.00
户籍类型		501~1000元	16.25
城镇居民	36.75	1001~3000元	33.75
农村居民	58.75	3001~5000元	18.50
家庭劳动力人数		5001~7000元	6.50
小于2人	13.25	高于7000元	4.00
2人	49.25	家庭成员人数	
3人	19.00	小于等于3人	26.75
4人	12.25	3~5人	49.50
5人	4.00	6~10人	22.50
大于5人	2.25	10人以上	1.25

（6）征地后户籍类型。

征地后农民的户籍类型，可被视为"人口城市化"的重要指标之一。尽管这一划分不够科学，但也基本反映了农民生活方式的变化。一般而言，征地后整体转户的情况主要发生在城市"摊大饼"式扩张过程中，以城乡结合部和城中村为主。从调查结果看，有 58.75% 的人仍生活在农村，有 36.75% 的人已经转户，另有 4.5% 的人尚处于农转非过程中。

（7）征地前后的家庭土地状况。

土地是农民的基本生活保障。因此征地前的家庭土地状况、被征收土地的用途、规模及占比等，都是影响被征地农民满意度的重要因素。本次调查主要针对的是被征收前人均农用地 2 亩以下的地区，其中，近 60% 的人均农用地不到 1 亩。

6.3.2　结构性差异对征地满意度的影响

为了解结构性因素对征地满意度的影响，我们采取单因素方差分析法进行分析。从调查结果可见，地区因素、年龄结构、学历因素、家庭月收入、人均家庭月收入、户籍类型和劳动力占比（表 6-3 中标星号部分）均对整体满意度产生较大影响。

（1）性别差异对征地满意度影响不大。

男性对征地平均满意度为 3.12，女性为 3.15，两者相差不大。

（2）年龄与征地满意度成反比。

从年龄情况来看，随年龄上升，对征地的总体满意度整体呈现下降趋势。具体表现为：20 岁及以下的平均满意度为 4.00，为中间水平；21~30 岁的平均满意度为 3.54；31~40 岁的平均满意度为 3.21，41~50 岁的平均满意度为 3.01，51~60 岁的平均满意度为 3.06，61~70 岁的平均满意度为 3.25，71~80 岁的平均满意度为 2.42，81 岁及以上的平均满意度为 1.5。

表 6-3　结构性因素对征地满意度的影响

项目		均值	方差	项目		均值	方差
地区*	东部	3.70	4.14	家庭月收入*	低于 500 元	2.33	2.77
	中部	2.37	1.95		501~1000 元	2.66	3.94
	西部	2.37	2.43		1001~3000 元	3.07	3.23
性别	男	3.12	3.88		3001~5000 元	3.79	3.48
	女	3.15	3.45		5001~7000 元	4.56	3.08
年龄结构*	20 岁及以下	4.00	—		高于 7000 元	4.94	3.06
	21~30 岁	3.54	2.68	人均家庭月收入*	500~以下	2.59	3.52
	31~40 岁	3.21	3.74		500~1000 元	3.57	3.09
	41~50 岁	3.01	3.27		1000~1500 元	4.22	3.23
	51~60 岁	3.06	4.67		1500 元以上	4.83	3.06
	61~70 岁	3.25	4.87	家庭所在地	城中村	3.26	2.98
	71~80 岁	2.42	2.81		城市近郊或城乡结合部	3.07	3.69
	81 岁及以上	1.50	0.50		城市远郊或农村	3.18	3.93
学历*	小学及以下	2.49	3.52	户籍类型*	城镇居民	3.88	3.47
	初中	3.04	3.50		农村居民	2.68	3.55
	高中	3.63	3.54		农转非过程中	2.83	1.21
	中专	4.81	3.16	劳动力占比*	小于等于 1/3	2.45	3.02
	大专	3.93	3.15		大于 1/3，小于等于 2/3	3.21	3.74
	本科及以上	3.53	2.41		大于 2/3	3.50	3.91

不同年龄结构的失地农民对征地反映是不同的。年龄越大的失地农民，由于自身对土地的依恋度以及劳动技能难以转化等因素，对征地的整体不适感较高。在调研中，41~60岁的失地农民也是向调查员反映问题或透露出向上级政府反映问题最多的人群。

（3）基于文化差异的满意度"倒 U"形曲线。

调研结果发现，文化程度对征地满意的影响呈现"倒 U"形曲线的特征。高中、中专以及大专水平的失地农民对征地的整体满意度高于其他文化程度的失地农民。

具体表现为：小学及以下文化程度失地农民平均满意度为 2.49；初中文化程度失地农民平均满意度为 3.04；高中文化程度失地农民平均满意度为 3.63；中专文化程度失地农民平均满意度为 4.81；大专文化程度失地农民平均满意度为 3.93；本科及以上文化程度失地农民平均满意度为 3.53。

中专文化程度失地农民对征地满意程度最高，对此可能的解释是：一方面，这类失地农民掌握了实用性知识，而我国目前最为短缺的就是实用性技能人才，因此，他们更容易找到薪酬丰厚的工作，也就是征地对其收入影响相对较小；另一方面，这部分失地农民对生活的要求也比较务实，更容易知足，更能有效地适应被征地后的生活。

（4）劳动力占比与征地满意度成正比。

从调查结果来看，劳动力少于等于家庭人口 1/3 的家庭对征地的平均满意度为 2.45，劳动力大于 1/3、小于等于家庭人口 2/3 的家庭对征地的平均满意度为 3.21，劳动力大于家庭人口 2/3 的家庭对征地的平均满意度为 3.50。家庭劳动力占比越大，对征地平均满意度越高。

（5）（人均）家庭收入越多征地满意度越高。

家庭收入与被征地满意度呈现正相关的特征。月收入低于 500 元的失地农民平均满意度为 2.33，月收入高于 501 元低于 1000 元的失地农民平均满意度为 2.66，月收入高于 1001 元低于 3000 元的失地农民平均满意度为 3.07，月收入高于 3001 元低于 5000 元的失地农民平均满意度为 3.79，月收入高于 5001 元低于 7000 元的失地农民平均满意度为 4.56，月收入高于 7000 元的失地农民平均满意度为 4.94。从中可以看到，月收入超过 3000 元时，失地农民对被征地开始呈现满意的态度。

为剔除家庭人口对家庭收入的影响，以人均家庭收入作为结构性因素，考察与被征地满意度的关系。从调查结果来看，人均家庭收入也呈现正相关特征。

（6）转户农民的征地满意度较高。

户籍对征地满意度影响较大，拥有城镇户籍的平均满意度为3.88，远高于农业户籍或正在办理非农户籍的家庭。正在办理非农户籍的家庭平均满意度为2.83，农业户籍家庭满意度最低为2.68。

（7）区位对征地满意度无规律性影响。

失地农民家庭所在地对征地满意程度影响不大。在城中村的家庭对征地平均满意度为3.26，在城市近郊或城乡结合部的家庭对征地平均满意度为3.07，在城市远郊或农村的家庭对征地平均满意度为3.18。三者差别不大，地处城市近郊或城乡结合部的家庭对征地的满意度相对较低。

对此可能的解释是："城中村"由于特殊区位形成了高级差地租，因而能够获得高补偿，由此带来了相对较高的满意度；城市远郊或农村因为相对闭塞，农民生活要求较低，因此更容易知足；而城市近郊的农民则处于两者之间的尴尬地位。

（8）东部地区的征地满意度最高。

从东部、中部、西部三大地带的划分来看，东部地区的征地满意度均值最高，明显高于中西部地区。但值得注意的是，东部地区的满意度方差最大，这意味着，相对于中西部地区，东部地区的农民对征地的评价存在着较为显著的差异。

6.3.3　小结

综合400份问卷，失地农民对征地行为平均满意度为3.11，方差为3.77。这说明两点：一是农民的征地满意度较低，尚未达到中间水平，如果按打分计算的话，只有44分；二是不同背景下的失地农民对征地的评价存在着一定差异。

具体而言，需要对以下五类失地农民给予特别的关注，他们对征地的满意度评价较低（2.5分以下）：第一，中西部地区的失地农民；第二，处于最低收入阶层（家庭月收入低于500元）的失地农民；第三，高龄（71岁以上）失地农民；第四，低学历失地农民（小学及以下教育程度）；第五，劳动力占比较低的家庭（少于1/3）。

虽然征地的总体评分较低，但也有少数失地农民给予了相对积极的回答（3.7分以上）：第一，高收入的失地农民（月收入超过5000元）；第二，征地后转户的失地农民；第三，文化程度为大、中专的失地农民；第

四，东部地区的失地农民。并且，相对而言，80后和90后的新生代农民
对征地的满意度相对较高，这似乎也让我们看到了一些相对积极的因
素。

6.4 失地农民感受与征地的"短期福利"影响

接下来，本部分深入调查问题层面，详细了解农民对征地的主观评价和感
受。笔者将这种分析分为短期感受和长期感受两个方面。从调查的结果来看，
征地的长期福利影响好于短期（见表6-4）。

表6-4 征地对短期福利和长期福利的影响

指标	均值	方差
短期福利:征地行为的总体满意度	3.11	3.77
补偿安置整体满意度	3.135	3.776
征地是否公开透明	3.133	4.231
长期福利:征地后生活改善情况	4.105	2.728

6.4.1 短期福利的总体评价

我们首先来看所谓的"短期福利"问题，也就是农民对征地过程的评价。
接下来，本部分将就调查问卷的Ⅱ～Ⅳ部分进行系统的整理与分析，具体内容
包括：征地概况与总体看法；公共利益与征地用途；征地补偿与安置；征地程
序和农民自主。从调查结果来看，无论征地补偿安置，还是征地程序，都无法
得到失地农民的认同。

6.4.2 失地农民最关注和最不满意的问题

为了从"面上"了解被征地农民最关注哪些问题及哪些方面的工作不到
位导致了农民不满意，笔者进行了专门的调查。

（1）最关注的政策问题。

如表6-5所示，问卷要求调查对象从11个备选项中选出5个关注的政策
因素，然后对其按照1～5进行排序，其中1表示最为关注。为增强总体评价
的可比性，按照问卷设计，笔者将1～5的排序分别按照6、4、3、2、1进行
了赋值。

表 6 - 5 失地农民最关注的政策因素

排名	关注因素	得分
1	补偿水平高低	1434
2	补偿能否及时足额到位（会不会被基层政府和村委会不合理截留）	846
3	征地后能否解决社会保障问题（养老保障、最低生活保障等）	824
4	征地后能否解决就业问题	822
5	征地后能否解决公共服务问题（就医、子女上学、文化设施等）	788
6	补偿分配是否公平（是否存在本村组与外村组之间、本村组内部标准不一的情况）	617
7	征地后能否解决住房问题	567
8	得不到公正补偿时，是否有上诉渠道	366
9	征地后能否解决配套设施问题（水、电、气、暖、购物、放置农具等）	273
10	政府就征地问题是否征求了农民的意见，是否尊重农民的真实想法	148
11	是否符合公共利益（如是用于修建公路、学校等公共设施，还是用于房地产开发）	140

计算结果表明：村民最关注的政策因素前五位分别为，补偿水平高低；补偿能否及时足额到位（会不会被基层政府和村委会不合理截留）；征地后能否解决社会保障问题（养老保险、最低生活保障等）；征地后能否解决就业问题；征地后能否解决公共服务问题（就医、子女上学、文化设施等）。并且，这五项的分值明显高于其他选项。此外，补偿分配是否公平、征地后能否解决住房问题的关注度也显著高于后面的四项。

上述结果意味着什么呢？在失地农民生活水平普遍较低的情况下，农民对征地的关注显得非常"务实"。农民更关注自己能在征地后得到多少实惠，生活上会有什么样的变化。而对于征地过程是否公平透明、征地是否符合公共利益等"高层次需求"则关注相对较少。

（2）导致征地不满的主因。

从实际的征地结果来看，哪些因素是农民不满的主要原因呢？对此笔者结合以往的调查研究结论，以上述政策要素为基础设计了 10 个备选项：①征地行为不符合公共利益，政府和开发商成为最大受益者；②征地补偿水平太低，农民长远生计得不到保障；③征地补偿没有公平、透明、及时发放，存在分配不公的情况；④当地政府和干部非法挪用征地补偿资金；⑤征地后社会保障问题没有得到很好解决；⑥征地后就业没有着落；⑦征地后住房安置不合理；⑧征地后公共服务问题没有得到有效解决（就医、子女上学、文化设施等）；

⑨征地后配套设施不完善（水、电、气、暖、购物、放置农具等）；⑩征地过程缺乏透明度，征地方式粗鲁，农民得不到尊重，上诉无门（农民可以做多项选择）。

调查结果显示（见图6-1），征地补偿水平太低，农民长远生计得不到保障，是调查对象对征地不满意的最主要原因，在400个有效回答中，295人（近80%）的选中率明显高于其他选项，有143（近40%）人将其作为最主要原因。

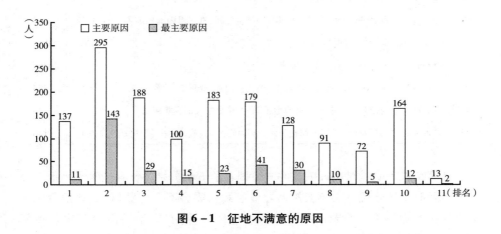

图6-1　征地不满意的原因

6.4.3　农民眼中的征地公益性

鉴于农民的知识水平有限，让农民直接去评价征地的公益性，恐怕难以得到有效的回答。为此，笔者进行了变通，对农民提出的问题是：对于不同用途的征地，您的态度如何？答案是从非常反对到非常支持（1~7）。调查结果如表6-6所示。

笔者选择了四种常见用途，并按照自己理解的"公益性"程度让农民依次

表6-6　失地农民对不同用途的"公益性程度"评价

态度（支持/反对）	均值	方差
出于公益目的征地,如国家重点工程、修路、建学校、建公立医院等	5.82	2.29
进行旧城改造、棚户区改造或者建设保障性住房	5.20	3.54
建设工业开发区、科技园区,推动地方招商引资	5.05	3.45
进行经营性开发,如开发房地产项目、建设商业中心	3.91	4.90

回答。结果基本验证了笔者的假说，其中有几点需要说明：

第一，失地农民对纯公益性征地的接受程度分歧最小。

第二，对于中间的两类用途，农民也表现出了较高支持率，显示了农民较高的公益性"容忍度"，但方差开始增大，显示了观点分歧的存在。

第三，对经营性用途的征地，农民的支持程度显著低于其他三项，且分歧较大。但即使是经营性开发，农民的支持程度得分也相对较高，这进一步验证了农民的高容忍度。

上述结果进一步验证了前文的结论，即生活水平较低的失地农民更关注补偿问题，而对是否符合公益并没有太强烈的意识和要求。除了物质上解释外，笔者还有一种解释，那就是农民的"土地权利意识"较弱，这也是前文所述集体土地长期有意模糊的必然结果。在本次调查中，笔者发现，有将近 1/3 的失地农民认为自己被征收的土地是"国家所有"。

6.4.4　征地补偿安置满意度

失地农民对征地补偿安置的总体满意程度均值为 3.14，方差为 3.78。失地农民对现有的征地补偿安置表现出不满意的态度，且与调查员实地调研汇报所反映的情况一致。

（1）货币补偿。

在不同地区，被征地农民所获得的货币补偿数额差别巨大：在补偿最高的北京市大兴区，这一数额普遍在 200 万元以上，最高金额为 400 万元；其他地区则从几万元到几十万元不等，在较低的安徽明光市，货币补偿额只有 2 万 ~ 3 万元。虽然所调查地区的征地规模不同，北京的征地面积较大，但上述差异还是初步反映了各地的补偿差别。

从调查结果来看，调研对象对征地补偿安置的满意度与获得补偿数额正相关。征地补偿款在 10 万元以上的失地农民，平均满意度为 5.11，方差为 3.28；征地补偿款在 1 万 ~ 10 万的失地农民，平均满意度为 3，方差为 4；征地补偿款在 1000 ~ 10000 元的失地农民，平均满意度为 2.69，方差为 3.04；征地补偿款在 1000 元以下的失地农民，平均满意度只有 2.15，方差为 1.13。

对农业用地的补偿能比较好地体现各地的征地补偿差异。根据笔者的调查，补偿最高的北京大兴为 9 万元/亩，贵州开阳则仅为 1.3 万元/亩。在同一个地方，不同时期的补偿差距巨大，在湖南常德的石门县，1994 年的农业用地的征收补偿标准仅为 1690 元/亩（少数回答仅为 500 元/亩），到了 2003 年前后，征地补偿标准上升为 1.8 万元/亩，到 2008 年进一步上调为 2.8 万元/亩。

此外，在支付方式上，失地农民获得补偿款的方式主要为一次性支付，55.5% 的失地农民一次性获得全部补偿费用。36.5% 的居民分期获得补偿款金额，只有 2.8% 的失地农民按照每年支付一次的方式领取征地补偿款。

（2）农民受偿意愿。

在本次问卷中，我们针对农业用地设置了征收"受偿意愿"问题。这种调查虽不能排除"漫天要价"的心理，但也能在一定程度上了解农民的诉求。

从回答的情况来看，如图 6-2 所示，调查对象认为的补偿款金额合理水平集中在 6 万~9 万元、9 万~12 万元、18 万~21 万元、50 万元以上四个标准。从本次调查情况来看，农民的受偿意愿与现有水平有一定正相关关系，但不十分显著；相对而言，受偿意愿与征地发生地区的房价正相关更为显著（见图 6-3）。

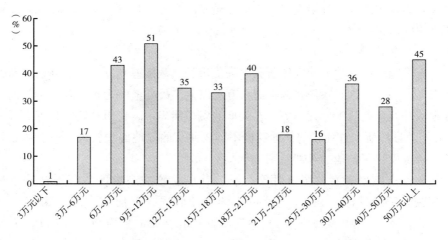

图 6-2　农民对"补偿款合理水平"（受偿意愿）的认识

（3）征地安置。

在征地安置方面，我们对三个主要方面进行了调查：社会保障（养老金、特殊医疗保险/补贴和生活补助）；就业（创业）安置；住房安置。调查结果如表 6-7 所示。

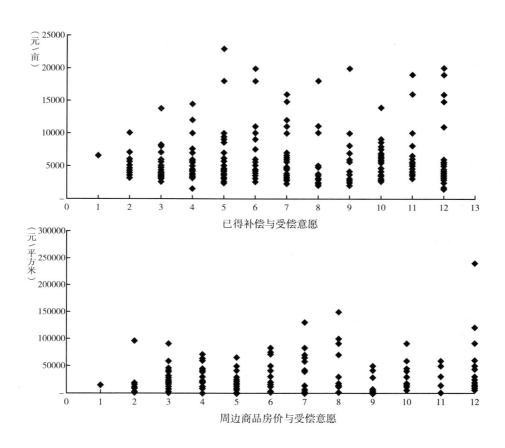

图 6 - 3　受偿意愿与已得补偿、周边房价的关系

表 6 - 7　政府征地安置的基本情况

政府是否向被征地者提供了以下帮助	是(%)	否(%)	不清楚(%)
特殊养老金(提供给超过一定年龄的失地农民)	11.75	64.75	23.50
特殊医疗保险/补贴(不包括新农合)	3.75	73.25	22.50
特殊生活补助	10.75	68.50	20.50
就业机会	7.50	81.50	10.75
就业指导与培训	7.50	81.75	10.25
鼓励自主创业	5.50	80.50	13.75
提供就业项目科技支持	5.75	81.25	12.00
提供安置住房	51.00	47.00	

政府是否向被征地者提供了以下帮助	是(%)	否(%)	不清楚(%)
提供安置房满意度	均值:3.38　方差:3.13		
安置住房不满意地方	频数		
(1)地段太偏	67		
(2)面积太小	75		
(3)担心房屋质量	113		
(4)房型户型不适用	50		
(5)整体产权交易难	51		
(6)抽签定房无选择	42		

在社会保障方面,政府针对失地农民采取的特殊保障措施并不多。失地农民所享有的保障与未失地农民普遍没有差别。但在浙江一些地方,政府为失地农民提供了特殊的养老金补贴。

在就业(创业安置)方面,情况甚至更糟。除了天津、北京、山东等地的部分农民反映获得了就业帮助外,其他一些地区普遍给出了否定回答。

在住房安置方面,超过一半的失地农民获得了安置住房。但是,失地农民对安置住房的满意程度不高。农民不满意的前三位因素分别是:担心房屋质量,占28.3%;面积太小,占18.8%;地段太偏,占16.8%。

实际上,在新宅基地(面积相当于原来的30%~50%)自建住房、在本村集中建设楼房(集体产权)、在附近城市(镇)集中建设楼房和货币补偿自主购房四个方案中,有近38%的人选择了自建住房。

(4)补偿公平。

除了补偿水平高低外,补偿的公平性也是影响失地农民满意度的重要因素。从调研结果来看,补偿不公问题比较突出。

农民对征地补偿公平度的评价得分为3.23分,在375个有效回答中,有212个给出了偏负面的回答(1~3分),也就是说,有56.5%的失地农民认为存在不同程度的补偿不公问题。其中,有100个回答分值为1,认为征地补偿"非常不公平",占26.6%。

接下来看一下失地农民对一些现象的评价。我们在问卷中提出了六个方面的问题,包括横向不公平和纵向不公平两个维度。从回答结果来看(见表6-8),失地农民对表中所列问题认同感较强。

表 6 – 8　农民对一些征地补偿现象的看法

单位：%

在您家征地过程中,是否存在以下情况	同意	不同意	说不准
先搬迁的人可能会吃亏	63. 25	28. 75	8. 00
当钉子户占便宜,老实人吃亏	71. 00	24. 00	5. 00
有关系的人能得到更好地补偿安置	81. 50	13. 00	5. 50
有钱有地位的人能得到更好地补偿安置	76. 75	17. 00	6. 25
不同村(组)补偿安置条件差别很大	67. 00	26. 75	6. 25
不同时期的补偿安置条件差别很大	82. 75	9. 75	7. 50

（5）集体留用补偿问题。

从调查结果来看，补偿资金的集体留用也未得到妥善处置。只有28.25%的调查对象知道村集体留用了部分补偿款，20.25%的调查对象知道村集体没有留用，48.75%的调查对象表示"说不清"。对村集体留用的具体比例，仅有5%的调查对象知道并能说出比例。仅有3.25%的村民表示知道村集体留用补偿款的具体用途。

对集体留用征地补偿款的做法，有超过半数的农民认为应该取消，完全发给农户，只有12.6%的农民认为应该提高或维持不变（见表6–9）。

表 6 – 9　失地农民对村集体留用征地补偿款的态度

单位：%

	提高	不变	降低	取消	说不好
占比	9. 0	3. 6	10. 4	52. 5	24. 5

对于在征地过程中是否存在违规挪用补偿资金问题，16.3%的人表示肯定，18.7%的人表示否定，另有65%的人表示说不清楚。从这个情况推算，违规挪用问题发生率可能会在30%以上。对于挪用的主体，从农民的回答来看（多选题），首先应该是个别村干部或村集体（村委会），两者合计占55%；其次是乡镇政府，占25.6%；县政府占比为19.4%。

6.4.5　征地程序与农民自主

征地冲突的主因并非只是补偿标准高低问题，还应当重视补偿程序的公正性（丁成日，2007）。在征地过程中，能否适当尊重农民的知情权、发言权和上诉权，是影响农民对征地满意度的重要方面。

从调查情况来看（见表6－10），失地农民对征地程序公开透明度的满意度较低（均值为3.133，方差为4.231）。对征地方面的法律和政策了解欠缺是造成上述问题的重要影响因素之一，该项回答的得分仅为2.91分（方差为3.48）。

表6－10　失地农民对征地程序的满意度

评分题	均值	方差
征地拆迁运作过程是否公开透明	3.133	4.231
对征地方面的法律及政策是否了解	2.91	3.48

（1）农民的知情权和参与权。

农民对征地法律政策普遍了解较少，均值仅为2.91。原因可能在于主、客观两个方面：一是农民自身的知识文化水平和信息搜集能力的限制；二是关于征地拆迁的法律法规和国家政策没有得到很好的宣传和推广。

在信息公开和民意征询方面问题也相当突出。例如，高达68%的失地农民反映，政府没有召开过村民大会征求意见或上门征求意见（见表6－11）。

表6－11　失地农民的知情权与参与权

单位：%

选择题	没有	有	不清楚
征地前是否发放宣传材料	58.50	40.00	1.50
是否看到过"征地公告"	47.50	51.25	1.25
村集体有没有召开村民大会征求意见	44.50	54.50	1.00
政府有没有召开村民大会征求意见或上门征求意见	68.00	30.00	2.00
是否看到过征地补偿方案	59.75	39.25	1.00

（2）征地拆迁方式。

征地拆迁人员的工作态度和征地拆迁方式也是影响征地矛盾变化的重要因素。总体而言，失地农民对征地工作人员太不满意（均值为3.31，方差为3.8）。

在征地实施方面，有 27%（108 个）的农民反映，在征地过程中发生过强制征地和野蛮拆迁行为。值得注意的是，108 个强制拆迁和野蛮拆迁回答均匀分布在东、中、西部 15 个省市，其中，东部地区 50 个，中部地区 28 个，西部地区 30 个。

在野蛮拆迁和暴力拆迁主体方面（多选题），政府被选中的频次最高，为 60 次；然后是村委会（村领导），为 34 次；项目开发企业也达到了 26 次。

（3）农民的发言权和上诉权。

在征地过程中，农民的发言权因为受到外界压力而难以充分表达（均值为 3.25，方差为 3.5）。农民不敢发言的主要压力来自多个方面（多选题）：一是害怕被政府制裁（153 次）；二是害怕遭到恶势力报复（149次）；三是害怕得罪村干部（117 次），而害怕得罪开发企业不是主因（56次）。

如果农民对征地做法不满，会采取什么做法呢？笔者设计了七个可能的备选项（多选题）：①忍气吞声，听从村集体和政府安排；②出面与本地乡镇政府反映、协商；③去上级政府部门上访、举报；④去法院起诉，用法律保护自己；⑤通过网络或媒体曝光，争取社会支持；⑥与政府对抗，充当钉子户；⑦其他（见图 6-4）。

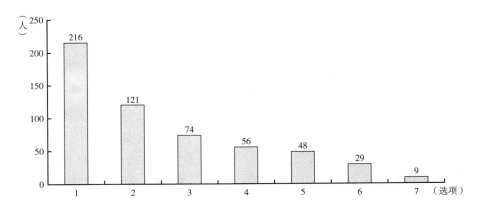

图 6-4　对征地不满时农民可能采取的做法

调查结果显示，选择最多的就是忍气吞声，听从村集体和政府安排；其次是出面与本地乡镇政府反映、协商。另有 29 人次选择了充当钉子户。

"上访"是中国特色的行政争议解决方式。在征地过程中，上访能发挥什么作用，农民对它的态度如何呢？对此，问卷以"嵌套"问题的方式进行了分析。

第一，上访是农民经常想到的上诉方式。在352个有效回答中，有131个回答想到过上访，占37.2%。

第二，遗憾的是，对于那些想到上访的农民而言，对于上访的效果普遍不太信任，只是在无奈的情况下去试一试（评分仅为2.81）。

第三，所谓"越级上访"问题十分突出，在116个有效回答中，有62个选择直接去地市以上级别政府上访，占53.4%（见图6-5）。很明显，这说明这些农民缺乏对本级政府的信任。

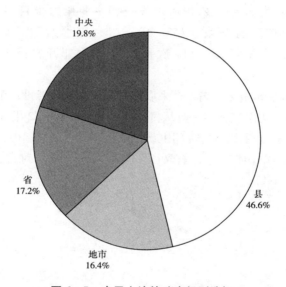

中央
19.8%

县
46.6%

省
17.2%

地市
16.4%

图6-5　农民上访的政府级别选择

第四，如果农民想到上访，会首选哪个部门呢？通过调查发现，县委县政府（区委区政府）和信访部门是两个主要选择（见图6-6）。

第五，对于上访组织方式的选择，绝大多数农民倾向于集体上访。根据本次调查，在想到上访的农民中，超过82%的农民选择集体上访。除了"从众心理"以外，对此的一种解释恐怕就是农民害怕单独上访遭到不公待遇。

第六，"想到"和"做到"还是两个概念，在123个想到上访的回答者中，只有24个真正实施了上访，仅占19.5%。这与前面"忍气吞声"的选择是一致的。

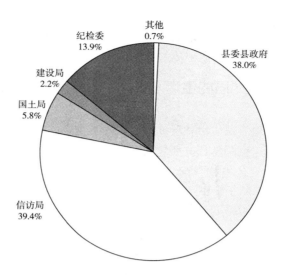

图6-6 农民上访时对政府部门的选择

第七，那么，对于这些实施上访的农民而言，他们如何评价上访效果呢？遗憾的是，上访农民普遍认为效果很差（仅为1.76分），上访并没有能维护自己的合法权益。原因就在于政府普遍没有作出处理（占76%），最终往往不了了之；在5个回答"作出处理"的农民中，仅有1个回答政府处理及时。

除了政府上访渠道外，法院也应该是维护农民权益的重要机构。对此，本次问卷调查也有涉及。从回答结果来看，农民对法院的期待程度要弱很多：第一，在359个有效回答中，仅有63个回答想到去法院起诉，仅占17.5%；第二，在79个有效回答中，仅有10个真正向法院提起了诉讼，占12.7%；第三，在10个提起诉讼的案例中，法院受理了4个，占40%。

（4）委托代理与乡村治理。

在征地补偿过程中，村集体（村委会）和村干部发挥了重要作用。他们扮演着"双重代理人"角色，接受农民和上级政府的双向委托。

对于村集体和村干部能否"代表全体村民诉求，为大家争取合理利益"，回答者给出了偏负面的评价，分值为3.35，但同时方差也较大，这说明不同地区、不同的村集体作用或农民看法不一。

农民不太相信"村干部在处理征地补偿安置问题时做到了公正"（3.26分）。值得注意的是，征地补偿的公正程度与村干部的选举方式存在着一定关系。在对村干部补偿公正性偏肯定的 97 个评价中（5 ~ 7 分），有 62 个回答村干部是村民民主选举产生的，众望所归。

6.5 失地后的生活与征地 "长期福利" 影响

征地之后，失地农民生活状况如何，农民感觉自己的生活是大不如前，还是显著改善了呢？ 这就是本部分所定义的长期福利变化。

现代财政学之父理查德·阿贝尔·马斯格雷夫（Richard Abel Musgrave）曾经在 1957 年的《预算决定的多重理论》（*A Multiple Theory of Budget Determination*）中提出优值品（merit goods）概念，它是指消费者评价低于合理评价的产品和服务，如基础教育、汽车安全等，因此，政府有必要通过干预个人偏好的政策使得优值品配置达到最优。例如，一个人可能不喜欢上学，但政府和家长知道上学的长远意义，因而会强制孩子读书，而孩子在学有所成并获得回报后可能会感激家长的管教行为。

将上述概念套用到征地问题上来，几个月到几年的征地过程虽然在短期内会让失地农民感到煎熬和痛苦，但农民失地后的生活是否会在城市化和工业化推进的同时得到改善呢？ 如果答案是肯定的，那么，征地就类似于一种优值品，它使得农民虽然在被征地时抵抗，但失地后得到了各种保障和妥善安置，并在很大程度上享受了现代城市文明之果。接下来，笔者结合问卷调查结果对此进行分析。

6.5.1 征地对家庭整体生活带来积极影响

与短期福利的评价不同，从总体评价来看，农民对于征地后的生活给予了相对积极的评价，分值为 4.105，显著高于 3.11 的征地短期福利影响评价。此外，对于征地长期福利影响的方差仅为 2.728，同样小于短期评价的方差，这说明，失地农民对此的看法比较一致。

如何看待这一结果，是不是意味着征地真的具有前文所述优值品的某些特征呢？ 笔者认为，下此结论应当谨慎。原因在于以下几个方面：

第一，由于本次调查不是严格按照抽样方法进行的，因此，综合起来的评价结果可能会存在误差。

第二，对家庭生活状况影响的因素很多，农民可能难以区分哪些是征地的影响，哪些来自其他因素。近年来，我国的农民收入增长速度还是很快的，在社会保障、公共服务、生活便利性等方面，农民生活也有了显著改善。这些都是我国经济社会发展的成果，即使没有征地，农民可能也会享受到，但在评价征地的长期福利影响时，农民可能将其都归因于征地。

　　分地区情况来看，对于征地后生活改善情况，东部地区满意度最高，西部地区其次，中部地区最低，如表 6 - 12 所示。

表 6 - 12　分地区评价性指标满意度情况

因素	东部		中部		西部	
	均值	方差	均值	方差	均值	方差
短期:征地行为的总体满意度	3. 70	4. 14	2. 37	1. 95	2. 37	2. 43
长期:征地后生活改善情况	4. 34	2. 83	3. 77	2. 18	3. 81	2. 65

　　从生活不同方面的评价结果来看，如表 6 - 13 所示，农民感觉在生活硬件设施条件、家庭居住条件、公共服务状况（医疗、教育、文化等）、社会治安状况、社会融入情况方面改善相对明显（4.5 分以上）。评价较低的主要是家庭生活成本、劳动力就业、空气质量与噪声污染、失地心情、城市生活态度（3.7 分以下）。

表 6 - 13　征地后农民生活状况概览

态度	均值	方差
家庭经济状况		
您家的收入状况有何变化	3. 9923	2. 4475
您觉得家庭日常生活成本如何变化	3. 3495	2. 6678
您家的消费水平有何变化	4. 2225	2. 4196
您家的劳动力就业状况	3. 5902	3. 059
生活环境状况		
您家的居住条件有何变化	4. 5918	2. 4059
您觉得生活的硬件条件(交通便捷度、购物设施等)有何变化	5. 1403	2. 8166
公共服务状况(医疗、教育、文化等)较以前如何变化	4. 7704	2. 3512
您居住新区的社会治安状况较以前如何变化	4. 3261	2. 3933
空气质量状况	3. 6719	2. 7415
噪声污染情况	3. 5373	3. 078
自然景观状况	3. 9938	3. 20
情感变化与社会融入		
失去土地后,你的心情有何变化	3. 3205	3. 5808
对于进入城市生活还是留在农村,您的态度是	3. 5269	3. 932
您的家庭关系较以前如何变化	4. 3913	2. 4285
觉得自己在新社区的社会融入情况如何	5. 151	2. 9666

态度	均值	方差
农业生产状况		
如果村集体对剩余土地进行了重新分配,该分配是否公平合理	4.1183	3.6169
是否还愿意从事农业生产	4.4425	4.0524
是否掌握农业生产技能和技术	4.6744	3.3204

6.5.2 征地对家庭经济状况带来不利影响

在本地调查中,笔者用家庭收入、支出、消费、就业指标衡量家庭经济状况。

(1) 总体情况。

通过调查发现,征地后的家庭经济状况总体趋向不利。具体而言:

首先,从收入方面来看,征地对家庭收入的影响不大。家庭收入变化指标的评分为3.9923,基本上等于4,代表前后无差异。该指标的方差较小,说明这种情况差异不大。

其次,从支出方面来看,农民给予了家庭生活成本变化负面评价。该指标得分为3.3495,代表生活成本趋于上升,方差为2.6678,说明具有一定普遍性。

再次,从就业方面来看,失地后的农民就业状况也总体恶化。该指标得分为3.5902,但方差相对较大,说明存在一定差异。

最后,值得注意的是,从农民回答来看,消费水平有一定改善。该指标得分为4.2225,而方差较小,说明情况较为普遍。

(2) 消费水平提高的背后。

一方面是就业压力和生活成本压力,另一方面是收入水平没有变化,但消费水平却提高了,如何解释这一差异呢?笔者分析,影响因素有三个:

第一,理论上,消费水平提高指的是家庭所消费的产品和服务的增加及质量改善,但消费水平往往是用货币衡量的,与家庭日常支出成本是比较接近的概念,因此,一部分回答者会认为支出增加了,就是消费水平提高了,这是一种"货币幻觉"。

第二,在城市化过程中,失地农民及其子女的消费方式肯定会受到城市消费理念和消费便捷度的影响,因此,真实消费增加应该也是必然的。

第三,在收入没有增加,就业状况趋向恶化的情况下,那么,增加消费的货币应该是来自"存量",也就是说,一部分消费是靠征地补偿推动的,有"坐吃山空"嫌疑。

如果是最后一个因素起主导作用的话,情况可能就不容乐观了。这说明,农民失地后的生活改善恐怕缺乏坚实的经济基础,因而是难以持续的。

6.5.3 征地后的生活环境有所改善

环境变化也是影响农民对生活状况评价的重要因素。为此,本次调查针对居住条件、硬件设施、公共服务、社会治安及自然环境等方面的变化进行了调查。

(1) 总体状况。

通过调查发现,生活环境改善是农民长期福利变化的最显著方面。具体而言:

第一,农民的居住条件有一定改善。尽管"被上楼"的过程可能不那么愉快,但从结果来看,农民较普遍的反映是居住条件有一定改善。在 393 个有效回答中,有 70 个给出了偏负面评价(1~3 分),121 个给出了中性评价(4 分),202 个给出了积极评价(5~7 分)。

第二,软硬件设施的改善显著。相当多的农民反映,征地后交通更为便捷,购物更为方便。公共服务改善也比较明显,社会治安状况也有一定改善,且农民对此的看法比较一致。

(2) 值得重视的环保问题。

在生活环境方面,农民给予的消极评价都集中在环保方面。空气质量、噪声污染问题较为突出,得分接近 3.7 分。对于自然景观的认识存在的分歧相对较大,可能是因为相当一部分农民更喜欢自然的田园风光。

6.5.4 失地农民的"乡土情结"

由于福利是一种幸福感,因而包含不可量化的情感价值。虽然这不是经济学研究的重点,但本次调查还是设计了四个问题,涉及个人情感、家庭情感和社会情感三个方面。

(1) 总体状况。

从回答情况来看,社会情感变化优于家庭情感变化,家庭情感变化优于个人情感变化。具体而言:

第一,社会融入方面情况较好。由于本次调查以"集中调查"为主,186 个失地后进入新社区集中居住的农民,仍然生活在原有"社群"中,因此,社会交往关系的变化并不大。因此，只有 29 个给予了负面评价（1~3 分），22 个是中性评价（4 分），另有 123 个给出了正面评价（5~7 分）。

第二，家庭关系略有改善。从调查结果来看，总体而言，征地没有引起家庭内部矛盾激化，和睦程度反而较以往略有提高。这与城市房屋征收拆迁中广泛出现的家庭矛盾激化现象形成了鲜明对照。对此，笔者提出了两个解释性假说：一是在征地过程中，家庭成员要群策群力，团结一致，因而深化了彼此的感情；二是农地征收补偿的水平较低，而在城市高额征收补偿对家庭的重要性大大提高。

第三，失地农民有较强失落感。问卷调查显示，农民在失地后的心情变化取向负面（3.32 分），但方差较大，说明存在一定差异。

（2）关注农地的"情感价值"。

对农村土地（及住宅）而言，除了具有粮食安全价值、生态价值和社会保障价值外，它还承载着独特的情感价值，承载着农民的人生记忆与酸甜苦辣。

农民的情感失落还来自对乡村生活方式的青睐，由于本次调查的年龄结构特点（70% 以上超过 40 岁），被调查者更喜欢农民自由自在的生活方式。从图 6-7 可以看出，随着被调查者年龄的增大，失地后的心情就越糟糕。

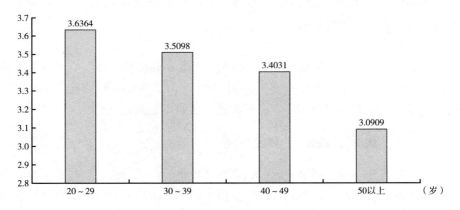

图 6-7　不同年龄农民失地后的心情变化

6.5.5　征地后的农业生产情况较好

对于部分失地的农民而言，征地后还要继续从事农业生产。征地后的剩余土地分配及农业生产状况也是影响农民收入和生活满意的重要方面。

剩余土地分配总体公平。在本地调查中，大约有 67% 的失地农民回答被征地后仍有剩余土地。但仅有 32% 的农民回答说村集体对剩余土地进行了重新分配。对于这些剩余土地分配的公平性，农民给予了较为肯定的回答，平均分值为 4.12。

由于本次调查以 40 岁以上农民为主（其中 50 岁以上占 38%），因此，农民对于农业生产技术的掌握情况较好（得分为 4.67，方差为 3.32），并且比较乐意从事农业生产（得分为 4.44，方差为 4.05），但对于两个问题，农民的评价差异较大。

6.6　计量模型分析

为深入分析不同的"结构性因素"和"评价性指标"对"征地满意度"的影响（实际包含短期福利影响和长期福利影响），接下来，本部分进行简单的计量分析。

6.6.1　变量选取及模型概述

（1）变量选取。

本部分以征地满意度作为被解释变量，解释变量分为两类：一类是结构性因素；另一类是评价性指标（见表 6 - 14）。

第一，结构性因素。结构性影响因素包括地区差异、性别、年龄、劳动力占比、家庭收入、人均家庭收入、家庭所在地、户籍类型和学历九个因素。考虑到家庭收入和人均家庭收入的相关性为 0.924，具体模型中只选择一个变量作为解释变量。

第二，评价性指标。指标性影响因素包括公益性征地态度、补偿安置整体满意度、补偿安置是否公平、征地是否公开透明、政策了解情况、村干部是否公正无私和征地后生活改善情况七项因素。

（2）模型概述。

由于本次调查得到的结果属于截面数据，因此本部分采用 OLS 方法对模型进行估计。结构性因素对解释变量的影响属于线性影响，且结构性影响因素之间存在完全的替代性。

指标性影响因素与被解释变量同属于主观效用指标。指标性影响因素对整体征地满意度可能存在互补和替代效应。考虑到家庭收入（X_5）和人均家庭收入（X_6）之间的替代性，故可以考虑如下六种模型：

表 6 – 14 征地满意度模型的变量说明

变量类型	变量含义	变量表示	对应问卷题目
被解释变量	征地满意度	Y	2.07
结构性因素	地区差异(非中部 = 0,中部 = 1)	X_1	基本信息
	地区差异(非西部 = 0,西部 = 1)	X_2	基本信息
	性别(男 = 0,女 = 1)	X_3	1.01
	劳动力占比	X_4	1.04
	家庭收入	X_5	1.06
	人均家庭收入	X_6	1.04 及 1.06
	家庭所在地(城市近郊或城乡结合部 = 1,否 = 0)	X_7	1.07
	家庭所在地(城市远郊或农村 = 1,否 = 0)	X_8	1.07
	户籍类型(农村居民 = 1,否 = 0)	X_9	1.08
	户籍类型(正在办理转换 = 1,否 = 0)	X_{10}	1.08
	学历(初中 = 1,否 = 0)	X_{11}	1.03
	学历(高中 = 1,否 = 0)	X_{12}	1.03
	学历(中专 = 1,否 = 0)	X_{13}	1.03
	学历(大专 = 1,否 = 0)	X_{14}	1.03
	学历(本科及以上 = 1,否 = 0)	X_{15}	1.03
	年龄	X_{16}	1.01
指标性因素	公益性征地态度	X_{17}	3.03
	补偿安置整体满意度	X_{18}	4.01
	补偿安置是否公平	X_{19}	4.17
	征地是否公开透明	X_{20}	5.01
	政策了解情况	X_{21}	5.02
	村干部是否公正无私	X_{22}	5.16
	征地后生活改善情况	X_{23}	6.01

$$Y = X_1 + X_2 + X_3 + X_4 + X_5 + X_7 + X_8 + X_9 + X_{10} + X_{11} + X_{12} + X_{13} + X_{14} + X_{15} + X_{16} + X_{17} + X_{18} + X_{19} + X_{20} + X_{21} + X_{22} + X_{23} \tag{6.1}$$

$$Y = C + X_1 + X_2 + X_3 + X_4 + X_5 + X_7 + X_8 + X_9 + X_{10} + X_{11} + X_{12} + X_{13} + X_{14} + X_{15} + X_{16} + X_{17} + X_{18} + X_{19} + X_{20} + X_{21} + X_{22} + X_{23} \tag{6.2}$$

$$Y = X_1 + X_2 + X_3 + X_4 + X_6 + X_7 + X_8 + X_9 + X_{10} + X_{11} + X_{12} + X_{13} + X_{14} + X_{15} + X_{16} + X_{17} + X_{18} + X_{19} + X_{20} + X_{21} + X_{22} + X_{23} \tag{6.3}$$

$$Y = C + X_1 + X_2 + X_3 + X_4 + X_6 + X_7 + X_8 + X_9 + X_{10} + X_{11} + X_{12} + X_{13} + X_{14} + X_{15} + X_{16} + X_{17} + X_{18} + X_{19} + X_{20} + X_{21} + X_{22} + X_{23} \tag{6.4}$$

$$\log Y = X_1 + X_2 + X_3 + X_4 + X_5 + X_7 + X_8 + X_9 + X_{10} + X_{11} +$$
$$X_{12} + X_{13} + X_{14} + X_{15} + X_{16} + \log X_{17} + \log X_{18} + \log X_{19} + \quad (6.5)$$
$$\log X_{20} + \log X_{21} + \log X_{22} + \log X_{23}$$

$$\log Y = X_1 + X_2 + X_3 + X_4 + X_6 + X_7 + X_8 + X_9 + X_{10} + X_{11} +$$
$$X_{12} + X_{13} + X_{14} + X_{15} + X_{16} + \log X_{17} + \log X_{18} + \log X_{19} + \quad (6.6)$$
$$\log X_{20} + \log X_{21} + \log X_{22} + \log X_{23}$$

6.6.2 计量结果

应用 Eviews 7.0 软件，对上述模型进行估计。得到计量结果如表 6 – 15 所示。从计量结果来看，所有模型均不存在自相关性，且模型可决系数较高。从模型显著性系数来看，选取计量模型（1）比较适合①。

表 6 – 15 计量分析结果

变量表示	计量模型（1）	计量模型（2）	计量模型（3）	计量模型（4）	计量模型（5）	计量模型（6）
C		0.388469 (0.4873)		0.472995 (0.3979)		
X_1	− 0.47392 *** (0.0078)	− 0.48543 *** (0.0068)	− 0.4718 *** (0.0069)	− 0.4881 *** (0.0055)	− 0.13853 ** (0.031)	− 0.141111 ** (0.0265)
X_2	− 0.312132 * (0.0538)	− 0.328891 ** (0.0447)	− 0.339612 ** (0.0331)	− 0.362088 ** (0.0251)	− 0.14743 ** (0.0117)	− 0.1574 *** (0.0067)
X_3	0.004058 (0.9764)	− 0.000497 (0.9971)	0.018939 (0.8886)	0.011703 (0.9312)	0.018343 (0.7112)	0.016088 (0.7447)
X_4	0.48365 * (0.0675)	0.4236 (0.1281)	0.417147 (0.1079)	0.345732 (0.2051)	0.170459 * (0.0784)	0.165728 * (0.0834)
X_5	0.0000112 (0) ***	0.0000113 (0) ***			0.00000431 (0) ***	
X_6			0.0000412 (0.0001) ***	0.0000408 (0.0001) ***		0.000016 (0) ***

① 模型（1）包含1%显著变量6个，5%以下显著变量4个，10%以下显著变量3个，共计13个。模型（2）包含1%显著变量6个，5%以下显著变量3个，10%以下显著变量3个，共计12个。模型（3）包含1%显著变量5个，5%以下显著变量4个，10%以下显著变量3个，共计12个。模型（4）包含1%显著变量5个，5%以下显著变量2个，10%以下显著变量5个，共计12个。模型（5）包含1%显著变量4个，5%以下显著变量5个，10%以下显著变量4个，共计13个。模型（6）包含1%显著变量5个，5%以下显著变量3个，10%以下显著变量4个，共计12个。

续表

变量表示	计量模型（1）	计量模型（2）	计量模型（3）	计量模型（4）	计量模型（5）	计量模型（6）
X_7	0.6194 ** (0.0164)	0.5220 * (0.0755)	0.5986 ** (0.0191)	0.482035 * (0.0966)	0.15892 * (0.088)	0.161102 * (0.0829)
X_8	0.558645 ** (0.0387)	0.45995 (0.1318)	0.512505 * (0.056)	0.39418 (0.1924)	0.144425 (0.1388)	0.138175 (0.1577)
X_9	−0.240909 * (0.0768)	−0.259788 * (0.0616)	−0.23049 * (0.0875)	−0.253092 * (0.0659)	−0.09178 * (0.063)	−0.09292 * (0.0601)
X_{10}	−0.243555 (0.4519)	−0.253813 (0.4339)	−0.26859 (0.4135)	−0.282273 (0.3908)	0.003691 (0.975)	−0.013073 (0.9139)
X_{11}	0.092917 (0.5251)	0.054228 (0.729)	0.147229 (0.3121)	0.100174 (0.5205)	0.050098 (0.3449)	0.069575 (0.1928)
X_{12}	0.011314 (0.9534)	−0.046393 (0.8259)	0.026766 (0.89)	−0.041103 (0.8445)	−0.031204 (0.6576)	−0.025724 (0.7175)
X_{13}	0.25941 (0.4001)	0.196413 (0.5413)	0.37793 (0.2166)	0.302495 (0.3424)	0.047435 (0.6699)	0.093571 (0.4015)
X_{14}	0.228361 (0.5621)	0.166231 (0.6809)	0.333914 (0.3475)	0.255402 (0.487)	0.041021 (0.7754)	0.074548 (0.5695)
X_{15}	−0.46907 (0.2139)	−0.563814 (0.1604)	−0.339109 (0.3689)	−0.446793 (0.2623)	−0.188554 (0.1708)	−0.147611 (0.2887)
X_{16}	−0.007387 (0.1039)	−0.010001 * (0.0904)	−0.006806 (0.1257)	−0.00994 * (0.0862)	−0.003675 ** (0.0238)	−0.003427 ** (0.0331)
X_{17}	−0.010205 (0.7236)	−0.011128 (0.7002)	−0.01535 (0.5919)	−0.016665 (0.5614)	−0.013781 (0.6499)	−0.018888 (0.5345)
X_{18}	0.2911 *** (0)	0.2893 *** (0)	0.2900 *** (0)	0.2878 *** (0)	0.3074 *** (0)	0.2976 *** (0)
X_{19}	−0.058511 ** (0.0462)	−0.06843 ** (0.0363)	−0.049425 * (0.0913)	−0.061651 * (0.0593)	−0.061066 * (0.0808)	−0.055666 (0.1161)
X_{20}	0.092003 ** (0.0361)	0.089356 ** (0.0427)	0.101922 ** (0.0214)	0.098553 ** (0.0268)	0.108593 ** (0.0161)	0.111698 ** (0.0152)
X_{21}	0.1149 *** (0.0068)	0.1126 *** (0.0082)	0.085091 ** (0.0436)	0.082474 * (0.0511)	0.095713 ** (0.0142)	0.073617 * (0.0624)
X_{22}	0.1844 *** (0.0001)	0.18585 *** (0.0001)	0.1936 *** (0)	0.1953 *** (0)	0.1968 *** (0)	0.2068 *** (0)
X_{23}	0.18998 *** (0.0001)	0.1865 *** (0.0001)	0.204 *** (0)	0.1998 *** (0)	0.2172 *** (0)	0.2284 *** (0)
计量结果	$R^2 = 0.6693$ D. W = 2.14	$R^2 = 0.6698$ D. W = 2.13 F = 32.92	$R^2 = 0.6567$ D. W = 2.10	$R^2 = 0.6573$ D. W = 2.086 F = 32.79	D. W = 2.14	D. W = 2.14

注：括号内为 P 值，*** 表示 1% 内显著，** 表示 5% 内显著，* 表示 10% 内显著。

接下来，我们剔除计量模型（1）不显著变量 X_8，以及 X_7 和 X_9 后，计量模型在 5% 水平下显著，且模型不存在异方差问题，（见表 6 – 16）。

表 6 – 16 计量模型确定

变量	指标含义	计量模型（1）	计量模型（2）	计量模型（3）
X_1	地区差异	– 0. 441216 *** (0. 0095)	– 0. 413872 ** (0. 0143)	– 0. 389801 ** (0. 0181)
X_2	地区差异	– 0. 384768 * (0. 0103)	– 0. 314354 ** (0. 0248)	– 0. 340896 ** (0. 0144)
X_4	劳动力占比	0. 470978 * (0. 0701)	0. 530789 ** (0. 0384)	0. 481389 * (0. 0509)
X_5	家庭收入	0. 0000106 *** (0)	0. 0000106 *** (0)	0. 0000108 *** (0)
X_7	家庭所在地	0. 395307 * (0. 0715)	0. 158435 (0. 2031)	
X_8	家庭所在地	0. 299972 (0. 1892)		
X_9	户籍类型	– 0. 22773 * (0. 0735)	– 0. 17581 (0. 1461)	
X_{18}	补偿安置整体满意度	0. 296153 *** (0)	0. 29872 ** (0)	0. 299428 *** (0)
X_{19}	补偿安置是否公平	– 0. 063698 ** (0. 0244)	– 0. 054124 ** (0. 0478)	– 0. 056946 ** (0. 0216)
X_{20}	征地是否公开透明	0. 094536 ** (0. 0284)	0. 09603 ** (0. 0261)	0. 097001 ** (0. 0246)
X_{21}	政策了解情况	0. 108241 *** (0. 0079)	0. 106867 *** (0. 0087)	0. 106037 *** (0. 0094)
X_{22}	村干部是否公正无私	0. 180989 *** (0. 0001)	0. 187167 *** (0)	0. 190434 *** (0)
X_{23}	征地后生活改善情况	0. 177612 *** (0. 0001)	0. 197477 *** (0)	0. 1994 *** (0)
计量结果		$R^2 = 0. 6623$ D. W = 2. 12	$R^2 = 0. 6607$ D. W = 2. 12	$R^2 = 0. 6575$ D. W = 2. 11

注：括号内为 P 值，*** 表示 1% 内显著，** 表示 5% 内显著，* 表示 10% 内显著。

6.6.3 小结

（1）结构性因素影响。

从模型最终结果来看，结构性影响因素中，地区差异、家庭收入和劳动力占比对征地整体满意度有显著性影响，其他结构性指标的影响不显著。

地区差异是显著性指标。中部地区比东部地区平均满意度低 0. 39，西部地区比东部地区低 0. 34。从地区差异指标来看，西部地区好于中部地区。我国征地对农民福利的影响呈现"两头高，中间低"的特点。

劳动力占比的影响为 0.4814，对整体满意度较为显著。

家庭年收入每千元对满意度的影响为 0.108。

（2）指标性影响因素影响。

指标性影响因素，除公益性征地态度不显著，其他因素均显著。但以下三项对失地农民满意度影响程度最大：

第一，补偿安置整体满意度对征地满意度的影响程度最高，为 0.2994。

第二，征地后生活改善情况的影响为 0.1994。

第三，村干部是否公正无私的影响为 0.1904。

相比较来看，征地是否公开透明和政策了解情况对征地满意度的影响较低。这不同于刘祥琪等（2012）"程序公正先于货币补偿"的观点。

6.7 本章小结

本章结合笔者组织的征地问卷调查分析了农民对征地行为的满意度及其决定因素。在这个过程中有一些创新和发现，具体而言，包含以下几方面。

（1）调查方法创新。

作为以征地为主题的专项问卷调查，本次活动具有四个特点：一是数量较大，以往的征地调查问卷规模在 200 ~ 300 份以内，本次调查回收有效问卷达到了 400 份；二是覆盖面广，以往调查多是在一个地区或一个省内进行的，本次调查则涵盖了东、中、西三大地带，16 个以上的省份；三是内容综合全面，以往的征地调查普遍是就征地公益性、补偿安置和征地程序等提出几个典型问题，本次调查则设计了 77 个问题，既有结构性指标（客观指标），也有大量评价性指标（主观指标）；四是主观评价易于统计分析，在以往的征地问卷调查中，主观评价题多以"选项题"为主，本次调查采用世界经济论坛（WEF）的"七分制"评价方法，笔者认为，这有利于提高分析的准确性。

（2）分析框架创新。

笔者将征地对农民福利的影响分为短期和长期两类，前者是指农民对征地行为的整体满意度评价，后者是指征地对农民家庭生活影响评价。农民对征地的短期福利评价和长期福利评价之间也存在着相互影响。

在福利内涵方面，笔者借鉴森的可行能力理论框架和国内已有的研究，尽量做到全面系统，将福利看做多种功能（functioning）或能力（capability）的集合。在本次调查中，笔者分析的功能性指标涉及家庭经济状况（收入、支出、消费等）、就业状况、居住条件、自然环境、社会保障、公共服务、心理因素等多个方面。在本章中，它们主要体现为评价性指标。

在征地过程中，同样的政策措施，对于不同的农民而言，影响肯定存在差异，而这也是问卷调查的意义所在，问卷调查就是要在这些差异中找到一些规律和共识。这些带来差异性的方面，被森定义为转换性因素（conversion factors）。在本次调查中，笔者也选取了大量转换性指标，在本章中它们主要体现为结构性指标，具体包括家庭（人口）结构、地区（区位）差异、土地资源差异等。

总之，长期和短期、功能与结构，构成了本次问卷调查分析框架的两个主要维度。

（3）调查结果总结。

从结果上看，农民对征地的短期福利影响评价显著低于长期福利影响评价。前者的评价分值为 3.11，后者分值为 4.11，并且，对于后者的评价结果较为统一，方差仅为 2.73，而前者则达到了 3.77。这似乎意味着，虽然征地过程可能是痛苦的，但征地最终还是让农民的生活状况略有改善（超过了 4 分的中间评价）。笔者认为，由于调查统计方面的问题及评价对象模糊，对此结果应保持谨慎乐观态度。

回到征地行为本身，我们接下来总结一下征地对短期福利的影响。在结构性指标方面，所在地区、年龄结构、学历因素、家庭收入（人均家庭收入）、户籍类型和劳动力占比，都对征地满意度产生较大影响。

第一，东部地区满意度较高（见表 6 - 17）。补偿标准较低和征地操作不规范，造成中西部地区失地农民对征地的评价较低。

表 6 - 17　评价性指标与征地短期福利的相关系数

影响因素	整体	东部	中部	西部
公益性征地态度	0.1971	0.333	0.169	0.247
补偿安置整体满意度	0.6783	0.707	0.645	0.4359
征地是否公开透明	0.6264	0.711	0.273	0.373
征地后生活改善情况	0.5629	0.655	0.436	0.3006

第二，年龄与征地短期福利变化负相关。征地对新生代农民的影响相对较小。

第三，学历与征地整体满意度呈现倒"U"形分布关系。学历为高中、中专和大专的失地农民受征地影响较少。

第四，家庭收入与征地福利正相关。征地时需要更多地关注低收入、弱势农民。

第五，劳动力占比与征地满意度呈正相关关系。这可能与劳动力较多家庭非农收入较高有关，因此，征地影响相对较低。

第六，征地后转户的农民对征地的满意度较高。如果将"转户"看做农民市民化，那么，征地后的城市融入是影响农民征地评价的重要因素。

在评价性指标方面，从计量分析结果来看，征地补偿水平是影响农民征地满意度的最主要指标，其次是征地程序公开透明，而公益性判断相对居于次要地位。

第一，尽管农民对征地公益性的"容忍度"较高，但农民为公益而作出必要利益牺牲的态度，对征地满意度影响系数不是很高。

第二，补偿安置状况好坏是影响农民满意度的最重要方面，在现阶段，征地制度改革还是应将补偿安置作为重点。

第三，征地满意度很大程度上也受到征地过程是否公开透明的显著影响，这意味着，在同等征地补偿条件下，通过完善征地程序也能缓和征地矛盾。

第四，由于征地的短期福利评价是一种事后评价，中间要间隔一段时间，因此征地后的生活改善情况（长期福利），可能也是影响农民对征地作出评价的重要因素。

第7章 中国农地转用制度改革探索与思路

7.1 本章引言

"制度提供了人类相互影响的框架，它们建立构成了一个社会，或更确切地说一种经济秩序的合作与竞争关系"。"制度变迁"是指"制度创立、变更及随着时间变化而被打破的方式"（诺斯，1994）。土地制度改革的目的就是要通过打破旧制度、建立新制度打造一种新型的社会合作与竞争关系。

对于农地转用制度的改革，并不是今天才提出来的。从前面介绍可以看出，20世纪90年代以来，在国家强化征地制度的同时，集体建设用地入市流转探索就已经开始了。近年来，改革呼声日益强烈。那么，到底能不能改，如何改呢？

接下来，笔者试图提出改革的初步构想，主要回答以下几个问题：各地的土地改革名目繁多，有没有现成的模式可以在全国推广；如何客观认识我国目前的改革基础和可行性；改革目标应该如何定位；改革应该遵循哪些原则；建立什么样的产权体系；设定什么样的改革计划；如何推进征地制度改革；如何建立农民自主的农地转用体系；改革如何综合配套推进。

7.2 地方改革探索与经验

我国的重大制度变革往往都是在地方实践的基础上通过总结推广逐步实施的。地方实践一般都先于制度设计，是制度设计的基础。鉴于行政主导的农地转用制度引发了一系列问题，地方一直在尝试市场化导向的改革。以前面对农地转用制度的解析为研究框架，我们可以将地方的改革探索归结为三个大的方面，即集体土地的产权改革、用途管制和计划管理下的市场化机制引入以及对农地转用通道自身的改革。其中，最后一个方面涉及两大领域：一是征地制度的完善；二是替代征地制度的农地（主要集体建设用地）市场化流转。此外，广东等一些地方的土地二次开发与整理具有综合性质。

7.2.1 集体土地产权改革的成都模式

在前文分析中笔者曾指出，产权的人为模糊是集体土地产权的两大主要缺陷之一，因此，如果想更多地通过市场化方式配置土地资源，其基础和前提是产权清晰。在这方面，成都的经验值得总结。

2008 年 1 月，成都市颁布了《关于加强耕地保护进一步完善农村土地和房屋产权制度的意见（试行）》（成委发〔2008〕1 号），提出了"还权赋能，农民自主"的口号。这一改革以"归属清晰、权责明确、保护严格、流转顺畅"为原则，以加强耕地保护、明晰农村土地和房屋所有权、放活经营权、落实处置权为内容；关键是让农民成为土地权利的主体，尊重农民的首创精神，调动农民的积极性和主动性。

作为土地制度改革的第一步，成都市将确权作为工作重点[1]通过发放"五证一卡"完成确权[2]。在农村土地确权过程中，成都市十分注意维护农民的知情权、参与权和监督权，通过召开村民大会（村民代表大会）或"村民议事会"，由农民自主解决历史遗留的地权纠纷。经过不到三年的努力，成都市基本完成了确权工作[3]。

成都市的土地确权不只是简单地给农民发证，而是一个具有深刻影响的事件。从一定意义上讲，这实际上是一种土地使用权的"家庭化"。概括起来，成都土地确权具有以下几个特征：第一，虚置"集体所有权"，强化土地使用

---

[1] 成都市依据《土地管理法》及其他相关法规政策，制定了《成都市集体土地所有权确权、登记暂行规定（试行）》《成都市集体土地所有权和集体建设用地使用权确权登记实施意见》《成都市集体农用地使用权确权登记实施细则》《关于加快农民集中居住区土地和房屋登记发证工作的通知》等系列文件，规定了确权登记的原则、范围、条件、程序、要件、技术要求及完成时限。

[2] "五证"是指集体土地使用权证、农村土地承包经营权证、房屋所有权证、林权证和集体拥有的集体土地所有证，"一卡"是可转入社保的耕地保护基金卡。

[3] 截至 2011 年，成都市已全面完成全市 255 个乡镇（街办）、2622 个村（社区）、3 万多个村民小组、170 余万农户的确权登记发证，累计颁发《集体土地所有证》3.5 万本，《农村土地承包经营权证》176.5 万本，《集体土地使用证》167.2 万本（其中宅基地 166.2 万本，集体建设用地 1 万本），除存在权属争议等允许暂缓确权的类型外，全部实现了"应确尽确"（成国文和晏荣，2011）。

权，切实实现土地使用权的长久化或永久化；第二，确权工作的基本宗旨是将土地权利"下移"，尽量将使用权细分到户，尽可能地减少由集体控制的土地资源；第三，土地确权改革与户籍改革联动，在取消城乡户籍限制后，农民可以在成都全域自由迁徙的同时，可保留原有宅基地和耕地。但是，对于集体土地产权的另一更重要缺陷——农地向市地的转用权限制问题，成都的产权改革并没有解决。

对于成都市确权的意义，中央尚未作出正式评价，但很多人认为，它是改革开放以来继小岗村"大包干"的又一土地制度创新："大包干"将土地的使用权下放给农户，但农村土地产权模糊的问题仍未根本解决；成都市确权则将"集体所有"的土地产权概念虚置，而将土地实际使用权及处置权长久地赋予农民，配以户籍制度改革和农民自由迁徙，从而使得土地逐步成为一种不以集体成员权为基础的私有产权。

7.2.2　转用框架下的市场机制引入

根据前面的介绍，用途管制和指标计划管理构成了现行农地转用制度的基本框架，由此带来了土地发展权的配置问题。在这方面改革主要有两类：一类是行政主导的改革，主要通过税费方式实现利益平衡；另一类是在现行的转用框架之下引入市场机制，主要通过契约和交易方式调节土地增值收益分配。对于前者，成都的"耕地保护基金"做法有较强创新性。目前，每年的基金支出规模在 20 亿元左右，主要用途有两个：一是提高耕地生产能力；二是对承担耕地保护责任的农民养老保险进行补贴。该基金来源有三个：土地有偿使用费、国有土地出让收入和集体建设用地出让收入。在此，笔者重点介绍一下，在现有用途管制和计划管理之下，如何通过市场化手段优化土地发展权在不同地区和主体之间的配置。

7.2.2.1　天津宅基地换房

从 2005 年下半年开始，天津市"十二镇五村"在政府主导下开展"宅基地换房"试点工作，涉及津郊近 18 万农民①。在农民宅基地征为国有后，由政府组织开发整理，在集体建设用地指标中，1/3 用来给被征地农民建设住宅，1/3 用来开发商业和住宅，1/3 归政府使用（如招商引资）。整个项目运作

---

① 在"宅基地换房"模式下，农民按照规定标准以其宅基地就地换取小城镇住宅，原则上置换标准为每 1 平方米主房可置换 1 平方米商品房，每 2 平方米附房可置换 1 平方米商品房。这种置换的前提是不超出 30 平方米/人的基本标准，对于农民原居住面积折算后的超出部分，则给予农民一定的货币补偿。

的最终资金来源是商业性开发，实质上是农地转用后的增值收益，而政府无须为此支付任何成本①。

宅基地换房的积极意义体现在以下几方面：第一，总体改善了农民的住房条件，使得农民获得了可市场化的大产权房。在这个意义上说，农民财产实现了增值；第二，解决了政府建设用地指标的不足，使得政府获得了更大的发展空间；第三，改变了农村宅基地闲置浪费状况，通过土地整理和合理规划，优化了区域发展布局；第四，由于该模式下的建设用地置换范围较小，监管成本相对较低，复垦后的耕地质量变化更易比较。

但是，宅基地换房存在着明显的局限性：第一，由于这种城乡建设用地"增减挂钩"的区域范围较小，因此，一般只适用于城市周边土地转用后增值收益显著的地区，不适用于偏远农村；第二，宅基地换房只是一种单向改革尝试，缺乏城乡统筹的配套措施，很多农民"进城"后或者失业，或者缺乏稳定的工作机会；第三，由于农民进城后生活成本的上升，不少农民面临生存压力②。

7.2.2.2　浙江嘉兴的"两分两换"

"两分两换"的含义是"将宅基地和承包地分开，搬迁与土地流转分开；在依法、自愿基础上，以承包地换股、换租、换保障，推进集约经营，转换生产方式；以宅基地换钱、换房、换地方，推进集中居住，转换生活方式"。"两分两换"代表了江苏、浙江地区的典型模式，其中以浙江嘉兴最为著名③，如表 7-1 所示。

---

① 以华明镇为例，该镇共有宅基地 12071 亩，户均 0.8 亩。根据规划，新建小城镇需占地 8427 亩，其中规划农民安置住宅占地 3476 亩；剩余建设用地 8595 亩，其中 4000 亩通过挂牌出让。按照保守的 100 万元/亩计算，土地出让收益至少有 40 亿元，而华明镇用于农民回迁住宅和公共设施的建设资金仅为 37 亿元。另外，还有 4000 多亩进行产业功能区与设施农业区建设，包括 3644 亩进行复垦建设的设施农业区（汪晖和陶然，2011）。
② 以葛沽镇为例，农民人均耕地约 0.8 亩，补偿标准是按 5 万元/亩的土地补偿款计算，每人可从耕地上获得补偿约 4 万元，再加上每人大约 2.78 万元的社会保险，每人总共获得补偿 6.78 万元。征地时，农民觉得补偿不算低，但征地进城后发现，暖气费、燃气费、水费、物业管理费几项基本支出每年就多出几千元，而城市物价水平也高于农村，农民反映吃老本、生活压力增大。详见白朝阳、赵剑云、夏一仁、邹锡兰《农村土地流转 20 年探索："新土改"要迈四道槛》，《中国经济周刊》2012 年第 50 期。
③ 实际上"两分两换"是嘉兴"十改联动"推动城镇可持续发展中的一个中心环节。"十改联动"是指：实施土地使用制度改革，建立城乡土地节约集约利用和优化配置；深化统筹城乡就业改革，健全城乡劳动者平等充分就业的政策体系和服务体系；深化社会保障制度改革，建立覆盖城乡全体居民的政策服务体系；实施户籍制度改革，建立城乡统一的新型户籍管理制度；实施居住证制度改革，创新居民服务管理体制；实施涉农工作管理体制改革，建立统筹城乡"三农"管理服务机制；实施村镇建设管理体制改革，推进新市镇和新农村建设；深化农村金融体制改革，建立完善统筹城乡服务"三农"的金融体系；推进公共服务均等化体制改革，建立城乡资源共享机制和管理服务机制；实施规划管理体制改革，建立市域一体的规划体系。

表7-1　嘉兴"两分两换"的执行政策（如七星镇）

措施	政策内容
宅基地置换房产	旧房评估300~600元/平方米不等，新房定价1600元/平方米； 每户60平方米，每一个人增加40平方米
承包地换保障	承包地每年700元/亩，如果一次性买断17500元/亩； 60岁以后每月200元养老金

资料来源：嘉兴学院"两分两换"试点调查项目组：《是"赶"还是"引"——嘉兴"两分两换"土地制度实施现状及群众满意度调查》，2010年7月。

　　与"宅基地换房"一样，"两分两换"的目标同样指向了稀缺的建设用地指标①。从实际执行情况来看，通过"两分两换"能置换出50%以上的土地指标，部分地区甚至可以达到71%（如七星镇）。"两分两换"清理出来的土地，基本上是1/3搞工业，1/3给农民造房子，1/3搞其他开发。

　　从收益分配来看，农民实际上能够分享到更多利益，因为一些地区的农民获得了"大产权房"，或者部分基于市场价值的补偿②。此外，失地农民还能获得基本的社会保障，因此，相比"宅基地换房"，该项改革的"统筹"内涵进一步增强。并且，不同于征地政策，该政策虽然仍隐含一定的政府强制性，但农民自愿的程度大大提高。"两分两换"中的"换"已经带有了"市场交换"的含义：一方是政府，一方是农民，只不过政府的强势地位仍比较突出，因此尚不满足"平等交换"标准。

　　该项政策虽然得到了农民的一定认可，但在执行中存在一定问题，"政策是好的，执行过程有问题"是许多农民对"两分两换"的评价（见表7-2）。首先，在增强自主性的同时，"两分两换"的补偿性却在降低，在两个相邻的

① 以嘉兴为例，从2001年开始，嘉兴新增建设用地占用耕地面积从每年不到2万亩增加至年均超过3万亩。根据新一轮土地利用总体规划的需求预测，全市2000~2020年共需建设用地82.32万亩，城乡建设用地总体规模985平方公里，而浙江省分配给嘉兴市新增建设用地规模只有33.36万亩，城乡建设用地总规模必须控制在782平方公里，需求与供给缺口为60%，总规模缺口为203平方公里。如果宅基地流转工作在嘉兴全部实施成功，可新增50万亩左右的工业与建设用地。详见嘉兴学院"两分两换"试点调查项目组《是"赶"还是"引"——嘉兴"两分两换"土地制度实施现状及群众满意度调查》，2010年7月。
② 但"两分两换"并不意味着肯定能获得"大产权房"。以嘉善县姚庄镇为例，在该镇1.2平方公里的新商贸居住区中有0.98平方公里规划建设为姚庄镇农村新社区，将引导全镇4805户农户进入集中居住区，区内建设标准公寓房使用的是国拨土地，已发房产证上市交易，而建设联排式公寓房使用的是集体土地，不发房产证。

村庄，"建设拆迁"的征地补偿水平往往明显高于宅基地换房。其次，在不同试点乡镇，"两分两换"的标准并不统一（嘉兴学院"两分两换"试点调查项目组，2010）。最后，也是最重要的，有不少学者认为，农民进城、享受基本社会保障和公共服务，与交出土地之间没有必然的联系，前者是农民的基本人权，后者是农民的基本物权。并且，如前所述，强制性地减少货币补偿，来增加社保安置，也是对农民自主选择权的剥夺。

表 7 - 2　农民对"两分两换"政策本身的认可度

	占比（%）	样本量		占比（%）	样本量
很好	7.6	19	不太好	23.6	59
还行	37.6	94	很不好	6.4	16
说不清楚	24.8	62	合　计	100	250

　　资料来源：嘉兴学院"两分两换"试点调查项目组：《是"赶"还是"引"——嘉兴"两分两换"土地制度实施现状及群众满意度调查》，2010 年 7 月。

　　在其他地区的一些城乡统筹和户籍制度改革政策中，如成都和重庆[①]，农民进城不以放弃承包地、宅基地等财产权为代价，保障了农民的基本权益[②]。但客观而言，成渝农民进城的"含金量"也相应地低于"两分两换"：在成渝，农民进城后只享有获取住房保障的权利，但无法通过宅基地置换大产权的商品住房。

7.2.2.3　浙江的"土地发展权"跨地区交易

　　浙江土地制度改革的另一突出尝试，就是探索了被称为"浙江模式"的土地发展权交易制度（汪晖和陶然，2009）。它实现了不同区域（地级市）的

----

① 2010 年 7 月 25 日，重庆市发布了《重庆市户籍制度改革农村土地退出与利用办法（试行）》（渝办发〔2010〕203 号），启动了全国最大规模的户籍制度改革。同年 11 月 17 日，成都市发布了《关于全域成都城乡统一户籍实现居民自由迁徙的意见》（成委发〔2010〕23 号），启动了城乡双向的自由迁徙制度。

② 实际上，2010 年 7 月，重庆启动户改，当时的口径是农民转户后给农民养老、医疗等五项保障，相应收回农民宅基地和承包地。重庆市市长黄奇帆形象地比喻为：进城农民将穿上城市就业、社保、住房、教育、医疗"五件衣服"，同时脱掉农村承包地、宅基地、林地"三件衣服"。该做法实施到 2010 年 9 月初，转户人数很少，不到 2 万人。此后，重庆市调整了政策，进城落户也不用退地，此后转户农民猛增。根据笔者 2012 年 6 月在重庆市调研时的资料，截至 2011 年年底，全市农转城人数达到 322 万人，整户转移 82 万户，平均每天转户 6387 人，基本实现了主城区、县城、乡镇"334"的人口分布格局，改变了城市对农民"经济性接纳、社会性排斥"的不良现象。在我们深入调研的涪陵区，户改以来累计有 13 万农村居民转户进城，占全市人口总数的比例超过 10%。

农地转用指标的再分配，虽未改变政府主导、以征地为手段的农地转用模式，但影响了不同地区的土地使用方式，进而影响了土地增值收益的空间分配格局。

浙江的土地发展权交易制度，同样是源于常规的计划用地指标无法满足经济发展需求：一方面，从总量上看，浙江的建设用地指标面临着严重短缺①；另一方面，在浙江不同地区，建设用地指标紧张程度存在巨大差异，耕地占补平衡的情况不同②。

浙江省政府办公厅在 1998 年 6 月发布了《关于鼓励开展农村土地整理有关问题的通知》（浙政办发〔1998〕91 号），政策出发点是实现土地整理的资本化运作，解决市县政府缺少土地整理资金的问题，但同时提出了"土地整理折抵指标行政区域内有偿调剂"政策，即土地整理后按比例（72%）获得的建设用地指标有偿调剂使用政策（靳相木，2009）。1999 年 8 月 29 日，《浙江省人民政府办公厅关于加强易地垦造耕地管理工作的通知》（浙政办发〔1999〕132 号）发布，首次提出允许土地整理折抵指标在全省范围内有偿调剂③。

由于缺乏统一规范，自发的土地发展权（折抵指标）交易带来了一些问题，2003 年浙江省国土资源厅发布《关于建立土地整理折抵建设用地指标统筹制度的通知》（浙土资发〔2003〕46 号），通过建立"统筹专户"构建市场化的折抵指标交易平台。此后，为有效控制折抵指标的使用规模，从 2005 年起，浙江省按照国土资源部的要求，对各地折抵建设用地指标采取了配额管理，将其纳入年度土地利用计划，配额以外的指标不得擅自使用，但可以保留

---

① 根据《全国土地利用规划 1996～2010》，1997～2010 年，浙江省的建设占用耕地规划指标是 100 万亩，但即使按照一个非常保守的预测，浙江省 1997～2010 年全省建设占用耕地的需求量也达到 140 万亩左右（汪晖和陶然，2009）。到了 2001 年年底浙江省使用的建设占用耕地量已经达到 99.2 万亩。

② 例如，在杭州、温州、宁波等浙江发达地区，在本行政区内实现占补平衡非常困难，而在衢州、丽水等欠发达地区，因建设用地需求有限和资金不足，缺乏开展土地整理的积极性和能力。

③ 实际上，在同期国家出台了鼓励土地整理的政策，并且没有对占补平衡的区域范围作出限制。1999 年 1 月 1 日生效的《中华人民共和国土地管理法实施条例》和同年 10 月 18 日国土资源部发布的《关于土地开发整理工作有关问题的通知》（国土资发〔1999〕358 号）都提出了鼓励土地整理的政策规定，即各地自筹资金进行农用地整理净增耕地面积、农村宅基地或乡（镇）集体建设用地复垦净增耕地面积，经省级国土资源管理部门复核认定后，可以向国家按照净增耕地面积 60% 的比例申请新增建设用地指标。国家没有对占补平衡的空间范围作出严格限制，这就为浙江推行土地整理后的建设用地指标跨区域交易提供了创新空间。

以后使用或转让①。此外，浙江省还采取了补充耕地"易地垦造"和标准农田"易地代建"的做法，由此形成了以"折抵指标有偿调剂""易地补充耕地""基本农田易地代保"为核心的"跨区域土地发展权交易"模式（汪晖和陶然，2009）。

浙江模式很快被周边省份借鉴。2005 年，江苏无锡市建立了土地整理折抵指标市级交易平台。2006 年，安徽省国土资源厅出台《安徽省土地整理新增耕地折抵建设用地指标管理暂行规定》，探索建立土地整理新增耕地折抵建设用地指标省级交易平台。出于对这种交易模式风险和耕地保护的担心，国家后来陆续叫停了浙江的土地发展权交易②。此后，各地开始转向通过内部（县级以内）的土地整理获得建设用地指标和占补平衡指标的途径，但一些特殊改革试验区域，如滨海新区、成都全市、重庆全市，获得了例外特权。

对于浙江土地发展权交易模式的积极意义，学者们（汪晖、陶然，2009；靳相木，2009；靳相木等，2010；施建刚等，2011）给予了不同程度的肯定。具体而言，积极意义主要包括：第一，引导资本从发达地区向落后地区流动，平衡区域和城乡差距；第二，为土地整理项目提供资金保障，推动土地资源开发利用；第三，根据各地需求合理配置土地资源，弥补计划控制的不足。

但是，也应该看到，这种所谓的土地发展权交易只是区域层面、行政主导的交易，而不是基于个体产权的市场化交易，它最终服从和服务于地方政府发展经济的需要，因而无法避免地方政府对建设用地或建设用资金的高估、对农地价值的低估和对不可逆风险的忽视。之所以被国土资源部叫停，也是因为出现了一些问题，例如：第一，无可避免地存在"占优补劣"的情况，导致耕地质量前景堪忧（谭峻等，2004）；第二，前期缺乏建设用地总量指标控制的情况下，一些发达地区通过购买指标畅通无阻地扩张城市，直到纳入全省计划管理，这一问题才得以解决，但这并没有解决前述的外部性问题；第三，短期的扩张必然会影响长期的后备资源潜力，经过前一阶段的"指标全低潮"，浙江省的耕地后备潜力已经挖掘殆尽（张琳等，2007）；第四，在现行考核机制

---

① 为使折抵交易指标能够真正"落地"，浙江省在第二轮土地利用总体规划中探索设置了"待置换用地区"。它与"建设留用地"一样都属于规划建设地区，但"待置换用地区"内的农用地转用，不允许使用国家下达的计划指标，只能使用土地整理折抵指标。

② 2003 年 11 月 17 日发布的《关于进一步采取措施落实严格保护耕地制度的通知》（国土资发〔2003〕388 号）和 2004 年 4 月 29 日《国务院关于深入开展土地市场治理整顿严格土地管理的紧急通知》（国办发〔2004〕20 号）两个文件首先叫停了基本农田异地代保政策。2007 年 12 月 30 日的《国务院办公厅关于严格执行有关农村集体建设用地法律和政策的通知》（国办发〔2007〕71 号）使得折抵指标有偿调剂政策停止执行。

下，政府行为短期化倾向明显，为了从指标交易中获取预算外财政收入，欠发达地区可能会大规模开展土地整治和复垦，从而丧失了长期发展的土地资源保障；第五，指标调剂交易和征地制度缺陷，会使得农民利益受到更大侵害（施建刚、魏铭材，2011）。

7.2.2.4　成渝建设用地指标（地票）交易

建设用地指标交易制度（地票制度）始于重庆市，2008 年年底，重庆市建立了我国第一个"土地交易所"进行"地票"交易。2010 年，成都市建立了规范的建设用地指标交易制度，通过建设用地指标进入农村产权交易所进行公开交易，推动社会资本参与农村土地综合整治，确保农民获得市场化收益。

下面以笔者调研过的成都为例，说明集体建设用地指标交易制度的实质。成都市中心城区的建设用地指标，全部在成都农村产权交易所交易，并在 3 年内免费交易；二、三线区县的建设用地指标则在当地交易。按照竞拍目的和用途来划分，这种交易类型可以分为三种。

第一，持证报征土地。区市县国土部门等报征主体只有通过竞标获得建设用地指标，才能在符合规划的建设用地区域内进行土地报征［图 7 - 1 中的（1）］。

第二，持证直接使用集体建设用地。投资者获得建设用地指标后，在符合

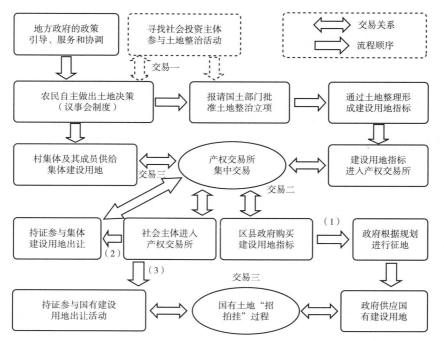

图 7 - 1　成都土地整治与交易模式

规划条件下"直接使用"集体建设用地，而不需要将集体建设用地征用为国有土地［图7-1中的（2）］。

　　第三，持证准入国有建设用地"招拍挂"［图7-1中的（3）］。投资者只有取得建设用地指标，方可参与成都市的国有经营性建设用地（不含工业用地）的公开出让。

　　这是典型的城乡建设用地"增减挂钩"方式，在这个流程中存在三次交易：

　　第一次交易：在农民自主、平等协商基础上，由农民与社会投资主体进行的谈判，最终形成的是土地整理收益的分配关系。当然，如果一个村组的资金充裕，也可以在协商一致的基础上，独立组织土地整理，这时的交易体现为一个内部交易过程。

　　第二次交易：土地整理形成的建设用地指标进入农村产权交易所，通过集中交易形成指标价格，将该指标出售给土地需求者。按照新的制度，建设用地需求者进入国有土地"招拍挂"过程，必须持有建设用地使用证（持证入场）。

　　第三次交易：政府根据规划，将储备土地投放到市场，建设用地需求者持证参与国有土地出让（国土部门组织"招拍挂"交易）或集体建设用地出让（在农村产权交易所进行公开交易），通过竞价形成市场价格，政府或集体经济组织获得国有土地出让收入。

　　在农村产权交易所进行的建设用地指标第一次竞价，确定的是建设用地绝对地租的资本化价值；通过城乡建设用地"增减挂钩"形成特定地块的国有土地后进行的第二次竞价（"招拍挂"），确定的是建设用地级差地租的资本化价值。由此，建设用地的绝对地租与级差地租出现了时空分离，两者的关系取决于两次交易指标之间的比例。

　　我们可以从积极影响与局限性两个方面全面评估成都土地交易模式的实践价值，基本结论是：

　　第一，成都的土地整治与交易模式在一定程度上优化了土地收益的分配关系，改变了过去仅仅依靠地价征地、对农民土地利益剥夺来获取城市建设用地的传统模式，使得农民能够获取大部分绝对地租及部分级差地租。在政府的适当调控下，地票价格已经从最初的不到10万元/亩持续上涨，到2011年笔者调研时已超过20万元/亩①。

---

　　① 以重庆江津区为例，如果每亩地的地票指标以起拍价19.5万元的价格拍出的话，减去3.66万元的政策实施成本（复耕工程成本为1.2万元/亩，复耕管理成本为1.1万元/亩，复耕融资成本1.36万元/亩）和集体收入2.4万元（为地票价格扣除政策实施成本后的15%），农民实际收入约为13.44万元（为地票价格扣除成本后的85%）。详见白朝阳、赵剑云、夏一仁、邹锡兰《农村土地流转20年探索："新土改"要迈四道槛》，《中国经济周刊》2012年第50期。

第二，受到地票交易的带动，重庆市对集体建设用地的征地补偿标准也从全国平均水平的 3 万 ~ 5 万元提高到 20 万元以上。

第三，农民意愿也得到了更多尊重，很大程度上改变了农民"被上楼"的格局，增强了农民的自主性，保护了农民的开发权。

第四，地票交易还改变了土地收益在不同空间区域农民之间的分配，促进了远郊区县的发展。由于远郊区县土地整理空间较大、成本较低，这些地区首先成为土地整理的主要基地，有力地提升了这些区域建设用地指标的价值，使得这些地区的农民也能更多地分享土地增值收益。这就为远郊区县加快城镇化奠定了经济和社会基础。

但是，这种模式并没有改变地方政府独享大部分土地增值收益（级差地租）的格局，没有从根本上抑制地方政府征地和扩大"土地财政"。此外，一些实际操作中的问题也值得注意，如有些做法可能会违背农民自愿的宗旨①。

7.2.3　征地制度的进一步完善

鉴于现行征地制度已经成为社会矛盾的焦点，很多地区开始主动探索征地制度改革试点。

7.2.3.1　征地制度改革概述

概括起来，各地探索主要集中在提高征地补偿标准、完善非货币化的征地安置、规范征地程序等方面，但对加强公益审查、缩小征地范围方面，地方普遍没有涉及。

在提高征地补偿方面，浙江温州下属的乐清市规定，在按国家规定进行征地并给予必要补偿后，市、镇、村按"30：42：28"的比例分享土地出让收入。广州市采取的办法是由用地单位与被征地农民集体直接协商，参照不同地段的市场价格确定征地补偿标准。

在规范征地程序方面，江苏建立了用地单位、地方政府和被征地村（组）三方协商制度②。针对征地补偿金经常不到位的情况，2003 年以来，重庆市、安徽省建立了征地安置补偿资金前置审批制度，征地补偿资金必须在报批前存

---

① 如重庆市国土局给每个区县都设定了地票指标整理的目标任务，这个目标任务是与绩效挂钩，并对组织地票的国土工作人员以每亩几千元的奖励，由此引发了一些所谓"非常规手段"的使用。
② 江苏省规定，先由用地单位与被征收土地所在的市（区）人民政府协商，达成征地协议；然后，再由市（区）政府、国土局、用地单位与被征地村、组三方共同洽谈，形成"征地一书三方案"。由于征地前已与被征地村组就征地补偿安置措施等达成协议，征用土地方案批准后实施顺利，避免了因征地补偿标准的异议而引起的工作反复。

入指定银行。

在非货币安置方面，各地也进行了一些探索，目的是保障农民的长远生计，分享土地增值。例如，浙江、广东、江苏等地就采取了集体留用地的做法。所谓"留用地制度"是指政府在征地时按照一定面积比例（如10%）将开发后的建设用地（国有或集体）留给农民集体自主支配使用，用于发展第二、三产业，壮大集体经济、安置失地农民①。按照国家规定，集体留用地不可用于开发商品住宅，因此，大部分留用地项目中的大部分项目为公建，比如写字楼等项目，商住两用也占很大的比例，而用于单身公寓、住宅项目仅占比较小的一部分②。

7.2.3.2 海南征地"三让模式"

近年来，一些地方还探索对征地模式进行全面改革，其中最典型的就是海南征地的"三让模式"。从2010年开始，海南以陵水县③为试点，在土地开发建设过程中探索实施的"三让征地"新模式，即让利于民、让民做主、让民满意，极大地改善了失地农民处境。

第一，让利于民。在征地过程中，海南采取了补偿与安置分开，多样化和高标准的补偿安置做法，主要包括三项措施：对所征用土地实行海南最高一档补偿标准即按照最高标准补偿④；改善居民居住生活条件⑤；按照征地总面积

---

① 在这方面，杭州的做法最具代表性。2008年6月，杭州市政府转发了由市国土资源局制定的《关于加强村级集体经济组织留用地管理的实施意见》（杭政办函〔2008〕183号），对留用地项目开发前后涉及一系列问题进行了明确。它与征地综合补偿标准、被征地人员社会保障、农转居多层公寓建设等政策，共同构成了杭州市征地制度改革的主要内容，给被征地农民提供了长期稳定的土地收益来源，在很大程度上维护了农民切身利益，确保社会稳定。

② 这使得我国国有土地房地产开发中，除了国有大产权房项目外，还存在一种非常特殊的项目，即集体留用地上的房地产项目，理论上不得用于住宅开发，但事实上也有不少住宅项目。

③ 海南陵水黎族自治县位于海南岛的东南部，南部毗邻三亚市，总人口不到40万人。2010年，全县完成生产总值（GDP）501675万元，按常住人口计算，人均生产总值14890元，只有全国人均GDP的一半，属于贫困落后地区。但就在这么一个相对落后的地区，探索出了一套征地的新模式。

④ 集体土地按每亩5.7983万元补偿，国有土地（农民租用）按集体土地的60%补偿，青苗每亩2万元包干补偿。征收土地的不可预见费和工作经费各按集体土地补偿款总额的10%给予补贴。

⑤ 以大墩村为例，目前正在离原来的老村落不远的地方重建一个规模庞大的新家园：987幢联排3层别墅，并将配备市场、文化广场、图书室、商业铺面、酒店、单身公寓、敬老院等，占地面积489亩，预计2013年年底前即可入住。笔者曾于2013年1月前往实地考察，进入了新建的农村社区，从直觉上看，整齐漂亮的三层"联排"楼房能够使农民的居住条件显著改善。

的 8% 给村委会作为留用建设用地①。以大墩村为例，项目拆迁结束后，农民集体共获得 9700 多万元的村办股份企业发展资金，为村集体经济发展和解决失地农民就业、生活来源和长远发展提供了保障。

第二，让民做主。在征地过程中，尊重农民的主体地位，政府"主导但不包办"，重在发挥指导、监督、宣传和协调作用。政府首先会对被征收土地（含地上附着物等）进行市场评估，确定补偿总费用；其次，将征地补偿总费用和工作经费"打包"给村委会（或居委会）；再次，由村委会或居委会成立的股份制公司实行拆迁，按照法定标准给予村民拆迁补偿；最后，剩余费用由全体村民共享，如图 7－2 所示。此外，由居委会和村民成立开发公司负责对自身地块的拆迁工作，负责改造后的不动产经营和管理工作，并具体测算拆迁成本，杜绝了由政府、开发商实施拆迁过程中产生的"灰色收入"以及特殊利益群体②。

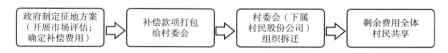

图 7－2　大墩村农民自主拆迁程序

第三，让民满意。在征地过程中，除了提高标准，做好一次性经济补偿外，政府扶持组建股份公司，提供启动资金③；将技术含量较低的产业产品采购向村级公司倾斜④。此外，在安排留用地时，陵水县政府优先将基础设施最完善、地理位置优越地段，留给被征地的农村集体经济组织，并从规划、产业

①　村委会在为村民建安置房屋后可将剩余土地转化为商业用地，进行挂牌拍卖或出租。它让农民直接分享土地级差收益，实现了集体建设用地与国有建设用地的同地、同权、同价。

②　以大墩村为例，在实施国际旅游岛陵水海洋主题公园 11670 亩土地征收时，该村拆迁公司没有聘请评估公司，而是通过村民代表大会，组织村民对地块上的附属物进行自主评估，这节约了近 100 万元的评估费。"征地费用包干、农民自主拆迁"的另一个好处，就是杜绝了征地拆迁中的违规违建问题。因为政府采取补偿包干后，在村民之间就存在着一种"零和博弈"关系，并且，现在补偿多了，以后的发展留用资金就少了，这就有利于村民之间自然形成有效监督，杜绝了征地拆迁过程中的"抢种""抢建"行为。

③　在政府引导下，陵水被征地的农村办起了村级股份公司，即以村为基础成立的公司，每户家庭为一个股东；县政府对每个村级股份公司注资 200 万元作为启动资金，另外配备一辆价值 10 万元的工作车辆，出资 8 万元作为工作经费等，进行先期扶持。

④　如征地拆迁、土石方、道路、绿化、水泥搅拌站、环保砖等，工程项目赚的钱归村民共有。以大墩村为例，2011 年，大墩民星实业股份有限公司实施了第一次分红，每名村民获得了3000 元的分红。资料来源：《海南陵水试点"三让征地"新模式》，《海南日报》2012 年 4 月 18 日。

发展方向加强引导①。

海南的所谓"三让模式"或者说"农民自主拆迁"有很多闪光点,值得我们在下一步征地制度改革中借鉴:确立的农民的主体地位,调动了农民的积极性;实施了全面的补偿与安置,让农民分享了城市化发展带来的土地增值收益,并暂时解决了农民的就业安置问题;通过集体建设用地的出让,引入社会资本共同开发,解决农民手中资金不足问题。

总之,大墩村征地的"三让模式"为今后推进征地制度改革确立了一个生动的"标杆",如果能够合理推广,可在很大程度上抑制地方政府的征地冲动。事实上,根据笔者的实地调研走访,在大墩村征地"标杆"确立后,海南国际旅游岛先行试验区在其他村庄征地时,农民普遍要求按照大墩村模式进行。尽管从政府的角度来看,平添了很多"麻烦",乃至会暂时影响工程进展,但客观上增强了农民的博弈力量,对政府形成了一定制衡。

但是,也应该看到这种模式的局限、不足与适用范围,各地在借鉴该模式时应该重点考虑以下几方面因素:

第一,土地增值是物质基础。以"三让模式"闻名的大墩村位于"海南国际旅游岛先行试验区"内,旁边就是广东富力集团开发的海洋公园项目,因此,农地转用后的增值空间巨大。据笔者实地考察,在不远处香水湾的海景房项目(如合景·汀澜海岸、中信香水湾)的房屋均价已经达到了1.5万~1.8万元/平方米;在几公里外的清湾区域,房价普遍在2.5万元左右(如雅居乐清水湾)。

因此,虽然大墩村原来属于海南落后地区,但随着海南房地产的整体升值以及国际旅游岛先行试验区建设的加快,商服用地和房地产用地大幅升值是必然趋势。实际上,商服用地和房地产用地的骤然升值是我国经济发达地区的普遍规律。这就为政府给予非常优惠的补偿奠定了物质基础。笔者无意否定陵水县政府让利于民的决心和勇气,但也客观地认识到陵水和大墩村的特殊区位。

对于经济发展水平一般地区(尤其是中西部地区)或者对于仍需要通过招商引资来推动发展的地区而言,农地转用后的升值幅度相对较小(甚至会出现土地价值补贴),地方政府可能一时没有能力仿照大墩村的具体补偿标

---

① 以大墩村为例,政府将海南国际旅游岛陵水海洋主题公园项目中位置最优越的留给该村,该项目定性为商业、住宅一体的地块。村委会拟使用该地块与知名企业联合兴建五星级酒店、超市、市场等设施,通过分红和租金保障农民长久收入。

准。但这并不意味着大墩村模式毫无借鉴价值，实际上各地可以根据本地实际灵活借鉴，并在不同性质用地增值交叉平衡的基础上，给予失地农民以公正的补偿。

第二，集体留用地做法并非普遍适用。在一些建设用地价值很高的区域或区位，政府通过赋予农民一定的集体留用地（可能保留集体性质或转变为国有性质）解决农民长远生计问题，在很多情况都是非常有效的做法。但在远郊农村和偏远地区（"增减挂钩"政策会导致这些地区征地），即使给了农民这些留用地，也不可能有太高价值。当然，远近都是相对的，随着城市的不断扩张，这些留用地也可能会升值，这就需要具体情况具体分析。但要谨防地方以留用地安置为借口降低其他征地补偿。

第三，政府助力组建的股份公司的长期发展问题。在大墩村征地过程中，在县政府的精神指导和物质支持（200 万启动资金＋10 万元车辆＋8 万元工作经费）下，大墩村成立了股份公司，每户家庭持一股，政府还把技术含量较低的工程业务向该公司倾斜，如征地拆迁、土石方、道路、绿化、水泥搅拌站、环保砖等，2011 年村民还获得分红。这是政府对农民的变相补偿与安置，意在从另一个角度解决农民的长期发展问题。

但这种政府主导、"保姆式"的做法，可能会带来一些长期问题。例如，公司竞争力问题。也就是说，如何确保村级公司能够按照现代企业那样去市场上竞争和发展，其能否存活下来？如果存活不下来，岂不是政府财政资源的浪费，还不如直接补贴给每个农民，或者变相地将政府工程承包给市场主体，由其向农民支付一部分利润？

又如，公平竞争问题。对于政府工程，理论上讲应该通过公开竞标的方式让全部市场主体平等竞争。如此直接就制定村级公司承包，看起来与国家倡导的公共物品的公平竞争原则不符。

再如，公司治理层面的问题。对于现代企业制度，农民知之甚少，如何保障、由谁保障普通农民享有股东权利呢？政府的角色是保护弱势股东利益的"独立董事"吗？还是直接指导村干部领导公司发展，毕竟政府是初始出资人？

第四，乡村善治是"三让模式"的政治基础。无论是征地货币补偿的分配过程，还是前文提到的其他疑问，都涉及乡村治理问题。而这是当下中国的大问题，如果真的在全国一下子推行"自主拆迁"模式，名义上是赋予了农民更高利益，但笔者认为，这必然会带来各种社会不公，从而带来新的社会不稳定。

7.2.4　集体建设用地的市场化流转

目前的农地市场化转用范围主要限于农村集体建设用地流转，对于农业用地的非农化转用，则受到了严格限制。但是，各地还是进行了各种改革探索，形成了一些模式和经验。

7.2.4.1　集体建设用地流转概述

在集体建设用地流转方面，各地采取的方式不尽相同，总结如下：

第一，在流转主体及组织方式上，有的地方（广东南海、江苏昆山）是以集体形式的股份合作制为主，有的地方（如浙江乐清及一些大城市周边）以农民个体为主。

第二，在流转客体及用地对象方面，有的地方（广东南海、江苏昆山）是通过集中建设然后满足工业用地和基础设施用地需求，有的地方（浙江乐清及大城市周边）是满足居住和商服用地需求。

第三，在流转收益获取和分配方式上，各地的做法差异也很大。在租金收取方式上，少数地方是以长期批租为主，多数地方以短期租赁和年租为主①。在流转收益分配方式上，有的地方（如广东）基本上由农民支配，有的地方（如成都市）则规定政府按一定比例收取公共设施和公用事业建设配套费、耕地保护基金，集体经济组织统一管理剩余土地出让收益，并优先用于农民的社会保险。

第四，在流转市场建设方面，有的是以自发、分散的形式进行，有的地方组织了专业化的市场②。

---

① 例如，上海市从高速公路建设项目入手，参照征用该土地应支付的征地补偿费确定土地使用权价值，采取集体土地使用权合作方式，由被征地的农村集体经济组织以土地使用权参与项目合作，参照当地从事农业生产平均收入水平，由项目公司每年支付土地合作的回报。在山东济南，对被征地农村集体经济组织的补偿也由有限期补偿改为无限期（没有年限）补偿，由一次性补偿改为每年补偿（每年1200～1800元/亩）。详见中央党校地厅级进修班课题组《当前我国征地制度存在的主要问题及对策建议》，《中国党政干部论坛》2009年第4期。

② 例如，前面介绍的2008年10月成立的成都农村产权交易所，此外，湖北武汉、安徽等地也纷纷成立农村综合产权交易所。又如，2007年1月12日，江苏无锡发布了《无锡市集体建设用地使用权流转管理暂行办法》（锡政发〔2007〕7号），第15条规定：集体建设用地使用权出让、出租用于商业、旅游、娱乐等经营性项目，以及工业性项目等其他具有竞投（买）条件的，应当通过土地交易市场以招标、拍卖、挂牌等方式进行流转，这被认为是我国最早的集体建设用地使用权"招拍挂"。作为改革试验区的成都市也规定，集体建设用地可以通过出让（参照国有土地出让管理）、出租、作价入股等多种方式流转，通过土地有形市场以"招拍挂"方式公开交易。再如，海南省陵水县在实施国际旅游岛陵水海洋主题公园征地拆迁时，还允许大墩村村委会将节余的389亩集体建设用地直接进行公开"招拍挂"。这是国内首例由农民集体直接将"集体建设用地""招拍挂"出让的案例。

当然，各地的集体建设用地流转也存在一些共性的方面，这些共性在很大程度上也是先行的农地转用制度所造成的。

第一，在用途方面，各地都止步于"商品住宅开发"这一禁区。例如，成都市规定集体建设用地流转后可以用于工业、商业、旅游、服务、房屋租赁等经营性用途，但土地增值最显著的商品住宅开发不在此列。

第二，与上一共性问题相关，集体性质的房屋产权（使用权）转让被严格禁止或限制。在极具改革突破性的浙江乐清农房抵押贷款模式中，因农房（实际包含宅基地使用权）抵押贷款而形成坏账时，当地规定可以在全县域范围内由农业户籍人口参与法院组织的农房拍卖。但这一改革措施引起广泛争议并一度中断。

例如，作为改革试验区的成都市开展了农村房屋产权流转试点，建立了城乡统一的房屋产权登记制度，规定农村房屋产权在确权后可以自由流转（包括买卖、赠予、作价入股、抵押、租赁等），逐步实现城乡房屋同证、同权。但据笔者 2011 年的调研考察，在实际执行中，虽然很多地区的农房或农村集中居住区住房获得了"两证"，即"集体建设用地使用证"和"房屋产权证"，但由于国家法律和政策上的限制，这一制度实际上处于"冻结"状态，部分城镇居民购买了农房（包括土地综合整治后的集中居住区新房）后无法过户，从而极大地压制了农房的市场价值。但在汶川地震后，为了筹集赈灾资金，成都也尝试了通过"异地挂钩周转指标"实现部分"小产权房转正"，但后来囿于国家大的制度框架，没有继续推行①。

此外，如前所述，上述两类限制在实践中并没有得到有效贯彻，反而带来了集体建设用地流转中的一些乱象，如流转收益分配不公平与暗箱操作、超越用途管制与私搭乱建。这也是各地的一个共同点。接下来，本章将介绍几个典型的集体建设用地流转案例。

7.2.4.2　广东南海模式

广东省的集体建设用地流转具有基层政府引导、农民主导、自下而上的显

---

① 所谓"异地挂钩周转指标"，其实就是"城镇建设用地增加与农村建设用地减少挂钩"的方式，将都江堰、彭州等重灾区的建设用地指标"平移"给成都其他地区。而郫县在购买了一部分彭州、都江堰的指标后，将其中的小部分指标用在了对"小产权房"的处理上。在缴纳相关的税费以及土地出让金后，"小产权房"即可办理成大产权，而筹集的资金则用在了灾后重建上。然而，这次"小产权房""转正"工作昙花一现。郫县国土局工作人员后来表示，大部分异地挂钩周转的土地指标要用于重要基础设施、工程建设，所以供给"小产权房"的只是很小一部分。

著特征。从 20 世纪 90 年代开始，农民自主的集体建设用地流转就开始悄悄发展，至今已经形成了相当规模，在取得成效的同时，也出现了一些问题。

1992 年前后，在大量外资和外地企业投资设厂的情况下，为了满足农村工业化对建设用地的需求，南海县政府组织农民，以行政村和村民小组为单位，对集体土地进行"三区"（农田保护区、经济发展区和商住区）规划，将集体财产、土地和农民承包权资本化[1]，然后由集体经济组织出面以土地来招商引资，由此诞生了所谓"南海模式"（高圣平、刘守英，2007）[2]。到 2002 年，南海全市工业用地共 15 万亩，其中保持集体所有性质的有 7.3 万亩，几乎占了一半。

为了规范民间自发的集体建设用地流转，广东在 2005 年颁布了《广东省集体建设用地使用权流转管理办法》，第一次以地方法规形式正式批准集体建设用地（使用权）"合法"入市流转，打破了"非经政府征地，农村土地不得合法转为非农用途"的传统旧制。根据该管理办法，省内农村集体建设用地可直接进入土地二级市场。有人将广东这一举措称为"新土地革命"（许恒周、郭玉燕，2010）。据统计，珠三角地区通过流转方式使用农村集体建设用地实际超过集体建设用地的 50%，在广东南海更高达 85%，即使经济欠发达的粤东、粤西及粤北等地，这一比例也超过了 20%（李芳芳、包兴，2010）。

总结起来，南海模式最终实现了农民、企业、地方经济发展的"三赢"。它是在不改变集体土地所有权的前提下，对集体土地统一规划、统一开发、统一出租，最终以土地股份制方式让集体经济组织和农民分享农地转用的级差收益，实现了工业化、地方财政与农民收入的共赢。南海每个村庄的沉淀资金大多超过 1 亿元，其中来自土地的收益约占 40%；另一方面降低了工业化的门槛和成本（类似于批租与年租的区别），促使大量企业在南海落户、生根（蒋省三、刘守英，2003）。

那么，以南海模式为代表的广东集体建设用地流转，有没有缺陷与不足呢？近年来，南海模式的问题已经开始显现，概括起来包括以下四个方面：

---

① 集体只经营土地，不经营企业，这样就在保障集体土地增值的同时，避免了因集体办企业所导致的企业产权制度模糊和社区集体资产流失。各村还制定股权设置、股红分配和股权管理章程，一切经营活动按章办理。

② 根据刘守英（2004）的介绍，南海最初也是采用征用方式，但第一年就遭遇将近 40 次静坐示威，政府对征地方式向工业化供地可行性产生怀疑；另一种方法通过农民自用或合股的方式（乡镇企业）在广东也有过试验，但出现产权不清、企业负债、集体资产负债的问题，也行不通。

第一，股权的福利性和封闭性。在南海模式的股权分配方面，股权主要以户口为准，重点考虑农民的"成员权"，然后会根据不同成员的情况设置基本股、承包权股和劳动贡献股等多种股份，以计算不同的配股档次，按股权比例分红。此外，在南海模式下，土地股权分配是终身、可继承的。由于以成员权为基础，因此，股权必然是带有福利性的、封闭的，并不是真正意义上的公司股权，这不利于股权的资本化、社会化流转。

第二，股权的模糊性和争议性。同样是由于股权是基于成员权设置的，只要能成为集体组织成员，自然有理由要求参与利益分配。而在改革之初，并没有就成员权问题作出明确界定，这就为产生纠纷埋下了种子。目前，南海的集体土地衍生收益累积已经达到几十亿元，围绕股份分红的纠纷与冲突日趋激烈①。

第三，治理机制不完善引发的贪污腐败问题。由于乡村治理机制不完善，庞大的集体资金缺乏有效监管，必然会滋生腐败。在成立的农村股份合作制企业中，村"行政"一把手兼任董事长，而监事会、董事会成员也普遍由村干部兼任。由于其缺乏有效监督和制衡，必然导致这些"能人"暗箱操作，牟取私利。为此，从 2011 年开始，南海区启动了农村综合体制改革，推行"政经分离"，搭建"两个平台"（农村集体资产交易平台和农村财务网上监控平台）②。

第四，集体建设用地从"资源"向"资本"的转化困难。由于国家对集体土地（包括集体建设用地）非农业转用严格禁止，致使这些土地丧失了资本属性，无法成为融资的抵押品。一些企业上市过程中，如何处理集体建设用地也是个难题，普遍的做法是先通过形式上的征收和出让转变为国有土地。

7.2.4.3　江苏昆山集体建设用地合作社模式

江苏是我国集体建设用地流转探索较早的地区之一。早在 1996 年，在原国家土地管理局支持下，苏州市颁布了《苏州市农村集体存量建设用地使用权流转管理暂行办法》，以地方立法形式规范无序的集体建设用地使用权流转。近年来，苏州昆山的集体建设用地合作社又引起了学界的关注。

---

① 在南海区法院受理的 13 起此类件中，"外嫁女"及其子女、越自卫反击战的老兵、农村中自理粮和农转非人员、知青及其子女、高等院校毕业生、违反计划生育政策人员等都曾就分红提起诉讼。对于"外嫁女"问题，当地政府曾在 2008 年下发了《关于推进农村"两确权"，落实农村"出嫁女"及其子女合法权益的意见》，在一定程度上缓解了"外嫁女"分红问题。

② 白朝阳、赵剑云、夏一仁、邹锡兰：《农村土地流转 20 年探索："新土改"要迈四道槛》，《中国经济周刊》2012 年第 50 期。

与南海模式相同，昆山市的集体建设用地合作社产生也是本地工业化快速发展（大量外资、台资和国内资本进入）的用地需求带动的。但在具体做法上，昆山与南海模式存在一些差异：第一，土地的主要来源不是农业用地，而是集体建设用地；第二，在组织形式上不是重新集中农户的土地承包权，然后由全体成员平均分享土地开发收益，而是在集体内组织竞标，由价高者（自愿小组或投资合作组织）获得开发权，承担投资风险和收益。事实上，所谓昆山模式在长三角的很多地方都存在。

在昆山，集体建设用地合作社有富民合作社①、社区股份合作社②等不同形式。其中，前者是主体，是农民之间的自愿组合；后者则是集体财产的股份化形式（时红秀、张青，2007）。昆山社区股份合作社的利益确认方式如表 7 - 3 所示。

表 7 - 3　昆山社区股份合作社的利益确认方式

	村民	社员	股民
身份认定	户籍关系在村的农民	享受 1 股基本股的村民,满 18 周岁,兼顾一部分因征地及其他客观原因造成的人在村而户口不在村人员	股民是指享受基本股以外的属于照顾的人员,根据不同对象,划分不同股权,档次从 0.09 股至 0.5 股不等
股权认定	集体股占 30%	基本股(包括村干部)	享受股

---

① 富民合作社是农民组成的投资主体。2000 年，在昆山市陆家镇车塘村书记沈慰良的带领下，一些农户自发成立了"农民投资协会"，通过建造标准厂房、打工楼、店面房、农贸市场等，以对外出租方式获得土地租金，然后分红，取得了很好的经济回报。后来很多农民自愿投资入股，投资协会也改名为"富民合作社"，被列入江苏省"农村专业经济合作社"范畴。昆山市政府通过调查论证，肯定了这种做法，并开始在全市范围内推广，合作社数量快速增长。从其特征及政府的要求来看，富民合作社由农户"自愿投资入股"，"民办、民管、民受益"，不强行集资、不得许诺分红、不得贴款分红；有章程、有登记；以建设标准厂房和"打工楼"为主；统一规划、统一建设、统一出租、统一管理，市政府提出规划；厂房开工前就有招商对象，按需建设。

② 社区股份合作社是集体所有财产的股份化形式。社区股份合作社是将农村集体所有的经营性、仍能够赢利的资产量化分配到有土地承包权的个人，采取股制企业的治理模式，年终按股分红。社会股份合作社的建社目的是保护集体财产，保障农民拆迁补偿资金的安全，并保证让老百姓对村集体事业能够参与决策。建社的前提：一是村集体有净资产，二是这些资产有收益。社区股份合作社需制定《合作社章程》，并按章程规范运作。其成立需确定村级集体资产评估基准点和每个村民户籍关系截止基准点。确定个人股份的前提是需要"三个认定"：认定折股量化的集体资产净值；认定村民、社员和股民资格；认定股权。4 年内，社区股份合作社数量从 3 家增加到 24 家，资产规模也迅速扩大。在认定折股量化的集体资产净值时，注重发挥民主监督的作用。由镇、村农村经营管理机构和民主理财小组联合组成"清产核资小组"，对村经济合作社所有的各类资产全面清查，依法界定所有权归属关系。清产核资结果由村经济合作社召开全体成员大会或成员代表大会予以确认，报市农村工作办公室审核。多数成员要求由中介机构评估资产的，可以聘请具有法定资格的评估机构进行评估。

　　总结昆山模式可以发现以下几点值得借鉴：第一，在农地市场化转用中，必须确立农民的主体地位，政府的作用是监督指导，确保公开、公正、公平；第二，政府是否乐意放权让利是土地市场化转用的关键，因为政府必须放弃丰厚的土地出让净收益，但市场化转用能藏富于民（昆山农民超过 50% 的收入来自财产性收入），有利于一个地区的长期发展，并能够树立政府权威，降低公共治理成本；第三，以集体合作组织方式推进农地转用市场化，规避了土地私有化的意识形态困扰，但这种方式必然会像南海模式一样遇到治理难题，从长期看，在城市化人口流动的背景下，土地产权的期限和稳定性，是两个必须解决的基础性问题。

7.2.4.4　湖州温州的农房抵押与流转

　　农房抵押与流转主要目的是解决农村金融问题，但客观上提出了宅基地流转的需求。最早出台农房抵押贷款文件的是湖州市，2001 年，湖州市出台了《湖州市区农村农民房屋抵押登记办法（试行）》，但因种种原因未真正执行。最早尝试农房抵押贷款的是温州乐清，后来逐渐扩散到浙江其他地区，如嘉兴。乐清能够率先尝试农房抵押贷款，主要有两个基础条件：一是当地民营经济对资金的需求强烈；二是随着城镇化发展农房快速增值①。

　　2008 年 1 月 22 日，新的《房屋登记办法》颁布，并于 7 月 1 日起实施。2008 年 7 月，由于房管部门暂停农房抵押登记，温州乐清市农村合作银行的农房贷款业务被迫中止。面对这一僵局，温州市出台了一些细则来完善农房抵押改革，在一定程度上缓解了上述问题②。

---

① 2003 年，乐清率先尝试了农房抵押贷款，走出了"以农（房）支农"的金融支农新路子，唤醒了农民手中"沉睡的资本"，也带动了其他商业银行陆续进入民房抵押贷款业务。2006 年，温州乐清市农村合作银行试点农房抵押贷款业务，将农民住房视同国有土地上的房产办理抵押贷款，农户凭房产证和房屋宅基地使用权证办理贷款，额度为房屋市场评估价的 60%～80%；2007 年 5 月，温州市工商银行苍南县支行也试推农房抵押贷款，但要求"集体土地房产抵押加上房产所在地村民保证"。2007 年 10 月，嘉兴也加入试点行列，规定拥有农村住房所有权的个体工商户或具有完全民事行为能力的自然人均可申请贷款，期限不超过 5 年，额度最多为评估价的 70%。与此同时，农房按揭贷款也在温州试行。2006 年 3 月，温州苍南县农村信用联社宣布投放 5000 万元"新家园"农民康居贷款，主要针对有规划、经有关部门审核批准的新村建设规划区以内房屋新建、拆建、扩建、装修的农户，按改建房投入总额的 70% 核定贷款额，每户最高额度 5 万元；农户可组成 3～5 人的联保小组申报，贷款期最长 5 年。截至 2008 年 2 月，该行已为 3452 户农户提供自建房抵押贷款，总额达 6.23 亿元，不良率仅 0.96%，比该行整体贷款不良率低 0.12 个百分点。

② 2009 年 1 月，温州市出台了《中共温州市委关于认真贯彻党的十七届三中全会精神加快推进农村改革发展的实施意见》，提出"要积极探索确权登记后的农民住房和用益物权进行抵押融资的有效途径，允许依法取得的农村集体经营性建设用地使用权进行抵押"。（转下页注）

温州农房抵押改革的成功，或许是对浙江乃至全国的一种借鉴。集体土地范围内的房屋由单纯作为农业生产资料和农民生活资料，变成经济发展不可或缺的重要资本。农村集体和农民也能够充分利用土地和房屋资产，积极参与经济发展和城市建设进程，极大拓展了集体经济的发展空间。

7.2.5 转用制度的全方位改革

通过前面的介绍可以看到，征地制度的改良与集体建设用地流转，构成农地转用制度改革的两条主线，在每个领域都有一些典型改革案例。但事实上，在一些经济发达的地区，如广东、上海、北京等地，面对产业升级（如广东的"腾笼换鸟"）和城市化加快推进所带来的土地资源"结构性短缺"，启动土地资源的"二次"开发是必然的选择。这就需要对不同性质和用途（无论是国家所有还是集体所有，无论是工业用地还是第三产业用地）的土地进行全面整理，由此带动土地制度改革进入了"全方位推进"阶段。下面以广东的"三旧"改造和深圳的土地改革为例说明这一情况。

7.2.5.1 广东的"三旧"改造

"三旧"改造，最早于 2008 年 7 月出现在广东佛山。面对产业转型、城市转型和环境再造任务以及土地资源高度紧张的局面，佛山率先推出针对"旧城镇、旧厂房、旧村庄"（三旧）的改造①。

2009 年，广东省与国土资源部签署以"省部合作"方式开展节约集约用地试点，并提出"一年初见成效，两年突破性进展，三年大改观"的阶段目标②。国

（接上页注②）随后，温州市委明确了开展农房抵押贷款试点工作，并明确了申请农房抵押需满足的条件：第一，作为抵押物的农房已取得房屋所有权证和集体土地使用权证；第二，申请农房抵押登记的农户应具备两处（含）以上的住所或其抵押房产变卖处置后仍有安居之地。同时，开办该项业务的金融单位、村委会和抵押人都作出相应承诺。

① 实际上，土地资源紧张是整个珠三角地区的共性问题。以广州为例，2008～2020 年，广州市可使用的新增建设用地规模只有 148 平方公里（22.2 万亩）。但是，按广州现有的农地转用速度，仅够满足大约到 2014 年的用地需求。从开发强度来看，珠三角很多城市的土地开发强度都超过了 30%，东莞超过了 40%，深圳高达 47%。这与国外发达国家 10% 左右的城市土地开发强度形成了鲜明对照。在国家加大耕地保护力度的背景下，破解建设用地不足的瓶颈制约，唯有挖掘存量土地资源的潜力。

② 2009 年 8 月，广东省出台《关于推进"三旧"改造促进节约集约用地的若干意见》，要求以推进"三旧"改造为载体，促进存量建设用地的"二次开发"，统筹城乡发展。据估计，到 2020 年广州可以通过"三旧"改造腾挪出 353 平方公里（约 53 万亩）建设用地，大约相当于同期国家规划新增建设用地的 2.4 倍。试点 3 年来，广东累计完成改造面积 14 万亩，节约用地 6.1 万亩，此次试点在一定程度上推动了产业升级，提升了城市化发展质量，促进了节约集约用地。

土部希望，广东通过"三旧"改造，促进优化城乡建设布局、促进节约集约用地等方面为全国"三旧"改造工作提供示范。广东省则可以通过"三旧"改造促进存量土地集约节约利用，满足城镇化发展的土地需求（叶石界，2010）。"三旧"改造一项重要内容，就是促进了集体土地的流转①。

7.2.5.2　深圳的"新土改"

2012 年 5 月 25 日，国土资源部和广东省政府共同在深圳召开"土地管理制度大会"，酝酿 2 年的《深圳土地管理制度改革总体方案》正式公布。根据该方案，深圳将以"产权明晰、市场配置、节约集约、科学调控"为土地管理制度改革原则，先行先试，建立高度城市化地区土地利用和管理新模式，推动土地资源配置市场化、土地利用高效化和土地管理的法制化。时任国土资源部部长的徐绍史称之为"我国土地管理制度改革史上又一次里程碑式的重大抉择"。

与广东的"三旧"改造动因相同，深圳土改的直接原因是建设用地资源的短缺②。产权制度创新被认为是这次土地改革亮点，它包括土地产权制度改革和土地二次开发利用机制创新，两大重点则是土地用途管制制度改革和土地有偿使用制度改革③。

然而土地整备实施以来进展缓慢，张舟等（2012）通过调研发现，协商补偿、实施方案的审批两个环节难以推动，使得整个土地整备工作陷入了困境，具体的原因包括：不同土地整备补偿标准的不统一；土地整备项目低于城市更新规划项目补偿标准；土地整备年度计划规则的不合理。总之，缺少以市场价值为基础的评估体系，是深圳二次开发不顺的根本原因。

---

① 例如，在城中村全面改造项目中，以旧村的用地范围为基础，合理整合集体经济发展用地、废弃矿山用地、国有土地等周边土地资源，实行连片整体改造。连片整体改造涉及的边角地、夹心地、插花地等，可以通过土地位置调换等方式，对原有存量建设用地进行调整使用。对于农民利益，有两点值得关注：其一，对于综合整治项目，在一定条件下，允许村集体经济组织通过对旧厂房、旧商铺等低效空闲存量土地升级改造，适用集体建设用地使用权流转政策，自主进行综合整治招商融资；其二，对于"城中村"的全面改造，未来 5 年相应项目的土地纯收益的 60% 支出用于支持村集体经济发展，剩余年份的土地纯收益由市、区政府按 8:2 的比例分成。这使得农民能够比较充分地享有土地增值收益，应该被看做农地城市转用和农民土地权益保护的新亮点。

② 根据深圳市 2010 年土地利用变更调查结果，在深圳 1992 平方公里的土地上，农用地以林地和园地为主，大部分被纳入生态控制线而不得占用；未利用地不但缺乏，而且区位偏远；现有建设用地 916 平方公里，但国家只掌握 60%，集体掌握 40%（其中，合法用地为 10%，30% 不属于合法用地）（张舟等，2012）。在这种形势下，进行土地整理（特别是集体建设用地整理）（又称为"土地整备"）几乎就成为深圳市获取建设用地的唯一途径。

③ 据统计，截至 2011 年年底，深圳"小产权房"违法建筑达到 37.94 万栋，建筑面积达 4.05 亿平方米，是深圳市总建筑面积的 49.27%。

7.2.6　对地方改革实践的总结

地方实践探索为下一步的改革提供了有益经验（包括反面的教训），对其进行总结和比较，有助于我们明确下一步改革的思路。对于地方的上述实践，笔者在此简要总结并进行了初步思考，具体包括以下五点。

（1）改革实践"双轨推进"。

在市场经济从萌芽到建立再到完善的过程中，如何增强市场机制在农地城市转用中的作用，地方的改革大致可以分为两类：一种是沿着计划经济路径，在坚持征地主导的同时，在一些环节和领域引入市场因素，均衡利益分配，缓解矛盾；另一种是推动集体建设用地的市场化流转，让农民成为市场主体，探索以市场为基础的土地资源配置方式。但至今仍有一块改革尚未触及，那就是集体农业土地向城市国有土地的市场化转用问题。

（2）制度创新应该肯定。

前面只是介绍和总结了笔者所了解的一部分地方改革实践，除此之外，可能还有很多有益的改革做法值得去发现和研究。为突破现行农地转用制度对经济社会发展的束缚，各地在产权制度、征地制度、市场制度、管理制度等方面进行了大量有益的探索，积累了丰富的经验（当然一些失败的探索，也为下一步改革敲响了警钟）。从这些探索中，我们可以看到一个共同规律，那就是以市场化为导向、以让利于农民为宗旨的地方改革，尽管存在着这样那样的问题，但几乎没有哪项改革像现行征地制度一样引起广泛、普遍、强烈的不满和抵制。更重要的是，这些改革也并未像有些人所臆断的那样，阻碍了地方经济发展，在很多时候，其还成为加快地方发展、促进资源更合理配置的助推器。

（3）改革探索陷入瓶颈。

在我国整体的行政主导的农地向城市转用制度建立、完善和固化的同时，一些地方就已经开始根据本地情况进行改革探索了，也就是说，全国性的农地转用制度框架调整与地方因地制宜的改革在同时推进①。但是，农地转用制度

---

①　我国集体建设用地直接入市探索起步较早，从20世纪80年代就开始探索。国家土地管理部门从1988年起就开始在部分地区进行农村集体建设用地流转试点；1994年福建省古田县首先允许集体非农建设用地流转。1996年，在原国家土地管理局支持下，苏州市颁布了《苏州市农村集体存量建设用地使用权流转管理暂行办法》，开始对无序的集体非农建设用地使用权流转进行规范管理，随后，一系列试点促使大范围的规范管理工作向纵深推进。1999年以来，国土资源部在全国范围内扩大了集体建设用地流转试点范围，如安徽芜湖、广东顺德、浙江湖州等。此外，全国不少地方（烟台、大连、南京、泉州、成都等）也开始制定集体建设用地流转管理办法。但时至今日，除广东、浙江等地外，其他地区在集体建设用地直接入市方面仍鲜有突破。

改革已经进入深水区，涉及复杂的利益结构调整。例如，十七届三中全会虽然提出，在"圈外"经批准占用农村集体土地建设非公益性项目，允许农民依法通过多种方式参与开发经营并保障农民合法权益，但目前尚无实质性进展。

（4）顶层设计提上日程。

客观而言，在国家严格的管控下，在既得利益者的强大阻挠下，地方改革探索虽说具有启示意义，但一些深层次的体制桎梏必须在全国层面破解。在鼓励地方大胆探索、总结经验教训的同时，在国家层面，也不应该继续原地踏步，而应该结合我国城市化快速发展的形势，以实现城市（镇）化、工业化和农业现代化的协调发展为目标，主动构建起符合中国国情和长期发展需要的新型土地制度。没有明确的全国性制度改革框架支撑，完全由地方苦苦探索，很难取得实效。

（5）产权改革亟须攻坚。

无论是征地制度改革，还是农地的市场化流转，都需要廓清产权，这是土地市场化的必然选择。我国的征地制度建立在对农地产权的严格限制、制造人为产权模糊的基础上，征收补偿的依据是生存权补偿原则，而不是基于对产权的承认和保护。我国的集体建设用地所谓市场化流转也仅是一种"疑似市场化"，从产权的完整性到流转后的用途（不能用于房地产开发），都受到了严格抑制。产权问题乃至与之相关的所有制问题，是绕不过去的坎儿。在农村人口大量进入并定居于城市、人口跨区域快速流动、集体成员加快新老交替的背景下，以"成员权"为基础、集体所有者缺位（虚置）、治理结构不完善的农地产权体系，必然面临一系列严峻挑战。

7.3　改革的基础条件

对于为什么要打破传统的农地转用制度，即改革的必要性，前面已经做了论述。接下来要回答的是，改革的基础如何，条件具备了吗？笔者认为，改革基础已经具备，这一判断基于以下分析。

7.3.1　政治基础

笔者借用《尚书·毕命》中的一句话来分析改革的政治基础，即"道洽政治，泽润生民"，意思是治国之道正确，恩泽散播于民。这里面大致有两层含义：一是"政"，即政治力量的均衡与有序博弈；二是"治"，即治国纲领能够反映人民的意愿，符合人民利益。

在"政"这个层面，我国有 8 亿多农业户籍人口，仍是"人民"的主体，其中，有大约 2.3 亿人常年在城市工作与生活。随着农民新老交替，一大批新生代农民工的政治意识和权利意识不断增强，参政议政能力不断提高，话语权也会日益增强，现有农地转用模式必然会遭到越来越强烈的反对。另外，现有农地转用方式所衍生的高房价也遭到了城市居民的反对。

在"治"这个层面，形势也在逐渐发生显著变化。现有的农地转用模式与本届政府的执政纲领存在着内在冲突。无论是科学发展观，还是对"中国梦"的追求，都强调了以人民幸福为执政效果的标准。随着行政考核机制（特别是主体功能区规划的逐步落实）的调整，地方政府的行为模式也必然发生变化，短期化的行为动机会受到一定抑制。

实际上，2008 年十七届三中全会通过的《关于推进农村改革发展若干重大问题决定》已经为我们下一步的土地制度改革确立了框架，例如，"缩小征地范围"，"城市规划圈外的非公益性项目"允许农民以集体土地"参与开发经营"，"逐步建立城乡统一的建设用地市场"，并正式在这一背景下提出了《土地管理法》修订议题①。

7.3.2　经济基础

我国刚刚步入中等收入国家行列，人均 GDP 目前仍不到美国的 20%，改革现有的农地转用方式，会不会影响我国的经济发展，改革在经济上具备条件吗？这是一种普遍存在的疑问。

对于改革的担心，主要有四个方面：一是现有体制衍生的土地财政及土地金融，是地方经济发展的基础，而地方竞争是我国经济保持发展活力的重要源泉；二是现有体制下的房地产行业是我国经济的支柱和引擎，如果改革可能会危及经济稳定；三是现有转用模式是维护粮食安全的制度保障，推进市场化流转可能会导致农地大量损失；四是高额利润会导致强烈经济动机，因而既得利益者会形成改革的强大阻力。

对于第一个问题，笔者认为，虽然我国仍处于发展阶段，底子还不算厚实，但较大的经济发展潜力和财政收入的稳定增长还是为改革奠定了比较坚实的物质基础。更重要的是，改革并不是要削弱地方经济发展，而是要调整地方经济发展方式，畸形的"土地财政"和无限扩大化的政府投资，牺牲了经济

---

① 2012 年 11 月 28 日召开的国务院常务会议，讨论通过《中华人民共和国土地管理法修正案（草案）》，并决定将草案提请全国人大常委会审议。2012 年 12 月 28 日闭幕的十一届全国人大常委会第三十次会议没有表决土地管理法修正案草案，原因是目前关于征地补偿标准的设定仍存在不同意见，这方面的标准要进一步细化。

发展的后劲，不可持续，并且与我国的扩大居民消费转变经济发展方式的方向
不符。此外，国家提出经济结构战略性调整，而不是一味追求增速（"十二
五"时期增速目标降至 7%），这就为深化改革提供了时间和契机。

对于第二个问题，笔者认为首先要正确认识房地产行业的地位，房地产行
业的确是我国的支柱性产业，但从开工、在建、竣工等指标来看，它已经失去
了所谓引擎地位。近年来，房地产行业规模的扩大主要依靠的是房价上涨，而
不是建设规模的扩大。此外，改革现有转用方式，改变人们对土地供应缺乏弹
性的预期，反而有利于房地产行业长期持续发展，从而真正成为经济增长的持
久动力。

对于第三个问题，笔者认为，首先要看到，我国实施用途管制后的 10 年
（1999~2008 年），也是我国耕地数量减少最快的时期。近年来在"耕地存量"
意义上取得了一定成绩，但这个成绩建立在两个基础上：第一，它是在"占
补平衡"、城乡建设用地"增减挂钩"的框架下，以大范围征收农民宅基地和
拆迁农房实现的，是以遗留大量经济社会发展"后患"来换取的；第二，不
能否认国土部门近年来的工作成绩，但这种成绩是强化管理实现的，而不是一
种"制度红利"，并且，这种刚性的管理方式是以牺牲经济效率和社会公平为
代价的。对于市场化流转是否会影响耕地保护和粮食安全，关键在于我们建立
什么样的农地转向市地的市场化体系，我们同样可以更为科学、严格的用地管
制来实现耕地保护目标，而不是借助于"所有制管制"。

对于第四个问题，笔者认为，首先需要分辨这种动机"公益"或"公害"
程度，很明显，无论是从利益分配的比例，还是从利益获取的方式（包括贪
腐行为），追求土地垄断利益的动机都不具有公益性，相反，在很大程度上是
一种公害，甚至引起了"公愤"。其次，从动机的强弱来看，随着征地拆迁成
本的提高，这种垄断利润也在逐步降低。拆迁补偿费用占征地总收益的比重由
2009 年的 30% 上升到 2011 年的 70%（陈锡文，2012）[①]。

7.3.3 经验基础

行政主导的农地城市转用方式已经延续了近 60 年，形成了一整套完整的
框架和具体的流程。现在改革这一传统转用，是否积累了足够的实践经验以确
保改革能够稳妥地推进呢？

---

① 《征地制度改革条件成型　农民将有更大自主权》，搜房网（转引自地产中国网），2012 年
09 月 17 日（http://www.soufun.com/news/2012-09-17/8588374.htm）。

首先，从我们国家整个改革进程来看，都是在前无古人的情况下通过大胆探索渐进深化的。改革不可能没有风险、没有争议和一定成本，已有的渐进式改革实践为我们推进土地制度改革提供了丰富经验，有助于我们降低土地改革的风险和成本。

其次，从要素领域的其他改革来看，无论是城市劳动力市场体系的重构（减员增效），还是金融体系改革（尤其是国有银行改革），虽然推进过程会遇到一系列复杂的情况和问题，但从结果上看，都大大提升了我国的要素市场化程度，尽管还存在不足，但总体而言，取得了比较好的成效。

最后，从土地制度领域自身的改革来看，如前所述，改革开放后，在我国逐步构建起现行的农地城市转用模式的同时，以集体建设用地流转、让农民分享土地增值收益的征地制度改革等，就一直在同步探索。进入 21 世纪以来，成渝在城乡统筹下的土地制度改革探索、浙江的土地发展权交易以及近期的海南"三让征地"模式等，都为我们深化改革提供了丰富的实践经验。

7.3.4　认识基础

对于深化改革可能带来的问题、改革的方向、思路和措施等，目前的争论不可谓不激烈，似乎改革尚未形成共识，因此，需要再酝酿和深化讨论。这是一种比较常见的看法，也会成为不愿改革者的一种说辞。很明显，这种担心不无道理。但深入思考一下，可能情况就不同了。

首先，任何一项改革都不可能没有争论和分歧。例如，改革开放之初，人们对是否需要改革开放本身都存在疑问。又如，在国有银行改革前，很多人认为这是一道无解的题，因而态度十分消极，但随后的改革远不像人们想象的那样带来"系统性灾难"。对于粮食流通体制改革、股权分置改革等，都存在着类似的争论。目前的土地制度改革正处于一个重要关口，考验的是政治家的视野、勇气和决心。

其次，我们需要透过分歧和争议看到共识。目前的分歧更多地停留在如何改革上，对于是否改革则并无争议。而在如何改革方面，各界（包括官方）普遍认为要维护农民利益，要更好地发挥市场机制的作用。目前的分歧主要体现在所有制形式、市场化程度和领域、农民分享增值收益的比例和方式及其他一些操作细节方面。

最后，通过系统化的改革设计形成一种折中的方案，能够在很大程度上弥补分歧程度。改革方案的设计是一个利益博弈过程，最终的方案肯定不会完全倾向于任何单独一个或少数几个利益群体，而是不同利益之间的平衡。其中，政府（尤其是中央政府）的角色就是维护长远效率和社会公平的大局，保护弱势群里的合理权益。

综上所述，按照市场化的基本方向，以维护农民利益为立足点，系统化地改革我国现行的土地制度，具有十分重要的意义。

7.4　改革的基本框架

如果下定决心改革，那么改革应该按照什么样的目标、思路和进度实施呢？这是本部分要回答的问题。

7.4.1　改革的多重目标

土地，虽然只是生产要素之一，但它是联系自然、人与社会的纽带，涉及发展的诸多领域。因而，土地制度改革应该兼顾多重目标，而不是单一目标。在中国，土地改革问题就更为复杂，它与财政、户籍、社保等方面问题交织在一起，构成了我国转型过程中的一个独具特色、非常难解的"中国结"。从土地资源直接相关的方面出发，概括起来，农地转用制度改革要兼顾三个目标。

第一，能够促进经济社会发展，为城市化和工业化进程提供土地资源保障，促进人口城市化与土地城市化的协调发展。

第二，有利于保护稀缺的农地资源，特别是保障耕地数量的基本稳定，以提高经济发展的稳定性，实现可持续发展。

第三，有效均衡土地利益的分配，特别是维护农民的正当土地权益，以维护社会稳定，增强长期发展的动力。

三个目标相互依存、相互制衡，构成了衡量农地转用制度改革绩效的标杆。此外，从更大的框架来看，还需要协调土地领域改革与其他改革的关系，限于本章的研究主题，在此不做进一步分析。

7.4.2　改革的主要原则

在此，笔者将"原则"细分为两个层面：一是基础层面，属于"根本原则"；二是操作层面的"实施原则"。

7.4.2.1　根本原则

改革的根本原则主要从土地的自然属性和社会属性两个大的方面出发来加以界定：在自然属性方面，应该是促进土地资源的集约节约利用；在社会属性方面，应该是促进土地权益的均衡分配。

新中国成立以后的相当一段时期，特别是改革开放 35 年以来，我国一直以加快经济增长为第一要务，因此突出强调了土地的自然属性和生产功能。也就是说，土地仅仅被看做满足经济快速增长的一种资源、一种手段。土地的社会属性和分配功能受到了严重忽视（无论是有意还是无意），土地资源的配置、土地利益的分配一直按照政府（尤其是地方政府）认为"最优"的方式进行。

基于这一判断，在新一轮改革中，应该更加重视土地的社会属性。而在土地收益的分配方面，现有格局集中体现为农民利益的整体失衡。因此，这轮改革应以"维护农民正当土地权益"为出发点。具体而言，这一原则包含以下几层含义。

第一，面对处于弱势地位的广大农民被剥夺和侵占的现实，必须维护农民的正当利益。不能为了加快经济增长和推进城镇化，为了满足建设用地需求，就大范围、大幅度地侵害农民利益。维护农民合理的土地权益，依靠的是政府和农民两方面的共同努力，依靠的是土地产权的清晰化、征地程序的完善化、土地管理的法治化。

第二，必须将农民作为一个整体看待，必须看到除了城乡差距之外，不同地区间的农民、拥有不同类型土地的农民之间，在土地增值收益分享中的显著差异，苦乐不均。土地"变性"（所有制变化）、"变色"（用途变化）中的巨额增值利益应在全体农民中平均分配。

第三，应该维护农民的正当土地权益，而不是将农民土地权益绝对化。一方面，农民对土地资源的直接开发必须符合国家的各种规划要求；另一方面，在市场竞争的基础上，应该让其他土地投资开发者合理分享土地人工增值成果，实现国家、地方、开发者、农民的利益平衡，以提升效率、促进增长。

第四，土地的"权"和"益"都要兼顾。在征地过程中，除了要保证农民获得一定比例的土地增值收益、保护农民的正当利益外，还有在维护农民权利方面下工夫，界定国家、开发主体、农民集体和农民个人之间的土地产权关系，保障农民在征地过程中的知情权、话语权和诉讼权，通过国家监管保护和农民有序维权两个渠道来捍卫正当利益。

7.4.2.2 实施原则

结合我国国情和目前的实际，笔者认为，在改革方案设计和实施过程中应该采取以下几个原则。

第一，发挥市场作用。市场机制利用不足，是目前我国土地制度体系的最鲜明特征之一。一方面，要推进市场化的资源配置方式，另一方面，要在征地制度下充分利用市场手段。

第二，坚持循序渐进。作为我国尚须改革"攻坚"的领域之一，土地改革既艰难又复杂，因此，需要采取渐进的方式，积极而稳妥推进。

第三，综合配套推进。土地改革必须和财政、户籍、就业、社会保障、行政管理、立法司法等领域改革配套、协调推进才能取得长期实效。

第四，坚持国家统筹。在改革的执行主体方面，为了实现整体的最优，必须坚持国家统筹，以便在措施上保持步调一致，在利益分配上保持区域平衡。

第五，考虑地区差异。土地改革应该考虑不同地区在资源禀赋、经济发展、城市化模式等方面的差别，在中央统筹的基础上赋予地方一定的自主权。

7.4.3　改革的总体思路

改革的总体思路应该回答改革的目标、路径、手段等关键问题。在此，笔者根据前文对目标和原则的分析，结合自己的认识提出以下改革思路：

服从和服务于 2020 年全面建成小康社会和全面深化改革开放的阶段总目标；以加快完善社会主义市场经济体制和加快转变经济发展方式为指导；在总结地方改革探索经验的基础上，结合我国城市化加快发展的基本背景，以促进经济可持续发展、合理利用土地资源、协调土地利益分配为目标；以维护农民的正当土地权益为重点；坚持市场主导、循序渐进、综合配套、国家统筹、因地制宜的原则；以产权制度改革为基础，以加快推进征地制度改革和探索推进集体土地非农化流转为两条主线；加快转变政府土地管理方式，修订和完善土地管理法律法规，注重协调土地改革与其他领域改革的关系；通过改革最终实现经济效率与社会公平的有机统一。

接下来，笔者对上述思路提出两大点，以进行简单的补充说明。

（1）注重发挥市场机制的作用。

党的十六大提出，在 21 世纪头 20 年建成完善的社会主义市场经济体制，2020 年建立起完善的社会主义市场经济体制是我国改革的基本目标。

作为要素市场重要组成部分的土地市场，也应在各个领域全面引入市场机制，以解决"政府失灵"所带来的种种弊端。在农地向城市转用环节，就是要抑制政府的土地非农化冲动，同时推进以农民为受益主体的市场化流转。建立符合社会主义市场经济体制要求的新型土地制度，是必须坚持的基本改革方向。

（2）分阶段有序推进改革。

按照 2020 年的市场经济体制建设目标，"十二五"是体制机制攻坚期，"十三五"是体制机制修补和完善期。服从于上述总体改革目标，土地制度改革的目标也可以分为"十二五"和"十三五"两大阶段。

"十二五"时期：城乡二元土地制度改革的阶段目标是初步构建起符合社

会主义市场经济要求、有利于保护农民利益的新型土地制度的基本框架。鉴于我国土地制度改革已经明显滞后，所以，"十二五"期间，改革的重点任务是积极探索、发现问题，找准方向、明确思路、奠定框架。

"十三五"时期：城乡二元土地制度改革的阶段目标是全面、深入推进城乡二元土地制度改革，初步建立新型土地制度。

7.5　改革基础：明晰集体土地产权

土地产权是一组权利束，而不仅仅是名义上归谁所有。地权是由多种权利组成的，包括法律所有权、剩余索取权、使用权、处置权以及这些权利的可靠性等（姚洋，2000）。

7.5.1　"均权赋能"的指导方针

土地承包经营权、宅基地使用权、集体收益分配权等，是法律赋予农民的财产权利，无论他们是否还需要以此来作为基本保障，也无论他们是留在农村还是进入城镇，任何人都无权剥夺（温家宝，2012）。如果按照这一思路，那么唯一的选择就是农村土地产权（使用权）"家庭化、个体化"。

笔者也认为只有将产权落实到每家每户乃至每个农民，赋予农民完整的土地产权，产权才能够真正清晰起来，才能够通过土地的市场化流转实现最优配置。事实上，成都自由迁徙条件下的地权改革已经具有了上述特征，只不过碍于现有土地制度框架制约，没有明确提出而已。

结合程度确权时间，加上笔者的理解，笔者认为，以"均权赋能"为产权改革方针比较合适。在此，笔者用"均权赋能"，而不用"还权赋能"[①]，主

---

①　最早把"还权赋能"作为政策建议提出来的，是在成都市当过多年房管局局长的周鸿德，其启迪来自城乡差别。原来在任城市房管局局长之前，周鸿德有过20多年在区县做农村工作的经验。由乡入城，两相比较，老周感触最深的，是城乡居民在财产权利方面的差别。这当然与他的房管经验有关：城市居民的房产可以抵押，也可以合法转让，由此可以分享房地产资产的种种好处。农民的土地和房屋呢？权利多受限制，产权功能极不齐全。于是他建言，"还权赋能"——城里人可办房产证，农村人也可办；城里人的房产可抵押，农村的房屋也可抵押。后来，"还权赋能"四个字，被原封不动地写进了中共成都市委和成都市人民政府2008年1号文件。这份地方政策文件的中心内容，是"进一步改革完善农村土地和房屋产权制度"。文件要求，在全市范围内完成农村集体土地所有权、使用权和全部房屋所有权的确权、登记和颁证，并在全面确权的基础上，推动农地承包经营权、山林承包权、集体建设用地使用权以及房屋产权的规范流转，最终"建立健全归属清晰、权责明确、保护严格、流转顺畅的农村产权制度"。详见周其仁《"还权赋能"的由来》，《经济观察报》2012年12月21日。

要是基于两点考虑。

（1）还权容易引发关于产权原始归属的争论。

还权意味着土地原来就是现有的农民的，对此，实际上是有争议的。在新中国成立之初的以没收地主土地、均分给农民为核心的土地改革之前，土地有一部分属于城市富有阶层，一大部分属于地主，那么，如果提还权，是不是要追溯到土地改革之前呢？

无论是新中国成立后的土地改革，还是合作化运动过程中对不同集体的土地资源配置，都是完全由政府主导的地权再分配，事实上是政府对农民或农民群体的赋权（实质是生存权赋予），如果提还权，是不是要还给政府呢？

（2）均权更符合我国发展所面临的复杂形势。

这里提出的均权，虽带有平均的含义，但主要是指均衡。这种均衡过程实际上是政府面对我国的经济社会发展目标和趋势而作出的一种战略抉择，具体包括四个维度的考量：

第一，不同主体（农民、市民、政府、企业等）产权的均衡。

第二，不同区域（东、中、西部之间，不同省份之间，城市与农村之间，近郊农村与偏远农村之间）产权的均衡。

第三，不同用途（农用地、建设用地与未利用地，不同的农用地之间，农村建设用地与城市建设用地之间，公益性用地与市场化用地之间，建设用地内部不同用途之间）产权的均衡，以实现整体利益，减少外部性成本。

第四，不同期限（长期、中期、短期）产权配置的均衡，以实现土地资源配置的最优化。

在上述方针确定后，无论是对产权内涵的规定，还是配套措施的实施，都要服务于均权目标，从而确保土地财富的再分配能够公平地进行。

7.5.2　产权改革方案的设计

根据不同土地用途，产权改革方案可以进行如下设计。

第一，农业用地。在现用途的范围内，可以自由、永久转让。如果涉及农地转用为市地，有两种情况：被政府征收，但前提是必须符合公共利益，并且要按转用后的市地价值（或规定市地价值的一定比例）予以补偿；不符合公共利益的，不得征收，而是由农民与将来的开发主体（包括政府）自主协商转让条件。

第二，宅基地。在现用途的范围内，可以自由转让、永久交易。因政府规划调整，符合公共利益确需征地的，按照该土地的市场价值予以补偿；不符合公共利益的，不得征收，由农民通过市场自主流转。

第三，集体共有的其他土地和财产。如果多数集体成员（如 2/3 以上）认为，有必要、有意愿保留某些集体所有的土地和财产，则按照现代企业制度对该集体所有实体进行公司制改造，按照集体协商确定的原则分配股权或均分股权。对转制后企业土地和财产的征收按照前面的两项规定进行。

实践中，具体改革做法可能存在一定差异，比如，可能要将村集体所有的全部土地重新均分，也可能以现有土地承包经营权为基础做适当调整，这个需要考虑各地的实际情况，但目标都是一样的，那就是建立清晰、稳定、均衡的土地产权体系。

7.5.3 "均权赋能"的突出优势

"均权赋能"方案的优点非常突出，相对而言，它能够解决一些长期性、根本性问题。

第一，产权界定得非常清晰，避免了集体所有者缺位或虚置的"委托—代理"问题，因而能有效地降低交易成本，提高土地资源配置效率。

第二，在城市化的背景下，农民可以根据自己的愿望、梦想和禀赋条件自由地选择生活方式，自主地配置不同资产，而不是被迫固守在农地上。

第三，有望彻底实现一定范围（至少是集体范围内）的公平问题，避免基层政府和少数村干部再借助"集体所有"的名义截取本该归属大多数农民的土地收益。

第四，对政府征地权构成了有效抑制，在很大程度上避免了公权侵犯私权、官民争利所带来的社会矛盾。

第五，通过土地确权、提高征收补偿和市场化流转，能够提高农民收入和财富水平，缩小城乡差距。

7.5.4 产权时限与退出机制

上述分析并没有考虑到产权期限和退出机制问题，加入了这方面的因素，问题就会变得更为复杂。这也是一个悬而未决的重大战略问题，应该尽快明确。在此，笔者提出一些尚不成熟的拙见。

（1）关于农地使用权收回的规定。

对于农业用地，十七届三中全会明确指出要赋予农民更加充分而有保障的土地使用权，土地承包关系长久不变，国家采用了"长久不变"这个词，而不是"永久不变"，因此，肯定是有期限、有条件的，而不是一旦确定就永久固定。

在城市化加快推进的背景下，对于进入"城镇"土地承包经营权的退出处理，有两种不同的主张：第一种主张以 2003 年发布的《农村土地承包法》为依据，认为进入设区的市，农民应该退出承包地①；第二种主张以 2007 年颁布的《物权法》为依据，认为承包经营权是农民的用益物权，是一种财产权利，应得到法律保护。农民进入城市（包括设区的市）并纳入城市社保网络，是他的公民权利，此外，不能让农民以财产权利换取本该普遍享有的公民权利②。按照"下位法服从上位法""前法服从后法"的原则，从法律位阶和出台时间来看，在判定承包经营权是否收回时，应以《物权法》为准，而不是《农村土地承包法》。

对于宅基地，国家尚无统一的法律法规，但各省普遍出台了一些专项地方法规，各省（如山东、陕西）普遍以户口是否在本村、是否在本村居住等为依据确定能否收回③。在"房地分离"制度之下，虽然宅基地使用权可以在一定条件下收回，但房屋仍是农民的私有财产，如果因收回宅基地而强占农房，同样构成了"征收"，理论上讲，不经法律授权，村集体没有这样的权利。此外，《物权法》也将宅基地使用权当做一种用益物权加以保护。同样的道理，地方政府不能因为农民进入城市后享受了社会保障这一公民权利而剥夺其宅基地使用权和房屋所有权。

（2）关于农地使用权的期限。

对于农地使用权的期限，宅基地并没有具体规定，只要是集体成员，理论上是永久使用。对于承包地的使用期限，如果以《物权法》规定推理，只要

---

① 《农村土地承包法》第 26 条规定："承包期内，发包方不得收回承包地。承包期内，承包方全家迁入小城镇落户的，应当按照承包方的意愿，保留其土地承包经营权或者允许其依法进行土地承包经营权流转。承包期内，承包方全家迁入设区的市，转为非农业户口的，应当将承包的耕地和草地交回发包方。承包方不交回的，发包方可以收回承包的耕地和草地。承包期内，承包方交回承包地或者发包方依法收回承包地时，承包方对其在承包地上投入而提高土地生产能力的，有权获得相应的补偿。"《农村土地承包法》中所称的"小城镇"，包括县级市市区、县人民政府驻地镇和其他建制镇，而"设区的市"主要是指地级市。

② 我国《宪法》第 45 条规定："中华人民共和国公民在年老、疾病或者丧失劳动能力的情况下，有从国家和社会获得物质帮助的权利。国家发展为公民享受这些权利所需要的社会保险、社会救济和医疗卫生事业。"

③ 例如，《山东省农村宅基地管理办法》第 18 条规定："农村村民一户只能拥有一处宅基地。有下列情形之一的，由村集体依法收回宅基地使用权：（一）一户超过一处以上的宅基地；（二）经批准新划宅基地后原有的宅基地；（三）户口已迁出本村且已不居住的宅基地；（四）集体供养的五保户腾出的宅基地；（五）其他应当收回的情形。"

农民继续保留集体成员的身份，就能够一直享有土地使用权和收益权①。进入城市工作乃至定居的那些保留集体成员身份的"农民"可以依法将土地流转出去②。

因此，保留集体成员身份是关键，而按照现有规定，是不是集体成员的判断标准，就是户口所在地是不是"集体"所在的村。这就解释了为什么多数农民即使举家到城市定居，也不愿意将户口迁移。除了现实的收入外，一旦户口迁往城市，国家土地政策变动所带来的相关利益将无法再享有。

那么，农民进城后户口留在农村就没有成本吗？当然有。除了办理准生证、户口登记过程中的往返成本和"交易成本"外，更重要的是，我们国家现有的一些公共服务供给是以户籍为依据的，农民与本地市民在子女上学、就医、申请保障房等方面还存在着一些差别化待遇。这些往往也是农民申请城市户口，"自愿"放弃农村土地使用权的重要动力。但从趋势上看，随着基本公共服务均等化的推进和公共服务信息化建设的加快，上述门槛问题预计会在2020年以前逐渐消除或弱化。

对于集体成员的认定方式，如果继续维持现有的户口标准，会平添一些麻烦，不如像成都那样，允许在农地确权的同时赋予公民自由迁徙权。因此，通过上述推理可以看到，在现有政策轨道下，成都确权模式的长期结果就是现有"农民"（无论是否居住在农村，无论是否从事农业生产）永久而稳定地享有了土地产权。至于《农村土地承包法》和《物权法》规定的承包期，在成都确权模式下已经失去了意义，只会造成土地产权的周期性波动，给那些具体负责农地管理的"代理人"以寻租机会。

（3）所有制、产权结构与农业组织方式。

在相应政策下，现有的广大农民（基于某一时点）就会成为土地的实际支配者，成为"农地之主"，其中相当一部分人是城市地主。至于名义上继续维持集体所有制，由集体成员完整、自主地支配和使用土地，还是干脆承认他们对土地的私有，抑或是国家宣布拥有名义上的所有权，都不再是关键问题。

---

① 《物权法》第 126 条规定："耕地的承包期为三十年。草地的承包期为三十年至五十年。林地的承包期为三十年至七十年；特殊林木的林地承包期，经国务院林业行政主管部门批准可以延长。前款规定的承包期届满，由土地承包经营权人按照国家有关规定继续承包。"

② 《物权法》第 126 条规定："土地承包经营权人依照农村土地承包法的规定，有权将土地承包经营权采取转包、互换、转让等方式流转。流转的期限不得超过承包期的剩余期限。未经依法批准，不得将承包地用于非农建设。"

确权清楚之后，由于农民拥有了完整的支配权，所以可以根据自己的情况作出选择，例如，自己继续拥有，还是转让给他人；自己耕种或开发，还是在一定期限内流转给他人。在这个过程中，不可避免地会出现土地产权的集中（无论是所有权意义上的集中，还是使用权意义上的集中）和优化重组。有人担心土地过分集中所带来的垄断及其他社会风险问题，这个可以通过政策来加以矫正，可以通过用途管制、社会保障体系的完善来降低风险。但这个市场驱动的产权结构调整能够带来农业生产效率的提高，并导致组织方式的变革。

对于我国的农业生产组织方式，2013 年中央一号文件《中共中央国务院关于加快发展现代农业进一步增强农村发展活力的若干意见》提出，"着力构建集约化、专业化、组织化、社会化相结合的新型农业经营体系"，"鼓励和支持承包土地向专业大户、家庭农场、农民合作社流转，发展多种形式的适度规模经营"。有的学者（韩俊，2010）也认为，应该坚持农地农用，让大公司成为农业经营主体，让农民成为农业工人，不是我们国家农业经营体制改革的方向，要确保农民的家庭经营占一个主导地位，要防止在农业人口稳定的转移之前形成大规模的土地兼并现象[①]。

的确，即使到了 2030 年，我国人口城市化率超过 70%，按 15 亿总人口计算，仍有 4.5 亿农民生活在农村，人均耕地也只有 4 ~ 5 亩，土地仍然是稀缺资源。因此，我国农业生产组织方式主体可能是小农场的精耕细作。但笔者认为，最终的农业组织方式是以市场选择为基础的，在"市场失灵"的情况下，政府干预才有理由，并需要权衡政府干预的成本问题。在市场化潜力尚未激发的条件下，就人为地确定乃至规定具体的农业生产组织方式，可能欠妥。并且，不同地区的情况差异也比较大，因而不能"一刀切"。

7.5.5　产权改革的风险评估

对于产权改革的方案，有很多质疑之声。客观讲，有些质疑的确反映了这种方案的劣势，但有些质疑缺乏依据，只是一种想象。

（1）土地流转会导致社会稳定风险吗？

由于产权清晰了，土地可以自由转让，农民可以自由支配其土地，可能会

---

①　韩俊：《承包地宅基地是农民的财产不是国家福利》，在"中国县域经济发展高层论坛"上的讲话，新浪财经，2010 年 12 月 19 日（http://finance.sina.com.cn/hy/20101219/15469129962.shtml）。

导致一些农民因生活所迫或投资需要而变卖土地，成为失地农民，对社会稳定带来影响。对此，笔者认为，社会稳定与否，取决于整体的社会环境、就业机会和社会保障的完善程度。从趋势上看，我国的经济增长潜力仍然较大，社会保障体系也在逐步完善，随着人民收入水平的提高和社会保障体系的健全，农地的社会保障价值肯定会呈现下降趋势。

（2）区域（区位）间的公平性如何解决？

局部的公平并不代表整体的公平，因为我国不同地区或同一地区的不同地段，农地转用后的市场价值差别很大，因此，私有化方案无可避免地导致苦乐不均。这种看法的确揭示了我国区域或区位差异较大，也看到了应解决土地级差地租的合理分配问题，因而有一定道理。但同样这并不是一个无法解决的问题，而是可以通过土地税收（包括占有环节和出让环节）措施来加以平衡，特别是建立从发达地区到不发达地区、从东南沿海地区到中西部地区、从城市区域到农业区域的利益转移机制，以实现土地发展权的合理配置及土地增值收益的公平分配。

（3）能保证确权过程的公正性吗？

即使在同一个集体内，也可能因为历史原因形成土地资源的不公正占有情况，因此，根据占有现状确权颁证会造成不公平，而要重新确认这些历史上形成的复杂产权关系，交易成本很高。对于这个问题，有两个办法：第一，从笔者调研和相关报道的情况来看，成都发动群众、借助村民自主的力量确权，取得了比较好的成效，也就是说，借助农民的自我监督和自我治理机制，可以部分地解决这个问题（奈斯比特，2011）；第二，在确权过程中，要保证政府利益中性，确保过程的透明和政府的公正性，要求借助信息化、行政、司法等手段，对一些强权、强占行为坚决打击。

（4）会带来土地的无序利用吗？

由于农民可以自主转让土地，会导致农地资源的无序开发，如非农化使用、非粮化耕种或土地细碎化等问题。这种担心可能没有太多道理，原因在于无论是哪种所有制和产权安排，都不能脱离用途管制，土地的使用必须符合国家规划，这是土地监管的基本目标。至于在土地规划用途范围内，农民种植什么、如何使用，则是激励机制问题，要通过激励手段和市场手段调动种粮积极性。

此外，在市场机制配置土地资源的条件下，农地资源及相关生产要素会自发地优化组合，最终形成所谓的农业最优规模。这一规模因区域、禀赋、要素价格等不同而各异，而不是凭借人为想象所规定的。例如，在笔者调研过的北京郑各庄、江苏的永联村等，都是农民在政府引导下通过合理规划和有序转用实现了自主城市化发展①。

（5）是否会导致地区竞争力下降？

由于私有化后，政府征地成本提高、征地难度增大，因而，可能会影响地方招商引资进度，从而降低地区竞争力。特别是正处于投资驱动发展关键期的中西部地区，这一问题更为严重。

笔者认为，这种担心完全有可能变成现实。但在此我们需要对某些概念作出区分，需要结合我国的经济转型和结构调整战略重新作出利弊判断。抑制征地权扩张，本来就是下一轮改革的重要任务之一。征地速度慢了，政府为招商引资提供土地的能力和给予优惠的幅度，自然也会降低。但长期看，这有利于提升工业用地价格，有利于集约节约使用土地，从而推动存量土地的优化开发。

至于地区竞争力的降低，则需要辩证地看，首先我们需要建立一种新的、良性的地区竞争格局，改变过去以土地价格补贴换取竞争优势的老路。其次，由于这项改革是全国范围内进行，因此，对于所有地区的影响是相对均衡的，即使是中西部地区，按照市场定价的原则，征地成本也不可能像沿海地区那么高。并且，允许投资企业与农民自主协商、自主开发，在某些情况下还能节省政府主导土地整理（低效率和腐败问题）所带来的高成本。

（6）对地方投资、经济增长与城市化进程的影响严重吗？

由于私有化后，按照或参照建设用地的市价补偿，会使得农民分享土地增值收益的比例显著提高，会造成政府土地财政收入的大幅度下降或净收益的显著减少，政府投资能力会受到显著影响（投资于基础设施、保障房、农田水利设施乃至教育）；而这不仅会影响经济增速，而且会影响农民的非农就业；此外，在城市化进程加快推进的背景下，城市化投入的不足也会影响城市化速度。这个担心可能是政府最常见的。

的确，在分税制下，地方政府财权、事权不匹配问题相当突出，对此，除了中央政府的转移支付外，土地财政就成了一个重要支撑。征地补偿成本提高、收入和净收益下降，的确会影响地方政府的财力，从而影响各项公共支出

---

① 又如，北京西三环紫竹桥附近的香格里拉大酒店是 20 世纪 80 年代发展乡镇企业时建立的，土地所有权至今仍属于四季青乡，在这种方式下，土地的使用符合政府规划，不仅酒店正常运营，农民还能收取租金或者得到分红。

和投资能力。这个问题并非是无解的，国家完全可以通过加快推进财税体制改革来部分地缓解或解决。

对于政府投资的重要性，虽然笔者没有对政府投资效率进行过专门研究，但从已有的分析来看，学者们普遍持负面态度。例如，石小敏（2011）分析指出，2002 年每增加 1 元 GDP 所需要的投资是 1.78 元，到 2010 年每增加 1 元的 GDP 所需要的固定资产投资高达 5.99 元，将近 6 元，投资效率大幅下降（2.37 倍）[①]。如果能够通过提高征地补偿藏富于农，就能在很大程度上扭转我国城乡收入差距不断扩大的趋势，进而刺激农民消费，推动农村消费，而这也是我国转变经济发展方式的要义之一。从这个意义上讲，从宏观经济运行模式来看，存在着政府投资、政府消费与居民消费（特别是农民消费）之间的替代效应。只有赋权于农、提高补偿，才能真正扩大内需，从而有利于促进我国经济发展方式转型。

至于城市化进程的减缓，就更是经不住推敲的问题了。土地城市化过度、人口城市化不足，是我国城市化模式的重大弊病。降低地方政府的土地财政依赖，适当减缓政府主导的城市建设投资，恰恰能够抑制土地城市化过快扩张。此外，人口城市化滞后的重要原因，是农民（特别是 70 后、80 后、90 后农民）缺乏进入和融入城市的能力（而不是进入城市意愿），维护了农民的地权，也就等于农民能够以土地为财富跳板，更快、更稳妥地在城市立足和发展。

7.6　改革核心：农地市场流转与征地制度改革

产权改革是集体土地使用权清晰化、可流转、有效配置的基本前提。在此基础上，加快推进征地制度改革和集体土地的流转，是改革的两大重点任务，此外，还应配套推进其他领域的改革。

7.6.1　划清征收与流转的界限

划清征收与流转的界限，实际上就是确立政府与市场在土地资源配置方面的边界，也就是征地制度讨论中所说的公益范围。

7.6.1.1　公益审查方式"批发"与"零售"相结合

公益范围是个模糊的概念，对此有两种可供选择的做法。

---

① 石小敏：《政府投资效率 8 年来下降 2.37 倍》，《网易财经》，2011 年 12 月 10 日（http：//money.163.com/11/1210/14/7KTUH4IM00254P7R.html）。

　　一是以土地利用规划和城市规划为界定标准，为实施规划而进行的征地，就是公益征地。如前文所述，这是德国所采取的做法，我们可以将其理解为征地公益审查的"批发"方式。但采用这种做法的前提是该规划经过了严格的审查、公开听证，因而各方充分表达了自己的利益诉求，实现了利益均衡。此外，这些规划必须足够详尽细致，具体到每个地块、每一平方米。

　　二是以具体用途为依据，通过立法机构具体审查每个征地项目的公益性和必要性。这是大多数国家采用的做法，由于是一事一议，我们可以将其理解为征地公益审查的"零售"方式。

　　笔者认为，我国应采用两者相结合的方式。一方面，完全采用"批发"方式并不符合中国国情，原因在于：第一，我国城市化正处于快速推进之中，根据现实情况的变化对各种规划进行必要的修订在所难免，这就影响了规划作为征地公益依据的基础性地位；第二，将规划落实到每个地块、每一平方米，不但可能因现实变化而丧失科学性、经济性，而且需要耗费不菲的人、财、物力；第三，在现有架构下，规划制定很难保持利益中性，如果仅以规划为依据（现实情况在很大程度上就是如此），可能会使得规划成为侵害而不是保护农民利益的手段。

　　另一方面，完全采用"零售"方式更是偏离了中国的政治、经济与社会发展的实际，原因在于：第一，我国是一个中央集权化国家，自下而上的权力监督与横向的权力制衡机制尚不健全，因此，完全借助我们的立法机构——人民代表大会来审查公益性缺乏可行性；第二，在现实情况快速变化的中国，完全依靠一事一议的审查方式会耗费过多经济成本和时间成本，因而会影响经济社会发展；第三，我国城市化大规模、大范围推进的现实，也决定了必须建立一种更高效、处理能力更强的机制。

　　基于上述理由，笔者认为，我国应该以科学规划为基础，考虑具体征地用途，综合采用两种公益审查方式。

7.6.1.2　组建"财产征收审查委员会"

　　以地方各级人大为依托，组建专门的"财产征收公益审查委员"，尤其对政府财产（不仅是土地）征收行为进行公益性审查。该委员会由本地上级相关部门负责人、人大代表、独立学者、社会公众代表（包括农民代表）等组成。

　　针对土地利用和城市发展规划涉及的征地问题、具体的政府财产征收行为，举办公开听证会，邀请社会各界参加，通过无记名投票的方式进行表决。

为保证决策过程的公正性，上述过程要全程录像，并交由相关机构（上级政府或人大、法院等）统一管理。

此外，地方政府每年要对允许征地的项目名单进行公示，未列入该名单的项目，不得启动征地程序。

7.6.1.3　健全规划管理体制

鉴于土地利用与城市发展规划的重要意义，在强化公益审查方面，国家首先应该完善规划管理机制。具体而言：

第一，健全规划层级体系。建立从粗到细、从上到下、由总到分的城乡规划体系，使规划用途细化到每个地块。

第二，建立规划听证制度。规定的制定和修订要经广泛听取包括广大农民和外部专家在内的各方面意见。

第三，严格规划修订程序。以地方人大为依托，组建"规划审查委员会"，由相关部门和社会各界组成，形成独立决策机制，防止地方领导频繁修改规划。

第四，加强规划监督审查。由上级部门组织，社会各界参与，定期开展规划执行情况审查，对规划执行效果进行评估。

7.6.1.4　首先将住宅用地剔除公益范围

从征地用途来看，大致有四类：建设国家重点工程、修路、建学校、建公立医院等；旧城改造、棚户区改造或者建设保障性住房；建设工业开发区、科技园区，推动地方招商引资；房地产用地（包括商服用地和住宅用地两类）。

笔者认为，考虑到我国所处的发展阶段和其他国家的一些参考做法，暂时不宜将征地范围严格限定于纯公益项目（学校、国家重点工程等），而应合理确定，然后根据改革实践逐渐收紧。为此，笔者提出了"三步走"的改革设想：

第一步，圈内住宅用地和圈外房地产用地不再列入征地范围（"十二五"）。

第二步，圈内外房地产用地都不再列入征地范围（"十三五"前半期）。

第三步，圈外工矿仓储用地不再列入征地范围（"十三五"后半期）。

对于上述用途的土地，农民可以在符合用途管制的前提下自主开发或流转，政府不得强制征收。对于农民与社会资本共同开发的项目，政府的角色定位是加强用途管制，维护农民合法权益，而不是强制农民合作。

对于上述范围内的项目，确需征地的，在本地公益审查委员会审查通过的基础上，报请国务院审批。

现实中，某一地块的开发往往不是单一性质的，而是融合了公益性不同的多种用途。以"城市综合体"的开发为例，在城市综合体内，住宅、商铺、学校、医院等同时并存，如何界定其公益性呢？对此，一个基本指标就是公益性用地的占比。例如，国家可以规定，房地产用地比例超过50%，便不能再动用征收权。对于可以动用征收权的综合体项目，其中的纯公益用地的原产权人，也应按照"最高和最佳用途原则"获得补偿。这个问题将在下文征地部分进一步讨论。

7.6.1.5　农地的征收与征用做法相结合

符合公共利益并不必然要进行土地征收，在土地征收行为审批过程中，政府有义务说明市场化手段无法达到实现公益的目标。

事实上，虽然我国《土地管理法》区分了征收和征用的概念，前者涉及集体土地变为国有土地，后者则只是国家租用农民的土地，不涉及土地变性。但在以往的实践中，"征用"的做法很少。也应对征收和征用的适用情形做出严格区分，设定征收与征用的具体条件。

总之，为实现公共利益目标，政府可以采用市场手段，也可以采用强制性的土地租用（征用），而强制性的占有并改变土地所有性质（征收）应该是一种最后采用的手段。

7.6.2　规范推动农地市场化转用

对于农地（包括农业用地和集体建设用地）市场化转用，多数学者（如周其仁，2004；丁成日，2007；陶然、汪晖，2010；赵阳，2011）都表示赞同，但在一些具体操作问题上，仍有争议。为平稳推进集体建设用地直接入市，我国需要在组织方式、入市程序、收益分配、市场交易、政府管理等方面进行系统的制度设计。值得注意的是，对于农地的市场化转用（流转），目前的讨论主要集中于集体建设用地方面。实际上，在我国，无论是集体农业用地还是集体建设用地，由于受到严格的"所有制管制"，在多数地区，两者目前的市场价值差异并不大。因此，对于集体建设用地的讨论同样适用于集体农业用地。只不过，集体农业用地变为建设用地，需要按照有关规定办理农地转用审批手续。

7.6.2.1　废除农地市场化转用的限制性规定

推动农地市场化转用的首要举措，即废除目前关于农地市场化转用的限制性规定，其主要包括以下几个方面。

第一，废除非本集体经济组织成员、城市市民不得购买农民住房（及相应的获得宅基地使用权）的规定。

第二，废除集体所有土地不得用于抵押担保的规定，还原农地的资本属性。

第三，对于过去已经发生的"非法"交易，在双方协商归属的基础上，对于制度变化所带来的升值，按照一定比例（如各50%）由双方分享增值收益，并补缴相关税费。

7.6.2.2 建立市场化交易的渠道

对于农民个人所有的农地，由农民以自主交易方式直接入市，并到国土、房管、银行等机构办理相关手续。对于村集体所有的农地，则需要通过一定的民主议事程序和公开交易程序，采取土地股份化等形式保证每个农民的正当权益。

建立城乡统一的建设用地使用权交易有形市场，国有和集体建设用地使用权在有形市场上，统一交易规则，平等公开交易。按照"同地同权同利"的原则，建立与国有建设用地使用权统一的集体建设用地使用权价格形成机制，出让或者转让依法取得的集体建设用地，应当在地价评估基础上，在城乡土地交易市场上公开交易，并签订有偿使用合同。

7.6.2.3 加强指标管理和程序管理

为了维护土地市场秩序，避免农地市场化转用带来过度冲击，政府进一步完善原有的管理架构。

（1）农地市场化转用纳入建设用地指标计划管理。将集体建设用地入市指标置于国家下达的建设用地指标之中，通过建设用地入市规划管理集体建设用地入市规模。为落实开发项目，用地单位需到土地市场购买该指标。

（2）完善程序管理。在村民自治尚不完善情况下，集体建设用地入市必须履行相关程序，特别是要着力解决基层治理机制中出现的问题，要求建立信息披露与公示制度。在这方面，基层政府要发挥有效的监督和引导作用。

7.6.2.4 妥善处理小产权房问题

按照尊重历史、市场定价、合理补偿、分类推进的原则，彻底清理全国的"小产权房"[①]。可能的处理方式包括：

[①] 2012年4月北京市被纳入国土资源部（以下简称"国土部"）清理"小产权房"试点城市。2012年9月17日，北京市国土资源局公布了79个2008年以后在建在售的"小产权房"项目名单。有学者认为（蔡继明，2012），这意味着立法理念发生了转变，过去4年的修法理念是要承认"小产权房"有一定的合法地位，现在修法理念发生突变。

第一，转为商品住房。按照"小产权房"开发之初的土地价款，由"小产权房"保有人补足"小产权房"地价款并依法上缴相关税费后，然后按 50 ~ 70 年使用期换发国有土地"大产权证书"，按照商品房对待。

第二，转为经济适用住房。不能或不愿补足"小产权房"地价款的，将该房屋转为经济适用住房，10 年内不得出售；10 年后出售，增值收益部分 50% 上缴地方财政。

第三，实施强制拆迁安置。对于少数严重违反土地利用规划和城市规划、对城市发展造成重大不利影响的"小产权房"项目，可以实施强制拆迁。国家可以通过提供政策性住房的方式对"小产权房"所有者进行安置。

7.6.3　重点推进征地补偿制度改革

从世界各国的经验来看，圈定征地范围虽然能在一定程度上约束政府扩张冲动，但效果有限。因此，提高征地补偿是重点。在我国，追求土地财政，是地方政府征地的强大动力，缩小乃至消除低价征地和高价出让之间的净收益，是限制征地过度的必然之举。

7.6.3.1　以农民发展权为基础的补偿原则

以往的征地补偿实际上是一种生存权补偿，就像我们国家常用的政策口号：确保失地农民"生活水平不降低，长远生计有保障"。这样的政策方针实际上是一个很低的生存权标准。

建议国家将补偿原则调整为"生活水平有提高，长远生计有改善"，这就真正赋予了农民发展权，使得广大失地农民能够分享经济社会发展所带来的繁荣，也能在城市化过程中有能力、有机会去追求自己的"中国梦"。

7.6.3.2　以农民土地产权为基础的补偿依据

如前所述，以往的征地补偿表面上看是以集体对土地的所有权、农民对土地的使用权为依据，但实际上土地产权并不是征收补偿的唯一乃至主要基础。实践中，具体补偿标准的确定，还需要参照土地的用途、开发企业与地方政府对土地的财力水平和需求强度、博弈的力量对比等。

在土地确权的基础上，补偿的依据要回归土地产权（包括用益物权）上来，国家要强化对农民私有产权的保护。通过产权损失补偿，解决以前存在的补偿对象模糊、补偿资金截留等一系列问题。

7.6.3.3　以市场价值为基础的补偿标准

实现土地征收的公正补偿，必须以市场价值为计算基准。在此基础上，综合考虑多种因素计算补偿标准。具体而言，以下几个问题需要明确。

第一，农地的市场价值不是在各种限制的基础上形成的畸形市场价值，而是与国有土地"同地、同权"基础上的"同价"，因而是真实的市场价值。

第二，在符合用途管制条件下，按照"最高和最佳用途"的机会成本原则确定市场价值，而不是农地现有的利用方式。

第三，不因公益性强弱而确定不同的补偿标准，无论是纯公益性征地还是半公益性（或准公益性）征地，都应该给予农民平等的补偿。

第四，鉴于农民在我国政治经济格局中处于相对弱势地位，应允许土地产权人合理分享转用后的市场价值（主要是农地转用后的自然增值），这意味着涨价部分归私（农）。

第五，按照均衡地权的原则合理分配转用后的自然增值。不能由作为土地产权直接拥有者的农民"个体"（或集体经济组织）独享该市场价值，而是以农民"整体"为对象，在适当考虑各地物价（含房价）水平和生活成本的基础上通过利益调节机制实现。

第六，补偿标准的计算应该根据征地对不同农民个体的影响差异，也就是调查问卷分析所说的结构性差异，拿出一定比例的补偿资金（如10%）作为调节资金，并建立公开透明的监督机制。

7.6.3.4 以转用自然增值和公共财政为基础的补偿来源

由于具有较高市场价值的经营性用地逐渐被剥离出征收范围，而一些带有公益性因而可以征地的项目又无法形成收益来源，面对日益提高的征收补偿支出，政府从哪里获取资金呢？从目前来看，来源可能有三个。

第一，土地转用后的自然增值。国家通过建立利益调节机制来均衡土地自然增值在流转农地的所有者、被征地农民、全体农民、政府、投资者等不同主体之间的分配，以"抽肥补瘦"的方式减轻政府的支出压力。

第二，国有土地的批租和年租收入。随着一批国有土地出让期限的截止，会有越来越多的国有土地进入再出让期，由此形成新的土地租金收入。

第三，公共财政。特别是与土地开发、房地产开发相关的税费收入。

7.6.4 设立"土地价值调节基金"

农地自发的市场化转用，若不加以调节，会导致少数农民因占有特殊区位的土地而一夜暴富，独享土地的"自然增值"（实际上还包括政府基础设施投资所带来的人为增值）。无论是按何种规范标准，这都不符合公平性原则。

考虑到我国国情，笔者认为，土地自然增值部分首先由全体农民分享以弥补"历史欠账"，剩余部分再由全体国民分享。为此，应建立针对农地市场化流转增值收益的调节机制，以农地市场化转用的增值收益弥补公益性征地的补偿缺口。为此，笔者提出了设立"土地价值调节基金"，初步考虑如下：

（1）基金用途。用于补偿那些公益性较强或暂时无法带来土地出让净收益的征地项目；地方基础设施建设投入；统筹城乡发展的支出；统筹区域发展的支出。

（2）基金来源。针对农民市场化转用土地收益收取的"土地出让调节费"；政府通过其他方式运作农地所形成的增值。

（3）基金管理。该基金收入按一定比例（如30%）由中央提取，用于平衡不同省份之间的土地发展权。其余留在当地由政府管理，独立运作，并接受中央监督。

（4）土地出让调节费标准。对于允许农民市场化流转的房地产用地，收取"土地出让调节费"，统一缴入新设立的"土地价值调节基金"。该调节费的缴纳标准为：土地出让收益扣除"农民市民化保障数额"后部分的一定比例（如70%）。

农民市民化保障额只是一个计算依据，它是确保农民市民化后能够过上与一般市民同等生活所需要的费用额。举例说明，一家5口人，孩子8岁，孩子父母都是35岁，两位老人都是60岁。他们的农民市民化保障数额分别为：

父母：退休前缴纳城镇职工社会保障所需金额（25年×每年的缴费数额）＋一定年限（如5年）×城市居民年均生活支出。

孩子：工作前（22岁工作）的年数（14年）×城市居民年均生活支出（或城市孩子的年均生活支出）。

老人：现有年龄距离预期寿命（75岁）的剩余年限（15年）×城市居民年均生活支出（或城市老年人的年均生活支出）。

利用上述机制，就能保证失地农民至少能够过上城市普通市民的生活，并能够适当分享土地增值收益。

7.6.5　加快规范征地程序

现实中的征地矛盾，在很大程度上并不完全是由于征地补偿水平低造成的。根据笔者的调查，征地程序不完善，农民缺乏知情权、参与权和上诉权，也是重要的矛盾根源。因此，相关部门应该抓紧完善征地补偿程序，在此特别提出以下几点建议：

第一，加快建立征地审批前的补偿协商机制。只有在地方政府与农民就补偿协商达成基本共识后（例如，建立投票机制，投票比例超过50%），才能向省级国土部门上报征地审批申请。

第二，建立征地补偿司法审查机制。在法院体制内设立专门的"土地征收补偿审查委员会"，对征地补偿标准是否合理进行独立评估，无记名投票，并全程录像。也可以借鉴英国经验，在地级城市，特别设立"土地法庭"，专门从事土地案件纠纷问题处理。一般而言，这将包括两类不同性质的土地纠纷案件：一类是针对政府行政裁定提起的行政诉讼；另一类是针对政府拆迁所造成的损失提起的民事诉讼。

第三，借鉴成都等地的经验，在县一级成立农地产权仲裁机构，解决征地补偿在村集体内的分配纠纷问题①。

第四，强制征地与拆迁的执行权由法院主导完成。强制执行，必须经上级法院批准方能实施。

第五，先补偿，后征地。土地补偿金未得到前，不得进行征地，更不能实施强制征地和拆迁行为。

7.6.6 土地管理体制改革

建立符合中国国情的土地管理体制，是顺利推进上述改革的重要保证。通过强化一般意义上的用途管制，弥补放松所有制管制后留下的真空。为了提高土地管理的效力，建议采取以下几项措施。

（1）改革土地管理组织架构。

在现有架构下，国土局领导由地方领导任命，土地执法缺乏独立性，不利于及时发现和解决违法用地问题。建议推动建立土地垂直管理体系，国土部门资金由中央统一支付，领导由上级机构任命；充分发挥国土资源部9个地方性土地督察局的作用，增加其监督与执法能力（目前仅限于"约谈"）；给予土地管理部门必要的处罚权，解决土地管理执法缺乏手段的现实问题。

（2）探索开展跨区域指标交易。

在空间规划的基础上，参考美国土地发展权交易模式（TDR）、德国农地

---

① 2011年7月26日，成都市成立了全国首个"农村产权仲裁院"，专门解决除农村土地承包经营纠纷以外平等主体的农村产权。

非农开发限额及交易模式（CAT）（谭荣和曲福田，2010），借鉴成都、重庆、浙江等地的建设用地指标交易经验，将市场机制引入新增建设用地的计划配额管理中，建立全国性建设用地指标交易机制，对此很多学者表示支持并进行了系统研究（陶然、汪晖，2010；靳相木、姚先国，2010；施建刚、魏铭材，2011）。主要措施包括：

第一，建立全国性指标交易平台，或者利用已有的交易平台（如重庆地票交易所）。

第二，以现有的全国指标分配为基础，按照"配额管理、市场调剂"原则，开展政府间的指标交易（靳相木、姚先国，2010）。

第三，建立复垦土地质量监测机制。制定全国性的土地质量等级体系，综合评估不同地区、区块农地的粮食安全价值、生态价值和社会保障价值，据此，评价土地置换指标值。

第四，以土地指标跨省置换实现农民工异地落户。对于跨省流动的农民工，在外省已经工作一定年限并有相应的社保缴费记录，愿意举家迁往工作地的，可以在交出宅基地并由迁出地复垦的基础上，带建设用地指标异地落户，该建设用地指标由迁入地和迁出地政府共享，以迁入地政府为主（如占70%）。农民落户时，享有与本地区农民同等的待遇。

（3）实行"征转分离"审批分离。

在现行审批制度下，农地转用审批和征地审批是同一过程。但实际上两者的目标是不同的。前者是用途管制范畴，后者是财产强制占有范畴。

改革后，土地转用权由省级以上部门批准，土地征收权由地方人民代表大会的"公益审查委员会"批准。

7.6.7　加快推动土地立法

在改革的方向与原则确定后，土地法律体系建设应该加紧进行，这也是贯彻落实"依法治国"理念的基本要求。为此，笔者建议，稳步推进《土地管理法》工作，不宜匆忙出台，须经各界广泛论证，与此同时，鼓励地方深入探索，推广一些比较成功的经验，在此基础上，在"十二五"末期或"十三五"初期完成法律修订工作。

首先，按照上述改革原则，修改"城市土地属于国家"的准则，赋予农民长久、完整的土地使用权（或所有权），允许农民通过市场化方式向城市流转农地。

其次，制定"中华人民共和国土地法"。目前，我国尚无土地的基本法，而是以《土地管理法》[①] 代之。《土地管理法》只是一个部门立法，它无法取代《土地法》的基本立法地位，因此，建议制定独立的《土地法》，同时调整《土地管理法》定位。

再次，根据新的立法宗旨修订《土地管理法》及其他法规、规章。修改《土地管理法》，应该突出"管理"两个字，成为国家进行土地管理的基本依据。此外，对其他法律（如《担保法》）中有关规定进行同步修订。如果上述立法工作耗时较长，那么，在此之前可以根据新的立法精神探索制定或修改相关法规，如制定"集体土地征收补偿条例"，以便为实际工作尽快提供有效指导。

最后，推动地方法规的清理。鼓励地方根据土地改革方向加快推进本地立法工作，制定适合本地的相关法规。地方立法和执法经验也可以为国家立法提供重要参照。

7.6.8 配套推进相关领域改革

上述改革若想取得成效，必须与其他诸多领域（行政考核、财税、社保、社会管理等）改革配套推进。

（1）改革行政考核机制。

扭曲的行政考核机制是土地制度乱象的重要根源之一。目前地方政府过度热衷于经济增长、资源配置，过多干预微观经济活动，"重经济、轻社会""重增速、轻质量"的考核指标体系，以及追求地方财政最大化和官员个人利益最大化的冲动，共同助推了全国的"强拆"运动，在地方，甚至出现了"没有强拆，就没有新中国"的论调。今后，应该加快推进主体功能区规划的落实工作，建立全面均衡的行政考核体系。

政府应当加快转变职能，使其目标逐步定位于为微观经济主体提供良好的制度环境，充分发挥市场的资源配置功能。为此，应加快建立全面、客观、公正的政绩考核体系，弱化 GDP 考核权重，提升其他指标的重

[①] 我国土地管理思想的演变大致经历了四个阶段（这体现在《土地管理法》的出台与三次修订上）：1986 年，《土地管理法》颁布实施，我国土地管理工作纳入依法管理的轨道，初步建立了土地统一管理的新体制；1988 年，我国第一次修订《土地管理法》，正式确立了国有土地有偿使用制度，土地作为生产要素开始进入市场；1998 年，我国第二次修订《土地管理法》，确立了土地用途管制制度和耕地保护制度；2004 年，《土地管理法》经历了第三次修订，主要明确了征地制度内涵，以解决我国工业化和城镇化过程中的土地需求问题。正在进行的本轮修订则立足于解决集体土地的产权问题，核心是在多大程度上给予农村集体土地与城市土地平等的产权地位，并保护农民的土地权益。

要性。

（2）推进财税体制改革。

实现中央和地方财权与事权的统一，需要从整体上调整现行的财税体制框架，赋予地方政府一定的财政自主权（如地方债发行制度改革）。目前，国家正在推进这项改革。与此同时，应按照"明租、正税、清费"的思路改变目前畸形的土地财政模式。

明租。除了强化对土地出让金的管理（如提高用于征地补偿和民生的比例）之外，改革批租制度，探索推行短租制（如每5年计算一次）和年租制，以便抑制短期化行为，并为地方财政提供可持续的收入支撑。

正税。整合现行有关土地、房产的租税费体系，建立以土地占用税、土地保有税和土地交易税为核心的新体系。扩大房产税试点的空间范围和覆盖领域，探索从价计征方式；在交易环节，降低流转课税，发挥配置资源和提高效率的功能；加强税收征管，促进社会财富的公平占有和分配（邵源，2010；刘守英，2012c）。

清费。在正税的同时，彻底清理现行收费项目，加强对地方政府自行收费行为的常态化监管①。

（3）完善社会保障与公共服务体系。

在城市化快速推进的背景下，根据我国经济社会发展规律与趋势，在土地领域改革的同时，配套解决好教育、医疗、养老、住房等一系列社会保障与公共服务问题，是上述改革取得成效的重要条件。

（4）同步推进户籍制度改革。

顺利推进土地改革，切实扭转"土地城市化"突进而"人口城市化"滞后问题，需要进一步推进户籍制度改革，使大量农村迁移劳动力和失地农民可以在城市中定居下来。为此，应从土地价值平衡基金中拿出一部分资金专门用于解决失地农民的城市化配套问题。

（5）构建新型乡村治理机制。

推进集体建设用地制度改革的基本要求是实行农民自主。但在原有的乡村治理机制下，"政经合一"的集体组织往往大权独揽。今后集体组织的改革方向是政经分离，建立村党支部、村委会和村集体经济组织三足鼎立、各司其职

---

① 例如，北京市对房地产征收的各种"费"有40余种，有些地方甚至多达百种。有调查显示，房地产业的政府收费占税费总额的75%～80%。在土地成本中，收费占30%、土地出让金占50%、税仅占20%。地方之所以热衷于各种收费项目，是因为各种收费不用与中央分享。详见张新生《房地产税费转型改革思考》，《理论探索》2011年第3期。

的议事机制。对于集体建设用地综合整治和直接入市等重大事项，应该通过股东大会性质的议事程序集体讨论决定。

7.7 本章小结

本章旨在对我国农地转用制度改革提供一个框架性方案。这一改革涉及的领域广、层次深，笔者只是结合自己的一点肤浅思考抛砖引玉地提出改革所涉及的一些关键问题及解决方向。

本章从地方的改革实践入手，目的是帮助大家概览农地转用制度创新方面的一些主要探索。一方面，这些地方实践涉及集体土地产权改革、土地发展权交易、征地制度的完善、集体建设用地市场化流转等多个方面，可以说，这些改革探索已经覆盖了农地转用制度的各个方面——产权基础、转用框架和转用通道，这就为下一步系统化的改革方案设计提供了重要的实践基础。另一方面，地方改革实践逐步由浅水区进入深水区，已经触及了土地产权和行政垄断等根本问题，一些很好的改革措施因为顶层制度创新不足而陷于停滞，或带来了各种"拧巴"的结果。从这个意义上说，在现有制度框架下的渐进改革空间已经所剩无几，农地转用制度改革亟须在国家层面、深入内核、综合配套地加以推进。总之，中国的农地转用制度已经到了"不得不改"的重要节点。

虽然各界普遍认识到土地制度改革的必要性，但对于土地制度改革的基础、条件与动力存在不小的分歧。笔者认为，如此重大的改革不可能没有风险，但也不能高估困难。为此，笔者从改革的政治基础、经济基础、经验基础和认识基础四个方面分析了改革所面临的一些有利条件，同时澄清一些常见的担心和"伪问题"，这就回答了农地转用制度"能不能改"的疑问。

在上述必要性和可行性分析的基础上，笔者尝试性地提出了改革的基本框架。首先，农地转用制度的改革涉及经济社会发展多个方面，因此，改革也应该是多目标的，总结起来主要包括城市化的顺利推进、土地资源的有效利用和土地增值的合理分配三个主要目标。并且，三个目标不是孤立的，而是相互依存，互为掣肘的。其次，为了实现上述目标，结合我国的经济社会发展形势，考虑到广大农民的整体处境，笔者提出了"维护农民正当土地权益"的改革根本原则，这也是下一步改革的基本纲领，而贯彻这一纲领需要遵循市场主导、循序渐进、综合配套、国家统筹、因地制宜的实施原则。最后，笔者提出了市场化导向的农地转用制度改革思路，2020年全面建成小康社会和建立完善的社会主义市场经济体制，应该成为这一改革的重要指导方针。

　　农地转用制度改革要解决的首要、基础性问题就是集体土地产权的真正明晰。笔者提出了"均权赋能"的确权方针,这与"维护农民正当土地权益"的改革纲领是一致的。它包含两个主要方面:一是明确产权具体归属主体,以消除产权模糊;二是明确产权本身的内涵,特别是赋予农民农地转用权。对于前者,只有将农地产权具体化、微观化,才能减少交易成本,避免农民的土地权益被不公正地剥夺。对于后者,只有让农民成为农地转用的主体,才能抑制政府过度扩张的冲动,使农民能够分享经济社会发展成果。当然,这不是否认政府进行必要干预和调节,而是要适当弱化政府"与民争利"的经济动机。

　　在农地转用制度改革方面,征地制度改革与农地的市场化转用是同一个硬币的两面,两者存在着此消彼长的替代关系。对此,笔者从八个方面提出了改革措施,它们有三个基本共性:一是以市场化为导向,对政府行为进行有效限制;二是尽量符合我国国情,能够"嵌入"现有的政治经济和社会架构之中;三是以城市化进程为动态视角,以农民权益为分析基点,强调利益上的统筹兼顾和措施上的综合配套。

　　上述改革框架只是笔者在文献分析和实际调研基础上的一些构想,很难说系统全面、完全兼容,因此需要在以后的研究中验证、修订、深化和完善。

第8章 结语

8.1 本章引言

第2~7章是本书的主体，主要从实证的角度介绍了笔者最近几年积累的一些素材，表达了笔者的一些看法和主张。

笔者希望通过最后这一章完成四个任务：一是对全书的逻辑体系进行简要回顾，着重介绍自己的一些独立思考和发现；二是说明本书的几点尚不成熟的创新，主要是说明本研究的特色与意义；三是客观分析本书的不足之处，它们恰恰为笔者今后进行更深入的研究提供了方向指导；四是发表一下笔者的展望和寄语。

8.2 主要结论

总结一下，本书的逻辑体系由八个相互关联的命题构成。

第一个结论：我国农地转用的压力将长期持续存在。从发达国家的城市化经验来看，土地城市化增长最快的则是工业化后期和后工业化时期，并且，相对于人口城市化，土地城市化的长期性特征更突出。中国刚刚步入工业化后期，因此，农地转用的需求方兴未艾。更重要的是，中国城市化"两个滞后"特征——人口城市化滞后于工业化和土地城市化，农民进城的压力更大、城市扩张的动力更强。而80%以上城市空间扩张都必经农地转用过程。

第二个结论：行政垄断是中国农地转用制度体系的核心特征。现行农地转用制度是"增长导向"的，并受到少数既得利益群体的竭力维护。它以城乡二元土地产权为基础，以用途管制和指标管理为时空框架，以土地征收—储备一出让为通道。其中，土地征收是核心，是农地转用通道的"阀门"，是开启"农地转用财富之门"的钥匙。公益审查缺失、低价补偿和程序失效，是中国特色土地征收补偿的三大特征。

第三个结论：地方政府的农地转用决策追求的是短期、局部利益最大化。在地方政府决策过程中，低估农地价值、高估市地价值、轻视不可逆风险、自上而下的制度软约束，这四个因素导致了各地的农地过度转用。

第四个结论：农地过度转用导致了严重的效率损失与公平缺失。农地过度转用导致耕地过快减少、市地的粗放利用及集体建设用地闲置与无序开发。低价征地补偿和政府对土地增值调节机制的缺失，导致了农地转用的自然增值主体被少数人不公正地占有，最终的结果是"涨价归资本"。现行农地转用制度还带来了广泛的经济社会影响，导致宏观经济模式的制度畸形和社会管理的制度性失序。

第五个结论：征地后生活的一定改善并不能掩盖农民对征地行为的不满。从问卷调查结果来看，虽然总体而言，征地后农民的生活有了些许积极的改善，但农民对征地行为仍耿耿于怀，大多表达了不满。

第六个结论：农地转用的制度供给滞后于资源供给（"第三个滞后"）。换句话说，我们无法寄希望于现有转用制度解决长期土地需求问题，改革势在必行。并且在政治、经济、社会、共识等方面，改革条件与动力已经具备，时机已经成熟。

第七个结论："维护农民正当土地权益"是改革纲领。它包含四层含义：一是维护处于弱势地位的广大农民利益；二是在全体农民中均分地权；三是维护农权应该有度，限于"正当"范围；四是土地的"权"（知情权、参与权、上诉权）和"益"（物质利益）兼顾。

第八个结论：改革需要中央统筹和综合配套。从战略上，本着改革应以均权赋能的产权改革为基础，征地制度改革和农地市场化转用"两手抓"，配套推进相关领域改革。

8.3　创新之处

作为一项偏重应用研究的成果，本书的创新主要体现在分析框架和一些实用性的研究方法上。具体而言，本书提出了三个创新点。

第一，农地转用决策分析模型的创新。在农地转用模型分析中，笔者引入了农地价值、市地价值、不可逆风险和制度约束四个变量，从笔者已有的文献分析来看，将市地价值引入模型应该算是一个创新。以往关于农地转用（农地非农化）问题研究，主要分析的是农地的多重价值，重点考察的是农地价值曲线（农地转用的边际成本曲线）向左上方移动对均衡点的影响问题。在引入市地的多重价值后，市地价值曲线（农地转用边际收益曲线）出现了向右上方的移动，这会导致均衡转用水平的提高。

第二，"三次增值"框架及其定量化分析。现有关于土地增值分配的研究与争论或者停留于形式上的讨论，或者局限于土地出让环节的增值，通过分析征地补偿占土地出让收入的比重，来分析农民在土地首次增值分配中的处境。为了弥补这一分析的不足，笔者提出了"三次增值"的分析框架，即土地使用权出让环节的增值（首次增值）、土地使用权占有环节的增值（二次增值）、土地使用权转让环节的增值（三次增值），分析了不同环节（尤其是前两个）的增值收益分配结果。特别是笔者利用相关部门的数据，通过对前两次增值的深入分析后发现了一些有意思的结论。例如，我们经常讨论的土地出让纯收益（首次自然增值）规模，仅为二次自然增值的 1/3，而在二次自然增值中，房地产开发商获取的比例近 69%，这就改变了政府是农地转用自然增值最大受益者的常见结论。又如，笔者通过这一研究发现，被征地农民获得的征地补偿不到首次和二次自然增值总量的 1/3，而从财政支出的角度来看，他们所能分享的两次自然增值收益仅为 3% 左右。

第三，问卷调查分析创新。问卷调查是分析土地制度问题的常用方法。本次研究，除了数量较大、覆盖面较广、内容较全面等特点外，还有两个创新点：首先，在农民对征地感受的评价中，笔者大量使用了世界经济论坛的"七分制"评价方法，笔者认为，这有利于提高分析的准确性，而在以往的征地问卷调查中，主观评价题多以"选项题"为主。其次，在本次问卷调查分析中，笔者认为，主要创新点是分析框架创新。笔者将征地对农民福利的影响分为短期和长期两类，前者是指农民对征地行为的整体满意度评价，后者是指征地对农民家庭生活影响评价，笔者分析农民对征地的短期福利评价和长期福利评价之间的影响关系。

8.4　局限与不足

本研究的目的是分析我国以征地为核心的农地转用制度，建构一个整体框架，因此，除了一些关键领域，从总体上看，本书仍是粗线条的。笔者深知，本书在研究方法与分析结论方面也存在一些局限和不足。具体来说，以章节为序，这些局限可以总结为以下几个方面：

第一，对于工业化、人口城市化和土地城市化的关系研究，由于缺乏第二次世界大战以前的系统历史数据，仅就不完善数据所提出的规律性认识可能会出现偏颇。这有待今后更细致的数据整理和更深入的研究来弥补。

第二，对于行政垄断的中国农地转用制度体系的分析还存在罗列之嫌，对不同制度领域的联系及其本质有待更深入认识。

第三，由于时间有限，对于国外征地制度的研究面还相对较窄，因此，研究结论的一般性仍有待以后更深入的研究来印证。此外，对于中国征地实践的研究还需要更大范围的深入调查，特别是针对各个省市的横向比较。

第四，对于农地转用决策模型的分析，笔者只是提出了一个粗略的框架。对于模型每个要素及决策机制的细节有待深入分析。

第五，对土地增值来源和增值收益分配问题的研究，仅仅局限于对近几年数据的粗略估计，还需要从更长周期、更深层次的角度补充完善。

第六，由于时间和经费所限，本次问卷调查难免存在一些不准确和偏颇之处，也走了一些弯路，今后应进一步完善调查内容、优化调查方法。

第七，对于农地转用制度改革的方案设计，虽然提出了方向和纲领，但仍只是一个比较粗略的框架，仍需要通过更深入的研究和讨论加以完善。

但是，笔者并不会为上述局限感到懊恼和失望，相反，它们的存在为笔者深化研究提供了重要的着力点。

8.5　展望与寄语

展望未来 20 年，作为一个刚刚逐步迈入工业化后期的经济体，城市化进程才是今后我国经济社会发展的主要依托。城市化不仅是"空间的城市化"，不仅是修宽阔的马路，盖高楼大厦，更重要的在于"人口的城市化"，是一种包容性的城市化，是农民进城市和农村变城市。

打着加快推进城市化的旗号，以追求 GDP 虚热的增长为目标，借助行政强权和国家机器大搞土地整治和基础设施建设，既不代表先进生产力发展的要求，也不代表先进文化的前进方向，更谈不上代表最广大人民群众的利益。只有从"人的发展"角度出发，贯彻以人为本的指导思想，才能实现城市化的"去伪存真"。

城市化不是凭空想象的，而是需要坚实的物质基础，需要合理的利益分配机制。而土地恰恰是解决城乡要素资源互换与合理配置的重要载体，未来

"人的城市化"投入，必然有相当一部分需要通过"取之于地，用之于农"来解决。

　　实现中华民族伟大复兴的中国梦，实现城市化是不可或缺的。在城市化进程中实现人的发展，让每个人都有机会追求自己的"中国梦"，离不开新的制度平台的构建。中国并不缺少改革的机遇，更不缺乏改革的智慧，我们目前所欠缺的是深化土地制度改革的决心和勇气。

参考文献

《征地制度改革条件成型　农民将有更大自主权》，2012，搜房网（转引自地产中国网）：http：//www. soufun. com/news/2012 - 09 - 17/8588374. htm。

安格斯·麦迪森，2003，《世界经济千年史》，伍晓鹰等译，北京大学出版社。

白朝阳、赵剑云、夏一仁、邹锡兰，2012，《农村土地流转 20 年探索："新土改"要迈四道槛》，2012，《中国经济周刊》第 50 期。

白田田，2012，《征地制度改革条件成型　农民将有更大自主权》，《经济参考报》9 月 17 日。

北京天则经济研究所"中国土地问题课题组"，2007，《城市化背景下土地产权的实施和保护》，《管理世界》12 期。

保罗·诺克斯、琳达迈克卡西，2009，《城市化》，顾朝林、杨兴柱、汤培源译，科学出版社。

布赖恩·贝利，2009，《比较城市化》，顾朝林译，商务印书馆，第 131 页。

蔡继明，2007，《中国土地制度改革论要》，《东南学术》第 3 期。

蔡继明，2009，《新中国土地制度改革 60 年：回顾与展望》，《中国国情国力》第 9 期。

蔡继明，2011，《统筹城乡发展中的土地制度改革》，《学习论坛》第 4 期。

蔡运龙、霍雅勤，2006，《中国耕地价值重建方法与案例研究》，《地理学报》第 10 期。

曹志宏、郝晋瑕、梁流涛，2009，《黄淮海地区耕地资源价值核算》，《干旱区资源与环境》第 9 期。

陈佳贵等，2012，《中国工业化进程报告（1995～2010）》（工业化蓝皮书），社会科学文献出版社。

陈江龙、曲福田、陈雯，2004，《农地非农化效率的空间差异及其对土地利用政策调整的启示》，《管理世界》第8期。

陈丽、曲福田、师学义，2006，《耕地资源社会价值测算方法探讨——以陕西省柳林县为例》，《资源科学》第1期。

陈美球、刘成、彭丽娜，2009，《试论我国基本农田保护机制的构建》，《中国国土资源经济》第9期。

陈伟，2012，《城镇化过程中土地增值分配的经验启示——兼论我国土地制度改革的宪政原则》，《宏观经济研究》第7期。

陈锡文，2007，《应该认真研究农村现实问题》，《农村经济问题》第4期。

陈锡文，2012，《中国土地城镇化速度快于人口城镇化》，在2013年《财经》年会上的发言。腾讯财经：http://finance.qq.com/a/20121129/005866.htm。

陈锡文、赵阳等，2009，《中国农村制度变迁60年》，人民出版社，第9~45页。

陈小君，2012，《我国〈土地管理法〉修订：历史、原则与制度——以该法第四次修订中的土地权利制度为重点》，《政治与法律》第5期。

陈新民，2001，《德国公法学基础理论》，山东人民出版社，第474~492页。

陈莹、谭术魁、张安录，2009，《公益性、非公益性土地征收补偿的差异性研究》，《管理世界》第10期。

成国文、晏荣，2011，《芙蓉国里尽朝晖——成都市开展农村集体土地确权登记发证工作纪实》，《中国国土资源报》12月5日。

程范淦、吴钟斌、黄艳艳，2012，《海南陵水试点"三让征地"新模式》，《海南日报》4月8日。

道格拉斯·诺斯，2004，《制度、制度变迁与经济绩效》，杭行译，格致出版社、上海人民出版社，第147~162页。

道格拉斯·诺斯，1994，《经济史中的结构与变迁》，陈郁、罗华平译，上海三联书店、上海人民出版社，第225页。

丁成日，2005，《城市"摊大饼"式空间扩张的经济学动力机制》，《城市规划》第4期。

丁成日，2007，《中国征地补偿制度的经济分析及征地改革建议》，《中国土地科学》第10期。

封志明、刘宝勤、杨艳昭，2005，《中国耕地资源数量变化的趋势分析与数据重建：1949～2003》，《自然资源学报》第1期。

高建伟，2011，《美国土地征收中的"公共利益"》，《美国研究》第3期。

高建伟、李海伟，2009，《土地征收中公共利益的经济学分析》，《中国土地科学》第5期。

高进云、乔荣锋、张安录，2007，《农地城市流转前后农户福利变化的模糊评价——基于森的可行能力理论》，《管理世界》第6期。

高进云、周智、乔荣锋，2010，《森的可行能力理论框架下土地征收对农民福利的影响测度》，《中国软科学》第12期。

高圣平、刘守英，2007，《集体建设用地进入市场：现实与法律困境》，《管理世界》第3期。

格劳秀斯，2005，《战争与和平法》，何勤华译，上海人民出版社，第466页。

耿玉环，2007，《论我国耕地保护与粮食安全》，《资源开发与市场》第10期。

国土资源部，2005，《全国土地利用变更调查报告》，中国大地出版社。

国土资源部，2002～2008，《关于全国土地利用变更调查情况的报告》。

国务院发展研究中心课题组，2010，《中国城镇化：前景、战略与政策》，中国发展出版社，第68～69页。

国务院研究室课题组，1995，《引导农村非农产业发展与小城镇建设相结合》，载国务院研究室课题组编《小城镇发展政策与实践》，中国统计出版社。

胡德斌，《进一步规范城乡建设用地增减挂钩试点工作，促进土地节约集约利用》，国家土地督察北京局网站：http://www.bj.gjtddc.gov.cn/dfzf/beijing/。

韩俊，1999，《中国农村土地制度建设三题》，《管理世界》第3期。

何·皮特（Peter Ho），2008，《谁是中国土地的拥有者——制度变迁、产权和社会冲突》，林韵然译，中国科学文献出版社。

亨利·乔治，1995，《进步与贫困》，吴良健、王翼龙译，商务印书馆，第303～347页。

黄仁宇，1999，《资本主义与二十一世纪》，生活·读书·新知三联书店，第462页。

黄小虎，1996，《严格控制城市外延扩展的几个问题》，《中国农村观察》第6期。

黄小虎，2011，《征地制度改革与发展方式转变》，《开放导报》第12期。

黄祖辉、汪晖，2002，《非公共利益性质的征地行为与土地发展权补偿》，《经济研究》第 5 期。

纪睿坤，2011，《征地补偿与安置分离，地方政府和专家都不买账》，《21 世纪经济报道》11 月 24 日。

蒋省三、刘守英，2003，《土地资本化与农村工业化——广东省佛山市南海经济发展调查》，《管理世界》第 11 期。

蒋省三、刘守英，2004，《土地资本化与农村工业化》，《经济学季刊》第 4 期。

杰里米·边沁，2000，《道德与立法原理导论》，时殷弘译，商务印书馆，第 58 页。

靳相木，2009，《新增建设用地指令性配额管理的市场取向改进》，《中国土地科学》第 3 期。

靳相木、姚先国，2010，《农地非农化管理的分权取向改革及其情景模拟》，《公共管理学报》第 7 期。

李芳芳、包兴，2010，《健全农地产权，规范农村集体建设用地流转》，《宏观经济管理》第 2 期。

李佳、南灵，2010，《耕地资源价值内涵及测算方法研究——以陕西省为例》，《干旱区资源与环境》第 9 期。

李建建，2007，《我国征地过程中集体产权残缺与制度改革》，《福建师范大学学报》（哲学社会科学版）第 1 期。

李克强，2010，《关于调整经济结构促进持续发展的几个问题》，《求是》第 6 期。

李克强，2010，《协调推进城镇化是实现现代化的重大战略选择》，《行政管理改革》第 11 期。

李克强，2010，《在改革开放进程中深入实施扩大内需战略》，《求是》第 2 期。

李累，2002，《论法律对财产权的限制——兼论我国宪法财产权规范体系的缺陷及其克服》，《法制与社会发展》第 2 期。

李茂，2003，《美国、加拿大等发达国家土地用途管制制度及其对我国的启示》，《国土资源情报》第 10 期。

李强、陈宇琳、刘精明，2012，《中国城镇化"推进模式"研究》，《中国社会科学》第 7 期。

李蕊，2005，《从美国司法判例看我国土地征收制度的完善》，《广西社会科学》第 12 期。

李肇文，1998，《城市土地增值初探》，《中南财经大学学报》第 5 期。

理查德·A. 波斯纳，1997，《法律的经济分析》（上），将兆康译，中国大百科全书出版社，第 69～71 页。

梁若冰，2009，《财政分权下的晋升激励、部门利益与土地违法》，《经济学》（季刊）第 1 期。

林毅夫，2004，《征地，应走出计划经济的窠臼》，《中国土地》第 6 期。

凌维慈，2003，《我国土地征用中的生存权补偿——以 Z 村为研究对象》，华东政法学院硕士论文。

刘守英，2011，《中国工业化、城市化与农地制度和农业经营格局，国务院发展研究中心研究报告征求意见稿》，未公开发表。

刘守英，2012a，《制度创新是节地制度的实现基础》，《中国土地》第 5 期。

刘守英，2012b，《理性看待两大引擎》，《中国土地》第 10 期。

刘守英，2012c，《以地谋发展模式的风险与改革》，《国际经济评论》第 2 期。

刘守英、黄盛玉、卢艳霞，2012，《海南陵水、三亚征地模式创新调查》，《中国经济时报》2 月 7 日。

刘守英、叶红玲，2008，《建议根本改革征地制度》，《中国改革》第 10 期。

刘祥琪、陈钊、赵阳，2012，《程序公正先于货币补偿：农民征地满意度的决定》，《管理世界》第 2 期。

刘向民，2007，《美国的征地行为》，《洪范评论》第 7 辑，第 113 页。

刘向民，2007，《中美征收制度重要问题之比较》，《中国法学》第 6 期。

刘晓霞，2009，《我国城镇化进程中的失地农民问题》，东北师范大学博士论文。

刘彦随、邓旭升、甘红，2005，《我国城市土地利用态势及优化对策》，《重庆建筑大学学报》第 6 期。

柳志伟，2007，《农地征收的补偿问题研究》，湖南大学博士学位论文。

卢梭，1980，《社会契约论》，何兆武译，商务印书馆，第 25～39 页。

卢新海，2008，《中国城市土地储备制度研究》，科学出版社，第 1～11 页。

卢周来，2003，《关于美国宪法的神话与真相》，《天涯》第 6 期。

陆学艺、李培林、陈光金，2012，《2013 年中国社会形势分析与预测》

（社会蓝皮书），社会科学文献出版社。

洛克，1964，《政府论》（下篇），叶启芳、瞿菊农译，商务印书馆，第75页。

麦肯锡全球研究院（McKinsey Global Institute），2008，《迎接中国十亿城市大军》，http：//www.mckinsey.com/mgi，最后访问日期：2013年5月7日。

马贤磊、曲福田，2006，《经济转型期土地征收增值收益形成机理及其分配》，《中国土地科学》第5期。

茅于轼，2010，《粮食安全和耕地面积并无直接关系》，茅于轼新浪博客，http：//blog.sina.com.cn/s/blog_ 49a3971d0100moaz.html，最后访问日期：2013年12月10日。

彭开丽，2009，《农地城市流转的社会福利效应》，华中农业大学博士论文。

钱纳里、塞尔奎，1989，《发展的格局1950～1970》，李小青等译，中国财政经济出版社。

钱忠好，2003，《中国农地保护：理论与政策分析》，《管理世界》第10期。

钱忠好、曲福田，2004，《土地征用制度——反思与改革》，《中国土地科学》第1期。

曲福田、陈江龙、陈会广，2007，《经济发展与中国十地非农化》，商务印书馆。

曲福田、冯淑怡、诸培新、陈志刚，2004，《制度安排、价格机制与农地非农化研究》，《经济学》（季刊）第10期。

邵源，2010，《关于"土地财政"与财税体制改革问题综述》，《经济研究参考》第24期。

审计署，2010，《警惕"零地价"卷土重现》，《羊城晚报》6月15日。

时红秀、张青，2007，《昆山的三种农民合作社——新农村建设的一个案例研究》，《国家行政学院学报》第1期。

施建刚、魏铭材，2011，《计划管理下的土地整理折抵指标有偿调剂研究——以浙江省为例》，《农村经济》第4期。

石小敏，2011，《政府投资效率8年来下降2.37倍》，网易财经：http：//money.163.com/11/1210/14/7KTUH4IM00254P7R.html，最后访问日期：2013年1月15日。

世界银行，2005，《改善投资环境、促使人人受益》（2005年世界发展报告），清华大学出版社，第 93 页。

天则经济研究所中国土地问题课题组，2007，《城市化背景下土地产权的实施和保护》，《管理世界》第 12 期。

谭峻、戴银萍等，2004，《浙江省基本农田易地有偿代保制度个案分析》，《管理世界》第 3 期。

谭荣、曲福田，2006，《中国农地非农化与农地资源保护：从两难到双赢》，《管理世界》第 12 期。

谭荣、曲福田，2009，《市场与政府的边界：土地非农化治理结构的选择》，《管理世界》第 12 期。

谭荣、曲福田，2010，《中国农地发展权之路：治理结构改革代替产权结构改革》，《管理世界》第 6 期。

陶然、汪晖，2010，《中国尚未完成之转型中的土地制度改革：挑战与出路》，《国际经济评论》第 2 期。

田莉，2004，《从国际经验看城市土地增值收益管理》，《国外城市规划》第 6 期。

托马斯·米勒（Thomas Merrill），2008，《美国土地征收及纠纷解决机制》，在"中美土地征收和土地纠纷解决机制研讨会"上的发言，国家行政学院行政法研究中心、国土资源部政策法规司和耶鲁大学法学院中国法律中心主办，国土资源部测绘研究院承办。

汪晖、黄祖辉，2004，《公共利益、征地范围与公平补偿》，《经济学》（季刊）第 10 期。

汪晖、陶然，2009，《论土地发展权转移与交易的"浙江模式"——制度起源、操作模式及其重要含义》，《管理世界》第 8 期。

汪晖、陶然，2011，《开放农地整理指标全国交易市场》，《国土资源导刊》第 Z1 期。

王保安，2012，《土地财政说法不科学易误导决策》，《人民日报》11 月 28 日。

王静，2010，《美国财产征收中的公共利益》，《国家行政学院学报》第 3 期。

王兰兰、汪晖，2009，《走出"小产权房"困境：现状、成因、政策建议及配套改革》，北京大学—林肯研究院城市发展与土地政策研究中心工作论文。

王维洛，2007，《德国、中国征地拆迁的程序与赔偿之比较》，《洪范评论》第 7 辑，第 71~88 页。

王文革，2006，《建立合理的城市土地增值回收制度》，《国土资源》第 2 期。

王小映，2008，《赋予农民土地承包经营权——30 年农村土地制度改革的最大成就》，《中国土地》第 12 期。

王小映、贺明玉、高永，2006，《我国农地转用中的土地收益分配实证研究》，《管理世界》第 5 期。

王正立、张迎新，2004，《国外土地征用法律模式》，《中国国土资源报》1 月 7 日。

温家宝，2012，《中国农业和农村的发展道路》，《求是》第 2 期。

文贯中，2008，《市场畸形发育、社会冲突与现行的土地制度》，《经济社会体制比较》第 2 期。

文贯中、许迎春，2009，《市场制度和法治框架下的美国农地征收、征用经验》，载中国社会科学院农村发展研究所宏观经济研究室编《农村土地制度改革：国际比较研究》，社会科学文献出版社，第 47 页。

吴次芳、汪晖，1996，《对成本逼近法的检讨》，《中国土地科学》第 5 期。

吴旬，2004，《土地价格、地方政府竞争与政府失灵》，《中国土地科学》第 4 期。

吴雨晴，1995，《关于发展集体土地流转市场的问题》，《经济与管理研究》第 2 期。

吴郁玲，2006，《我国开发区土地资源配置效率的区域差异研究》，《中国人口、资源与环境》第 5 期。

徐绍史向全国人大常委会报告土地管理等工作，2012，国土资源部网站：http：//www. mlr. gov. cn/xwdt/jrxw/201212/t20121226_ 1169923. htm，最后访问日期：2013 年 2 月 6 日。

许恒周、郭玉燕，2010，《集体建设用地入市流转的法理思考》，《中国国土资源经济》第 2 期。

薛志伟，2006，《警惕浪费土地的四种现象》，《经济日报》6 月 28 日。

亚里士多德，2003，《政治学》，颜一、秦典华译，中国人民大学出版社，第 1 页。

严岩、赵景柱、王延春，2005，《中国耕地资源损失驱动力分析》，《生态学杂志》第 7 期。

杨东峰、熊国平，2008，《我国大城市空间增长机制的实证研究及政策建议》,《城市规划学刊》第 1 期。

杨佩昌,2013,《德国拆迁户强势于政府》,《羊城晚报》1 月 19 日。

杨文彦、段欣毅,2012,《三亚月川拆迁:没有巨额补偿款 百姓为何也欢迎?》,人民网 – 时政频道。

姚洋,2000,《中国农地制度:一个分析框架》,《中国社会科学》第 2 期。

叶石界,2010,《破解建设用地不足瓶颈:广东"三旧"改造硬启动》,《21 世纪经济报道》2 月 26 日。

尹放明,1993,《集体土地流转病症及其矫治》,《求索》第 5 期。

袁治杰,2010,《德国土地征收中的公共利益》,《行政法学研究》第 2 期。

约翰·奈斯比特、多丽丝·奈斯比特,2011,《中国大趋势:成都模式》,魏平、毕香玲译,吉林出版集团、中国工商联合出版社,第 20~27 页。

臧俊梅、王万茂、陈茵茵,2008,《农地非农化中土地增值分配与失地农民权益保障研究——基于农地发展权视角的分析》,《农业经济问题》第 2 期。

臧俊梅、王万茂、李边疆,2007,《我国基本农田保护制度的政策评价与完善研究》,《中国人口·资源与环境》第 2 期。

张传玖,2006,《守望大地 20 年——〈土地管理法〉成长备忘录》,《中国土地》第 6 期。

张飞,2010,《现行国土管理体制下征地审批的行政责任承担》,《法制与经济》第 6 期。

张飞,2006,《中国农地非农化中政府行为研究》,南京农业大学博士论文。

张莉,2009,《法国土地征收公益性审查机制及其对中国的启示》,《行政法学研究》第 1 期。

张琳、张凤荣,2007,《中国各省耕地数量占补平衡趋势预测》,《资源科学》第 6 期。

张宁、刘正山,2008,《农地转非中如何合理补偿农民?——兼评两种代表性征地补偿观》,《生态经济》(学术版)第 1 期,

张全景、欧名豪,2008,《中国土地用途管制制度的耕地保护绩效研究》,商务印书馆,第 49~51 页。

张五常,2009,《中国的经济制度》,中信出版社。

张蔚文、李学文,2011,《"外部性"作用下的耕地非农化权配置——

"浙江模式"的可转让土地发展权真的有效率吗?》,《管理世界》第 6 期。

张舟、谭荣、吴次芳、王庆日,2012,《走出政府治理下土地二次开发的实践困境——以深圳市为例》,《中国土地科学》第 10 期。

赵海珍、李文华、马爱进、何永涛,2004,《拉萨河谷地区青稞农田生态系统服务功能的评价——以达孜县为例》,《自然资源学报》第 5 期。

赵世义,1999,《财产征用及其宪法约束》,《法商研究》第 4 期。

赵阳,2011,《城镇化背景下的农地产权制度及相关问题》,《经济社会体制比较》第 2 期。

郑文燮,2000,《韩国的耕地管理与保护政策》,《农村合作经济经营管理》第 1 期。

郑振源,2004,《土地利用总体规划的改革》,《中国土地科学》第 4 期。

周诚,1994,《土地增值及其政策取向》,《经济研究》第 11 期。

周诚,2004,《农地征收中的公正补偿》,《中国土地》第 1 期。

周洪文,2011,《农地非公益征收控制研究》,西南大学博士论文。

周其仁,1995,《中国农村改革:国家和所有权关系的变化(上)——一个经济制度变迁史的回顾》,《管理世界》第 3 期。

周其仁,2001,《农地征用垄断不经济》,《中国改革》第 12 期。

周其仁,2004,《农地产权与征地制度——中国城市化面临的重大选择》,《经济学》(季刊)第 10 期。

周其仁,2005,《同地、同价、同权——我对广东省农地直接入市的个人看法》,《中国经济周刊》第 33 期。

周其仁,2012,《加快农村产权改革》,《西部大开发》第 8 期。

朱红波,2006,《粮食安全的耕地资源保障措施研究》,《水土保持研究》第 5 期。

朱靖、何训坤,2002,《对农村集体建设用地流转必然性的思考》,《农村经济》第 4 期。

诸培新,2006,《农地非农化配置:公平、效率与公共福利——基于江苏省南京市的实证分析》,南京农业大学博士学位论文。

诸培新、曲福田,2002,《耕地资源非农化配置的经济学分析》,《中国土地科学》第 5 期。

邹玉川等,1998,《当代中国土地管理》(上),当代中国出版社,第 89 页。

Alstyne V..1968. "Statutory Modification of Inverse Condemnation: Deliberately

Inflicted Injury or Destruction," *Stanford Law Review* 20: 617 – 620.

Arrow K. J.. 1963. *Social Choice and Individual Values*, Wiley, pp. 79 – 182.

Arrow K. J., Fisher A. C.. 1974. "Environmental Preservation, Uncertainty, and Irreversibility," *The Quarterly Journal of Economics* 5 (Vol. 88, No. 2): 312 – 319.

Azadi H., Ho P., Hasfiati L.. 2011. "Agricultural land conversion drivers: A comparison between less developed, developing and developed countries," *Land Degradation & Development* 22 (6): 596 – 604.

Bigham, W. Harold. 1970. "Fair Market Value, Just Compensation and the Constitution: A Critical View," *Vanderbilt Law Review* (24): 63.

Blume L., Rubinfeld D.. 1984. "Compensation for Takings: A Economic Analysis," *California Law Review* 72 (4): 569 – 628.

Brown Daniel G., Johnson Kenneth M., Loveland Thomas R., Theobald et al.. 2005. "Rural Land-Use Trends in the Conterminous United States, 1950 – 2000," *Ecological Applications* 15 (6): 1851 – 1863.

Costanza R., d'Arge R., de Groot, R. Farber, S. Grasso et al.. 1997. "The value of the world's ecosystem services and natural capital," *Nature* 387: 253 – 260.

Cochran C. E.. 1974. "Political Science and 'The Public Interest'," *The Journal of Politics* 36 (2): 327 – 355.

Demographia World Urban Areas, 8th Annual Edition: Version 2, July 2012.

Eldridge, Hope Tisdale. 1956. "The Process of Urbanization," *Demographic Analysis: Selected Readings*. Glencoe, III. New York: Free Press, pp. 338 – 343.

Feuerwerker, Albert. 1977. Economic Trends in the Republic of China, 1912 – 1949 (Michigan, Papers in Chinese Studies 31), University of Michigan, Center for Chinese Studies, Ann Arbor, ISBN 0892640316.

Fischel W., Shapiro P.. 1998. "Takings, Insurance, and Michelman: Comments on Economic Interpretations of 'Just Compensation' Law," *Journal of Legal Study* (3): 269 – 270.

Firman T.. 2000. "Rural to Urban Land Conversion in Indonesia During Boom and Bust Periods," *Land Use Policy* 17: 13 – 20.

Grauman John V.. "Orders of Magnitude of the World's Urban and Rural Population in History," OECD Factbook 2013: Economic, Environmental and Social Statistics.

Kahneman D. , Knetsch J. L, Thaler R. H. . 1991. "Anomalies: The Endowment Effect, Loss Aversion, and Status Quo Bias," *Journal of Economic Perspectives* 5 (1): 193 – 206.

Kline, J. D. and R. J. , Alig. 1999. "Does Land Use Planning Slow the Conversion of Forest and Farm Land?" *Growth and Change* 30 (1): 3 – 22.

King M. J. . 1972. "The Decline and Fall of the Public Use Limitation on Eminent Domain," *Dick Law Review* 76 (1): 266 – 281.

Knetsch J. L. , and Borcherding Thomas E. . 1979. "Expropriation of Private Property and the Basis for Compensation," *University of Toronto Law Journal* 29: 237 – 238.

Kochan D. J. . 1998. "Public Use and the Independent Judiciary: Condemnation in an Interest-Group Perspective," *Texas Review of Law & Politics* 3 (1): 49.

Kuminoff N. V. , Sokolow A. D. , Summer D. A. . *Farmland Conversion: Perceptions and Realities*, University of California Agricultural Issues Center, Issues Brief 2001, 16.

Lopez E. J. . 2010. "Property Takings in Developed Versus Developing Countries: Economics, Politics, and the Limits of the Holdout Problem," The Annual Proceedings of the Wealth and Well-Being of Nations, June 4.

Matthew P Harrington. 2002. "'Public Use' and the Original Understanding of the So-Called 'Takings' Clause," *Hastings Law Journal* 53 (6): 1245 – 1301.

Munch Frances P. K. . 1973. "An Economic Analysis of Eminent Domain," The Ph. D Dissertation of the University of Chicago : 2.

Muth, Richard F. . 1961. "The Spatial Structure of the Housing Market," *Regional Science* 7 (1): 207 – 220.

Northam Ray M. . 1975. *Urban Geography*, John Wiley & Sons, pp. 66.

Sajjada Haroon & Iqbala Mohd. 2012. "Impact of urbanization on land use/land cover of Dudhganga watershed of Kashmir Valley, India," *International Journal of Urban Sciences* (3): 321 – 339.

Stoebuck William B. . 1972. "A General Theory of Eminent Domain," *Washington Law Review* 47 (4): 553 – 604.

Sorokin, P. , and C. C. Zimmerman. 1929. *Principles of Rural – Urban Sociology*, New York: Henry Holt.

Treanor, William. 1997. "The Armstrong Principle, the Narratives of

Takings, and Compensation Statutes," *William & Mary Law Review* (38): 1151.

Treanor William Michael. 1985. "The Origins and Original Significance of the Just Compensation Clause of the Fifth Amendment," *Yale Law Journal* 94 (3): 694 – 716.

White Jeanne S.. 1998. "Beating Plowshares Into Townhomes: The Loss of Farmland and Strategies for Slowing Its Conversion to Nonagricultural Uses," *Environmental Law* 28 (1): 113 – 143.

Wirth, Louis. 1938. "Urbanism as a Way of Life," *American Journal of Sociology* (44): 1 – 24.

United Nations, Department of Economic and Social Affairs. Population Division (UNDP), 2012; World Urbanization Prospects, the 2011 Revision, New York.

USCB. Statistical Abstract of the United States: 2012.

USDA. 2007. Major Uses of Land (MUL) in the United States.

U. S. Ecological Society of America. Ecological Archives A015 – 056 – A1.

致　谢

　　在本书即将完成之际，首先要感谢我的导师蔡继明教授多年来对我的教诲和关怀。

　　感谢清华大学经济学研究所的老师们，各位老师在我学习和写作过程中给予了无私的支持和帮助。感谢经济所的师兄、师弟和师妹们！

　　感谢在我写作过程中提供过帮助的经济体制与管理研究所的各位同事，感谢杜德瑞给予的有力协助，感谢社会科学文献出版社各位编辑的耐心和细心工作。

　　最后，我要特别感谢我的家人，你们辛劳地操持家务使得我在紧张工作的同时能够完成清华大学的学业。你们给予了我不懈的进取动力和温暖的精神港湾。

附录 A

问卷调查

Ⅰ. 个人及家庭情况

1.01　您的性别与年龄？

　　　性别＿＿＿＿＿＿　　　　年龄＿＿＿＿＿＿

1.02　您所从事的职业？

　　　□在家务农

　　　□在家务农兼营副业（小加工、小商店、运输等）

　　　□在本地企业务工兼顾农耕

　　　□自己开办企业

　　　□在本地全职务工

　　　□在外地全职务工

　　　□其他＿＿＿＿＿＿（请说明）

1.03　您的教育程度？

　　　□小学及以下　　　□初中　　　　□高中　　　　□中专

　　　□大专　　　　　　□本科及以上　□其他＿＿＿＿＿＿（请说明）

1.04　您的家庭成员状况？

　　　□家庭成员数＿＿＿＿＿＿（人）其中，□劳动力人数＿＿＿＿＿＿（人）

　　　□需要抚养的孩子＿＿＿＿＿＿（人）　□需要照顾的老人＿＿＿＿＿＿（人）

1.05　征地前，您的家庭土地状况（不含租种他人土地）？

　　　□人均农用地＿＿＿＿＿＿（亩）

　　　□宅基地＿＿＿＿＿＿（处），实际共＿＿＿＿＿＿（亩）

1.06　征地前，您的家庭收入状况？

　　　□家庭年收入＿＿＿＿＿＿（元）

其中，工资性收入：_____（元）

家庭（农业）经营纯收入：_____（元）

转移性收入（各种政府补助、其他人捐助等）：_____（元）

财产性收入（房屋出租、设备租赁、储蓄利息、投资收入等）_____

（元）

1.07 征地前，您家所在地的性质是：

☐城中村　　　☐城市近郊或城乡结合部　　　☐城市远郊或农村

1.08 您目前的户籍类型：

☐城镇居民　　☐农村居民　　☐其他（请注明）：_____

Ⅱ. 征地概况及对征地问题的总体看法

2.01 您家被征地发生在哪一年_____（如多次征地，请说明）

2.02 您家被征收土地面积？合计_____（亩）

2.03 您家被征收土地性质（可多选）？

☐农用地_____（亩）

☐宅基地_____（亩）

☐经营用地（工厂、小商店等）_____（亩）

☐其他_____（亩）

2.04 如果被征收土地属于农用地，农用地占家庭农用地比重？_____%

2.05 您认为，农村土地属于谁？

☐农民所有　　　☐村集体所有　　　☐国家所有

☐乡镇所有　　　☐其他_____（请说明）

2.06 请挑选征地方面您较关注的5个政策因素，并按1~5排序（1表示最关注）。

a. _____是否符合公共利益（如是用于修建公路、学校等公共设施，还是用于房地产开发）

b. _____补偿水平高低

c. _____补偿能否及时足额到位（会不会被基层政府和村委会不合理截留）

d. _____补偿分配是否公平（是否存在本村组与外村组之间、本村组内部标准不一的情况）

e. _____征地后能否解决社会保障问题（养老保障、最低生活保障

等）

f. _____征地后能否解决就业问题

g. _____征地后能否解决住房问题

h. _____征地后能否解决公共服务问题（就医、子女上学、文化设施等）

i. _____征地后能否解决配套设施问题（水、电、气、暖、购物、放置农具等）

j. _____政府就征地问题是否征求了农民的意见，尊重农民的真实想法

k. _____得不到公正补偿时，是否有上诉渠道

2.07　总体而言，对于发生在您所在村（组）的征地行为，您是否满意？

非常不满意　| 1 | 2 | 3 | 4 | 5 | 6 | 7 |　　非常满意

2.08　你觉得导致您对征地不满意（不完全满意）的主要原因是什么（可多选）？

①征地行为不符合公共利益，政府和开发商成为最大受益者；

②征地补偿水平太低，农民长远生计得不到保障；

③征地补偿没有公平、透明、及时发放，存在分配不公的情况；

④当地政府和干部非法挪用征地补偿资金；

⑤征地后社会保障问题没有得到很好解决；

⑥征地后就业没有着落；

⑦征地后住房安置不合理；

⑧征地后公共服务问题没有得到有效解决（就医、子女上学、文化设施等）

⑨征地后配套设施不完善（水、电、气、暖、购物、放置农具等）

⑩征地过程缺乏透明度，征地方式粗鲁，农民得不到尊重，上诉无门；

□其他_____（请说明）。

其中，最主要的原因是（单选）：_____（请注明编号）

Ⅲ. 公共利益与征地用途

3.01　据您所知，您所在村（组）土地被征用后最终用途是什么（可多选）？

□政府用于修路、建学校、市政设施等公共事业；

□进行棚户区改造、旧城改造或建设保障性住房；

□建设工业开发区、科技园区，招商引资、吸引外来企业投资；

□进行经营性开发（房地产、商业、旅游设施等）；

□通过集体建设用地整理（宅基地整理）集中居住，清理出的土地被复垦为农田；

□其他_____（请说明）。

3.02 对出于以下不同用途而进行的征地，您的态度如何？

出于公益目的征地，如国家重点工程、修路、建学校、建公立医院等：

非常反对 | 1 | 2 | 3 | 4 | 5 | 6 | 7 | 非常支持

进行旧城改造、棚户区改造或者建设保障性住房：

非常反对 | 1 | 2 | 3 | 4 | 5 | 6 | 7 | 非常支持

建设工业开发区、科技园区，推动地方招商引资：

非常反对 | 1 | 2 | 3 | 4 | 5 | 6 | 7 | 非常支持

进行经营性开发，如开发房地产项目、建设商业中心：

非常反对 | 1 | 2 | 3 | 4 | 5 | 6 | 7 | 非常支持

3.03 您是否接受公益性征地项目（如建学校）比经营性征地项目（如房地产开发）提供更低的补偿？

完全不能接受,应补偿一致 | 1 | 2 | 3 | 4 | 5 | 6 | 7 | 完全能接受

Ⅳ. 征地补偿与安置

4.01 您对征地补偿安置的总体情况满意吗？

非常不满意 | 1 | 2 | 3 | 4 | 5 | 6 | 7 | 非常满意

4.02 您家得到的征地补偿款数额？

□合计_____（元） 其中，□安置补助费_____（元）

□青苗补偿费_____（元） □地上附着物补偿费_____（元）

4.03 您家得到的征地补偿款数额是如何支付的？

□一次性支付 □分几期支付 □每年支付一次

4.04 对于农用土地征收，您家得到的征地补偿款标准是？_____元/亩

4.05 对于农用土地征收补偿，您认为多少金额是合理水平？

□3万元以下/亩 □3万~6万元/亩 □6万~9万元/亩

□9万~12万元/亩 □12万~15万元/亩 □15万~18万元/亩

□18万~21万元/亩 □21万~25万元/亩 □25万~30万元/亩

　　　　　□30 万～40 万元/亩　□40 万～50 万元/亩　　□50 万元/亩以上

4.06　对于宅基地征收，您获得的补偿包括：

　　　　　给农民现金，标准是：＿＿＿＿＿＿＿＿＿＿＿＿＿＿＿＿＿＿＿

　　　　　给农民楼房，标准是：＿＿＿＿＿＿＿＿＿＿＿＿＿＿＿＿＿＿＿

　　　　　如果是给农民楼房，房屋产权证书是：

　　　　　□集体产权　　　　□国有产权　　　□没发证，说不清

　　　　　给宅基地，农民自建房，标准是：＿＿＿＿＿＿＿＿＿＿＿＿＿

4.07　据您了解，您家附近商品住房均价大约是？

　　　　　＿＿＿＿＿＿＿＿＿＿＿＿＿＿＿＿＿＿元/平方米（请具体说明）

4.08　对于宅基地的拆迁补偿，您更喜欢哪种方式？

　　　　　□在本村新宅基地，面积相当于原来的 30%～50%，农民自主建房；

　　　　　□在本村集中建设楼房（集体产权），期望的人均面积＿＿＿＿＿平方米/
人

　　　　　□在附近城市（镇）集中建设楼房（国有产权），期望人均面积
＿＿＿＿＿＿平方米/人

　　　　　□给货币补偿，农民自主购房，标准是能在本地购置一套＿＿＿＿＿＿平方
米/人的住房

4.09　征地时，政府是否为超过一定年龄的被征地农民提供了特殊养老金（不
包括国家提供的普通养老保险）？

　　　　　□是　　　　　　　□否　　　　　　　□不清楚

　　　　　如果是，保险标准是＿＿＿＿＿＿＿＿＿＿＿＿＿＿＿＿＿＿＿

4.10　征地时，政府是否为被征地农民提供了特殊医疗保险/补贴（不包括新农
合医疗保险）？

　　　　　□是　　　　　　　□否　　　　　　　□不清楚

　　　　　如果是，保险标准是＿＿＿＿＿＿＿＿＿＿＿＿＿＿＿＿＿＿＿

4.11　征地时，政府是否为被征地农民提供了特殊的生活补助？

　　　　　□是　　　　　　　□否　　　　　　　□不清楚

　　　　　如果是，保障标准是＿＿＿＿＿＿＿＿＿＿＿＿＿＿＿＿＿＿＿

4.12　征地时，政府是否为您家提供了就业机会？

　　　　　□是　　　　　　　□否　　　　　　　□不清楚

4.13　征地时，政府是否为您家提供了就业指导和培训？

　　　　　□是　　　　　　　□否　　　　　　　□不清楚

4.14　征地时，政府是否为您家提供了鼓励自主创业的政策支持（优惠贷款、

费用减免、税收减免等)?

□是　　　　　　　□否　　　　　　　□不清楚

4.15　征地时，政府是否为您家成员提供了创业项目、科技等方面的信息?

□是　　　　　　　□否　　　　　　　□不清楚

4.16　征地时，政府是否为您家提供了安置住房?

□是　　　　　　　□否

如果是，您对安置房的满意度如何?

非常不满意　| 1 | 2 | 3 | 4 | 5 | 6 | 7 |　　非常满意

您觉得让您不满意的地方是什么? (可多选)

①地段太偏　　②面积太小　　③担心房屋质量

④房型和户型不实用　　⑤集体产权难交易

⑥抽签定房无选择　　⑦其他 (请注明): _____

4.17　您认为补偿安置是否做到了公平一致?

非常不公平，
存在很多潜规则　| 1 | 2 | 3 | 4 | 5 | 6 | 7 |　非常公平，
平等对待所有人

4.18　以您的观察，在您家征地过程中，是否存在以下情况?

a. 先搬迁的人可能会吃亏;　　　　　　□同意　　□不同意

b. 当钉子户占便宜，老实人吃亏;　　　□同意　　□不同意

c. 有关系的人能得到更好地补偿安置;　□同意　　□不同意

d. 有钱有地位的人能得到更好地补偿安置;□同意　　□不同意

e. 不同村 (组) 补偿安置条件差别很大;　□同意　　□不同意

f. 不同时期的补偿安置条件差别很大。　□同意　　□不同意

4.19　就您所知，在您所在的村，村集体 (村委会) 是否留用了部分征地补偿?

□是　　　　　　　□否　　　　　　　□说不清

4.20　如果村集体 (村委会) 留用了部分征地补偿，

您是否知道村集体 (村委会) 留用的比例?

□不知道　　　　　□知道_____ (请说明)

对于村集体 (村委会) 留用的征地补偿，您知道他们是如何使用的吗?

□不知道　　　　　□知道_____ (请说明)

对于村集体 (村委会) 留用的征地补偿，您认为应该?

□进一步提高　　　□维持不变　　　□进一步降低

□取消，完全发给农户　□说不好

4.21 在贵村（组）征地过程中，就您所知，是否存在违规挪用补偿安置款情况？
　　　□是　　　　　　　　　□否　　　　　　　　　□说不清

4.22 以上情况如果存在，挪用补偿安置款的主体是（可多选）？
　　　□个别村干部　　　　　　□村集体（村委会）
　　　□乡镇政府　　　　　　　□县级及以上政府

V. 征地程序与农民自主

5.01 您认为征地拆迁的运作过程是否公开透明？

完全不透明　| 1 | 2 | 3 | 4 | 5 | 6 | 7 |　　完全透明

5.02 您对征地拆迁方面的法律及政策是否了解？

完全不了解　| 1 | 2 | 3 | 4 | 5 | 6 | 7 |　　完全了解

5.03 征地前，工作人员有没有给您家发过宣传资料？
　　　□没有　　　　　　　　　□有

5.04 征地前，您是否看到过"征地公告"？
　　　□没有　　　　　　　　　□有

5.05 征地前，村集体有没有召开过村民大会征求大家意见？
　　　□没有　　　　　　　　　□有

5.06 征地前，政府部门有没有召开过听证会或上门征求农民意见？
　　　□没有　　　　　　　　　□有

5.07 征地前，您是否看到过"征地补偿安置方案公告"？
　　　□没有　　　　　　　　　□有

5.08 您对征地拆迁工作人员的工作态度是否满意？

完全不满意　| 1 | 2 | 3 | 4 | 5 | 6 | 7 |　　完全满意

5.09 在贵村（组）征地拆迁过程中，有没有强制拆迁和野蛮拆迁行为？
　　　□没有　　　　　　　　　□有　　　　　　　　　□不清楚

5.10 如果存在野蛮征地和暴力拆迁行为，据您了解，实施主体包括（可多选）？
　　　□村委会（村领导）　　　□项目开发企业　　　□政府
　　　□其他_____（请说明）

5.11 在征地过程中，您家是否因受到外界压力的影响而无法充分表达自己的想法？

完全无法表达　| 1 | 2 | 3 | 4 | 5 | 6 | 7 |　　充分表达

如果您家的想法没有得到充分表达，您觉得主要压力是什么（可多选）？

☐害怕被政府处罚和制裁　　☐害怕得罪村干部

☐害怕得罪开发企业　　　　☐害怕遭到黑恶势力打击报复

5.12　如果您对征地做法不满，您采取的做法是什么（可多选）？

☐忍气吞声，听从村集体和政府安排

☐出面与本地乡镇政府反映、协商

☐去上级政府部门上访、举报

☐去法院起诉，用法律保护自己

☐通过网络或媒体曝光，争取社会支持

☐与政府对抗，充当钉子户

☐其他_____（请说明）

5.13　征地过程中，如果对征地做法存在疑问和不满，您如何看待上访的作用？

您有没有想到去上访？　　☐没有（请直接回答5.14）　　☐有

如果想到了去上访，你是否相信政府能公正处理？

完全不信任，　　　　　　　　　　　　　　　完全信任，相信政府

只是试一试　　| 1 | 2 | 3 | 4 | 5 | 6 | 7 |　　一定会秉公处理

如果想到了上访，您会首先选择去哪一级政府上访？

☐去县里上访　　　☐去地市上访　　　☐向省里上访

☐去北京向中央上访

如果想到了上访，您会首先选择去什么部门上访？

☐县委县政府　　　☐信访局　　　　☐国土局

☐建设局　　　　　☐纪检委　　　　☐其他_____（请说明）

如果想到了上访，你会选择单独还是集体上访？

☐单独上访　　　　　　　　☐集体上访

实际上，您有没有前往相关部门上访？

☐没有（请直接回答5.14）　　☐有

如果政府接待了上访，有没有作出处理？

☐没有　　　　　　　　　　☐有

如果政府接待了上访，政府有没有及时处理？

☐不及时　　　　　　　　　☐及时

如果您进行了上访，效果如何？

不了了之　| 1 | 2 | 3 | 4 | 5 | 6 | 7 |　　维护了自己的合法利益

5.14 征地过程中，如果对征地做法存在疑问和不满，你认为法院的作用如
何？

您有没有想到去法院起诉？

□没有（请直接回答 5.15）　　　□有

您有没有前往法院起诉？

□没有　　　　　　　　　　　□有

如果向法院提起了诉讼，法院有没有受理？

□没有　　　　　　　　　　　□有

如果法院受理了诉讼，有没有作出判决？

□没有　　　　　　　　　　　□有

如果法院作出了判决，判决是否及时？

□不及时　　　　　　　　　　□及时

如果法院作出了判决，判决是否公正？

□不公正　　　　　　　　　　□公正

如果您向法院提起了诉讼，总体效果如何？

毫无作用　　| 1 | 2 | 3 | 4 | 5 | 6 | 7 |　　客观公正

5.15 在与政府协商征地补偿安置问题时，您是否相信村集体（村干部）可以
代表全体村民诉求，为大家争取合理利益？

完全不信任　　| 1 | 2 | 3 | 4 | 5 | 6 | 7 |　　完全信任

5.16 您是否相信村干部在处理征地补偿安置问题时可以做到公正无私？

完全不信任　　| 1 | 2 | 3 | 4 | 5 | 6 | 7 |　　完全信任

5.17 拆迁发生之时，您所在村的村干部是如何产生的（单选）？

□村民民主选举产生，众望所归；

□虽然是村民选举产生，但存在贿选或威胁情况；

□虽然是村民选举产生，但实际上是乡镇政府领导安排的；

□未经村民选举形式，实际上是由乡镇政府领导任命的；

□其他_____（请说明）

VI. 征地后的农民生产和生活状况

6.01 总体而言，征地对您家整体生活状况的影响？

大不如前　　| 1 | 2 | 3 | 4 | 5 | 6 | 7 |　　显著改善

6.02 征地后，总体而言，您家的收入状况有何变化？

大不如前 | 1 | 2 | 3 | 4 | 5 | 6 | 7 | 有显著改善

6.03 征地安置后，您觉得家庭日常生活成本如何变化？

大幅提高 | 1 | 2 | 3 | 4 | 5 | 6 | 7 | 显著降低

6.04 征地后，总体而言，您家的消费水平有何变化？ _____

大不如前 | 1 | 2 | 3 | 4 | 5 | 6 | 7 | 有显著改善

6.05 征地后，总体而言，您家的劳动力就业状况？

长期失业 | 1 | 2 | 3 | 4 | 5 | 6 | 7 | 有稳定工作

6.06 征地后，总体而言，您家的居住条件有何变化？

大不如前 | 1 | 2 | 3 | 4 | 5 | 6 | 7 | 有显著改善

6.07 征地后，您觉得生活的硬件条件（交通便捷度、购物设施等）有何变化？

大不如前 | 1 | 2 | 3 | 4 | 5 | 6 | 7 | 有显著改善

6.08 征地后，公共服务状况（医疗、教育、文化等）较以前如何变化？

大不如前 | 1 | 2 | 3 | 4 | 5 | 6 | 7 | 有显著改善

6.09 征地后，您居住新区的社会治安状况较以前如何变化？

大不如前 | 1 | 2 | 3 | 4 | 5 | 6 | 7 | 有显著改善

6.10 征地后，您的家庭关系较以前如何变化？

由征地引发了一系列
严重家庭矛盾 | 1 | 2 | 3 | 4 | 5 | 6 | 7 | 家庭更加
团结和睦

6.11 对于进入城市生活还是留在农村，您的态度是？

非常不乐意,喜欢农
村的自在生活方式 | 1 | 2 | 3 | 4 | 5 | 6 | 7 | 非常向往,已经无
法忍受生活在农村

6.12 征地后，您是否进入了附近的城市（乡镇）或新农村社区集中居住？
□是　　　　　　　　□否

如果选是，你觉得自己在新社区的社会融入情况如何？

完全不能融入,相互不认
识,受到歧视或邻里不和 | 1 | 2 | 3 | 4 | 5 | 6 | 7 | 完全能融入,精神
愉悦,邻里友善

6.13 征地后，本村（组）是否还存在剩余土地？
□存在　　　　　　　　□不存在，全部转为城市国有土地

6.14 征地后，如果还存在剩余土地，村集体是否对剩余土地进行了重新分配？
□是　　　　　　　　□否

6.15 征地后，如果村集体对剩余土地进行了重新分配，该分配是否公平合理?

非常不公平 | 1 | 2 | 3 | 4 | 5 | 6 | 7 | 非常公平

6.16 您是否还愿意从事农业生产?

非常不乐意 | 1 | 2 | 3 | 4 | 5 | 6 | 7 | 非常乐意

6.17 您是否掌握农业生产技能和技术?

完全不懂 | 1 | 2 | 3 | 4 | 5 | 6 | 7 | 非常精通

6.18 失去土地后，你的心情有何变化?

原本对土地有浓厚
感情,充满失落感, | 1 | 2 | 3 | 4 | 5 | 6 | 7 | 完全无所谓,对
缺乏安全感 土地并不依赖,
现在幸福而快乐

6.19 如果换了新居，居住环境发生了哪些变化?

空气质量状况

显著恶化 | 1 | 2 | 3 | 4 | 5 | 6 | 7 | 明显改善

噪声污染情况

显著恶化 | 1 | 2 | 3 | 4 | 5 | 6 | 7 | 明显改善

自然景观状况

显著恶化 | 1 | 2 | 3 | 4 | 5 | 6 | 7 | 明显改善

附录 B

以土地发展权为基础
给予农民征地补偿

一 引言

通过征收将农村集体所有土地转用为城市国有建设用地，是当下满足我国城镇建设和工业发展用地的主导方式。粗略估算，在 2003～2012 的 10 年间，我国的征地面积约 5400 万亩，同期城镇人口增加了约 2.1 亿人（非农户籍人口仅增加了约 1.4 亿人）。也正是在这个 10 年里，土地增值速度空前加快，土地征收矛盾空前激化。

我国正处于城镇化加快发展的关键期，走完城镇化历程尚需 20～30 年的时间，城镇人口较现在增加约 4 亿人，此外还"消化"约 2.5 亿"半城市化人口"（或"被城市化人口"）①，为此，需要将大约 2 亿亩农地转用为市地，大约是过去 10 年的 3～4 倍②。

按照既有的农地转用制度，主要通过土地征收来获取建设用地，能否持续呢？将会面临哪些风险与挑战？改革方向与出路是什么？本文将就此作出回答。

---

① 半城市化人口是指现有城镇化率统计中的在城市居住半年以上的农民工和镇区人口。

② 从发达国家的经验来看，在"前工业化阶段"农地数量会逐步上升，进入工业化阶段以后，农地数量减少、市地数量增加就成了主旋律；特别是到了工业中、后期，这种趋势就更为明显；即使后工业化时期，建设用地仍持续扩张的趋势也不会有根本改变。在刚刚步入工业化后期的中国，农地转用必然会长期持续。除此之外，相比先发国家，中国的城市化发展还存在着"两个滞后"：第一个滞后是人口城市化滞后于工业化发展，这意味着中国的城市人口快速增长动力更强、持续更久，由此形成比其他国家更大的空间扩张需求。第二个滞后是人口城市化滞后于土地城市化，这意味我国不得不在土地资源已经低效利用的基础上继续推进人口城市化，而继续按照原有模式推进城市化还将占用更多农地。

二　土地征收是农地转用之关键

农村土地向城市转用，实际上是土地资源在不同用途上的配置问题，而政府和市场是两种主要的配置手段。两种手段都有各自的优势和不足，需要综合运用政府和市场两种手段，以避免出现严重的"市场失灵"或"政府失灵"。农村土地城市转用的过程同时也是利益调整的过程，最终的配置方式和结果，往往取决于利益博弈。

由于资源禀赋、发展阶段、经济模式和利益结构等方面的差异，不同国家转用制度的基础、功能、目标与结构不同，但注重产权界定、限制政府权力、合理规划引导和允许自由流转等，是被广泛认可的做法①。

中国的农村土地城市转用制度是一种政府主导、高度行政化的制度模式，也是迄今为止市场化改革尚未取得实质性突破的少数领域之一。这种转用模式建立在城乡二元分割的土地所有制及其决定的产权基础之上②，以用途管制调节土地资源在不同领域（主要是耕地和建设用地）的配置，以计划管理实现农村土地向城市转用指标在不同时间、不同区域的配置，以土地征收（征用）③、土地储备和土地出让制度实现土地的实质性转用及转用增值收益的分配。

在中国"大一统"的农地转用制度体系中，土地征收是农地转用"管道"的"阀门"，只要这个"阀门"能够被顺利打开，转用土地资源便像水流一样源源不断地输往城市。因此，土地征收是农地转用的核心。

在经济学理论中，土地征收主要是为了降低交易成本和防止垄断。其中，前者是指对于一些公益性明显的土地开发（如道路），通过土地征收来避免或降低与多个产权人谈判的巨额成本问题；后者是指在特定区位的土地供给是有限乃至唯一的，土地所有者居于垄断地位，通过市场谈判容易走入死胡同，或者

---

① 当然，个别土地资源高度紧张的小经济体（如荷兰、新加坡、中国香港）除外，他们建立了计划主导的土地资源配置方式，但这些国家或地区建立了规范的制度框架，能够确保行政权力运行受到严格监控，以实现公共利益目标。

② 根据我们的问卷调查，认为土地应当归属村民所有的，仅占 39%；其次为国家所有，占 32.75%；村集体所有只占 25%。

③ 《土地管理法》对征收和征用作出了不同的界定，前者是所有制转换，后者只是使用权的暂时转移，在现实中，政府几乎从来没有"征用"过土地，而是倾向于"一劳永逸"地征收。但在用法上，很多人习惯将两者混同，未加以区分。笔者在后文一般采用"征收"一词。

成本极高，因此需要运用政府强制权。在上述情况下，为了实现公共利益，就需要通过动用政府对土地财政的强制征收权来实现土地资源的配置。土地征收虽解决了"市场失灵"问题，但不可忽视另一种可能，那就是滥用征地权、过度征地所带来的"政府失灵"。

在中国，由于"市场机制"在土地资源配置中的作用被人为压制，农地转用体系的问题主要体现为"政府失灵"。

三　中国特色的征收补偿及其问题

抑制政府过度征地带来的"政府失灵"，主要有两个手段：一是土地征收要符合公共利益，二是给予失地者公正补偿。此外，公正透明的征地程序也是保证上述两个手段有效发挥作用的配套措施。

如果不是为了实现广泛的公共利益（尽管难以给出十分清晰的定义），仅仅是为了实现局部私利，那就不该动用公权力，否则，必然导致不公正的分配结果。但从各国实践来看，公益限制并不是那么有效，"公益"范围不断扩大，概念日益模糊：从最早、最狭隘的公共拥有，到公共使用，再到社会福利、公共意志乃至公共目的。这使得征地项目类型越来越多，保障房建设、旧城改造、土地再分配、招商引资等陆续入列。有学者甚至认为，"符合公共利益"已经成为很多地方政府滥用征地权的幌子。

在公益限制不那么有效的情况下，规制征地行为的另一支柱——公正补偿就被寄予了厚望。对于政府应给予公正补偿的具体原因有很多解释，如防止多数人专制①、维护分配正义②、建立产权安全的稳定预期③。除此之外，最重要的一点是给予被征地者公正补偿，能够消除政府的"财政错觉"（fiscal

---

① 也就是说，多数人可能会借助民主机制，通过立法决议实施对少数人的财产剥夺。仅仅以"少数服从多数"理由就堂而皇之地剥夺私人财产，同样被视为一种"专制"行为。这种解释的基础是西方国家的分权体制。在我国的集权体制下，事实情况恰恰相反：给予被征地农民公正的征地补偿，是为了避免"少数人专制"，也就是防止少数特权阶层利用我们国家政府公权牟取私利，消除设租寻租的制度空间。

② 既然政府征收土地是为了维护公共利益，那么自然而然的逻辑就是让征地项目的受益者——公众共同来负担成本，否则，就是由被征收者单独不成比例地承担了实现公益的成本。这就是美国财产法中的"阿姆斯特朗原则"（Armstrong Principle）。

③ 如果政府可以随意征收财产而不进行补偿，那么，财产所有者的理性选择就是减少投资或者转移财富，从而导致社会生产的投入不足和财富过度消耗。

illusion）。如果政府可以征收公民个人财产而无须补偿或非公正补偿，那么在政府的决策函数中，成本就会被低估，收益就会被高估，从而形成多征地的冲动，进而导致土地资源的错误配置。

既然，公正补偿如此重要，那么，中国的征地补偿是否公正呢？本文通过研究发现，从法律规定到实践操作，中国的征地补偿已经严重偏离了"公正"标准。其主要问题包括以下几方面。

第一，基于"生存权"的原用途补偿剥夺了农民的"发展权"。我国的所谓原用途补偿其实只是手段，隐藏在其背后的是土地产权配置的政府主导和生存权补偿原则，服从和服务于经济发展需要和既得利益者的利润最大化目标。确保被征地"农民生活基本水平不降低，长远生计有保障"，是"生存权"补偿的最好写照。这明显区别于西方国家"基于财产权"、以市场价值为基础的补偿原则。剥夺了农民的"土地发展权"，带来了一系列深刻的经济社会影响。

第二，实际补偿水平的不一致造成了严重的社会不公问题。这种补偿差距主要源自三个方面，即征地后用途的公益性高低①、地区或区位的差别②以及农民个体差别。其中，最后一个方面引发的矛盾最突出。它包括纵向不公平和横向不公平两个方面③。此外，"一刀切"的均等化补偿做法本身就是不公平的，因为它忽视了征地对不同农民个体的影响。这样的补偿结果，使得土地征收成为机会主义者和特权阶层"捞一把"的好机会，导致了社会财富分配严重不公④。

第三，补偿方式多样化在缓解征地矛盾的同时带来了一定的负面效应。我国征地补偿的一大特色就是补偿方式的多样化，除了货币补偿以外，还有留

---

① 一般而言，征地项目公益性越强，补偿水平越低，这明显违背了"阿姆斯特朗原则"。

② 不同地区的补偿水平差距几十倍乃至上百倍。

③ 纵向不公平是指由于土地征收时间不同而发生的同类资产补偿标准出现差别的现象。横向不公平包括两种情况：一是相邻的、不同土地开发项目对农民的征收补偿标准差异很大（也可以被归入区位补偿差异）；二是同一个开发项目在征地过程中，对不同农民（个体或群体）采取的因人而异的歧视性补偿。

④ 从农民得益的角度来看，在中国实际存在着五类补偿原则和标准：①远低于农地使用价值、违反国家底限规定要求的"压榨型补偿"；②仅满足国家底限规定要求的"基本生存型补偿"；③按照国家规定要求执行、适当考虑农民生活安置的"生活水平维持型补偿"；④以中国特色的原用途补偿上限为基准、以农民长远生计有基本保障为目标的"生活水平改善型补偿"；⑤以加快经济发展、做大蛋糕为目标，以土地快速增值为保障，政府和开发主体适当牺牲短期利益，让农民适当乃至充分分享土地增值收益的"生活富裕型补偿"。

地、就业、住房、社保等其他补偿方式。表面上看，中国采取了多样化补偿，对失地农民的生产生活予以"无微不至的关怀"，体现了我们的制度优越性。但实质上，多样化补偿在很大程度上恰恰体现了我国的土地产权不清和保护不力、货币补偿标准不公正和补偿不足的基本现状，并带来了两个负面影响：一是补偿多样化在减轻了财政支出压力的同时也加剧了政府的"财政幻觉"，二是进一步损害了农民的自主选择权①。

第四，补偿对象的模糊诱发了多种利益冲突。在征地补偿方面，中国另一独特之处就是补偿对象模糊。这造成了"农民集体"与集体成员之间、集体成员之间、集体与集体外组织或个人之间都存在着补偿分配关系。有时，地方政府还参与进来试图"分一杯羹"，通过征地管理费等形式截留，这使得问题变得更为错综复杂。

第五，补偿程序不完善加剧了社会矛盾。完善的征地补偿程序是抑制政府征地权无序扩张的第三道防线。但遗憾的是，在我国，征地程序用"形同虚设"来形容一点也不为过。虽然从表面上看，我国的征地程序"流程"清晰，甚至还规定了被征地农民的知情权、参与权和上诉权。但深入实施细节，这些所谓的流程规定难以发挥多大实效。

综上所述，在"征地是国家行为，也是农民对国家应尽的一种义务，不是农民向国家卖地"这样的立法思想主导下，全能政府不仅决定了何时何地征地，而且决定了如何征地补偿，土地征收补偿矛盾随着征地范围的扩大而日益激化。

四 生存权补偿、过度征地及其影响

在政府征地决策模型中，征收补偿是重要的考量因素。土地征收的生存权补偿水平与土地开发利益之间的巨大差异，是推动政府（主要是地方政府）大范围圈地的重要动力。

如果将地方政府视为经济学中的"理性人"，那么，在地方政府的征地

---

① "以土地换保障"为例，在不少省份，土地换社保并不是政府给予失地农民的额外福利，而是强迫农民用安置补偿费缴纳基本养老、医疗保险等社会保障费，部分替代了"货币补偿"，实际上是对农民土地权益的"二次征收"。这种做法实际违反了我国的《立法法》第8条规定，根据该规定，"对非国有财产的征收"只能制定法律，因而是一种对法律和财产权的严重侵害。

决策中，一般会考虑四个因素：农地价值①、城市土地（市地）价值②、不可逆风险③，以及管制手段（特别是用途管制和指标管理，假设为"外生变量"）。农地的边际价值是土地征收的边际成本，而市地边际价值是征收的边际收益，征收决策将依据边际收益等于边际成本作出。

以此为出发点来分析，就可以看到，在现实中，中国的土地征收往往高于最优水平，因此可以综合地概括为四个方面：①因强调 GDP 增长、追求土地收入和财政收入而高估市地综合价值；②忽视农地粮食安全、生态保护及社会保障等非经济价值；③行为短期化导致了政府对不可逆风险的轻视；④抑制地方政府过度征用农地的制度框架尚不完善。在这一框架中，基于失地农民生存权补偿、剥夺农民的土地发展权、限制农民分享土地增值收益，其影响主要体现在第一个方面，其结果强化了地方政府"以地生财"的激励。

我国的征地补偿做法，在促进我国加快经济发展方面起到了一定积极作用。以低补偿征地为核心的农村土地向城市转用制度，除了政府的财政支出成本低外，它还能够以更快的速度、更低的交易成本为经济发展和城市化提供必需的土地资源，征地过程可谓"干净利落"。在一定意义上讲，中国的征地奇迹构成了中国发展奇迹的重要基础。但与此同时也带来了一系列广泛而长远且日益突出的负面影响，导致了效率与公平的"双损失"。

首先，生存权补偿下的过度征地导致了土地资源的浪费利用。大量征用农地已经危及我国粮食安全，目前我国"耕地对外依存度"看，我国已经达到20%。城市建设用地（建成区面积）过快增长带来了粗放利用问题，改革开放以来我国城市用地增长的弹性系数超过 1.7，远高于 1.12 的合理水平④。工业用地的大量圈占和低效利用问题，我国工业用地容积率普遍在 0.3% ～ 0.6%，而国际平均水平在 1% 左右。此外，为了维护现有的低补偿征地制度，国家对农地市场化转用权进行了限制，这一方面造成了"空心村"等土地资源闲置问题，另一方

---

① 此处的农地包括农业用地和农村集体建设用地。前者的价值除了能够带来农业收入的经济价值外，还包括粮食安全价值、生态价值和社会保障价值；后者则包括住房保障价值、社会文化价值、农业生产的配套服务价值、非农产业发展的要素价值。

② 在中国，由于政府（地方政府）几乎是农地转用的唯一合法主体，农地转用的利益享有是高度集中化的。农地转用为市地后，除了能促进增长、改善就业从而获得更好的政绩评价外，政府（主要是地方政府）还可以获取大量土地出让收入及土地开发衍生的财政收入。此外，农地转用为城市土地过程的投资开发还能衍生出其他一些外部性收益，如都市农业发展、农民生活便利程度的改善等。当然，也会带来一些负外部性问题，如噪声污染。

③ 不可逆风险是指农地向市地转用后往往难以逆向还原为农地，原因可能是制度性的，也可能是因为逆向转用的成本过高。

④ 如果去掉"伪城市化率"中对农村人口的统计，这一系数甚至超过 2.5。

面导致了"城中村"的土地无序开发和小产权房问题。

其次，土地征收的生存权补偿导致土地增值分配的严重失衡。现实的土地增值分为三个阶段，即土地使用权出让环节的增值（首次增值）、土地使用权占有环节的增值（二次增值）、土地使用权转让环节的增值（三次增值）。根据笔者的估算，2009~2012年，被征地农民直接获得的征地补偿大约占土地出让收入的36.8%；在我国大约3.5万亿元土地首次增值收益中，农民作为一个整体所分享的价值约为1.8万亿~1.9万亿元，约为全部增值收益的53%。在二次自然增值中，近69%由房地产开发企业享有，大约有31%进入了"公共财政"，被征地农民没能继续参与分享。在我国的政策框架中，"城市反哺农村"是一个常喊的口号，但从土地增值收益的分配结果来看，这一政策并未有效落实，反而是被征地农民的土地利益从农村向城市输入。

最后，这种征地制度衍生出广泛的经济社会影响。它导致宏观经济模式的制度性畸形，如城乡收入差距扩大和农民消费滞后、对城市建设和房地产投资的过度依赖以及购房储蓄对城市居民消费的挤出效应等。除了经济影响外，低补偿条件下的强制征地还带来了广泛的政治和社会影响，体现在破坏社会稳定、滋生贪污腐败和农民市民化的制度性排斥等多个方面。

为了分析土地征收对农民福利的影响，课题组针对失地农民进行了专门的问卷调查。从调查结果来看（见表1），虽然失地后农民的生活随着经济社会发展略有改善，但谈到对征地的态度普遍表现出了较大的不满情绪。在被问及最不满意的征地做法时，近80%的农民选择了征地补偿，近40%的农民将其作为首要原因①。

表1 征地对短期福利和长期福利的影响

	因素	均值	方差
短期福利	征地行为的总体满意度	3.11	3.77
	补偿安置整体满意度	3.135	3.776
	征地是否公开透明	3.133	4.231
长期福利	征地后生活改善情况	4.105	2.728

资料来源：中国征地制度改革问卷调查2013。

---

① 这10个方面是：①征地行为不符合公共利益，政府和开发商成为最大受益者；②征地补偿水平太低，农民长远生计得不到保障；③征地补偿款没有公平、透明、及时发放，存在分配不公的情况；④当地政府和干部非法挪用征地补偿资金；⑤征地后社会保障问题没有得到很好解决；⑥征地后就业没有着落；⑦征地后住房安置不合理；⑧征地后公共服务问题没有得到有效解决（就医、子女上学、文化等）；⑨征地后配套设施不完善（水、电、气、暖、购物、放置农具等）；⑩征地过程缺乏透明度，征地方式粗鲁，农民得不到尊重，上诉无门（农民可以多项选择）。

五　农地制度改革框架与征地的"发展权补偿"

征地补偿虽然是征地制度乃至整个农地转用制度的核心问题，征地补偿矛盾也是现实土地征收的最突出矛盾，但不能孤立、简单地"就补偿论补偿"，而应在农地转用制度的大框架下提出征地补偿优化的方向和措施。

（一）农地转用制度改革的总体思路

农地转用制度改革应该兼顾三个大目标：一是能够促进经济社会发展，为城市化和工业化进程提供土地资源保障，促进人口城市化与土地城市化的协调发展；二是有利于保护稀缺的农地资源，特别是保障耕地数量的基本稳定，以提高经济发展的稳定性，实现可持续发展；三是有效均衡土地利益的分配，特别是维护农民的正当土地权益，以维护社会稳定，增强长期发展的动力。

征地制度改革应以"维护农民正当土地权益"为基本出发点和根本原则。它包含以下几层含义：第一，面对处于弱势地位的广大农民被剥夺和侵占的现实，必须维护农民的正当利益；第二，必须将农民作为一个整体看待，实现土地"变性"（所有制变化）、"变色"（用途变化）中的巨额增值利益应在全体农民中平均分配；第三，应该维护农民的正当土地权益，而不是将农民土地权益绝对化，实现国家、地方、开发者、农民的利益平衡；第四，在征地过程中，既要维护农民的知情权、话语权和上诉权（"权"），也要保障获得一定比例的土地增值收益（"益"）。

在改革思路方面，应以建立符合社会主义市场经济体制要求的新型土地制度为改革的基本方向，以"均权赋能"的产权制度改革为基础，以加快推进征地制度改革和探索推进集体土地非农化流转为两条主线，加快转变政府的土地管理方式，注重改革的综合配套推进，"十二五"改革攻坚，"十三五"修补完善。

（二）加快建立基于发展权的征地补偿体系

在上述农地转用制度改革框架下，我国应逐步建立以土地发展权为基础的征地补偿体系。

第一，明确以土地发展权为征地补偿的原则。建议将我们常用的征地标准，即确保失地农民"生活水平不降低，长远生计有保障"，调整为"生活水平有提高，长远生计有改善"。

第二，以农民完整的土地产权为征地补偿的依据。在土地确权的基础上，补偿的依据要回归土地产权（包括用益物权）上来，国家要强化对农民私有产权的保护。通过产权损失补偿，解决补偿对象模糊、补偿资金截留等一系列问题。

第三，将市场价值作为公正补偿的计算标准。农地的市场价值不是存在各种限制的基础上形成的畸形市场价值，而是与国有土地"同地、同权"基础上的"同价"，因而是真实的市场价值。在符合用途管制条件下，按照"最高和最佳用途"的机会成本原则确定市场价值，而不是农地现有的利用方式。不因公益性强弱而确定不同的补偿标准。以农民"整体"为对象，在适当考虑各地物价（含房价）水平和生活成本的基础上通过利益调节机制实现。补偿标准的计算应该根据征地对不同农民个体的影响差异，拿出一定比例补偿资金（如10%）作为调节资金。

第四，设立"土地价值调节基金"。一方面，农地自发的市场化转用，若不加以调节，会导致少数农民因占有特殊区位的土地而一夜暴富，独享土地的"自然增值部分"（实际上还包括政府基础设施投资所带来的人为增值），无论是按何种价值标准，这都不符合公平性原则。另一方面，一些公益性较强的征地项目可能因资金匮乏而难以实施。我们认为，土地自然增值部分首先由全体农民分享以弥补"历史欠账"，剩余部分再由全体国民分享。为此，应建立针对农地市场化流转增值收益的调节机制，以农地市场化转用的增值收益弥补公益性征地的补偿缺口。为此，笔者提出了设立"土地价值调节基金"。

第五，加快规范征地补偿程序。加快建立征地审批前的补偿协商机制，只有在地方政府与农民就补偿协商达成基本共识后（例如，建立投票机制，投票比例超过50%），才能向省级国土部门上报征地审批申请。建立征地补偿标准和相关做法是否合理的司法审查机制，在法院体制内设立专门的"土地征收补偿审查委员会"对征地补偿标准是否合理进行独立评估[①]。实行"先补偿，后征地"，强制征地由法院主导完成。

（三）采取综合配套措施

以上基于土地发展权的征地补偿体系建立，离不开其他一些直接或间接相

---

① 也可以借鉴英国经验，在地级城市，特别设立"土地法庭"，专门从事土地案件纠纷问题的处理。一般而言，这将包括两类不同性质的土地纠纷案件：一类是针对政府行政裁定提起的行政诉讼，另一类是针对政府拆迁所造成的损失提起的民事诉讼。此外，还可以借鉴成都等地的经验，在县一级成立农地产权仲裁机构，解决征地补偿在村集体内的分配纠纷问题。

关领域的改革同步推进，具体而言：

第一，建立基于产权的征地补偿体系必须以产权清晰完整为基础。我们建议，应按照"均权赋能"的方向推进产权改革。只有将产权落实到每家每户乃至每个农民，赋予农民完整的土地产权，产权才能够真正清晰起来，才能够通过土地的市场化流转实现资源优化配置。事实上，成都自由迁徙条件下的"还权赋能"的地权改革已经具有了上述特征，只不过碍于现有土地制度的框架制约，没有明确提出而已。笔者在此提出"均权赋能"有两个原因：一是还权容易引发关于产权原始归属的争论；二是均权更符合我国发展所面临的复杂形势，这里提出的均权，虽带有平均的含义，但主要是指均衡。

第二，明确公益范围，划清征收（用）与流转的界限。虽然通过公共利益来约束征地冲动并不是十分有效，但它仍是要优先采用的手段，因为这一划分决定了市场与政府的功能边界。在低补偿条件下，明显非公益的征地行为也是导致农民不满的重要原因①。在这方面，笔者提出五项措施：一是公益审查方式"批发"（以科学民主的规划为界）与"零售"（建立合理的征地立项审查机制）相结合；二是以地方各级人民代表大会为依托，组建"财产征收审查委员会"，由其负责征地公益审查；三是健全规划管理体制，严肃规划制度；四是按照"先市场，后征用，最后征收"的思路，将土地征收作为万不得已情况下的非常之举；五是首先将住宅用地剔除公益范围，稳步缩小征地公益范围。

第三，规范推动农地市场化转用。为平稳推进集体建设用地直接入市，我国需要在组织方式、入市程序、收益分配、市场交易、政府管理等方面进行系统的制度设计②。首先要废除农地市场化转用的限制性规定，如城市居民购买农房限制、集体土地抵押担保限制等。建立市场化交易的渠道，特别是按照"同地同权同利"的原则，建立与国有建设用地使用权统一的集体建设用地使用权价格形成机制。农地市场化转用纳入建设用地指标计划管理，强化用途管制。按照尊重历史、市场定价、合理补偿、分类推进的原则，彻底清理全国的小产

①　从农民的回答来看，纯公益项目、旧城改造和保障房建设项目乃至营利性的工业区项目，农民都给予了肯定性支持（三者的得分为5.82、5.20、5.05，最高分为7）。即使对于房地产项目，朴实的农民也给予一定支持度（得分为3.91），但低于中间评价值（4分）且方差较大（代表分歧显著）。

②　值得注意的是，对于农地的市场化转用（流转），目前的讨论主要集中于集体建设用地方面。实际上，在我国，无论是集体农业用地还是集体建设用地，由于受到严格的"所有制管制"，在多数地区，两者目前的市场价值差异并不大。因此，对于集体建设用地的讨论同样适用于集体农业用地。只不过，集体农业用地变为建设用地，需要按照有关规定办理农地转用审批手续。

权房。

第四，深化土地管理体制改革。通过强化一般意义上的用途管制，弥补放松所有制管制后留下的真空。改革土地管理组织架构，推动建立土地垂直管理体系，赋予土地管理部门必要的处罚权。按照"配额管理、市场调剂"原则，探索开展跨区域指标交易，将以土地指标跨省置换与农民工异地落户相结合。

第五，加快推动土地立法。修改"城市土地属于国家"的准则，赋予农民长久、完整的土地使用权（或所有权），允许农民通过市场化方式向城市流转农地。制定"中华人民共和国土地法"，将其作为我国的一项基本立法，同时修订《土地管理法》及其他法规、规章。

第六，配套推进其他领域改革。改革行政考核机制，加快推进主体功能区规划的落实工作，建立全面均衡的行政考核体系。推进财税体制改革，应按照"明租、正税、清费"的思路改变目前畸形的土地财政模式，特别是国有土地批租与短租相结合、提高土地持有环节的征税范围与力度。完善社会保障与公共服务，建立全国统筹的新体系。推进户籍制度改革，实现"土地城市化"与"人口城市化"的协调推进。构建新型乡村治理机制，强化集体内部的农民民主和外部的政府监督。

（本文发表于《宏观经济管理》2013 年第 12 期）

建设用地绝对地租与
极差地租的时空分离

——成都市建设用地指标交易制度考察

2007 年 6 月 7 日，国家发展和改革委员会批准成都市设立全国统筹城乡综合配套改革试验区①。为了更好地推进这一工作，成都市将统筹城乡发展作为总体战略，着力完善社会主义市场经济体制，在土地制度、户籍制度、政府管理、基层治理、社会保障、财政金融等领域进行了一系列改革，在全域成都范围内推动"经济市场化、管理民主化、社会公平化"等重要改革，探索实践新型工业化、新型城镇化和农业现代化联动发展的城乡全面现代化道路，初步形成了城乡经济社会一体化发展新格局（彭森，2010）。

在统筹城乡发展中，土地制度改革是核心与基础，在这方面，成都市进行了很多积极有益的探索，但也暴露出一些问题。本文将在介绍成都土地改革经验的基础上，着重从理论上对建设用地指标交易制度（近似于重庆的"地票"制度）进行解读，并阐明其已经发生或可能出现的现实影响。

本文旨在对成都的新土地交易制度进行解读。文章首先对近年来成都市土地制度改革进行回顾，随后介绍土地综合整治和刚实施的建设用地指标交易制度。在此基础上，本文从理论意义和现实影响两个方面对成都的土地交易制度进行分析，指出其本质是绝对地租与级差地租的分离，这使得农民分享了更多的土地收益，因此具有积极意义，但地方政府仍获得了绝大部分土地级差收益，追求土地收益的动机依然强烈。

---

① 实际上，早在 2003 年 10 月，成都市就提出，按照全面建设小康社会和落实科学发展观的要求，借鉴世界城市发展的经验和理论，"统筹城乡经济社会发展、推进城乡一体化"。此后，成都市以"三个集中"为核心（工业向集中发展区集中，土地向规模经营集中，农民向城镇集中），推动人口、产业的聚集，促进资源的集约节约利用；以市场化为动力，推动要素自由流动，加大对农村基础设施和公共服务投入；以规范化服务型政府建设和基层民主政治建设为保障，推动社会治理结构的变革。

一　城乡统筹下的土地制度改革

2008 年 1 月，成都市颁布了《关于加强耕地保护进一步完善农村土地和房屋产权制度的意见（试行）》（成委发〔2008〕1 号），并提出了"还权赋能，农民自主"的口号。

第一，通过土地确权为土地制度改革打牢了基础。笔者在调研中了解到，成都市的土地确权不只是简单地给农民发证，而是一个具有深刻影响意义的事件。在确权性质上，通过"集体所有权"虚置，强化土地使用权，实现土地使用权的长久化或永久化。在取消城乡户籍限制、农民可以在成都全域自由迁徙后，仍可以保留原来的宅基地和耕地，理论上还可以世代继承。从某种意义上讲，这实际上是一种土地使用权的"私有化"。此外，在确权工作过程中的一个基本宗旨是将土地权利"下移"，尽量将使用权细分到户，尽可能地减少由集体控制的土地资源。笔者在调研中了解到，目前确权工作已经完成了 95% 以上，政府为此先后投入了 10 多亿元。

第二，探索新型的耕地保护机制。除了通过土地规划管理和分级落实责任来强化耕地保护外，成都市还设立耕地保护基金。基金来源有三个，即土地有偿使用费、国有土地出让收入和集体建设用地出让收入；基金的用途有两个，即提高耕地生产能力和对承担耕地保护责任的农民养老保险进行补贴。

第三，推动土地承包经营权流转。主要是支持农户以多种形式流转承包经营权，以实现土地的规模化经营。我们在调研中了解到，地方政府给予参与农业开发的企业各类补贴和优惠政策，这也成为这类企业的主要利润来源，如果取消这些补贴和优惠，相当一部分企业会因无利可赚而选择退出，实际执行中已经出现了这样的案例。

第四，推动集体建设用地使用权流转。成都的有关文件规定，集体建设用地可以通过出让（参照国有土地出让管理）、出租、作价入股等多种方式流转；流转后可以用于工业、商业、旅游、服务、房屋租赁等经营性用途，但必须通过土地有形市场以"招拍挂"方式公开交易；流转收益分配次序：政府按一定比例收入公共设施和公用事业建设配套费、耕地保护基金，集体经济组织统一管理剩余土地出让收益，并优先用于农民的社会保险。从实际执行来看，集体建设用地流转中出现了一些不规范行为，主要表现为：流转收益分配不公平；未按规定在土地市场公开流转，存在协议转让和暗箱操作行为；流转的用途超出了规定的限制，在温江等一些地区，大面积地出现了所谓"小产权房"，还有一部分城市居民到农村购买农房或自建房；等等。

第五，开展农村房屋产权流转试点。成都市建立了城乡统一的房屋产权登记制度，规定农村房屋产权在确权后可以自由流转（包括买卖、赠予、作价入股、抵押、租赁等），逐步实现城乡房屋同证、同权。但据笔者调研考察，在实际执行中，虽然很多地区的农房或农村集中居住区住房获得了"两证"，即"集体建设用地使用证"和"房屋产权证"，但由于国家法律和政策上的限制，这一制度实际上处于"冻结"状态，部分城镇居民购买了农房（包括土地综合整治后的集中居住区新房）后无法过户，从而极大地压制了农房的市场价值。

第六，开展农村土地综合整治和城乡建设用地"增减挂钩"。这也是成都市土地制度改革中的一个亮点，正是在"成都经验"的引领下，全国很多地区掀起了土地整治的高潮。下文将对此做法进行全面系统地介绍。

二　农村土地综合整治与建设用地指标交易制度

成都市从 2007 年开始进行农村集体建设用地整理，并被国土资源部列入第一批"增减挂钩"试点城市（在县区范围内实行指标置换）。2008 年汶川地震后，国家批准成都进行"农村土地综合整治"，由此形成的建设用地指标可以跨县区使用。总体上看，成都市的城乡建设用地"增减挂钩"做法正在由完全的政府主导向农民主导、由不规范交易向规范交易过渡。

（一）农村土地综合整治情况

2008 年以后，成都市在 200 多个点上推行了土地综合整治项目，取得比较显著的成效，提高了建设用地的集约节约利用程度，改善了农民的生产生活条件。但与此同时，也出现了一些值得注意的问题：

第一，最初的农村土地综合整治完全是在政府主导下进行的，作为一种行政任务层层分解到乡镇和村组，再加上一些经济利益的驱动，在一些地区出现了违背农民意愿强制拆迁、严重侵犯农民利益的现象。

第二，土地拆迁过程不透明，程序不公开，存在土地整治费用层层剥皮的腐败问题。在调研中，农民反映有一名村干部通过土地整治大肆敛财，贪污了300 多万元，已被立案调查。

第三，由于横向补偿（不同村组和农户之间的补偿）和纵向补偿（不同时间的补偿）的标准差异，爆发了很多上访事件和群体性事件，影响了社会稳定。

例如，在土地整治初期，在拆迁补偿中并不存在"人头费"这一项目，但在后来增加了这一项目，在一些地区甚至成为数额最大的补偿项目。之前未领到人头费的农民对此表示强烈不满。

第四，建设用地土地指标交易也没有标准化的交易市场。一些区县政府间开始进行自发的土地指标交易，出现了一些不规范现象。

成都市规范了土地整治，要求土地整治必须遵循农民"自主、自愿、自治"原则，特别是在"自愿和自治"方面，的确取得了一些成效，总体上看，成都的恶性强制拆迁事件发生率明显低于很多地区。但是，前些年的土地整治仍然是政府主导的，在农民"自主"和社会参与方面还存在不足，特别是随着农村土地综合整治规模的逐步扩大，完全依靠政府力量和财政资金肯定会影响工作进度和成效。

进入 2010 年，成都又开始探索基于"农民主导"的农村土地综合整治模式，也就是说，通过农民的内部协商（"议事会"等制度），让农民自主决策是否参与、如何参与、与谁合作、收益如何分配等问题。

（二）几个重要土地指标

为了更好地理解成都的建设用地指标交易制度与"招拍挂"制度之间的关系，我们首先介绍一下几个重要的土地指标。

1. 城市化、工业化新增建设用地需求量

相对于城市化和工业化用地，在建设用地总需求中，农村自身的宅基地和公益性建设用地需求很小，因此，我们采用的是城市化、工业化新增建设用地指标。该指标与建设用地供给量共同确定建设用地市场均衡量和价格。而根据所有权的不同，这类建设用地供给量又包括国有建设用地供给量、集体建设用地供给量两个来源。

2. 集体建设用地直接入市量

如前所述，根据成都市的土地制度改革方案，集体建设用地直接入市是解决城市化、工业化用地的重要途径。从执行情况来看，合法的集体建设用地直接入市规模还较低，当然，也有一部分集体建设用地以非法形式进入市场。但是，由于产权受限，集体建设用地在抵押融资、流转、变现等方面存在根本缺陷，集体建设用地的直接入市规模仍然有限。

3. 国有建设用地供给量

国有建设用地供给量也包括两部分：一是在国家下达建设用地指标内、通过"招拍挂"或行政划拨供应的合法土地；二是在国家下达建设用地指标外，以未批先用等非法形式占用的土地，一般而言，地方政府会逐步帮占地者补齐所有手续，从而成为合法的国有建设用地。由于成都市是国家确定的试点地区，并且，建设用地指标可以在全域范围内置换，所以，我们推算非法用地比例应该相对较低（根据笔者在山东某县的调研，这一比例高达90%以上）。

上述三者的关系可以表示为

$$D = S_1 + S_2$$

其中，D 表示城市化、工业化新增建设用地需求量；S_1 表示集体建设用地直接入市量；S_2 表示国有建设用地供给量。

国有建设用地有两个来源：一是通过征地方式获得，二是通过城乡建设用地"增减挂钩"形式获得。

$$S_2 = S_{21} + S_{22}$$

其中，S_{21} 表示通过征地转换的国有建设用地；S_{22} 表示通过"增减挂钩"转换的国有建设用地。

4. 通过征地转换的国有建设用地

征地的主要来源或对象包括征用耕地数量和征用集体建设用地数量。由于我国设定了18亿亩耕地红线指标（2020年），而未来10年，我国建设用地侵占和征用耕地的数量要控制在约2700万亩以内，每年要控制在270万亩以内。因此，征用耕地的数量是十分有限的。而对于集体建设用地，成都市多以农民自主、"增减挂钩"形式实现土地"变性"。

5. 通过"增减挂钩"转换的国有建设用地

近年来，国家逐步扩大了"增减挂钩"试点的范围，对于"增减挂钩"指标规模，国家也有严格的规定。但在实际执行中，各地为了解决本地建设用地短缺问题，纷纷自主进行了各种形式的"增减挂钩"，很多地区的实际规模往往会超出国土资源部设定的规模。因此，"增减挂钩"又可以分为合法挂钩与非法挂钩两个部分。笔者调研中了解到，作为城乡统筹发展试验区，国土资源部给予成都市的"增减挂钩"指标规模较大，因此，基本不存在非法挂钩问题。

6. 国有土地"招拍挂"数量

按照国家有关规定，国有建设用地供应主要通过行政划拨和土地出让两种形式进行，并且，行政划拨的土地比例越来越低。理论上讲，出让土地都应以"招拍挂"形式进行，但是，在多数地区，地方政府为了招商引资的方便，普遍未将工业用地纳入"招拍挂"过程。成都市的做法也是如此,投资企业获得工业用地不必参与建设用地指标竞拍和"招拍挂"出让①。因此,进入国有土地"招拍挂"的土地包括居住、商业、旅游、娱乐、综合等经营性用途的土地,不含行政划拨土地和工业用土地。

(三) 成都市的建设用地指标交易制度

2010 年,成都市建立了规范的建设用地指标交易制度,通过建设用地指标进入农村产权交易所进行公开交易,推动社会资本参与农村土地综合整治,确保农民获得市场化收益。成都市规定,从 2010 年 10 月开始,土地整理后形成的集体建设用地指标必须进入农村产权交易所(2010 年 7 月成立)公开交易。

2010 年 10 月以来,成都农村产权交易所已经成交 26 宗建设用地使用权指标交易(土地总规模达到近 10 万亩)。成都市中心城区的建设用地指标,全部在此交易,并在 3 年内免费交易,二、三线区县的建设用地指标则在当地交易。

从买卖主体来看,卖方是村集体或村集体委托的社会主体,买方则是政府主体和社会主体两大类,按照竞拍目的和用途来划分,这种交易类型可以分为三种。

1. 持证报征土地

区市县国土部门等报征主体只有通过竞标获得建设用地指标,才能在符合规划的建设用地区域内进行土地报征 [图 1 中的 (1)]。

2. 持证直接使用集体建设用地

投资者获得建设用地指标后,在符合规划条件下"直接使用"集体建设用地,而不需要将集体建设用地征用为国有土地 [图 1 中的 (2)]。

3. 持证准入国有建设用地"招拍挂"

投资者只有取得建设用地指标,方可参与成都市的国有经营性建设用地(不含工业用地)的公开出让 [图 1 中的 (3)]。这是典型的建设用地"增减挂钩"模式,在这个流程中,存在三次交易。

第一次交易:在农民自主、平等协商基础上,由农民与社会投资主体进行谈判,最终形成的是土地整理收益的分配关系。当然,如果一个村组的资金充裕,也可以在协商一致的基础上,独立组织土地整理,这时的交易体现为一个

---

① 根据《中华人民共和国城镇国有土地使用权出让和转让暂行条例》,各类用地出让的最高年限为:居住用地 70 年,工业用地 50 年,教育、科技、文化、卫生、体育用地 50 年,商业、旅游、娱乐用地 40 年,综合或其他用地 50 年。

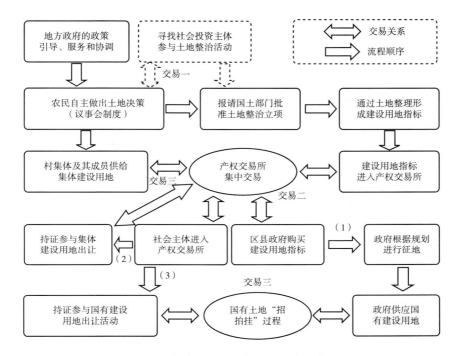

图1 成都市土地整治与交易制度示意图

内部交易过程。

第二次交易：土地整理形成的建设用地指标进入农村产权交易所，通过集中交易形成指标价格，将该指标出售给土地需求者。按照新的制度，建设用地需求者进入国有土地"招拍挂"过程，必须持有建设用地使用证（持证入场）。

第三次交易：政府根据规划，将储备土地投放市场，建设用地需求者持证参与国有土地出让（国土部门组织"招拍挂"交易）或集体建设用地出让（在农村产权交易所进行公开交易），通过竞价形成市场价格，政府或集体经济组织获得国有土地出让收入。

三 "两阶段"竞价模式的理论意义

在上述三次交易中，第一次交易主要通过双向协议或内部协商方式完成，是一种面对面的交易；第二次交易和第三交易都是通过公开市场竞价形式完成的，是一种"背靠背"的交易。那么，三次交易之间是什么关系？特别是后两次竞价交易，会形成两个"市场价格"，如何从理论上解释这两个价格之间的内在关系？两者将会呈现此消彼长之势，还是会同向变化？这种竞价模式会带来哪些实际效应，对不同类型的主体而言，收益分配关系会出现什么变化？回答这些问题，都需要从理论上去深入探究，为此，我们先对马克思地租理论及其发展做一简要介绍，然后结合本案例进行分析。

（一）马克思地租理论及其发展

马克思认为，无论地租的性质、内容和形式有何不同，都是土地所有权在经济上的实现。马克思的地租理论可以分为农业地租理论和非农业地租理论。

1. 农业地租理论

在当时的条件下，城镇化率相对较低，马克思重点研究的是农业地租，他根据地租产生的原因和条件，把地租分为级差地租和绝对地租两种基本形式。

第一，级差地租。马克思认为资本主义的级差地租是由农业工人创造、经营较优土地的农业资本家所获得并最终归土地所有者占有的超额利润。级差地租的产生条件有三个：一是土地肥沃程度的差别；二是土地位置的差别；三是在同一地块上连续投资产生的劳动生产率的差别。其中，由前两个条件形成的级差地租被称作"级差地租Ⅰ"，第三个条件形成的级差地租被称为"级差地租Ⅱ"。级差地租Ⅰ和Ⅱ的实质相同，都是由产品的个别生产价格低于社会生产价格的差额所产生的超额利润转化而成。

第二，绝对地租。绝对地租是指土地所有者凭借土地所有权垄断所取得的地租，土地所有权的垄断是绝对地租形成的根本原因，马克思认为，绝对地租的实质和来源是农业工人创造的剩余价值。

垄断地租是指由产品的垄断价格带来的超额利润而转化成的地租。马克思认为，垄断地租不是来自农业雇佣工人创造的剩余价值，而是来自社会其他部门工人创造的价值。

2. 非农业地租理论

在非农业地租方面，马克思重点论述了建筑地段和矿山地段的地租。其中，建筑地段地租是指工商业资本家为获得建筑用地而支付给土地所有者的地租。马克思认为，不同于农业级差地租，建筑地段的级差地租是由土地区位决定的，这类似于农业级差地租Ⅰ，可以理解为建筑用地的"级差地租Ⅰ"。需要指出的是，这种区位差异往往是相对的、历史的，这代人所处的空间区位差异往往是一种历史传承，而不是纯粹自然形成的。

实际上，除了建筑用地级差地租Ⅰ之外，公共财政或私人资金的投入会使得基础设施不断完善、公共服务水平不断提高、生产生活环境持续改善，这也会使得城市不同地段的级差地租发生变化，这类似于对农业用地连续追加投入所带来的级差地租 II，可以理解为建筑用地的"级差地租 II"。

马克思所生活的时代，政府对土地用途还未采取过多的管制措施。进入 20 世纪，随着土地开发外部性效应的显现，世界各国纷纷采取用途管制制度，通过制定政府土地开发利用规划对具体地块的土地用途进行规制。于是，对于同一区域相邻的地块而言，对土地用途的规定会直接影响土地的市场价值和收益能力，从而形成一种新型的级差地租。除了世界各国普遍采用的一般意义的用途管制措施外，我们国家还根据所有制（集体和国有）的不同，对土地的具体用途和产权属性进行限制，由此形成"二元"土地"同地、不同权"的现实情形。总之，我们可以将由于制度和管制所形成的级差地租称为"级差地租 III"。

那么，对于城市建设用地而言，是否存在绝对地租的概念呢？马克思并未进行过专门论述，但在论述农业地租时，马克思认识到绝对地租是级差地租的起点和基础。对一个区域内的建设用地而言，从所谓"最劣土地"到"最优土地"间存在着一个级差收益"谱系"，"最劣土地"肯定也存在着一个地租或市场价值，这种市场价值可以理解为建设用地的"绝对地租"。也就是说，土地所有者凭借其所有权垄断要求获得的地租。

最后，在建筑地租中，垄断地租特征也十分明显。例如，在一些自然景区，由于其可以提供特殊服务，由此形成垄断价格，其中一部分会转化为垄断地租。不过，这种垄断地租也可以理解为由区位差异形成的级差地租 I。

（二）对成都土地交易模式的理论解读

以上对马克思地租理论及其发展进行了分析，那么，对于二元土地制度下，成都的"三次交易、两次竞价"的土地制度，我们该如何从理论上去解释呢？本文试图在这方面进行初步探索。下面，我们主要以发生土地"变性"的城乡建设用地"增减挂钩"制度为例，说明绝对地租与级差地租的分离过程及两个竞标价格之间的关系。

我们研究的初步结论是：在农村产权交易所进行的建设用地指标第一次竞价，确定的是建设用地的绝对地租的资本化价值，通过城乡建设用地"增减挂钩"形成特定地块的国有土地后进行的第二次竞价（"招拍挂"），确定的是建设用地的级差地租的资本化价值，由此，建设用地的绝对地租与级差地租出现了分离，两者的关系取决于两次交易指标之间的比例。

如前所述，按照国土资源部与成都市签署的协议，成都市被允许跨区县实施乡建设用地"增减挂钩"。在所谓"全域成都"的范围，不同区县、不同地块的土地具有明显的级差价值。成都市习惯上将这一差异用"主城区"（如武侯、青羊）、"一线城圈"（如温江、双流）、"二线城圈"（如崇州、金堂）来代表。

由于成都建设用地的稀缺性，于是，建设用地的土地所有者也要求获得补偿，否则，不会同意进行开发，这就是建设用地绝对地租形成的条件。在没有"增减挂钩"政策及"两阶段"竞价模式的条件下，成都市的建设用地绝对地租是由市场价值最低的地块价值决定的（见表1）。从空间上定位，确定绝对地租水平的地块具有以下主要特征：处于"二线城圈"的偏远地区，软硬件环境十分恶劣，政府严格禁止从事高收益性项目开发，土地性质为集体建设用地。

表1　决定地块市场价值的主要指标

● 距市中心远近	● 软硬件环境
● 政府用途管制	● 土地所有权性质

其他地块随着上述几项指标的改进，会逐步形成级差价值，这就是所谓的级差地租。只要一块建设用地不是最劣土地，理论上，土地所有者就能借此获得"绝对地租＋级差地租（Ⅰ／Ⅱ／Ⅲ）"。也就是说，绝对地租与级差地租价值是通过某种契约式交易在某一特定空间上同时实现的，体现为时间、空间上的一致性。

在成都市采取城乡建设用地"增减挂钩"和"两阶段"竞价模式条件下，上述情况发生了变化。在农村产权交易所内交易的是"建设用地指标"，而不是某一具体地块的建设用地，由此形成的交易价格，即第一次交易价格，代表的实际上是成都市范围内的"绝对地租"，其含义是：只要使用建设用地，就要向最劣土地所有者支付一笔费用，而这种土地必然是用途和产权受到限制的集体土地，这笔费用必然要由集体土地所有者——农民占有。需要说明的是，在交易所里进行的第一次指标竞价并不指向任何特定地块。

只有获得建设用地指标的需求者，才有资格参加针对特定地块的"招拍挂"，也就是第二阶段的竞价，成都市称之为"持证入场"。能够进入"招拍挂"的土地往往是位置较好、软硬件环境较优、在用途上已经确定并具有较好前景、所有权性质为国有的"熟地"，因为政府追求财政收益最大化，有动力率先对市场价值高的土地进行优先开发和拍卖。如前所述，由于国有建设用地和集体建设用地之间存在级差地租Ⅲ，因此，实际上，只要经过"增减挂钩"进行了土地所有制"变性"，国有土地地租就已经从名义上"剥离"了绝对地租，从而使得"招拍挂"土地价格所反映的实际上是级差地租的资本化价值。

既然两次交易价格分别代表的是绝对地租和级差地租的资本化价值，那么，两次交易之间的变化关系是什么样的？一般而言，由于两个价格代表了不同内涵，都是土地价值的有机组成部分，因此，随着土地需求的不断增长，我们可以预期，两个交易价格将呈现同方向变化关系。并且，从传导机制上看，是"招拍挂"价格（或集体建设用地出让价格）上升反过来拉动建设用地指标价格的上升。与成都模式相类似的重庆"地票"案例已经从事实上说明了这一点。

综上所述，通过土地整治和城乡建设用地"增减挂钩"政策，借助"两阶段"竞价模式，集体建设用地实现了向国有建设用地的"变性"，使得原本统一在某一地块上的绝对地租与级差地租实现了"时空分离"：产权交易所的建设用地指标交易体现为绝对地租的资本化价值，绝对地租不与特定地块相统一；国有土地"招拍挂"价格（集体建设用地出让价格）体现的是级差地租的资本化价值（批租制）、级差地租与特定地块相结合。

四　"两阶段"竞价模式的实际效应

上文从理论上阐释了成都土地交易模式，那么，这种模式将会带来哪些实际影响，它能在多大程度上改变政府过度占有土地财富价值的现实状况呢？

我们可以从积极影响与局限性两个方面全面评估成都土地交易模式的实践价值。基本结论是：成都的土地整治与交易模式在一定程度上优化了土地收益的分配关系，使得农民能够获取大部分绝对地租及部分级差地租；农民意愿也得到了更多尊重，改变了农民"被上楼"的格局。但是，这种模式并没有改变地方政府独享大部分土地增值收益的格局，没有从根本上抑制地方政府征地和扩大"土地财政"的激励，并可能会形成"远整治、近征地"的格局。

（一）土地确权具有里程碑意义

作为成都土地制度改革的基础性工作，成都市的土地确权可以视为改革开放以来继小岗村"大包干"的又一土地制度创新。"大包干"将土地的使用权下放给农户，但农村土地产权模糊的问题仍未根本解决，而成都确权则将"集体所有"的土地产权概念虚置，将土地实际使用权及处置权长久地赋予农民，配套以户籍制度改革和农民自由迁徙，从而使得土地逐步真正成为一种不以集体成员权为基础的私产。

（二）农民获得了大部分绝对地租和部分级差地租

按照成都的土地交易模式，农民将可以获得出售建设用地指标收入（15 万元/亩）的相当比例，大约为 10 万元/亩以上。这意味着在成都最偏远的地区，农民进行土地整理后也能获得可观的收入，相比其他地区和成都市过去几年的补偿和安置标准，这是一大进步。而对于那些可以出让集体建设用地的农民而言，他们还可以获得土地出让收入。

（三）农民自主性得到了很好调动

通过几年的土地制度改革，成都市已经积累的一定的经验，特别是越来越强调农民自主。尽管在过去几年乃至现在的土地整治中，成都也存在一些违背农民意愿和侵害农民权益的问题，但由于越来越强调尊重农民意愿，成都的情况要比其他地区好很多。特别是在新的土地交易模式下，农民将有机会根据自己的意愿、通过议事会等民主程序作出集体选择，这无疑是一个基层治理方面的进步。

（四）土地收益的空间配置发生改变

新的土地交易模式不仅改变了政府、农民、开发商等不同类型主体之间的收益分配关系，而且，使得不同空间区域的主体之间的分配关系也发生了改变。新的交易制度抹杀了不同区域（主城区、一线城圈、二线城圈之间，城镇地区与农村地区之间）建设用地指标之间的价值差异，由于远郊区县和农村地区的土地综合整治成本相对较低，农民的补偿要求较低，因此，会有更多的社会资本进入这些地区，优先在这些地区展开土地整治以形成建设用地指标。而在近城区和城镇地区，农民有更多资本，独立开发能力较强，因此，这些地区的农民更有可能通过集体建设用地直接入市的办法获取更多收益。

（五）政府征地与集体建设用地直接入市矛盾将日趋激烈

在肯定成都土地制度改革取得进步的同时，也必须清醒地看到，地方政府仍是土地收益的主要占有者，"经营土地""经营城市"的动机依然强烈。政府为了获得近城区和城镇地区的土地资源，会在购买建设用地指标后继续进行征地。于是，我们可以预期，在现有国有土地储备资源用完后，在土地级差收益较高的地区，将出现"征地＋招拍挂"与"集体建设用地直接入市"的博弈。

　　总之，我们在欣喜地看到成都市城乡统筹综合配套改革取得了一定成效、有可能对全国发挥示范带动作用的同时，也应清醒地意识到，成都的改革基础依然薄弱，土地确权能否得到国家层面的真正认可，如何更有效地保护农民的土地权益、农民如何更好地融入城市、如何分享经济发展成果，从而实现"包容性"增长，还有很多制度性难题需要破解。

中西部城镇化过程中
应妥善处理土地问题
—— 基于皖渝两地的调研分析

中西部地区在我国城镇化总体格局中的地位不断提高,而土地是中西部地区城镇化的关键。为了了解中西部地区在城镇化与土地关系方面遇到的问题及所做的探索,笔者参加了发改委中青年干部调研活动,在 2012 年 5～6 月前往安徽、重庆两个中西部省市进行考察,重点走访了安徽省阜阳市、重庆市涪陵区,并与安徽省发改委、重庆市发改委相关人员进行了座谈交流。通过调研,我们了解到,中西部地区在推进城镇化进程中解决土地问题的一些积极探索,很多探索具有制度创新意义,但也面临着城市扩张转用土地的压力,本文结合两地实践进行综合分析。

一 调研背景与意义

我国处于城镇化加快发展的关键期,城镇化是现在及未来很长一段时间经济社会发展的重要特征。国际经验表明,当城镇化率超过 30% 时,城镇化进入快速发展阶段,一直要持续到 70% 以后速度才会趋缓。未来 20 年,我国的城镇化率将超过 65%,到 2030 年将有超过 10 亿人在城市生产生活。健康的城镇化是中国保持强大发展动力的主要依托。

土地与城镇化之间存在着密切的关系,是城镇化进程的物质基础和承载空间。20 世纪 90 年代中后期以来,随着我国城镇化速度的加快,土地问题日益突出,城镇土地规模迅速扩张,耕地大幅度下降,土地资源配置与利用效率总体偏低;土地产权界限模糊,增值收益分配严重失衡,引发了大量社会矛盾,影响了社会稳定和百姓福祉。以土地扩张为特征的空间城镇化快于人口城镇化,这一特征对中国城镇化的健康发展产生了深远影响。有效解决城镇化与土地、城镇化与农民的关系问题,是城镇化健康发展的基本要求。

中西部地区城镇化在我国城镇化格局中的地位日益重要，产业内迁为中西部地区城镇化注入了强大动力。我国正处于经济结构调整的关键期，产业结构升级和空间布局的调整是现阶段的重要发展特征。在这个过程中，产业内迁是一个基本趋势。导致产业内迁的因素较多，如国家政策的支持引导，中西部地区软硬件环境的完善，劳动力和土地成本上升及供给短缺等，但更根本的原因还在于，先行发展的东部地区没有解决好城镇化与人口、土地之间的关系。

中西部地区走新型城镇化道路必须处理好土地问题。解决好土地问题是中西部地区推进城镇化的关键，中西部地区的城镇化要走科学发展道路，充分吸取东部地区城镇化发展模式的经验教训，避免走弯路，集约节约利用土地资源，实现土地城镇化与人口城镇化的协调推进。与东部沿海地区相比，中西部地区人口密度较低，土地资源较丰富。中西部地区在城镇化过程中，应该兼顾多个目标，考虑土地的多重属性和多种功能。

鉴于以上认识，本调研组将土地问题作为一个重要的内容，重点是以土地为中心探讨中西部地区在城镇化过程中如何解决好人与地、人与人的关系，理清思路，抓住问题，提出建议。

二　调研地区的一些做法和经验

安徽、重庆等调研地区在推进城镇化的进程中，围绕土地开发利用问题进行了积极探索，取得了初步成效。

（一）积极推进城乡建设用地存量挖潜，提高土地利用效率

近年来，中西部地区加大落实最严格的耕地保护制度和节约集约用地制度的力度，逐步提高建设用地利用效率。针对工业用地容积率低下[①]、农村居民点用地呈现"人减地增"等突出问题[②]，一些中西部地区通过挖掘城乡存量建设用地潜力，减缓新增建设用地增长。

由于集聚效应和规模效应，科学的城镇化理论上能促进土地集约节约利用。

---

① 我国工业用地容积率仅为 0.3 ~ 0.6，在一些乡镇工业园区只有 0.1。在这方面，日本是个很好的参照。1978 ~ 2010 年，中国按当年价格，GDP 总量增长将超过 100 倍，总量 5 万亿美元以上，这 32 年间，耕地净减少高达 1200 万公顷以上。日本在 1965 ~ 1995 年也有一个类似的高增长阶段，在此期间，日本经济总量增长了约 110 倍，总量也达到 5 万亿美元，但其净减少的耕地只有 103 万公顷，只是我们的 1/12。

② 据统计，1996 ~ 2008 年，农村居民减少 15%，而农村居民点用地增加 0.5%。

在安徽阜阳调研时，当地政府做了一个测算：城镇化率每提高 1 个百分点（约 7 万人进城），按城乡建设用地"增减挂钩"政策，可以节约 8.4 平方公里土地（1.26 万亩，用于城市开发或耕地）；"十二五"期间，按城镇化率每年提高 1.6 个百分点推算，可转移农村人口 56 万，节约土地近 70 平方公里（10.5 万亩）。

重庆市涪陵区注重加大城市内部土地的二次开发力度，推进"城中村""城中厂"改造，统一规划、协调推进，从市区集中迁出"城中村"和"城中厂"，通过城市内部挖潜获得城市建设用地 1 万多亩。同时，积极推行农村建设用地整理，对闲置农村宅基地、农村公共设施用地等进行复垦，通过"增减挂钩"获得新增建设用地，留足村集体发展空间后，进一步经过"地票交易"转化为城镇建设用地，有效促进了农村建设用地的节约利用。

（二）探索农村土地资本化实现途径，加快农村发展

城镇化"以城带乡"的重要特征之一是土地用途的非农化，如何在城镇化过程中，通过土地非农化实现相应增值，进而推动农村发展、农民增收，是亟待破解的重大问题。

在安徽调研时，我们参观了三王村，这是一个农民利用土地走上"自主城镇化"道路的早期案例。三王村的交通并不是很便利，也没有很好的工业发展基础，但借助土地整理形成的"第一桶金"，该村已经开始走上了自主工业化城镇化的道路。

2006 年，三王村被列入新农村试点，2007 年，在 9 个自然村合并的基础上，进行了集中的村庄综合整治。合并后的新三王村占地仅为 600 亩，节约建设用地指标 1600 亩。节约出的建设用地指标，有 1000 亩通过"增减挂钩"的形式转换为国有土地，被阜阳市利用；还有 600 亩被村里留作产业用地，用于招商引资。为了获得 1000 亩土地指标，阜阳市提供了 5000 万元资金作为土地开发费用，在短短两个月内就完成了 618 户拆迁工作，没有出现上访案例。

在产业发展方面，三王村主要抓了三方面工作：第一，在农业方面，引入了上海投资商，以土地流转形式进行农业规模开发，发展设施农业，条件是五年后这些设施无偿划归三王村；第二，在招商引资方面，三王村利用 600 亩建设用地优势引入了服装厂、粮库和药厂，解决了部分农民非农就业问题；第三，借助本地"杂技之乡"的传统特色，大力发展服务业，建设农村观光旅游基地。

在各级政府的支持下，三王村建设取得了一定成绩，2011 年农民人均纯收

入突破 7000 元，远高于阜阳市 5100 元的平均水平。通过土地资源开发，实现了从资源向资产和资本的转化，为农民自主实现城市化奠定了坚实基础。

（三）加快农村土地流转，推进农业规模化经营

近年来，大量青壮年农民涌入非农产业，种田农民平均年龄超过 50 岁，占农业户籍人口 60% 以上的新生代农民普遍缺乏从事农业生产的技能和意愿。

根据我们的调研，70 后、80 后和 90 后的青年农民基本上都丧失了种粮技能，这部分人已经占农业户籍劳动力总数的 60% 以上。特别是那些在城市出生或生活的 80 后、90 后外出农民工，很多已经不可能回到农村从事农业生产活动。我们在安徽和重庆调研时，与当地的新生代农民工进行了直接交流，几乎得到了一致的回答：已经不会种地，将来如果有条件的话，也希望过上城市生活，不希望回到农村。

我国农业未来的发展，必然会更多地依靠资本和技术下乡，实现规模化经营。我们在调研中了解到，一些中西部地区积极推进土地流转，为农业规模化经营奠定了基础。

例如，重庆市涪陵区以土地确权为基础，通过示范项目带动城市资源和民间资本下乡，累计流转土地近 50 万亩，土地规模经营集中度达到 32.8%，显著提高了农业生产效率。

在涪陵，我们参观考察了一个典型案例——金科现代农业园，这是重庆市统筹城乡综合试点单位，先后被认定为重庆市、涪陵区重点龙头企业、特大苗木基地。该园成立于 2007 年 10 月，位于重庆"1 小时城市圈"，发展定位是"大城市的后花园，休闲养生的理想地，微企发展的好平台"。经过几年发展，园区面积已经从最初的 200 多亩发展到现在的 1.9 万亩，累计投资达到 4.38 亿元。园区已形成了苗木花卉、水果、稻菇、嵩芋、金银花、乡村旅游等产业，2011 年实现营业收入 7000 多万元，园区提出到 2015 年要实现 3 亿元总产值的发展目标。

该园区的发展有利促进了当地经济发展和农民增收，其积极作用表现在以下几方面。

第一，实现了农业的规模化、专业化生产经营。针对园区内不同农业门类差异较大，经营管理风险较高的现实，该园区通过发展微型企业的方式鼓励农业资源向"能人"集中，通过低价转包给微型企业的形式促进园区的产业发展。目前，由公司提供注册资金建立的微型企业达到 51 家，流转了 8000 多亩土地。

第二，有效地解决了农民本地化就业问题。目前，园区安置常年务工农民 300 多人，季节性用工 800 多人。

第三，促进了农民持续稳定增收。几年来，当地农民工获得土地租金 4000 多万元，另外，帮助农民增收 6000 多万元。特别是微型企业的负责人更是获得了很大利益。在座谈中，微企带头农民向我们反映承包后收入显著增加，其中一个承包鱼塘的农民几年将可获利 60 万元以上。目前，园区又提出了到 2015 年区内农户人均收入翻一番的新发展目标。

第四，加快了新农村基础设施建设的步伐。园区已经修建了骨干道路 47.6 公里，生产便道 18.5 公里，排水灌区 2.8 公里，整治和修建水库、山坪、塘口和排灌系统。未来几年，园区还将继续加大建设力度，提出到 2015 年实现累计投资 38 亿元，完成 1.9 万亩都市田园的建设目标。

（四）维护农民土地权益，促进农民工市民化

农民工市民化是人口城镇化的突出矛盾。据统计，2011 年，我国常住人口城镇化率达 51.3%，但户籍人口城镇化率只有 34.5% 左右，17% 的差距主要源自广大"被城镇化"的农民工[1]。近年来，顺应产业内迁和农民工返乡潮趋势，中西部地区在推动农民工市民化方面采取了一系列有效措施。

2008 年 10 月，重庆市启动了全国最大规模的户籍制度改革，按照"分阶段推进、分群体实施、分区域布局"思路，重庆市在户改方面迈出了很大的一步，有力地推动了农民工市民化。重庆市采取的措施主要包括以下几方面。

第一，转户以就业为前提，凡在主城区工作 5 年以上、区县工作 3 年以上可自愿转户。

第二，对转户居民实行就业、养老、医疗、住房、教育等城镇保障和公共服务供给一步到位。

第三，保留转户居民在农村的各项福利，包括种粮直补、农资综合补贴、良种补贴、退耕还林补贴、征地补偿收益权等 9 项支农补贴，以及家电下乡补贴、农村生育政策、计生奖励扶助、购房契税减免等 26 项相关待遇。

第四，保障自愿退出宅基地、耕地的相关权益[2]。

---

[1] 根据国家统计局《2011 年我国农民工调查监测报告》显示，2011 年，全国农民工总量达到 25278 万人；其中，外出农民工 15863 万人。

[2] 2010 年 7 月，重庆启动户改，当时的口径是农民转户后给农民养老、医疗等五项保障，相应收回农民宅基地和承包地。实施到 9 月初，转户人数很少，不到 2 万人。9 月初，调整政策，进城落户也不用退地，此后转户农民猛增。

　　根据重庆市提供的资料，截至 2011 年年底，全市农转城人数达到 322 万人，整户转移 82 万户，平均每天转户 6387 人，基本实现了主城、区县城、乡镇"334"的人口分布格局，改变了城市对农民"经济性接纳、社会性排斥"的不良现象。在我们深入调研的涪陵区，户改以来累计有 13 万农村居民转户进城，占全市人口总数的比例超过 10%。

　　在重庆，通过户籍制度改革推进"人口城镇化"的过程中，土地扮演着重要角色。由于重庆市对农民进城后的土地权益采取了保障措施，打消了农民的后顾之忧，稳定了农民情绪，为顺利推进户籍制度改革创造了有利条件。更重要的在于，通过土地确权、建立土地交易所和开展"地票交易"，重庆市在土地相关收益分配方面进行了积极探索，取得了显著成效[①]。

　　首先，这种制度改变了过去仅仅依靠低价征地、对农民土地利益剥夺来获取城市建设用地的传统模式，而是让农民分享城镇化发展带来的土地增值收益。目前，在政府的适当调控下，地票价格也达到了 30 万元/亩以上。受此带动，重庆市的征地补偿标准也从全国平均的 3 万~5 万元提高到 25 万元以上。这意味着，除了土地整治的成本费用外，可供农民分享的土地利益大大增加。这就为农民进入城市提供了财富和保障基础。

　　其次，地票交易还改变了土地收益在不同空间区域农民之间的分配，促进了远郊区县的发展。由于远郊区县土地整理空间较大、成本较低，这些地区首先成为土地整理的主要基地，有力地提升了这些区域建设用地指标的价值，使得这些地区的农民也能更多地分享土地增值收益。这就为远郊区县加快城镇化奠定了经济和社会基础。

　　总之，重庆市户籍制度改革顺利推进的经验之一，就是注意保留转户居民在农村的各项权益尤其是土地权益，消除农民进城的后顾之忧。同时，通过土地确权和"地票交易"，使得农民能够分享城镇化带来的土地增值收益，增加农民进入并留居城市的资本。

　　中西部其他地区也高度重视空间城镇化与人口城镇化的关系问题。例如，在皖北"三化"协调发展示范区建设中，安徽省提出，建立和完善土地利用总体规划严格管控、动态评估与适时修订机制；开展城乡之间、地区之间人地挂钩政策试点，实行城镇建设用地增加规模与吸纳农村人口进入城市定居规模

---

① 所谓"地票"实际上是一种建设用地指标，是指包括农村宅基地及其附属设施用地、乡镇企业用地、农村公共设施和农村公益事业用地等农村集体建设用地，经过复垦并经过土地管理部门严格验收后所产生的指标。企业购得的地票，可以纳入新增建设用地计划，增加相同数量的城镇建设用地。

挂钩、城市化地区建设用地增加规模与吸纳外来人口进入城市定居规模挂钩。我们调研的阜阳市也提出，为了加快城镇化进程，使广大农民工能够享受到城镇各项福利，下一步要在推进农民工"带地进城"方面进行试点。

三　当前存在的突出问题

在看到中西部地区取得成绩的同时，我们在调研中也发现了一些突出问题，这些问题与中西部地区当前所处发展阶段有关，但更多是由于体制机制改革不到位等深层次原因所造成的。

（一）土地利用方式较为粗放

在很长一段时期内，一些地方受盲目追求 GDP 倾向和土地财政利益驱使，大量无序建设开发区和新城新区，土地利用粗放。一些地区脱离产业发展实际，大量规划设立工业园区，以优惠地价作为吸引投资的重要筹码，人为压低土地使用成本，致使工业用地粗放利用。新城新区建设标准过高，热衷于修建宽马路、大广场，浪费大量土地。

值得注意的是，为加快推进开发区和新城新区建设，一些地方不惜违规使用土地。据国土资源部统计，2011 年全国土地违法案件中，中西部地区占比高达八成，其中西部地区占五成，出现了土地违规由沿海向内地"梯级转移"的趋势。

从实际调研的情况来看，广大中西部地区还没有摆脱招商引资的传统发展思路，土地仍然是地方政府吸引企业、扩大投资、推进城镇化的重要手段。

（二）耕地保护形势依然严峻

近年来，国家加大了对中西部耕地保护任务较重地区和粮食主产区的政策倾斜，中西部一些地区也设立了耕地保护专项资金，初步遏制了耕地面积过快下降的趋势[①]，但中西部地区耕地保护总体形势依然不容乐观。

从土地需求总量来看，按目前土地开发利用模式，中西部地区城镇建设用地缺口较大，加大了未来耕地保护的难度。从土地开发结构看，尽管可以通过建设用地挖潜来提供新增建设用地，但由于难度大、成本高，城镇建设仍然偏向于占用周边耕地。从政策执行实际看，占补平衡政策执行中存在占多补少、占优补劣的问题，直接威胁到耕地数量和质量。

---

① 　我国人均耕地面积从 1996 年的 1. 59 亩下降到 2008 年的 1. 37 亩，不到世界水平的 40% 。

（三）规模经营存在"非粮化"现象

土地流转与规模经营在提高农业生产效率、带动农民增收的同时，也带来了"非粮化"的问题。

据统计，全国流转土地"非粮化"的比例接近50%，一些所谓"农业观光园"还违规从事建设永久性餐饮娱乐、休闲设施，导致非农建设用地扩张。调研中一些规模经营大户种粮的积极性较低，倾向于种植收益更高的经济作物。追求更高收益本身符合市场规律，但如果规模经营"非粮化"成为普遍现象，将对国家粮食安全造成巨大威胁。

例如，在调研的金科现代农业园，我们同样看到了"非粮化"的趋势。该园区还是以发展经济作物和养殖业为主。此外，我们在与涪陵市有关部门座谈和交流中，当地也提出，涪陵地处山区，耕地资源少，不适宜发展粮食作物，国家现行土地政策缺乏合理性，应该根据各地区的土地资源禀赋情况合理确定农业生产布局。

我们认为，这个问题的提出实际上反映了现有的土地政策缺乏统筹性，由于农业土地的经济效益较低、政策补贴激励不足，地方发展农业生产特别是粮食生产的积极性不高。今后，国家应该着力改变这种"种粮越多，吃亏越大"的不均衡利益格局，建立激励相容的政策体系。

（四）农民土地权益保护问题值得注意

在农用土地方面，这轮土地流转有相当一部分是地方政府为追求政绩而依靠行政力量推动的，这种行政推动可能导致违反农民意愿强制流转，并且由于租期一般都在10年以上，有些是以货币为标准的租金收入，有可能使农民失去因农产品价格相对上升带来的机会收益。

现行征地制度规定土地非农化的唯一合法渠道是国有征收，而由于农民不具备明晰的土地转让权，导致还价权和博弈权的缺失，土地征收基本成为政府的"独角戏"，农民土地利益难以得到完整实现和有效保护。从土地权益最终分配结果看，农民往往只能得到土地"招拍挂"价格的5%~10%。

近年来，一些中西部地区打着土地整理的旗号大拆大建，滥用行政权力强制征收农民土地，由此引发的大量纠纷已成为影响社会稳定的重大隐患。

四　政策建议

中西部地区在我国城镇化战略格局中的地位日益重要。从土地保障来看，中西部地区具有资源和价格双重优势。

例如，在安徽省，通过前些年全省范围的土地综合整治和跨区域的土地置换措施，地方也积累了一定的城市建设用地指标。并且，安徽省正在皖北建设"三化"协调发展示范区，其中一个重要的基础条件，就是皖北土地节约集约空间广阔。皖北地区农村人口多、村庄布局分散、人均宅基地面积较大，盘活农村土地资源的潜力较大。2012 年 5 月，安徽省委、省政府印发的《合作共建皖北现代产业园区实施方案》规定，今后 5 年，单列 7 个园区 6.25 万亩建设用地指标，这为招商引资创造了良好条件。

在价格方面，中西部地区的工业用地价格相对较低。例如，在安徽阜阳颍上的雅戈尔工厂，我们了解到，该投资项目是以 5 万元/亩的价格获得的土地指标，明显低于东部沿海的多数地区，目前，在东部地区，这一价格普遍在 15 万～20 万元以上。

但从长期看，中西部地区应该加大土地保护力度，促进土地资源的集约节约利用。而根本解决城镇化进程中出现的土地问题，还是要依靠土地制度改革。要从提高土地生产要素使用效率的角度完善市场交易和监管机制，加快构建城乡统一的土地市场，促进土地资源合理流动与有效配置；从保护农民合理土地权益的角度改革征地制度，缩小征地范围，提高征地补偿标准，提高土地收益分配的协商与监督透明度；从维护国家粮食安全的角度建立起耕地保护激励机制，加大对耕地保护补偿和种粮补贴力度。

从当前来看，国家应紧密结合中西部地区实际，加大指导和支持力度，妥善解决土地开发利用中存在的突出问题，为推进城镇化可持续发展奠定坚实基础。

一是加强土地统筹规划，推进土地有序开发、高效利用。进一步细化落实《全国主体功能区规划》要求，实施差别化的财政、土地、投资、产业、人口、绩效考评政策，引导规范中西部地区土地资源的有序开发①。加快推进工业用地年租和弹性出让等制度探索②，提高土地资源使用效率。加强对新农村社区试点的指导和支持，及时出台总体规划和指导意见，对新农村社区配套设施建设给予必要补贴，推进农村建设用地的集约利用。

二是严格耕地保护，切实保障国家粮食安全。着力改变"种粮越多，吃亏越大"的不均衡利益格局，建立激励相容的政策体系，加大对种粮者的转移支

---

① 《全国主体功能区规划》确定了"9 + 1"的政策体系。"9"是财政、投资、产业、土地、农业、人口、民族、环境、应对气候变化等政策；"1"是绩效评价考核。

② 2010 年 8 月 31 日，国务院印发了《国务院关于中西部地区承接产业转移的指导意见》（国发〔2010〕28 号），在土地政策方面，强调要优先安排产业园区建设用地指标，探索工业用地弹性出让和年租制度等。

付力度，通过政府担保等方式引导金融机构加大对土地规模经营的资金支持，鼓励生物育种、秸秆利用等方面的研发投入，落实粮食收购最低保护价格政策，努力缩小种粮与种植经济作物之间的收益差别。完善现有粮食直补政策，从补贴土地承包经营权所有者，转变为补贴实际种粮者。

三是推动集体建设用地有序流转，大力促进农村发展。加快研究推进农村集体建设用地入市和资本化问题，赋予中西部地区更大的先行先试权，以建立国有和集体两种土地"同地、同权"的制度框架。在保证农民作为土地流转主体的前提下，通过增加"集体建设用地开发税"等地方税种，给予一定的建设用地指标优惠等形式，充分调动地方政府的积极性。

四是维护农民土地权益，扎实推进人口城镇化。以维护农民正当土地权益为指导，加快提出我国土地制度改革的系统性方案，特别是要确定土地收益分配原则和比例关系，为地方土地制度改革提供依据。鼓励中西部地区通过合理的制度安排尽可能保留进城农民在农村的各项福利，分享土地增值收益，提高农民进城的积极性。同时，建立城市土地扩张与人口增加的协调、监督与考核机制，实现土地城镇化与人口城镇化的同步推进。

集体建设用地整治开发中的
民主、法治与产权问题
——H省Y县农房强制拆迁案例调研

我国现在实行的是城乡二元土地制度。在工业化和城镇化过程中，绝大多数地区是通过征地制度实现集体土地向国有土地"变性"的。一旦实现了土地制度转换，土地便身价倍增。在国有土地的市场价值与按原用途补偿的低征地成本之间形成了巨额的利润空间，这诱使地方政府、村集体与开发商联合，以各种名目大搞土地开发和征地，征地补偿标准较低、征地过程缺乏民主性和透明性，引发了一系列冲突和恶性案件。

为了解我国基层土地制度改革的真实内幕，2010年8~9月，笔者多次前往H省Y县S村，深入了解一则强制拆迁案例的前因后果。通过调研发现，该案例具有典型性，通过该案例的研究，我们可以找出我国基层土地制度改革的一些突出问题，更加深刻地认识到从全局角度引导和规范各地土地改革的必要性，如果改革不重新回归维护农民利益的轨道上来，必将引发更多社会矛盾、损害政府形象、危及长治久安。

一　强制拆迁恶性案件的发生

在调研中笔者了解到：2010年8月3日凌晨一点钟左右，数十人手持棍棒等器械，开着三台铲车对Y县城关S村村民R的两处住房实施了暴力拆除，将院墙、房屋全部推倒，屋中家具、电器以及车棚中的两辆摩托车和工程机械尽数毁坏，所幸当时无人居住，未造成人员伤亡。

闻讯后R家人及时报警，民警赶到现场后发现人数众多，又向上级请求增援，后增援民警赶到，数十名强制拆迁者趁乱逃离，混乱中一辆铲车开走，民警将仍正在实施拆除的铲车司机当场抓获，现场扣留两辆铲车。据附近村民反映，在拆除过程中各个胡同中都有手持棍棒的强制拆迁人员威胁并阻止村民走出胡同。整个事件由 Y 镇政府和 S 村有关领导直接指挥，据村民反映，现场指挥人员包括 Y 镇政法委书记、村支书的弟弟、副村长及一名村委会成员。

　　事情并没有结束，2010 年 8 月 4 日，村支书的弟弟以查看铲车状况为名，带领人到拆迁现场寻衅滋事，对 R 家人进行殴打，并且砸坏取证用的数码照相机，造成 R 家人左手中指被咬破，左耳听力下降。

二　对强制拆迁事件的深入分析

　　这一事件的发生有着特殊的背景和原因。Y 镇是 Y 县城所在地，而 S 村则位于县城西部城区的核心地带。近年来，随着城镇化过程的发展，县城在快速扩张，于是开发商便看到了 S 村所具有的商业价值，纷纷联合村集体搞商业开发。

（一）历史上存在农用地开发收益分配不公问题

　　据了解，最早被列入开发计划的是农用地，主要进行商业地产开发、物流储备仓库开发和其他商业性开发。

　　虽然耕地最初也涉及部分农民的吃饭问题，但在当时农业税没有取消的情况下，农民种地收益很低，这使得 200 元/亩/年的补偿具有了一定的合理性。并且，对于一个"城中村"来说，农业收入本身已经下降到很低比例，而农民外出打工收入、副业收入和经商收入占比已经很高，所以，在农用地开发过程中，遇到的反对阻力并不是很大。

　　但经过几轮开发，目前，S 村耕地已经被占去了大半，农民的口粮田已经很少，形成了一批失地农民。而根据当地农民反映，村集体对农民的补偿仅为 200 元/亩/年，并没有随着物价上涨和土地升值而进行合理调整。更为重要的是，土地开发所形成的增值收益分配与使用情况并未向村民公示，农民也从未从集体那里获得应有收益。

　　例如，根据村民反映，近年来，在村委会及村支书的主持下，S 村将 600 亩左右土地进行商业开发，这些重大决策均未通过民主程序咨询村民意见，而由此形成的收入去向不明，账目不清，存在着重大违纪嫌疑。

（二）集体建设用地开发过程的严重违规违纪

　　随着农用地被开发殆尽，S 村的商业开发便转向了农村集体建设用地。不同于耕地，集体建设用地开发涉及农民的切身利益和长远发展，对农民的安身立命更为关切，肯定会遇到的阻力。拆迁阻力的大小还在很大程度上取决于拆迁的补偿标准以及制定标准过程的透明度、民主性。恰恰是在这些方面，S村的拆迁工作存在重大缺陷。

1. 民主性与透明度缺失

在民主性和透明度方面，自S村开始"城中村"改造以来，村委会并未按照有关程序召开村民会议商讨拆迁补偿标准问题；在拆迁补偿标准出台后，村委会也未征求多数村民同意。

2. 补偿标准明显不合理

目前的拆迁补偿标准明显不合理，低于周围同类拆迁的补偿水平。根据周围村庄（如南关厢村、朱家坟村、一针宿舍区旧城改造）的标准测算，S村的补偿标准仅为当地平均补偿水平的50%以下。

3. 公权力的滥用

在镇委、镇政府的支持怂恿下，S村通过所谓发布各种"政府公文"来震慑村民。在前文所述的R案例中，村委会和Y镇先后发了五道通知或强拆令。其中，前两次通知是由S村村民委员会在2008年7月9日和7月17日发出的，中间两次通知是由"Y镇城中村改造领导小组"在2009年9月3日和9月6日发出的，最后一次是以"Y县人民政府城中村改造领导小组办公室"的名义下发的。综合镇、村两级组织发出的通知，笔者找出了以下两个突出问题：

（1）法律依据不当。在村、镇发出的通知中，都提到依据《中华人民共和国拆迁法》，在村发出的通知中还提到了《村民自制法》（实际想说的是《村民自治法》），而根据笔者了解，当时我国并未出台相关法律，此法纯属主观臆造，作为基层政权，可以如此践踏法律尊严，实在是与依法行政理念背道而驰。

（2）强制拆迁不合法。Y镇最后一次发出的是《行政强制拆迁通知书》，而根据《城市房屋拆迁管理条例》，我国的强制拆迁有两种形式，一是由法院实施的司法强制拆迁；二是行政强制拆迁，根据规定应经区、县房地局申请，由区、县人民政府责成区、县房地局和公安机关等有关部门实施强制拆迁；根据该条例第17条规定，实施强制拆迁前，拆迁人应当就被拆除房屋的有关事项，向公证机关办理证据保全。也就是说，镇政府根本无权单独实施强制拆迁。

（3）捏造县政府公文。在最后一次通告中，发文单位是"Y县人民政府城中村改造领导小组办公室",但值得怀疑的是,印章仍是"Y 镇城中村改造领导小组",而据内部了解,Y 县人民政府从未发过这样的通知,这个文件有作假的重大嫌疑。镇政府作为基层政权,如此大胆地捏造文件、欺骗群众,严重损害了政府诚信。

4. 运用恶性手段

在拆迁协议难以达成、拆迁进展缓慢的情况下,S 村在镇委、镇政府的有形和无形支持下,采取了种种恶劣手段、非法手段。总结起来主要包括以下几种。

(1)欺骗愚弄。往往是通过空许承诺的形式,骗取农户签字,然后,不承认自己的许诺。

(2)骚扰恐吓。在农户不同意签署协议的情况下,村委会往往会组织黑恶势力报复,如半夜砸玻璃、向院中投掷燃烧瓶、点燃村民院中的木材、打恐吓电话威胁人身安全等。

5. 实施非法强拆

在所有上述手段均未奏效的情况下,村委会便在镇政府的支持和授意下,在开发商的资助下,组织对村民房屋进行非法强拆。据村民 R 反映,村委会成员对未同意其拆迁条款的村民威胁说:"同意就签协议,不同意就把你家铲了。"

实践也证明,这位村委会成员的话也并非"空头支票",而是将其威胁言论付诸实践。实际上,早在 R 家被强拆之前,就有 1 户村民住宅被非法强拆的先例。

(三) 小结:土地暴利诱导下的非法强制拆迁

正是在上述背景下,在多重因素的共同作用下,才导致了我们开头所介绍的强拆案件的发生。对于村干部、镇级政权和开发商而言,强制拆迁似乎是解决问题的最有效、最强势的"重炮",是一劳永逸地解决问题的现实手段。但从社会角度和我国政权稳定的角度看,性质恶劣的非法强制拆迁恰恰是引发矛盾的诱因,是一系列恶性事件的起点,是危及国家政权稳定与社会和谐的重要因素,往往具有广泛的负面影响。

以本案为例,这次强制拆迁案件已经在县城引起了很大轰动;在 S 村,很多村民也表达了愤慨与不满,但由于担心得罪村干部和镇领导,村民往往是敢怒不敢言。这些压抑的情绪,埋下了"仇恨社会"的种子,如果遇到某些特殊事件作为导火索,都可能演化为大范围的群体性事件。

三　本案例所揭示的五大问题

本案件具有典型性，它揭示了我国经济发展与城镇化过程中的"效率与公平""民主与法治"问题。通过上述案件的剖析，我们可以看到在土地整理、征地、"城中村"改造等工作中普遍存在的几个突出问题。

（一）商业开发的拆迁补偿标准不明

对于"公益用途"的征地问题，国家有了一套完整的征地制度，但在城镇化过程中，符合"公共利益"标准的征收征用土地，只是城镇化用地的一小部分。对于商业性或介于"商业性"和"公益性"之间的土地开发活动，目前国家并未出台相关的补偿标准规定，具体补偿标准往往取决于由基层政府、村委会和开发商等构成的强势利益群和农民这一弱势利益群体之间的博弈。具体而言，拆迁补偿标准的确定取决于农民的维权意识、维权能力、村民自治机制、乡村两级领导的人格、开发进度与拆迁成本和收益的权衡等诸多因素。

在实践中，结果往往是强势群体剥夺弱势群体的"土地发展权"进行低价补偿。在本案中，我们看到不同村庄的几份协议说明，同样是 Y 镇所属乡村，不同村子的补偿标准相差甚大，S 村部分农户的补偿标准与最高水平的补偿标准相比相差 50% 以上，这反映了两类群体间的"势力"差距甚大。

（二）村民自治机制严重失衡

乡村治理问题一直是学界关注的热点，在集体所有制下，如何保证全体村民的利益最大化（类似于股东利益最大化），一直是一个难题。破解这一难题需要从三个方面出发：一是农民维权，二是村干部自律，三是基层政府监管。在农民弱势、村干部强势的情况下，要通过基层政府的外部监管来干预和纠正乡村治理结构的失衡，特别是要通过信息公开、提高透明度来实现"善治"。但现实中，乡村治理结构是完全扭曲的，基层政府往往缺乏独立性，经常与村委会联合在一起，直接充当村委会的"靠山"，甚至是直接指定村干部，使得村委会成为基层政府实现自我利益的重要工具，如图 1 所示。这种治理结构是导致集体土地整理与开发过程中出现各种乱象的重要体制根源。

例如，在本案中，农民的维权意识较弱、维权能力较差，而 S 村治理的特征是村支书的强势"能人统治"，并因镇级政权的支撑而得到了强化，因为后者

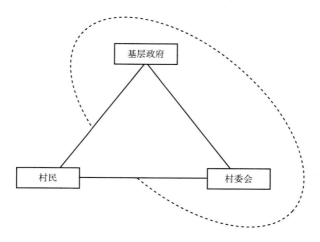

图 1 乡村治理结构三角形

想通过加快土地开发获得更好的政绩评价和某些特殊"物质利益"。所以,在这个乡村治理三角形中,基层政府和村委会是同一阵营,在其背后的利益联盟还有开发商。而本来就孤立、利益分散的村民则处于弱势地位。

(三)政府公权滥用问题突出

本案例所揭示的另一个问题,就是政府公权的滥用。十七届二中全会提出"到 2020 年建立起比较完善的中国特色社会主义行政管理体制"的总体目标,提出要建设服务政府、责任政府、法治政府和廉洁政府。但是,在很多地方,尤其是基层政府,上述改革精神并未得到落实。在土地整理与土地制度改革中,政府公共权力往往成为少数人或某些群体实现自我利益的手段,这导致政府在百姓心中的形象受到极大破坏,中央和地方的各项政策遭到严重曲解。

在本案中,镇政府至少存在四大公权滥用行为:

第一,打着"土地改革""城市整治"的名义,以土地属于集体所有为依据,以实现"公共利益"为口号,大搞商业性土地开发,这实际上是对国家政策的乱解读,实质目的是大肆攫取农民利益。

第二,捏造政府公文。这体现在两个方面:一是假借县政府名义发布文件;二是在强制拆迁通知中引用并不存在的《中华人民共和国拆迁法》作为依据。

第三,干扰司法公正。根据笔者调查,在公安机关和检察机关对参与强制推倒房屋的相关责任人进行调查的过程中,镇政府曾多次向这些部门施加压力、严重干扰了司法公正。

第四，实施非法强拆。在双方未达成任何协议，未经县级政府批准并履行相关手续的情况下，就授意和指挥村委会组织强制拆迁。这是公权对农民财产权的重大侵害。

（四）中小城市扩张中的土地开发缺乏有效管理

我国正处于城镇化的关键期，在城镇化战略方面，十六大就提出了大中小城市和小城镇协调发展。近年来，在大城市快速扩张、房价高涨的背景下，国家越来越重视农民向中小城市转移，加快中小城市的发展。2010 年的中央一号文件也提出，"深化户籍制度改革，加快落实放宽中小城市、小城镇，特别是县城和中心镇落户条件的政策，促进符合条件的农业转移人口在城镇落户并享有与当地城镇居民同等的权益"。

在资本充足、土地竞争激烈的大城市，我国已经建立了以土地储备和"招拍挂"为特征、比较规范的土地开发与出让制度。但在资本相对短缺的广大中小城市（特别是小城市），普遍没有建立比较规范的土地出让制度。一般模式是先有开发商介入，然后才有集体土地整理和土地"变性"，在土地整理后无须储备、未经公开拍卖就直接进入商业开发。这种开发商主导的城镇建设模式，解决了资金短缺问题，能够在短期内改变城市面貌，凸显官员政绩。但这也导致了开发商直接介入土地整理和房屋拆迁这样的公权行使过程，形成了错综复杂的利益链，滋生了腐败，引发了社会矛盾。

在本案例中，据我们调查了解，S 村项目背后的开发商是 L 的一家房地产公司，该公司按照土地面积承诺给镇政府一定"出让"费用（大概是一亩 100多万），然后，开发商和镇政府再和 S 村领导协商，按土地面积给予村里一定的拆迁安置费用。在这个过程中，镇政府和村干部都存在"截留资金"的嫌疑。为了加快土地整理，开发商还直接介入了拆迁过程，负责强制拆迁人员的报酬就是开发商支付的，推土机也是开发商租用的。如何在加快中小城市建设过程中规范土地管理，是今后必须努力攻克的难题。

（五）土地及相关法律体系明显残缺

目前，我国只有《城市房屋拆迁管理条例》（国务院 2001 年 6 月 13 日颁布），但该法规第 2 条规定"在城市规划区内国有土地上实施房屋拆迁，并需要对被拆迁人补偿、安置的，适用本条例"。也就是说，该条例并不适用集体建设用地的拆迁。而随着城市的扩张，将会涉及越来越多的集体建设用地上的农房拆迁问题，缺乏法律的规范，将是影响这一问题稳妥规范推进的主要障碍。

四 推进土地制度改革需要一个坚实的整体框架

通过本案例的分析我们可以发现，出现这种非法强制拆迁的闹剧，是多种因素共同作用的结果，其中一个重要政策因素就是我国土地制度改革的方向不明、框架不清。

（一）城镇化趋势下的土地矛盾日益突出

我国正处于工业化和城镇化加快发展的扩张期，在这一时期，对建设用地的需求会非常强烈。而在现行城乡二元土地制度下，建设用地的需求基本上必须通过集体土地向国有土地的"变性"来实现，对此，各地的普遍做法是剥夺农民权益。对于所谓"公益性用地"，按原用途价值或成本价格对集体土地进行补偿，对于商业性开发，往往也打着"公共利益"旗号尽量以低价补偿。由于这种利益分配的失衡，随着农民维权意识的提高和生活压力的增大，按这种模式继续推进改革的难度会越来越大，所引发的类似于本案例的社会矛盾会日益激化和显性化，城镇化过程的土地难题将越来越难以破解。

（二）新的土地制度框架应关注农民利益

改革开放以来，我国的土地制度一直在进行"量变"性质的改革，各地也进行了一系列制度探索。但是，以往的改革（包括《土地管理法》的几次修改）都没有冲出"效率绝对优先"的框架，并且关注的往往是短期效率。在城乡差距拉大、收入分配失衡的背景下，继续按照这一思路推进土地制度改革，必将引发社会不稳定，并危及经济长期增长的后劲。因此，未来的土地制度改革，应该站在推进城镇化、实现城乡一体化的高度上，以维护农民权益为宗旨，以实现长期效率和社会公平为目标，协调推进各项配套改革。实际上，在本案例中，除了基于住宅补偿和部分现金补偿外，包括社会保障、行政体制等在内的各项配套改革并未涉及。

（三）尽快出台规范各地土地整理与土地改革的相关规定

在城乡建设用地"增减挂钩"政策指引下，全国各地掀起了大范围的土地整理热潮。农村土地，尤其是农村集体建设用地，成为土地整理的主要对象。

为了尽快实现所谓 GDP 效益和"政绩效应",各地在土地整理方面采取的措施可谓"八仙过海,各显其能"(如同本案例那样),很多地方在推进土地改革方面存在着依据不充分、过程不规范、结果不合理的问题。因此,在"十二五"期间,国家应该加大规范建设用地"增减挂钩"、土地整理和土地改革的工作力度,争取在"十二五"前半期提出有科学指导意义的全国性规定。

小岗村的三个转型与
集体土地制度困境

中国的改革始于农村，农村改革起源于小岗村，安徽省凤阳县小岗村是农村联产承包责任制的发源地。2010 年 11 月 3 日，笔者前往小岗村进行实地调研。通过调研发现了小岗村的一些新变化，特别是在城镇化和工业化加快发展的背景下，小岗村在发展模式和土地制度方面也发生了一些新的调整，同时也面临一些问题和挑战。

一 "大包干"解决了农民的温饱问题

我们通过考察"大包干纪念馆"了解到，以"大包干"命名的联产承包责任制有一个发展过程。早在"大包干"之前的 1977 年，小岗村就实行了"联产计酬"。1978 年，小岗村又推行了"借地度荒"，将一些荒废的土地重新整理，采取"谁耕种，谁所有"的措施，极大地调动了农民的生产积极性。1978 年，小岗村推行了"包干到组"，将 20 户分成 8 组，进行农业生产，但由于没能打破"大锅饭"的局限，最终仍以失败告终。1978 年 11 月 24 日，小岗村 18 个农民在一间茅草屋里签订了"秘密协议"，18 个村民在一份生死契约上按下了手印，正式实行包干到户。正是这样一份印了 18 个人手印的契约，改变了中国农村，也改变了中国的面貌。

1979 年 2 月 20 日，"大包干"正式实行。联产承包实行后第一年，小岗村发生了巨大变化。全队粮食总产 66500 千克，相当于 1955～1970 年粮食产量总和；油料总产 17500 千克，相当于过去 20 年产量的总和；人均收入 400 元，是 1978 年 22 元的 18 倍。

虽然经济上取得了巨大成就，但是这份土地承包责任书还是引起了社会的巨大反响。1979 年 3 月 15 日，《人民日报》刊发了题为"三级所有，队为基础应当稳定"的读者来信，对于小岗村的现象予以否定。关键时刻，时任安徽滁县地委书记的王郁昭当机立断，"当前正值春耕春播大忙季节，各种形式责任制一律稳定下来，不要变来变去，延误农时"。不久，王郁昭的做法得到了时任安徽省委第一书记的万里同志的认可，联产承包责任制的做法算是得到了省级层面的认可。终于，1980年邓小平同志在《关于农村政策问题》一文中对联产承包责任制作出了肯定的表态："农村政策放宽以后，一些适宜搞包产到户的地方搞了包产到户，效果很好，变化很快。……'凤阳花鼓'中唱的那个凤阳县。绝大多数搞了大包干，也是一年翻身、改变面貌，有的同志担心，这样搞会不会影响集体经济。我看这种担心是不必要的。"

从此之后，"小岗村精神"所创立的联产承包责任制在全国推广开来，极大地解放了生产力，改变了农业的生产经营形式，成为我国30年经济高速发展的重要制度基础。

二 "沈浩效应"下小岗村的再次跨越

联产承包责任制的推行使得小岗村摆脱了贫困落后的局面，解决了温饱问题。但"大包干"归根到底还是一种小农经济形式，20世纪80年代以来，小岗村一直延续着这样的发展模式，而没有像江苏的华西村和永联村、北京的郑各庄那样，通过村企合一的自我发展道路实现了由传统农业经济向现代工业和服务业经济、由落后农村向新型城镇的转变。

进入21世纪后，特别是2004年沈浩任小岗村书记以来，在国家和地方各种优惠政策的助力下，小岗村的发展模式开始转变。

2004年2月，时为省财政厅干部的沈浩积极响应省委号召，作为全省第二批选派到农村任职的干部来到凤阳县小岗村，任小溪河镇党委副书记，小岗村党委第一书记、村委会主任等职。沈浩为小岗村的发展作出了很大贡献，根据对沈浩纪念馆的考察，我们将他在经济社会发展方面的贡献总结为以下几个方面：

第一，推动了小岗村村民的意识转变。沈浩来到小岗村后，将新的发展观念注入了小岗村，他还亲自带领村民到华西村等先进农村考察，开阔村民眼界，提升了村民的观念认识。

第二，完善了小岗村的基础设施。沈浩积极争取各种优惠资金来改变小岗村的基本面貌，带领村民自己动手修建了"友谊大道"，进行了旧村改造。

第三，积极开展对外招商引资。在缺乏自身发展动能、资金短缺的背景下，招商引资是改变贫困落后局面的唯一途径。沈浩首先引入了外部资金，投资建立了小岗面业公司，从事面粉加工。后来，他又引入了美国 GLG（跨国公司）在小岗村投资建立了高科技产业园，主要从事农产品深加工，为村里带来了 6 亿元的收入。此外，在他任职期间，天津宝迪（10 万头原种猪场项目）、从玉投资（农业综合开发项目）等公司也先后在小岗村落户。通过引入外来资金，小岗村实现了土地流转和规模经营，改变了传统农业经济的发展格局，推动了工业经济的发展。

第四，积极发展第三产业。借助小岗村的独特优势，通过争取各种资金支持，沈浩带头建设了"大包干纪念馆"，创立了大学生创业示范基地，积极发展红色旅游，小岗村也被国家确定为 4A 级旅游景区。此外，为了完善旅游配套功能，沈浩还鼓励村民开办农家乐和各种商店，增加了农民的非农收入。

第五，模范事迹产生了广泛的积极影响。2009 年 11 月 6 日，沈浩因积劳成疾、心脏病猝发去世。此后，沈浩的先进事迹在全国范围内宣讲，一时间感动了很多人，沈浩同志也被中央电视台评为 2009 年"感动中国"十大人物。这同时也是对小岗村的积极宣传，无形中扩大了小岗村的知名度，"小岗村"三个字实际上已经成为一个知名品牌。此外，在沈浩事迹感召下，各种政策优惠也纷至沓来。

2009 年 12 月 20 日，中央领导到小岗村视察工作时指示，要把小岗村建设成 10 万人口的占地 10 平方公里的小岗中心区。围绕这一指示，小岗村目前委托高层机构制定新的村镇规划，初步规划了四个功能区：2 平方公里的核心区，主要发挥居住、会务、旅游、金融等功能；西部和南部为现代农业种植区；北部 10 平方公里新审批下来的省级工业园区，以小岗村的品牌对外进行招商引资；307 国道以北为工业物流区。

总之，以沈浩任小岗村书记为分水岭，小岗村进入了新的发展阶段，反映在数字上：农民人均纯收入由 2003 年的 2300 元/人，增长到 2006 年 5000 元/人，再攀升到 2009 年的 6600 元/人。

三　小岗村的转型及其启示意义

从上面的分析可以看出，小岗村正在向现代化的新阶段迈进，小岗村的发展道路虽然有其特殊性，但它也折射出了中国农村的一些普遍特征，特别在土地制度方面，与全国很多农村地区一样，小岗村也在顺着"国进集退"的趋势发展。

（一）新形势下小岗村的"三个转型"

我们通过考察小岗村的发展历程，将小岗村的新发展变化总结为"三个转型"。

1. 经济结构转型：从传统小农经济向现代规模化经济的转型

实行"大包干"以来，小岗村长期实行的是各户单干的小农经济。近年来，随着外力资本的进入，小岗村也通过土地流转的形式实现了规模化经营。在调研中，我们看到，大片的农田已经从农户流转到公司，公司对田地的基础设施进行了改造，安装了浇灌设施，所谓的"现代农业"模式正在小岗村快速发展，相当一部分农民逐渐变身成为农业工人。更重要的在于，非农产业获得了快速发展，特别是随着新的发展规划的实施，小岗村将逐步进入工业化发展时期。

2. 社会结构转型：从传统的农村社区向综合性的城镇社区转型

根据凤阳县的发展规划，小岗村将建设成为一个 10 万人口以上的新型城镇社区，小岗新区将成为凤阳县的另一个率先实现城镇化的发展极。随着这一规划在"十二五"时期的实施，小岗村的社会结构与村民生活方式都会发生根本性转变，一个融合了多种文化、吸纳了外来人口的新型社区将会逐步呈现于世人面前。

3. 发展动力转型：从自我发展的封闭体系向引入外力的开放体系转型

小岗村的最大贡献来自"大包干"这种制度创新，是在"穷则思变"条件下的一种自我发展，最终引入的是一种以"保证国家的、留足集体的、剩下全是自己的"为特征的小农经济方式，它改变的是内部激励机制，变革后的小岗村仍是一个相对封闭的体系，只是随着我国市场经济的发展而相对缓慢地调整。并且，在改革开放后的很长一段时期内，针对小岗村的特殊优惠政策也不十分突出。但近年来，随着"三农"问题的凸显，国家对小岗村的重视程度迅速提升。小岗村享受到了各种特殊政策照顾，成为一个汇流政策优惠的"洼地"。特别是小岗村通过集体建设用地整理形成的 200 多亩建设用地指标已经拿到县里去拍卖，由此形成的 1 亿多土地出让金将全部返还给小岗村。更重要的在于，随着外来资金的大举进入，随着安徽省派优秀干部和各类人才的持续引入，随着新发展规划的组织落实，小岗村的发展将日益呈现开放特征。

（二）在土地利用方面的发现与思考

在土地利用方面，除了上面提出的我们有几个发现与思考。

1. 集体建设用地的粗放利用

小岗村现有约 1000 户农民，共计约 4000 人①。小岗村现有 19000 多亩土地，其中 8000 多亩为基本农田。农民宅基地共有 2073 亩，户均占地超过 2 亩。根据小岗村副书记金乔的估算，若将整村的标准限定在容积率为 1.1，则约有 400 多亩土地可供现有居民居住，这样就可以有 1600～1700 亩土地置换出来作为建设用地。由此可见，在依靠土地制度改革"扬名天下"的小岗村，集体建设用地存在严重的粗放利用。

2. 集体所有土地的"先天缺陷"

在调研过程中，小岗村干部介绍说，由于集体性质的建设用地在产权上受到了限制，因此，无法发挥融资功能，这在很大程度上限制了招商引资工作，给投资企业带来多重障碍，因此，可以预期，今后在小岗村的土地上将有越来越多的地块插上国有的标签。调研中，我们发现，小岗村正在建设的"农村人才培训基地"项目的 200 亩土地已经变更为国有土地。另外，美国 GLG 公司投资的规模高达 502 亩的产业园区正在办理国有土地变更手续，征地费用约为 56000 元/亩（国家规定的最低标准），其中，28000 元为对农民的补偿②。

3. 违规用地与科学发展观的悖论

在调研中，我们还发现一个有意思的"悖论"。当年，沈浩书记为了加快推进小岗村的工业化进程，在招商引资过程中对土地采取了"先占用后补手续"的策略。例如，美国 GLG 科技园项目的 502 亩土地至今没有办理征地手续，而根据国家的规定，除乡镇企业（定义为村民自办企业）用地外，所有建设用地均应使用国有土地，因此，根据现行法律，当时引入的几个项目均为"土地违法行为"。而在沈浩书记去世后，沈浩同志的英雄事迹在全国宣讲，他招商引资的行为又被定性为符合科学发展观从而主流舆论广为宣传。如果将两个事件放到一起，我们便可以看到这样一种结论：劳模带头违反《土地管理法》，土地违法行为符合科学发展观。这种"合理但不合法""科学但不正当"的悖论，凸显了我国现行土地制度的深刻缺陷。

---

① 现在的小岗村由大严村、小严村和原来的小岗村合并而成。
② 据凤阳县发改委的同志介绍，其余的 28000 元会以"先征后返"形式返还给企业，这也是为了招商引资的需要。

自主城镇化模式的土地制度瓶颈

——北京昌平区郑各庄村集体建设用地使用制度调研

我国正处于城镇化的加快发展期，今后 20 年将以城镇化率每年提高 1 个百分点的速度向前推进。谁是城镇化过程的主导者？目前大致有两种模式，即政府主导和农民自主。

政府主导的城镇化是当前的主要模式。它是由政府统一规划、统一拆迁、统一建设，对农民进行统一安置，确认农民向居民身份的转变，给予农民部分或全部社会保障，并实现土地从国家所有向集体所有的"变性"，在这个过程中，政府往往获取了 50% 以上的土地收益。

农民自主的城镇化往往出现在发达地区，并需要一系列特定条件。在这种模式中，农民通过自我发展实现了脱贫致富，改善农民生产生活条件，为农民建立了社会保障，土地制度未发生"变性"，因此，农民集体往往能够获得土地增值的全部或大部分收益。

北京市昌平区北七家镇郑各庄村就是农民自主城镇化模式的典型代表。改革开放以来，经过 30 多年的发展，郑各庄村的面貌发生了翻天覆地的变化，被誉为"集体土地上长出的城市"。2010 年 10 月 14 日，笔者与民进中央课题组一起，赴郑各庄村进行调研。

通过调研发现，在经历了初期快速的自我扩张后，郑各庄村的发展现在同样面临着城乡二元土地制度的严重制约，本文将就此展开分析。

一 郑各庄走出了一条自主城市化的发展道路

北京市昌平区郑各庄村位于北京北五环和北六环之间，现有原住村民 576 户、1450 人，其中劳动年龄人口近 700 人。改革开放以来，特别是 20 世纪 90 年代后，郑各庄村通过自我发展取得了显著成就，乡村面貌发生了根本转变，探索出一条主动城市化的发展新路。

（一）郑各庄村的发展历程简介

改革开放后，郑各庄村并未成为最先崛起的代表性乡村（如华西村、南山村）。在整个 20 世纪 80 年代，郑各庄村民都没有成立一家成规模的企业。

进入 20 世纪 90 年代，郑各庄村的发展开始起步。1993 年村里成立了由个人出资（资本金 144 万元）、注册为集体企业的宏远机械施工公司，主要在村外从事建筑施工。1996 年组建北京宏福集团，企业产值达到 3000 万元，成为集机械化施工、建筑建材等于一体的宏福集团。为了实现村庄与企业共同发展，带动农民致富，郑各庄创立了以村为基础，以企业为经营主体的"村企合一"体制。

1999 年，宏福集团进行了产权制度改革，在新的股权结构中，村集体法人股占 67%、村委会参股 16%、自然人参股 17%。为了增强村民的投资意识，增加村民收入，近年成立的宏福建科和温都水城两家公司先后吸纳了村民股份，目前村民人均持有 7 万元的股份，每年的回报率不低于 15%。每年现金分红总额达到了 1500 多万元。

为了加快发展，实现产业兴村，2000 年郑各庄依据村域发展规划，依托宏福集团，建立宏福创业（工业）园。此后，在主动城市化战略的推动下，郑各庄村的各项产业获得了突飞猛进的发展，逐渐形成了以建筑为龙头，集文化旅游、科技工业、教育科研、文化创意及房地产开发于一体的可持续发展的产业链。

（1）建筑业不断发展，已成为最重要的支柱产业。经过 10 多年发展，宏福集团已发展成为集基础、建筑、市政、建材、设备租赁、装饰装修于一体的专业化联合体，参与首都机场、首都图书馆、鸟巢、水立方等项目的施工。

（2）文化旅游产业初具规模，温都水城已成为全国知名品牌。从 2003 年开始，郑各庄开发了以温都水城为主品牌的文化旅游产业，目前已建设了 4 家酒店（其中五星级酒店 1 家），形成了能同时接纳 5000 人会议、食宿和 5000 人娱乐的接待能力。先后举办了"红楼选秀""龙的传人"等大型活动。2009 年被评为国家 4A 级旅游景区和北京市著名商标。

（3）科技、教育、医疗、养老及文化创业产业初具规模。郑各庄村引进了北京邮电大学、中央戏剧学院、北京电影学院等大学与安贞医院合作建设拥有 800 张床位的新安贞医院。通过整合旅游、温泉养生和医疗资源，筹划建设从自助养老、护理养老到临终关怀的一条龙服务体系。

（二）郑各庄村的发展成就

2009 年与 1998 年对比，在以下经济社会指标上都发生了十分显著变化：

（1）村级总资产从 3600 万元增加到 50 亿元（并未考虑土地增值），提高了 137 倍。

（2）经济总收入从 3500 万元增加到 30 亿元，提高了 85 倍，预计 2009 年总产值将实现 50 亿元，可支配收入达到 5 亿元。

（3）上缴税金从 33 万元增加到 2.2 亿元，占北七家镇税收收入的 1/3 以上。

（4）人均现金收入从 3100 元提高到 35000 元，增长 10.2 倍。其中，人均土地租金收益超过 7000 元/年，人均股份收益超过 10000 元/年，其他则为工资收入。

（5）人均福利现金所得从 109 元增加到 5500 元，提高近 50 倍。

（6）人均居住面积从 23 平方米提高到 70 多平方米，增加 2 倍。

（7）劳动年龄人口受教育年限从不足 7 年，提高到 11.5 年，增加了 4 年半。郑各庄村的高中以下教育全部实行免费，子女大学教育也负责报销学费，并且对于在职教育、资格教育现在也给予报销。

（8）经过 10 多年发展，郑各庄已经发展成为一个成熟的城镇化社区。社区总人口从最初的 1350 人增加到 37000 人，增长了 26 倍；安置劳动就业从 600 人扩大到 9300 多人（其中，国外 2000 多人），增加了近 15 倍。

（9）农民生活方式发生了根本转变，生活水准在很多方面超过了城里人，例如，郑各庄实行了 24 小时温泉热水，实现了天然气、宽带网入户，引入了公交线路，建设了各类体育文化设施。

二 土地制度创新支撑郑各庄村快速发展

在郑各庄村发展的过程中，土地制度创新是一个关键因素。在土地制度利用方面，郑各庄村有几个基本特点：一是保持集体土地不"变性"，将土地增值收益留在农民集体内部；二是高度重视科学规划，以规划指导土地有序开发；三是积极维护农民土地权益，除了在宅基地整理和农民"上楼"方面给予农民合理补偿外，还尊重农民的"成员权"，以租金的形式每年给予农民固定的土地收益。

（一）规划指导土地整理与开发

郑各庄村主动城市化的构想最早形成于 1995 年。但在当时，土地资源配置不合理、资源浪费严重。

郑各庄村共有各类土地 4300 亩。由于历史原因，20 世纪 90 年代，郑各庄村民居散落，"空心村"问题十分突出。并且，改革开放后，农民收入有所增长，于是出现了农民"建房潮"，导致宅基地快速扩张，由此引发了各类纠纷。据统计，415 户人家占用宅基地 1050 亩，占全村土地总面积的 25%。此外，还有坑塘、低洼地（未利用地）600 多亩，耕地仅为 1600 亩（人均耕地不足 1.5 亩）。

从外部形势上看，随着北京市政建设的加快和市域范围的扩大，郑各庄村周边交通便利的几个村庄的土地被大面积开发后，失地农民依然居住在脏乱差的环境中，与周围的高楼别墅形成了强烈反差。

鉴于上述情况，郑各庄村选择了主动城市化的道路。郑各庄依据北京市总体规划，针对本村所处区位、自然资源特征、产业发展方向等要素，绘制出了《郑各庄村 21 世纪生态庄园规划》，将全村 4000 多亩地划分为生活居住、文化教育、科技产业、旅游休闲等四大板块。虽然在当时这个规划看起来超前，并遭到了种种质疑，但郑各庄村坚定地走科学发展的道路。一方面根据各方意见和建议调整和完善规划，另一方面，通过投资复垦置换方式，把本村农地划转为建设用地。经过 10 年的努力，2005 年，以《郑各庄 21 世纪生态庄园总体规划》为蓝本的《郑各庄片区控制性详细规划》获得北京市规划委批准，为指导郑各庄的长远发展提供了有力依据。

（二）充分尊重和保护农民的土地权益

在推进城镇化的过程中，郑各庄村高度重视维护农民利益。1999 年，其按照依法、自愿、有偿、规范的原则，推出"确权、确利、保收益"的土地流转机制。

在宅基地整理方面，旧村改造后，村民住宅用地仅为 250 亩，节约土地 800 亩，但人均住房面积却相当于改造前的 3 倍，不仅村民有了宽敞现代的住房，而且每户都拿出 1~2 套房子对外出租，平均每户年增收 2 万多元。

在旧城改造过程中，为了让农民买得起房，生活不受太大影响，郑各庄村采用了"六、三、一"的折抵上楼机制，即对原宅基地房屋及地上建筑物评估作价、搬迁上楼后，让 60% 的家庭富富有余，30% 的家庭基本持平，10% 的家庭稍有不足，确定楼房单价是 628 元/平方米。与此同时，郑各庄村还推出了内部经济适用房安置办法，给予困难户更加优惠的条件。

在其他土地收益方面，首先，郑各庄把耕地量化到每个农民，再引导农民在自愿的前提下，通过土地流转的方式将土地集中到村集体，并由村委会负责安排农民工作，保证其收入不降低。

村集体对集中的1600亩耕地逐步通过土地整理置换、缴纳土地复垦费等方法，调整为农村集体建设用地，建立了占地800亩的宏福创业园，委托宏福集团公司进行统一规划、统一建设、统一招商引进企业。

出租土地的价格为每亩每年5000～13000元，所有租金全部分配给农民，企业盈亏不影响农民土地收益（见图1）。

图1　郑各庄村土地整理关系示意图

（三）让农民全面分享土地发展权

除了通过地租获得部分固定化的土地收益外，郑各庄村还通过各种社会福利形式使得农民分享土地发展权。

目前郑各庄村的农民享有退休养老金、医保、农龄及工龄津贴，从幼儿园到大学毕业的全程教育补贴，水、暖、燃气等生活费用津贴以及粮油实物补助等诸多福利，基本消除了村民的后顾之忧，并实现了五个并轨：

（1）就业人员"五险"与国家劳动法的规定接轨。

（2）养老生活补贴与北京市城镇居民的最低生活保障金标准接轨。

（3）退休年龄与国家劳动法规定标准接轨。

（4）未享受到退休保障人员的退养生活补贴费与北京市城镇居民退养生活补贴费标准接轨。

（5）80岁以上老人的基本养老金与征地超转人员的月基本养老金标准接轨。

户籍问题也是农村城镇化的一个重要难题。郑各庄村一部分集体土地（如中央戏剧学院用地）转为国有后，一部分农民按政策成为"居民"，这部分居民享有了市民待遇，但同时也享有农民保障。对于没有条件转居的农民来说，却无缘享受市民待遇，这就出现了不平等待遇。为了解决这一矛盾，郑各庄通过村民自治、自筹资金方式推出农、居"双重"福利保障制度。为保障村民福利如期兑现，村委会还设立了福利保障部。

三　郑各庄发展面临土地制度瓶颈

郑各庄村先后经历了创业、发展、转型三个阶段，目前，正处于高速扩张期。郑各庄正在从传统的经营模式向资本输出、品牌输出和管理输出模式转变。按照郑各庄村的发展规划，到 2015 年各行业总产值要达到或超过 100 亿元，上缴税金不少于 10 亿元，农民人均纯收入突破 5 万元。

（一）200 万平方米建筑背负"非法"之名

由于郑各庄村在建设农民住房和产业用房的过程中，并未进行集体建设用地向国有土地的"变性"，因此，这些建筑普遍拿不到被市场认可的所谓"大产权"。200 万平方米的建筑已经完工并投入使用，但由于无法立项，往往只能背负"非法"建筑之名。

按照国家有关规定，建设用地必须使用国有土地，但乡镇企业用地除外。国家允许农民兴办的乡镇企业实际上是"乡镇工业"，但国家禁止农民利用集体建设用地兴办第三产业，特别是建设房地产项目。因此，郑各庄镇的酒店项目（包括五星级酒店）、商业项目（温度水城）和住宅（包括所谓"小产权房"）项目，都无法合法地立项。因此，严格地讲，郑各庄的很多建筑都属于"非法建筑物"。据黄福水书记介绍，近年来，郑各庄上交的各类所谓"违章"罚款总额高达 700 多万元①。

（二）抵押权缺失给企业生产经营带来难题

由于很多项目一提出时就属非法，并且集体土地不能抵押和对外流转，因此，企业在生产经营方面遭遇了诸多麻烦。郑各庄村书记黄福水举了一个例子：

---

① 一同前往的刘守英研究员（国务院发展研究中心农村部）介绍了乡镇企业建设用地规定的背景情况。20 世纪 80 年代中期，乡镇企业异军突起，为了支持乡镇企业发展，当时规定农民利用集体建设用地搞乡镇企业的，发给企业集体建设用地使用证。后来，国家又允许农民利用集体建设用地合股、租赁，各地掀起了利用集体建设用地招商引资的热潮，乡镇企业快速发展，在各地遍地开花。这导致乡镇企业使用的集体建设用地在 1997 年以前都快于国有建设用地。1997 年在修订《土地管理法》时，经过激烈争论，保留了一个"除外"，即允许农民自己利用集体建设用地发展乡镇企业。但由于农村缺乏企业家和资本，实际上在很多地区，农民实际上是租用土地给外来企业。此后，各地掀起了建设政府主导的工业园区热潮，农民自主招商引资的难度加大，由此导致乡镇企业用地量快速下降。

在他们承接了利比亚 30 亿元的建筑工程总承包合同后，对方支付了相当于 5 亿元人民币预付款，按照国际惯例，对方要求宏福集团提供银行保函，但银行要求办理保函需要提供抵押物。由于按照现行法律，集体土地及其附属建筑物都无法抵押，因此，宏福集团无法提供合法的抵押物。最后，在相关方面的协调下，才通过担保公司解决了这一问题，但企业为此耗费了大量人力和财力。

此外，由于集体土地（包括建设用地和农用地）不能抵押，全国很多乡镇企业在发展中遇到了类似的融资难题。郑各庄的各个建设项目同样遇到了银行贷款难题，只能通过自我积累和其他一些比较灵活的融资手段加以解决，这在一定程度上影响了企业的发展速度，提高了企业的融资成本。

（三）农村资本化道路走入死胡同

破解三农问题，除了我们大家常说的城镇化、工业化之外，资本化也是一条重要线索。

作为一个年产值超过 50 亿元的村企合一的实体，郑各庄村的发展当然也离不开资本市场，这也是黄福水设想的未来发展道路。但是，由于集体土地不能抵押、不能流转，建设在集体土地上的各类资产，也因为没有经正规立项而存在政策风险，从而得不到应有的价值认可。因此，虽然出生并且成长良好的企业资产，无法转化为社会资本，按照现行的道路走下去，郑各庄的资本化战略将难以实现。

面对有土地资源、有物质资产却无社会资本的尴尬局面，面对二元土地制度同地、不同权、不同价的难题，郑各庄村也不得不选择牺牲自己的合理利益，以求得合法之名。据介绍，郑各庄村下一步也准备从土地集体所有向国家所有"变性"，但土地收益却由农民长期分享。为此，郑各庄不仅要缴纳每亩 20 多万元的土地出让金，还要为农民变居民补交各类社保①。

四 启示与建议

通过对郑各庄的调研，课题组一方面惊叹于农民的创造力和自我发展能力，欣喜地看到了农民自主城市化所带来的各方面成果；另一方面，我们也在反思郑各庄模式的主要特征、优缺点和普适性。

---

① 与郑各庄不同，在广东南海，集体土地变性为国有土地后，土地出让金采取"先征后返"做法，这等于说农民集体可以在土地变性的同时，获取土地全部增值收益。

（一）自主城镇化需要什么样的条件

从郑各庄调研得到的一个重要启示是，农民也能成为加快推进、有序推进我国城镇化进程的重要力量，农民自主城镇化是未来我国城镇化的重要模式，绝不能"一刀切"地否定农民的创造力。

但是，我们也应该清醒地看到，自主城镇化需要一些特定条件。在城镇化问题上，提倡发挥农民的创造力，并不意味着国家可以放任不管。郑各庄之所以取得成功，要归因于以下几个方面：

（1）独特的区位优势。郑各庄地处北京五环到六环之间，随着城市的扩张，区位优势日益显现，这就为郑各庄发展商贸旅游业奠定了需求基础。此外，宏福集团作为北京土生土长的企业，在承接北京本地工程方面也具有较好的人脉基础，并且其发展赶上了北京的快速发展期（特别是奥运会等重大活动）。

（2）初始的资本积累。改革开放后，郑各庄人便走出村庄，进入市场，很快便淘来了"第一桶金"。早在1986年，时任生产大队长的黄福水带领村里十几个小青年组建了一个土方施工队，以借来的5万元钱做资本，走进了北京建筑市场，第一年就挣了50万元。1993年，施工队发出倡议，动员全村人集资入股，不到一周的时间，就收到144万元，购买了4辆运输车，成立了宏远机械施工公司，到1996年，固定资产达到3000多万元。初始的资本积累为郑各庄村后来的自主城镇化奠定了物质基础。

（3）卓越的领导者。郑各庄村之所以能够如此快速发展，有一个很重要的因素，就是它培养出了卓越的领导者黄福水。首先，黄福水是一位具有现代意识的企业家，他早已摆脱了农民企业家的狭隘、封闭和自满意识，而是以一种开放、进取的心态看待企业发展。其次，他知人善任，在企业发展到一定规模后，就引入各类人才，采取现代化的管理方式。再次，黄福水特别善于平衡集体内部，秉承"还利于民"的思想，使得郑各庄的发展更具包容性。最后，黄福水非常注意与外界的沟通联系，为郑各庄村的发展争取较为宽松的空间，使得郑各庄村可以享受多种"例外"待遇。

（4）科学的规划指导。人们对农民自主建设的一般印象是侵占耕地、私搭乱建、缺乏规划。郑各庄村恰恰是在科学规划方面走在了全国前列，为全国各地推进城镇化做了很好的示范。郑各庄的规划特别注重与北京市总体规划的衔接，特别注重超前性，注重通过政府认可的形式为自身发展提供合法依据。更重要的在于，由于村办企业的快速发展和资本的积累，郑各庄有能力按照规划进行各类投资，郑各庄的基础设施建设资金几乎都是自筹，没用过国家一分钱。

总之，通过自主城市化，郑各庄村民分享了几乎全部土地"变色"（改变用途）的增值收益，而在政府主导的城市化模式中，政府和开发商分享了绝大多数土地收益。但值得注意的是，郑各庄所具有的区位优势、人才优势、资本优势以及超前的规划意识并不是所有村庄都具备的。严格地说，中国大多数农村地区不具备这种条件，这意味着郑各庄式的自主城市化具有一定局限性，并不是可以不加限制地推而广之的普世模式。

（二）郑各庄模式遗留了哪些问题

郑各庄模式在取得成功的同时，我们也应该清醒地看到其存在的多种问题，其中一些问题可能会在将来变得日益凸显。总结起来，有以下两个问题值得重视：

第一，资本化问题仍未根本解决。如前所述，由于是在集体土地上进行的各类建设，由于集体土地这种资源无法进行抵押和对外流转，国家也禁止在集体土地上搞商业和住宅项目，由此导致建在集体土地上的资产缺乏合法身份，从而难以转化为资本。如果不能顺利转化为资本，企业的发展难免会受到限制，例如，在银行融资、企业上市融资等方面存在着一些矛盾和问题。

第二，新的产权不清晰问题出现。一般而言，人们对集体土地的产权不清晰问题已经形成共识，"三级所有，队为基础"的集体产权关系、"统分结合"的双层经营体制导致了产权模糊。在郑各庄模式中，农民按份获得了全部土地出租收益，可以说解决了原来的产权不清问题，特别是侵害农民合法权益问题。但新的产权模糊问题却出现了，主要体现在67%的集体法人股份和权益继承方面。宏福集团的现有股权结构是村集体法人股占67%、村委会参股16%，自然人参股17%。但是，"村集体法人"并不是一个稳定的实体，至今也未被相关法律正式界定为"法人"。尽管我国有关法律规定了村民自治与村委会议事规程，从而对农民集体的内部决策程序进行了约定，但实践中，村民自治机制往往很不健全，村委会操纵决策的问题屡见不鲜。另外，村集体的成员结构也不是稳定的，特别是考虑到代际更迭与人口变迁的因素，现有村民的各种权益能否继承，如何继承？特别是在郑各庄的资产通过土地"变性"、企业上市等途径顺利实现资本化之后，这个问题会日益凸显。

（三）如何实现二元土地"同地同权同价"

郑各庄村利用集体土地实现了自我发展，但面对二元土地制度的约束，在扩张和壮大的道路上遇到了各种无法逾越的困难，于是，目前该村也在筹划主动变"二元"为"一元"，通过象征性地履行征地手续、上缴一部分土地出让金，将本村土地"变性"为可以抵押、可以上市交易、具有资本属性的国有土地。

于是，人们不免要问，如果实现了二元土地"同地同权同价"，情况会怎么样？需要采取哪些配套措施①？

必须清楚的是，"同地同权同价"的核心是"同权"。那么，国有土地与集体土地究竟在哪些方面"不同权"呢？主要体现在抵押和流转两个方面，集体土地的可流转性决定了其市场价值，从而决定了抵押价值。试想，如果国有建设用地与集体建设用地实现了同权，也就是允许集体建设用地抵押和对外流转，这就改变了建设用地必须使用国有土地的既有格局，由此会带动建设用地供应量的大幅增加，抑制建设用土地价格（以及由此带动的房地产价格）的过快上升。并且，相当一部分农民集体会因此获益，全国会涌现出一批类似于郑各庄的自主城镇化的新农村。

在看到上述好处的同时，也应该看到一些矛盾和问题。如果允许集体建设用地直接入市，那么，每个村都成为一个建设用地供应主体，在这种情况下，如果缺乏严格科学的规划，无法实施有效的用途管制，那么，国家监管69万个乡村比监管1700多个县的难度要大得多。此外，如果按照郑各庄模式推进城镇化，那每个村都将成为一个经济开发主体，每个村都会竭力招商引资，这似乎与国家产业发展的园区化、土地利用集约化思路相悖，有可能走上"村村点火，户户冒烟"的老路。集体建设用地直接入市，肯定会形成对国有土地的冲击，由此导致政府土地出让金的减少，这需要财税体制、行政考核体制的配套改革措施。

还需要认识到，上述理想的结果需要一系列特定条件。例如，需要科学的规划指导，像郑各庄那样做到科学规划；需要良好的乡村治理机制，以保证土地增值收益能够公平地为广大农民分享；需要有力的交易机制和监管机制，以确保交易的公平性和用途管制的有效性。

此外，还需要考虑地区差异与区际公平。郑各庄村的自主城镇化之所以取得成功，一个重要原因就是位于北京城市扩张区域的独特优势。这些地区的土地具有较高市场价值（尽管存在政策风险），因此，很容易得到开发。与此对应的是，在那些中西部地区和偏远乡村，集体建设用地流转的难度则要大很多，由此形成的增值收益也低很多。需要指出的是，在看到郑各庄取得巨大成功的

---

① 尽管十七届三中全会提出了"城市规划圈以外"的集体建设用地可以先行进入市场，但至今这一工作也未取得实质性进展。

同时，也要看到成功的部分原因在于一些外在的条件，如北京城市的扩张。这些条件与该村人的努力无关，但这是形成集体土地增值的重要原因，在很多情况下，还是决定性的原因（如珠三角）。虽然不能用"增值归公"的思维考虑这些问题，但还是应该统筹考虑以土地解决全国的"三农"问题和城镇化问题，而不是坐视城乡差距、乡村之间差距的不断扩大。

鉴于上述分析，我们认为：第一，必须将维护农民权益作为破除城乡二元土地制度的基本立足点，无论何种改革方案，必须将农民利益摆在首位，只有这样，才能使我们经济发展和城镇化进程更具"包容性"。第二，集体建设用地并不是维护农民权益的唯一形式，但的确是一种重要形式，因此，应该考虑地区差异，根据当地情况推进城镇化和土地制度改革。第三，集体建设用地可以直接入市，但应建立公平透明的交易平台，并纳入政府的统筹规划，集体建设用地的开发必须服从区域空间规划。第四，必须着力改善乡村治理机制，将乡村治理作为集体建设用地能否直接入市的重要考量，并加强政府监管，以维护普通农民的正当利益，防止各种侵权行为和贪污腐败行为。第五，必须统筹全国的集体建设用地增值收益，设立统筹基金，解决农民城镇化后的社会保障对接问题。第六，土地制度改革是破解三农问题的核心，是一项系统工程，因此，必须将土地制度改革与耕地补偿机制的建立、行政考核机制改革、财税体制改革等结合起来。

土地制度改革的国际经验借鉴与启示

一 导论

我国正处于城镇化和工业化的加快发展期，在这一时期，土地供求矛盾尤为突出。近年来，围绕土地制度展开了激烈的争论，土地制度改革已成为当下最热门的议题之一。为了充分地吸取世界各国的经验教训，更好地辨别土地制度改革的方向，本文拟对各国土地制度及其历史演变进行初步分析（见图1）。

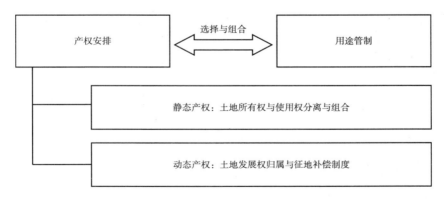

图1 本文内容框架示意图

本文将"土地制度"归结为两个基本内核（双核）：

一是土地制度的产权安排。它对不同主体所享有的权利作出法律意义上的正式规定或道德文化意义上的非正式规定。从历史和现实两个角度来看，土地产权可以分为静态产权和动态产权，其中前者着重从现状角度对各国的土地权利规定进行阐释；后者则着重在讨论土地发展权的基础上，分析土地权利调整的规则和征地制度。

二是用途管制。这是政府干预土地利用以解决外部性问题的主要手段，它最终具体化为各种城市功能区规划。

综上，本文主体包括三个部分，即静态产权、动态产权和用途管制，在总结部分，本文还将结合国际经验对我国的土地制度改革进行分析。

二　静态产权：土地所有权与使用权

（一）部分国家和地区土地所有制现状

一个国家采取什么样的所有制（或者说"所有制组合"）是由这个国家特殊的历史、政治、经济、文化等因素共同决定的。但有一点是共同的，那就是几乎每个国家都保有一定数量的国有（或称公有）土地，至于国有土地占比，在不同国家差异甚大。

例如，根据刘丽（2008）的研究，在世界各国中，法国是国有土地占比较低的国家，仅为8%，而我们一向认为私有化、自由化盛行的美国，国有土地占比高达47%，如图2所示。

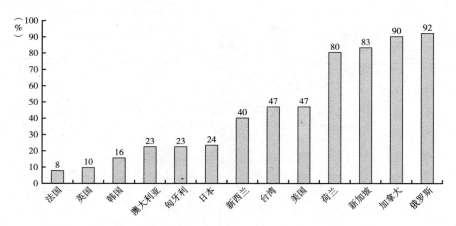

图2　世界主要经济体公有土地（中央和地方政府所有）占国土面积比例

资料来源：刘丽：《世界主要国家国有土地管理概述》，《国土资源情报》2008年第1期。

值得注意的是，虽然都是国有或公有，但其内涵因各国政治经济的差异而有所不同。例如，美国分为联邦、州和地方三级；加拿大则仅有联邦和省两级，但国家所有只是名义，大部分土地实质归私人所有；英国是皇家名义所有下的中央和地方政府两级所有（见表1）。

表1　部分国家的土地产权结构

国家	中央	省(州)	地方政府	私人或法人	其他
美国	联邦公共土地	州公共土地	市公共土地	私人或法人所有	印第安人保留地
英国	中央政府皇家土地	—	地方政府皇家土地	私人或法人所有	—
俄罗斯	联邦所有	联邦主体所有	市政所有	私人或法人所有	—
加拿大	联邦公有土地	省公有土地	—	私人或法人所有	印第安人保留地
新西兰	国家所有	—	—	私人或法人所有	毛利人所有

资料来源：刘丽：《世界主要国家国有土地管理概述》，《国土资源情报》2008 年第 1 期。

1. 发达经济体的土地所有制结构

（1）美国。

美国实行多元化土地所有制，其大部分土地为私人企业和个人所有。如图3 所示，美国的私有土地占58%；联邦政府的土地占31%，其中包括国家公园和联邦政府机关及派驻各州、郡、市机构的土地，军事用地等；州政府的土地

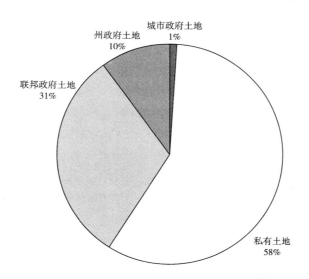

图3　美国的土地所有制构成

资料来源：孙利：《从美国的土地利用和管制分析中国土地管理存在的问题及对策》，《国土资源》2006 年第 4 期。

占10%，其中包括州立公园和州政府机关及派驻郡、市机构的土地；城市政府的土地约占1%，包括道路、公园和市政设施等公益用地（汪秀莲，1998；孙利，2006）①。

土地资产占美国联邦政府总财富的11.5%，占企业全部财富的18%，占私人财产总额的12%。美国联邦政府的国有土地的出售、租赁收入仅次于税收，是国家第二大财政来源。

（2）英国。

在英国，从法律上讲，全部土地都归英王所有②。英王将土地分给功臣和国民，由他们拥有"土地保有权"，因此，英国的土地国家所有只是一种名义上的规定，真正的土地权利为不同形式的土地保有权。土地保有权有两种形式（程金良，2008；史志强，2009）：

其一，"自由保有权"（freehold）。一般以契约或居住、耕作使用等形式为基础确定，在他人土地上居住或使用12年，土地视为使用者保有。自由保有权人永久持有这种土地，并可世代相传。自由保有权人能够随意处置土地，包括卖给他人持有。总之，在英国，自由保有权人（不论个人、社团、政府）所享有的权益实际等同于土地所有者。

其二，"租用保有权"（leasehold）。也称为有期限的土地保有权，它是有一定期限的地产权，大部分依协议而产生。租用保有权期限有125年、40年、20年、10年不等，在租赁期内，租赁合同所确定的土地权利和内容，不能随意更改，自由保有权人也不能随意干涉。期满，土地保有权将中止，租用保有权人需将土地交还给自由保有权人。

---

① 由于本文所引用的数据来自不同文献，因此，数据可能会有部分出入。

② 历史上1066年诺曼底人征服英国，建立新的英王王朝，推行封建领主制度。英王为唯一的土地所有者，将土地授予封建贵族或其他人，这些人是土地的持有人或租借人，必须相应地向英国尽这样那样的义务，作为获得土地持有权的条件。他们又可以将所持有的土地租出，并相应获得土地收益。这种土地制度像一座金字塔，除了位于塔尖的英王外，各层次的土地所有者、租用者，都没有土地所有权。每一个租借人都要对从其直接领来土地的封建主承担义务，都不能拥有土地本身，而只能根据自己的身份获得这样那样的土地权益。唯一拥有土地的是英王，这类似于我国上古西周时代的"普天之下，莫非王土"。天长日久，英王控制减弱，一些从英王领得土地的大贵族将土地实际归于己有，甚至卖给他人。在英格兰、威尔士，15世纪下半叶土地就可买卖。1660年，英王乔治三世又迫于压力，将宫廷直接掌管的大量土地移交给政府管理，土地及其上的房产仍然是皇家世袭的财产，成为皇家房地产。实际上其收益不再归皇室所得而归政府国库，交换条件是政府每年支付皇家成员俸禄，至今一直如此（程金良，2008）。

（3）澳大利亚。

澳大利亚是个幅员辽阔的国家，国土面积 760 万平方公里。早期，全部土地属于州政府所有，被称为皇室土地。自 1800 年开始，政府为了发展经济，增加收入，鼓励定居者开发土地，开始将土地私有化，逐渐形成了目前的土地所有权、使用权结构（侯利球、曹湘潭，2005）。

在土地所有制方面，澳大利亚主要包括公有制和私有制两大土地所有类型。联邦、州及市三级政府都拥有自己的土地，主要包括山川、河流、湖泊、森林、公园、足球场、医院、墓地、政府建筑用地等。目前，公有土地约占澳大利亚国土面积的 23%。在澳大利亚，多数土地为私人所有（freehold），私人土地可以自由买卖和租赁（窦红，2006）。

此外，澳大利亚各州公有土地的比例及分布状况不一，甚至各州内部不同地区的公有土地占比也差别甚大。如昆士兰州，公有土地占 89%，私有土地占 11%。在新南威尔士州，西部地区 98% 的土地为公有土地，东部和中部地区的土地仅 34% 为公有土地。而在澳大利亚的首都堪培拉，所有的土地皆为公有土地（汪秀莲，1998）[①]。

（4）日本。

日本是个土地资源高度短缺的国家，日本实行的是土地私有制为主的土地所有制度，在全国土地所有结构中，个人所有土地占 57%，法人所有土地占 8%，国家和地方公共团体所有的土地占 35%。其中，国家和地方公共团体占有的土地多为不能用于农业、工业或住宅的森林和原野。因此，在可以利用的土地中，私有土地占很高的比重（关谷俊作，2004；席雯、雅玲，2010）[②]。

（5）中国香港。

1997 年 7 月 1 日中国对香港恢复行使主权之前，香港为英国所统治，其全部土地俗称"官地"。中国恢复对香港行使主权之后，根据《中华人民共和国香港特别行政区基本法》，"香港特别行政区境内的土地和自然资源属于国家所有，由香港特别行政区政府管理、使用、开发、出租或批给个人、法人或

---

① 堪培拉原是荒凉的牧场，公有、私有土地都存在。当选定堪培拉作为首都后，政府为了更加合理地利用和管理首都的土地，将堪培拉所有的私有土地以征用的办法全部变为公有土地，然后统一进行规划、开发和管理。因此，堪培拉特区的土地所有制是单一的，全部公有，不存在私有土地。

② 据农林水产省《2007 食品、农业、农村白皮书》公布的数字，2005 年日本每家农户的平均耕地面积为 1.8 公顷/户，远远不及欧盟的 16 公顷/户，当然更不能同自然条件优越的美国的 178 公顷/户相比。而我国的户均耕地面积仅为 0.4 公顷。

团体使用或开发，其收入全归香港特别行政区政府支配"。因此，现在香港的全部土地名义上均属于"国家所有"。因此，在香港，使用权具有更强的现实意义。香港土地使用权制度的特征是"只租不买断"，除授予圣约翰大教堂永久业权外，其余仅授予一定年限的租业权，中国大陆现在的国有土地批租制，就学自香港。在香港土地出让方式包括拍卖、招标、私人协议和临时出租四种类型。

（6）中国台湾。

台湾地区实行的是"平均地权"的土地制度，在所有制结构上是公有制与私有制的混合。"农地农有、市地市有、富源地国有"是构成平均地权制度的三个支柱。"农地农有"，是指农地归农民所有，由农民耕种，耕作成果归农民所享。"市地市有"，是指城市土地属于市民公有，由城市政府部门（公法人）管理。由于征收私有土地手续烦琐、财政负担沉重，因此，除了公共建设（如公园、道路建设）所用的土地必须征用外，其他土地仍保持私有，政府通过土地税制实现"涨价归公"目标。但新建都市或者都市新城区应先收为国有，然后出租给土地需求者。"富源地国有"，是指"富源地属于全体国民所公有"，而由政府管理①。此外，台湾私有土地面积设置了最高额限制。

2. 发展中国家的土地所有制

（1）越南。

20世纪80年代，越南进行了土地制度改革，实行了"土地国家所有＋农户20年使用"，从此，集体所有制便不复存在。理论上讲，在20年之内，农民可以出租、抵押和买卖土地，也可以申请土地"农转非"后出让土地。到2013年，农民的20年土地使用权即将到期，目前，越南正在筹备修改《土地法》，总的方向是"土地国家所有，农民长期使用"，使用权将延长到50年（李昌平，2010）。

（2）巴西。

巴西是南美洲最大的国家，国土面积为854.7万平方公里，其中3.71亿公顷为可耕地，人均可耕地高达30亩；林地面积540万平方公里，占巴西国土面积的64%。与其他国家一样，巴西的土地所有制包括公有和私有两大类。公有土地又分为联邦、州和市三级所有，政府土地加上无主土地，占巴西土地

---

① 此外，台湾还建立了土地他项权制度，他项权包括地上权、永佃权、地役权、抵押权、典权、耕作权、租赁权七种。

总面积的 30%。私人占有分为本国人和外国人私人所有两类，约占巴西国土面积的 70%。

联邦政府所有的土地：对国家发展和安全至关重要的无主荒芜土地，跨州、国与国之间的边界河及延伸到外国领土的河流湖泊，大西洋岛屿或与其他国家交界的岛屿，大陆架，森林及目前属联邦的土地及领海。

州和地区所有的土地：州内的土地、湖泊，发源地和出海口都位于该州的河流、湖泊，该州内的岛屿、沼泽以及不属于联邦的无主荒芜土地。

私人所有的土地：城市连同地上附属物大部分属于私人所有；农村土地大部分属于大庄园主和地主所有，由于巴西人口集中分布在城市，所以巴西农场用地规模较大。60% 的农村土地掌握在不到 3% 的大地主手里（郭文华，2006）。

（3）俄罗斯。

1917 年 10 月～1990 年 10 月，俄罗斯在 70 多年的时间里不存在私有产权[①]。从 1990 年开始，俄罗斯开始了漫长的土地私有化进程。以新的《俄罗斯联邦土地法典》（2001 年 10 月 25 日颁布）、《农用土地流通法》（2002 年 6 月 26 日颁布）为标志，俄罗斯已经扫清了主要的制度障碍，土地私有化得以取得实质性进展，俄罗斯土地制度变革已经从所有为重心的私有化转向利用为中心的市场化。

但是，在俄罗斯土地制度转型中，土地私有化改革虽然结束了单一的土地国家所有制，确立了多种所有制并存的所有制结构，但是在多种所有制形式中，国家和市政所有制占据绝对优势，公民和法人所有制所占比例甚小，以 2004 年为例，前者为 92.4%，后者仅为 7.6%（Wegren，2009；李连祺，2008）[②]。

[①]　土地国有化始于 1917 年布尔什维克革命，经过 1929～1930 年强制集体化后，到 1930 年年末，98% 的农业用地由为数不多的集体农场和国家农场（共约 3 万个，其中国有农场使用土地占 58%，集体农庄占 40%）控制。然而，尽管集体化和国有化非常普遍，但个体农业仍在数百万小规模（少于 0.5 公顷）的以生活为目的的家庭土地上存留下来（Wegren，2009）。

[②]　俄罗斯的土地私有化首先是农用土地制度的变革，俄罗斯农地私有化采用平均分配"土地份额"而非实物土地的方式，公民得到的并不是土地而是土地股份——对国家所有形式的耕地的权利份额，而耕地仍由农业生产单位管理。划分到土地份额的公民需要交纳微薄的土地税，才能从政府的有关机构得到土地所有权证明。截至 2004 年年底，俄罗斯有 1190 万人成为土地股份的所有者，其中获得土地所有权证书的有 1090 万人，占总数的 91.6%，尚有 100 万人的土地份额没有得到所有权证明（Wegren，2009）。

（4）印度。

印度实行的是土地私有制。在印度，土地集中问题十分严重，虽然经过了长期的土地改革，并未得到很好解决。根据印度农业部《2004 年农业概览》，除去大量无地农民，在有地的农户中，80.3% 的农户只拥有 36% 的农地，另有 19.7% 的农户持有 64% 的土地（刘丽，2008）。

根据土地占有量不同，印度的农民可分为四类：拥有土地自己不耕种的农民、拥有少量土地自己耕种的农民、主要耕种别人土地的农民和农业短工。印度 50 年来持续不断地进行土地制度改革（以邦为单位），但这些土地改革并没有真正保证耕者有其田。虽然政府不断降低户均土地面积上限，但仍有很多家庭通过各种办法（如把土地分别登记在家庭不同成员名下）规避这一规定。目前，43% 的农户家庭不拥有土地或者拥有半英亩以下的土地，而完全没有土地的农户一直占 1/4 左右（盛荣，2006）。

（二）土地所有制变化趋势

世界各国的土地所有制结构并不是一成不变的，从趋势上看，以下变化值得我们特别注意。

1. 推动国有化

近年来，在一些发达市场经济国家，国有土地数有不断扩大的趋势。这些国家的中央政府发现，拥有一定数量的国有土地有利于调控土地市场，实现公共福利目标。例如，新加坡、荷兰、瑞典、韩国等国改革了国有土地一卖了之的政策，采取多种手段增加国有土地数量[①]。

早在 1904 年，瑞典就开始推行土地公共所有的政策，规定土地一旦被收购便永久成为公共所有土地，再不能出让给私人所有，1964 年斯德哥尔摩市已将 70% 的土地变为公有土地（刘丽，2008）。

在新加坡，为了公共利益的需要，政府从 1966 年开始加强对土地市场的控制，严格执行土地征收法，公共土地比例从 1960 年的 44% 增加到目前的 80% 以上，这一政策帮助政府降低了住宅提供成本，也增强了国家对都市开发的控制权（汪秀莲，1998；刘丽，2008）。

2. 强化使用权

除了从土地所有制结构上进行调整外，世界各国都逐步将土地权利调整的

---

① 当然，在 20 世纪 80 年代、90 年代自由化浪潮席卷全球之际，部分国家也开始推动土地私有化，如在英国，自 1979 年撒切尔夫人执政后，英国大力推行住房私有化，住房所在的土地相应由公有变为私有，政府直接控制土地比例随之呈下降趋势。

重心从名义的所有权归属（一级权利）转移到土地使用权（二级权利）上来，主要关注土地资源的利用效率与土地收益的公平分配。在世界范围内，各国普遍实行了所有权和使用权相分离的土地制度。一方面，各国出于提高效率的考虑推动土地使用权的合理流转与有效配置；另一方面，国家也对使用权施加了严格的限制，通过用途管制制度减少负外部性，改善社会公平（如防止土地过度兼并），保护农民利益（史志强，2009）。

例如，在英国，土地所有权制度的基本原则是"以利用定归属"，侧重保护土地使用者的权益，其目的是提高土地使用效率和经济效益，保护土地权益的次序为：租用保有权——自由保有权——土地所有权（见图4）。1985年颁布的《农业土地所有法案》，更倾向于保护土地租用者的权益，如向自由保有权人支付较低租金，保证土地租用者继续租用、使用土地的权利。虽然1995年议会通过了一个法案，加大了保护自由保有权人权益的力度，但只是纠正了一些过度保护土地租用权益的做法。

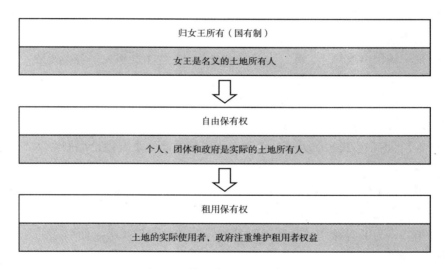

图 4　英国的土地权利体系

三　动态产权：土地发展权与征地补偿制度

20世纪之前，社会立法对土地权利关注的重心是静态土地权利设置与保护，进入20世纪，尤其是第二次世界大战后，随着城镇化的加快发展，土地发展权问题开始引起关注，如何设置与保护这种动态的权利，已经成为世界各国关注的焦点（刘国臻，2008）。

（一）城市化与土地发展权

"土地发展权"概念源于第二次世界大战后的英国，它指的是分享因经济社会发展和土地用途改变所带来土地增值收益的权利。在一个国家设立土地发展权后，其他一切土地财产权或所有权以目前规划编定的正常使用范围为限，如变更土地使用类别，就涉及土地发展权问题。

·关于因外部性因素带来的土地增值收益归属，世界各国的做法各不相同，总的来看，可以分为"涨价归公"和"涨价归私"两种思路。当然，涨价归谁并不是个"一刀切"的问题，很多国家往往是将两种思路结合起来，由国家和私人共享土地发展权。

1. "涨价归公"：国家享有土地发展权

英国是最早采取"涨价归公"做法的国家。第二次世界大战后，由于经济快速恢复和发展、人口的迅速增长等原因，英国城市化的进程明显加快，由此带来了城市土地快速扩张，大量农地被占用，并由此引发了各类矛盾，农用地保护与土地增值收益分配问题成为当时一个社会热点。

为尽快解决城市重建、农地保护、土地征收、增值收益分配等问题，1942年1月，英国设立阿斯瓦特委员会，该委员会于1942年9月提交了《阿斯瓦特报告》，该报告提出了关于补偿和土地增价方面的重要理论原则，基本思想有两点：

第一，土地利用的决定，不能追随私人土地利用的现状，应该以公共部门为主体，根据公共利益，以选定"最佳利用"为原则。

第二，为了实现"最佳利用"目的，应该对因公共决定而引起的地价下降给予补偿，还应解决吸收土地增价的问题①。

---

① 根据该报告，对地价产生影响的主要原因有两个：一是流通的期待价值，二是转移价值。流通的期待价值是指，虽然现在土地还未涨价，但地主预期，未来开发建设将引起地价上涨，由此导致使土地需要量增加，这对整个社会不利，将损害公共利益。因此，未来土地开发决定应以公共部门为主体，通过合理的土地利用规划选择合理地域进行建设，以实现社会公正。转移价值是指，根据土地管理规定，那些被列入许可开发建设的土地，地价便上升；禁止开发建设的土地，地价便下降。但是，整个地域的地价总额未变，土地用途管理只是让土地价值发生转移。因此，政府应该用土地增价部分补偿土地减价部分，从而取得收益均衡。

1947 年，英国出台了《城乡规划法》，将土地发展权从土地所有权中分离出来，成为一种新的、单独处分的权利。该法规定：任何私有土地只能保持原有使用类别的占有、使用、收益与处分之权，一切私有土地将来的发展权转归国家所有，土地私有者或其他人若想变更土地类别，必须在开发前向政府"购买发展权"。

毫无疑问，"涨价归公"思想强调的是所谓社会公平性，它将土地发展权置于一种公权力的地位，目的是防止因无土地或土地多少及区位差异而造成社会不公。例如，对于位置相同和土壤状况相同的两块农地而言，价值应该是相等的。但是，如果政府宣布，其中一块土地变更为城市建设用地，那么，它的价格就可能是另一块土地的数倍乃至更高。这意味着，由于政府管理规定和规划的调整，一部分土地所有权人被赋予了额外的经济特权，从而形成了额外收益，而这些所有者对土地增值没有作出任何贡献，这种收益完全是一种不劳而获的暴利，从而破坏分配的公平性。此外，按照西方的政治理念，政府授予私人特权也违反了正义原则，并可能导致利益串通和贪污腐化。为了避免出现类似的社会不公，有必要通过国家统一管理，对土地发展权及其增值收益进行再分配。

从实际效果来看，英国实行土地发展权国有化后，土地开发速度减缓，延缓了城市土地侵占农用地的进程。但土地市场买卖因此几乎陷于停顿，那些迫切需要使用建设用地的人，往往从黑市获得土地，土地隐形市场活跃。还有，土地开发商因此增加了负担，无形中等于提高了土地市价和房价。1952 年保守党执政后废止了这一制度，此后由于英国工党和保守党的基本政策观点不同，该制度又几经反复（刘国臻，2008）。

2. "涨价归私"：私人享有土地发展权

美国是实行"涨价归私"发展权制度的典型国家。值得注意的是，美国的这一制度不是一开始就有的，而是在实行单一的用途管制措施失灵后，逐步摸索和健全起来的。20 世纪上半叶，美国迅速发展成为世界头号经济强国，经济发展、人口增长和城市扩张使得大量耕地被占用，农用地数量迅速减少。为解决这些问题，美国借鉴德国土地用途管制做法，在 1936 年出台了《水土保持和国内生产配给法》，强化了政府对土地利用管理。但此后的实践证明，单一依靠土地用途管制这一约束机制，并不能实现有效保护农地的目标，耕地流失状况仍很严重。在对此进行了认真总结和反思后，从 20 世纪 60 年代开始，美国开始着手构建农地保护的激励机制，建立了土地发展权制度，给予农地所有者以经济上的补偿。该制度自实施以来，有效地保护了耕地，后来，美国又将这一制度扩展至生态环境、历史建筑、风景资源等保护领域。

在美国，土地发展权是一项可与土地所有权分割而单独处分的私人财产权，政府充分运用市场手段对其进行调节和交易。在土地发展权制度设计的价值取向方面，美国更注重效率，将土地发展权主要赋予原土地所有权人，而不是国家。在美国，无论土地发展权被政府征购，还是土地发展权转让给其他土地开发者，土地所有者都可以在继续耕种原土地的同时得到一笔可观的收入，这就有利于提高原农地所有者保护农地的积极性。

（二）征地补偿制度

征地补偿制度是土地发展权的具体体现。1810 年 3 月 8 日，法国公布了世界第一部《土地征用法》。不同国家采取的征地补偿制度差别很大，反映了各国的国情差异。但是，正当的法律程序（proper law procedure）、公平补偿（just compensation）和公共利益（public benefit 或 public use）是基本准则。下面从这几个方面对各国的征地实践进行总结①。

1. 征地必须符合公共利益

对于征地的必要性，世界各国都以"公共利益"作为衡量标准，并且对公共利益做了严格限定。究竟什么是公共利益，各国规定的范围存在差异，但普遍包括六个方面，即交通建设、公共建设、军事目的、土地改革、公用设施和其他公共设施。此外，对于公共利益的界定形式，各国也存在不同。例如，同样是在东亚，日本、韩国、中国台湾、中国香港和中国澳门都采用了列举式，而中国大陆和新加坡则采用概括式（缪青、朱宏亮，2006）。

例如，在英国，对于何种功能属于"公共利益"范畴，由议会决定，并以法律形式确定下来。对于土地征用，英国并不是通过一部法律确定征用条件和土地强制征用权，而是由不同法律分别对相应情形作出规定，如 1992 年《交通和工程法》及基于某项议会特别法案颁发的《强制购买令》（一般由地方政府颁发）。为通过议会审查，征地部门必须多方取证，说明该项目所带来的好处超过某些被剥夺土地的人受到的损失。在英国，享有征地权力的包括政府和其他机构，如中央政府各部、地方政府、高速公路局、城市发展公司及公用事业（如自来水公司和电力公司等）（秦文华、张澎涛，2007；陈勇，2007）。

在美国，私有产权更是受到了严格的保护。美国联邦宪法第五修正案

---

① 实际上，征地并不是政府使用非国有土地的唯一方式。例如，在澳大利亚，政府还可以通过租赁（租期为 1～100 年）、协约等方式使用私人土地，并且要优先选用租赁等方式，强制征地只是澳大利亚政府取得私人土地的最后途径，现实中这种方式很少使用（窦红，2006）。

（1791 年生效）规定："非依正当程序，不得剥夺任何人的生命、自由或财产；非有合理补偿，不得征用私有财产供公共使用。"

在加拿大，公共利益范围包括为公众服务的交通、能源、水利、环境保护、市政建设、文物遗迹保护、学校、医院、社会福利设施等。

在德国，拆迁者不仅要说明拆迁行为符合公共利益的需要，而且要证明拆迁是唯一的选择。德国《建设法典》第 85～87 条规定，为了公共利益，可以征用土地。对于德国来说，"公共利益"有个清晰的界限，就是符合土地利用规划。因此，公众可以通过积极参与规划制定过程来维权参政。而各类规划都要经过各级政府和议会批准，不能随意更改，这些规划对公众开放（这点不同于我国，我国的各类规划都是政府自己关门制定的，公众也很难有机会参与规划制定或了解规划内容）。总之，德国的土地空间利用是通过事先制定的各种总体规划和详细规划确定的，土地征用是否符合公共利益，要以规划作为尺度（王维洛，2007）。

在东亚地区，日本的土地征收范围很窄，该国以"穷尽列举"方式规定了 35 种土地征收适用情况，对于每种情况，还有专门的法律约定。与日本相反，新加坡是除中国大陆外征收范围最宽的，该国将住宅、商业或工业区用地也纳入了征地范围，原因在于新加坡土地资源高度稀缺，通过政府统一征地、规划、开发，能最大限度地节约有限的土地，尽管这种方式要付出很高的经济成本和政治成本（缪青、朱宏亮，2006）。具体如表 2 所示。

在一些发展中国家，对公共利益的界定普遍存在模糊之处。在俄罗斯，《俄联邦宪法》第 35 条将土地征收目的表述为"为国家需要"，《俄联邦民法典》将土地征收目的进一步扩大为"为国家或自治地方需要"，那么这种国家或地方需要是否符合"公共利益"？对此，俄罗斯法律并未明确说明。这些规定虽然为土地征收设定了目的限制，但判断是否征收的标准存在极大模糊性，私人产权受到侵害的风险很高（王春梅，2007）。

表 2　东亚国家和地区对"公共利益"的界定

国家（地区）	公共利益范畴
日本	《土地征收法》列出了允许征收或使用土地的 35 种公益事业项目
韩国	八类公益事业：国防军事、国家基础设施、公用设施、文教艺术、重要产业、住宅、上述事业涉及的相关设施、法律规定的其他项目
中国香港	收回不卫生物业；收回任何不适宜人类居住和危害健康的建筑物土地；军事需要；由行政长官会同行政局决定的事业

续表

国家(地区)	公共利益范畴
中国台湾	两大类:第一类是兴办公益事业,包括国防军事事业,交通事业,公益事业,水利事业,公共卫生及保护事业,政府机关、地方自治机关及其他公共建筑,教育、学术和慈善事业,国营事业,城市再开发事业,有关国家经济政策实施的事业,其他;第二类,实施经济政策需要
中国澳门	三大类:第一类是兴办公共事业,包括交通事业,公用事业,公共卫生,政府机关、自治机关及其他公共建设,教育及慈善事业,政府兴办的其他公益性事业;第二类是公共灾难或内部保安;第三类是该地区重整计划
新加坡	政府为发展公益建设事业,为实施国家经济政策,为国家国防安全的需要使用土地
中国大陆	国家进行经济、文化、国防建设以及兴办社会公共事业,可以征收集体所有的土地

资料来源:缪青、朱宏亮:《东亚部分国家和地区土地征收法律制度比较》,《城乡建设》2006年第8期。

　　一些发展中国家,也可能出于推动土地制度改革和改善社会公平的目的征收土地。从某种意义上讲,这也代表着一种"公共利益"。例如,在巴西,如前所述,土地过于集中被认为是巴西农村贫困的主要根源之一。长期以来,巴西政府都致力于通过土地改革"均分地权",主要途径是由联邦土地改革局负责,将大农庄土地收归国有后转而分配给没有土地的农民。从20世纪60年代开始,巴西政府就曾多次尝试征收大庄园主闲置土地,然后分配给无地农民。但由于大庄园主的强烈反对,土地改革措施未能得到有效的实施。1988年巴西宪法规定,对于大庄园主不履行社会职能(不从事任何形式的生产活动、忽视环境保护、不履行劳工法规定的义务等)的土地,政府有权征收用于土改。通过政府努力,土地过于集中的问题得到一定程度缓解,但问题依然十分突出(王威,2007)。

2. 征地程序必须完善合理

　　在法治国家,程序公平是保证结果公平的重要手段。在征地过程中,很多国家对征地程序作出了规定。

　　在英国,征地机构在未获得《强制购买令》前没有权力采取强制购买方式,但可以通过协议方式收购土地。

　　在英国的英格兰和威尔士,政府和职能部门征用土地必须依据《强制征购土地法》,并经过议会批准。英国的征地程序大致如下:

　　(1)首先由有关大臣主持召开一个公开调查会,听取各方对动用强制征地权的意见,并指定一位独立督察员进行评估。

　　(2)独立督察员随后向国务大臣递交报告,由国务大臣确认此项目是否适用《强制征购土地法》。

（3）如果符合公共利益，由法定机构（如中央政府或地方政府）获得强制征地权，被征用的土地所有者或使用者获得合理赔偿。

（4）如果双方存在争议，则由专门的土地法庭解决土地补偿纠纷。

（5）组织实施征地。

在美国，宪法第 14 条（1868 年通过）修正案也要求：州政府依据正当法律程序取得私有财产，并保证不得拒绝法律对公民的平等保护，各州宪法对此问题也有类似规定。在美国，如果个人对政府的征收行为或赔偿金额存有异议，个人有权请律师进行上诉并索取合理赔偿①。在土地征用时，如果产权方与政府机关在补偿费问题上经谈判和陪审团裁定后仍不能达成一致，政府及有关机构可以实施强制征用，强制征用的程序和手续，各州差异很大。此外，在特殊情况下，政府还可以动用"紧急征用手续"快速征得土地，事后再商定或由法院裁定补偿数额（彭开丽、李洪波，2006）。

美国的征地补偿程序可以总结如下（廖小军，2007；秦文华、张澎涛，2007）：

（1）具有资格的正式审核员审查。

（2）审核员在征得土地所有者同意后，实地调查、汇总，提交审核报告给负责征地的机构。

（3）高级监督员进一步研究能否同意审核员提交的报告中的补偿价格。

（4）征地机构向土地所有者及利益相关者报价，若产权方与政府机关之间在价格上有分歧，则进行谈判。

（5）若在补偿费用上仍不能达成一致，则交由法院的陪审团裁定。

（6）若此后仍不能达成一致，则由政府及有关机关实施强制征用。

（7）强制征地后，土地所有者和利益相关方可向法院上诉，由法院裁定赔偿数额。

在澳大利益，征地要遵循《土地征收法》，并由议会决定是否符合公共利

---

① 在美国，与交通肇事案件和医疗事故案件一样，有关政府征收方面法律案件律师费用的收取大多采用不胜诉不收费的方式，如果土地所有者诉赢，律师可以从他们额外期待的政府补偿金中获得较大比例的金额。如果政府一方胜诉，另一方也不需要为此支付政府方的诉讼费用。因此，在司法实践中，政府征收方面的法律案件通常是职业律师们竭力追逐的目标。为了避免大量诉讼费用，政府更愿意在一开始就提出合理补偿，美国法院通常都认定高出政府补偿价格的评估报告。然而，国家征用私地并不意味着能随意多给补偿费，因为政府征用开支用的是纳税人的钱，土地所有者要求过高的价格并不是一件好事（彭开丽、李洪波，2006）。

益。根据澳大利益的土地征收程序：①政府要提前 2 个月通知地主，告知征收意图和主要用途；②在这 2 个月内，政府可以和地主协商，是否可用购买方式获得土地，并商议土地价格；③如果 2 个月后，双方未达成协议，政府要在媒体发布强制征收土地通知（一般而言，市政府没有强制征收权，征收决定由州政府作出），对那些不愿搬迁的"钉子户"，政府可以先强拆，再补偿；④在发布征收通知的 14 天内，政府要公开征地价格，地主在 3 个月内进行要约，并提出期望价格（地主请求赔偿的有效期为土地被征收后的 2 年内）；⑤如果双方无法在价格方面达成一致，地主可向法庭（州立最高法院）提起赔偿申诉，政府甚至会对起诉费用给予资助。

在日本和韩国，在实施政府征地行为前，要先由利益相关方进行协商，协商不成功才进入政府征地程序。并且，这两个国家还单独设立了"公共利益"认定程序，这一做法虽然会增加政府工作量和征地成本，但可以降低政府滥用征收权的概率。日本和韩国的征地程序规定如图 5 所示。在纠纷处理方面，东亚很多国家（地区）设立了独立于征地审批机构的专业仲裁机构，如日本的征收委员会、韩国的土地收用委员会、新加坡的上诉委员会和中国香港的土地审裁处。而在中国大陆（以及中国台湾和中国澳门）则未设立独立仲裁机构，被征收人如对土地征收持有异议，必须向同一审批机构提出申诉，这不利于裁决的公正与公平。在实施主体方面，各国（地区）差异较大，日本土地征用除可由国家实施外，也可由地方的公共团体、法律确定的事业主体实施。

在德国，土地征收过程也十分严格，可以总结为"先买后征、先政后法、先行政诉讼后民事诉讼，几进几出"。

首先由土地使用者（开发商或建筑商）向土地所有者和使用权获得者说明征地目的，并要提供购买土地的价格，如果协商一致，就不需要进入征地程序；如果双方未达成一致，开发商才向城市的上一级行政管理部门（地区专员）申请征地拆迁，这就是"先买后征"。

进入征地程序后，先后要经历四个关键环节。

第一，是否征地。由地区专员负责审查规划，合规后发布征地公告，如果地主不服从地区专员决定，可向地区专员提出不同意见；仍未达成一致，可向高级行政法院和联邦行政法院逐级上诉，由行政法院作出是否征地裁决。

第二，如何征地。如果被征地者对征地公告无异议，则进入征地阶段。这一阶段要确定征地日期，地区专员提出赔偿方式和赔偿标准。如果在征地实践与方式上双方未达成一致，地主可向高级行政法院和联邦行政法院逐级上诉。

第三，如何补偿。对于补偿问题，如果双方未达成一致，地主可向州法院、

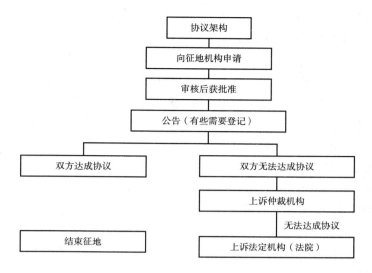

图 5　日本和韩国的征地程序规定

资料来源：缪青、朱宏亮：《东亚部分国家和地区土地征收法律制
度比较》，《城乡建设》2006 年第 8 期。

州高级法院、联邦法院逐级上诉。法院裁决后，开发商在两个月内支付赔偿费。

第四，如何实施。在征地决定生效后，对于如何实施征地决定，地主仍可以向地区专员或行政法院提出意见或提起上诉，法院作出最终裁决后，会将该决定通知地籍管理局。

总之，在德国，启动征地程序是个费时、费力、费钱的过程，中间任何一个环节出现差错，都会使得征地拆房行为失败，这也是对土地所有者的一种保护。并且在德国是由政府作出征地拆迁决定，由法院最终采取是否征地、如何征地、如何补偿。而在中国，上述两个方面都是由政府作出的，并且具体执行征地的不是政府，而是开发商及其雇用的专业拆迁公司，司法部门几乎完全没有介入，老百姓面临"告状无门"的窘境（王维洛，2007）①。

在俄罗斯，如前所述，虽然对土地征收必须符合的"公共利益"界定存在模糊之处，但俄罗斯非常强调对私人财产的保护，因此，《俄联邦宪法》设定了严密的土地征收程序，并要求事先取得土地所有人的同意。新《俄联邦民法典》以"私法自治"精神为宗旨，第 279～282 条对征收程序进行了具体规定：①征

---

① 最高人民法院在 2005 年曾发布过一个规定：自 2005 年 8 月 1 日起，全国法院不再受理拆迁双方就安置补偿争议提起的民事诉讼。当事人只能按照《城市拆迁管理条例》（2001 年 6 月通过）向有关部门申请裁决，由该部门决定安置补偿的最终方案。

地决议由俄联邦行政机关或其主体的特定行政机关依据一定程序作出；②作出决议机关须在征地 1 年前书面通知土地所有人，并经土地所有人同意才能进行征地；③征地行为应在土地权利登记机关进行国家登记，在进行国家登记后，土地所有人仍然对该土地享有所有权，但当征地机关与土地所有人协商土地赎买价格时，只能按照国家登记时记载的土地状况确定赎买价，新建、扩建、改建所支出的费用则由土地所有人自己承担；④如果土地所有人不同意征地决议，则作出征地决议的机关（而不是土地所有人）可以向法院提起关于赎买土地的诉讼，如果双方就征地赎买价格或其他赎买条件无法达成协议，也可以通过司法程序最终裁决（王春梅，2007）①。

3. 征地补偿必须基于市值

政府虽然可以出于公共利益考虑强制征收土地，但一般而言，政府不能无偿或低于市场价值取得土地，往往需要根据市场价值给予补偿，多数国家实际上采用的是"征购"制度。

以英国为例，《都市与乡村计划法（1962 年修正案）》提出了被征土地按市价补偿原则：土地征用补偿以愿意买者与愿意卖者之市价为补偿的基础，补偿以相等为原则，损害以恢复原状为原则。英国的征地补偿科目主要包括五个方面：①土地及之上的建筑物补偿；②对被征部分土地后剩余土地的贬值给予补偿；③对未到期的租赁权损失补偿；④经营损失和迁移费；⑤法律费用等交易费用补偿（廖小军，2007）。此外，对于农民，政府还给予特殊的"农场损失费"（强培，2008）②。

在美国，对公民土地及相关财产权进行限制的行为包括警察权和国家征用权。警察权（police power）是政府为保护公众健康、公共安全、社会伦理及社会福利，无偿对所有人的财产施以限制的行为。警察权适用范围包括：土地区划（zoning），建筑及健康法规（building and health code），让移要求（set-back requirement），土地分割（abatement），污染（pollution），出租管制（rental control）等（彭开丽、李洪波，2006）。一个世纪以来，警察权作为法律武器，在有效保障美国政府对土地利用的管理方面发挥了重要作用。但是，警察权只是准许政府规划私人土地，而不需要支付补偿。政府并不能凭借"警察权"获

---

① 只允许作出征地决议的机关提起诉讼，使得土地所有人只能被动等待诉讼程序启动，无形中使司法救济对私权保护在某种程度上打了折扣。

② 在英国，当农民因征地而离开其农场时，还能获得一笔农场损失费，前提是他对被征农地的使用期间至少还有 3 年；使用权的消失是因为强制性征收；3 年之内又开始在英国另一家农场从事农业生产（强培，2008）。

得私人土地的所有权。并且，这种方式适用场合非常有限，受到严格法律制约（张忠伟，2005）。

在美国，政府若想获得私人所有土地，就必须动用"国家征用权"（eminent domain 或 condemnation），它是一种有偿征用方式，指的是政府实体为公共目的征用包括土地在内的私有财产、同时支付合理补偿的权力。"国家征用权"必须受宪法第五修正案的约束，必须对土地所有者作出公平补偿。这种公平补偿体现为三个方面：第一，主体的公平，有权得到补偿的不仅仅包括财产所有人，还包括利益相关者，如房屋承租人、邻近土地所有者、经营者；第二，客体的公平，获得补偿的对象不仅包括土地本身，还包括土地之上的附加物以及与之有关的无形资产；第三，估价的公平，按照"公平的市场价值"原则，国家不仅补偿被征土地现有价值，而且考虑补偿土地可预期、可预见的未来价值，实际上就是土地发展权的价值（彭开丽、李洪波，2006）①。此外，在土地征用过程中，征地机构给出的补偿方案一般都比较优惠，而且在税金方面，土地被征用比出售土地优惠，因此土地所有者一般也都能够服从征地安排（彭开丽、李洪波，2006）。

在加拿大，土地补偿包括四部分：第一，土地被征用部分的补偿，必须依据土地的最高价值和最佳用途，依据市场价格进行补偿；第二，有害或不良影响补偿，主要针对被征用地块余下的非征地，因建设或公共工作对剩余部分造成的损害，可能还包括相邻地区的非征地；第三，干扰损失补偿，被征地的土地所有者或承租人因为不动产全部或基本征用，因混乱而造成的成本或开支补偿；第四，重新安置的困难补偿（彭开丽、李洪波，2006）。

德国也遵循了按市场价格对土地所有人和使用权人进行赔偿的基本原则，要对私人损失的所有财产进行全额赔偿。地区专员会委托房地产评估委员会（半官方机构）提出评估价格，如果地主不同意这个价格，也可以自己聘请中立的房地产评估专家评估，也可以向法院提出赔偿要求（王维洛，2007）。具体而言，德国的土地征用补偿范围包括：①按市场价值对土地或其他标的物损失进行补偿；②按机会成本对营业损失进行补偿；③征用标的物上的一切附带损失补偿（曾国华，2006；廖小军，2007）。

在东亚地区，普遍也采取了按照土地市场价值（或纳税申报价值——新加坡）计算补偿标准的做法。该价值除了考虑征收土地行为的直接损失外，还将

---

①　在征地过程中，双方分别聘请独立的资产评估师提出评估报告，如果各自的评估报告结论相差悬殊，则由法庭陪审团裁定。

其他一些间接损失和机会成本考虑在内，这点明显不同于我国。在补偿方式上，东亚地区多采用以现金补偿为主、实物补偿为辅的方式，韩国和中国台湾采用"土地债券"的方式进行补偿（见表3）。

表3　东亚国家和地区的征地补偿科目

国家/地区	征地补偿项目
日本	征用损失补偿、通损补偿、离职者补偿、少数残存者补偿、事业损失补偿
韩国	土地补偿、残余土地补偿、迁移费补偿、其他损失补偿
新加坡	土地补偿、残余土地补偿、迁移费补偿、财产补偿、动乱补偿、所有权重新确认补偿
中国香港	土地补偿、法定补偿、地役权及临时占有权补偿、其他补偿、特惠补偿、其他津贴
中国台湾	土地补偿、改良物补偿、改良物迁移补偿、连接地损失补偿、残地征收补偿
中国澳门	征收土地的价值补偿
中国	土地补偿费、安置补助费、青苗和地上附着物补偿、耕地占用税、耕地开垦费、土地管理费、新菜地开发建设基金

资料来源：缪青、朱宏亮：《东亚部分国家和地区土地征收法律制度比较》，《城乡建设》2006年第8期。

在发展中国家，征地补偿的原则差异很大。在俄罗斯，《俄联邦宪法》规定要采用等值补偿方式，并对因征地带给土地所有人的全部损失（包括预期收益）进行赔偿。政府要通过赎买方式获得土地，并且，要充分尊重土地所有人的意愿。关于赎买价格、赎买期限和其他条件，政府要与土地所有人协商，协议中要说明俄罗斯联邦、联邦主体或自治地方支付征地赎买价款的义务。在赔偿方式上，土地所有人可以选择现金赔偿、土地置换等（王春梅，2007）。

但是，在越南，虽然实行了"国家所有，农民长期使用"的土地制度，但面对国家征地，农民还是很容易失去自己的土地，得到的补偿也很少（李昌平，2010）。

四　用途管制：政府干预土地利用的主要手段

土地用途管制是世界各国普遍采用的制度，是一个国家为实现土地合理利用，促进经济、社会、环境的协调发展，合理调节土地增值收益的分配，通过编制土地利用规划及其他控制性规划确定土地用途和土地使用的限制条件，并要求土地所有者和使用者严格按照国家确定用途利用土地的制度。实践证明，土地用途管制对于促进土地资源的集约、节约和可持续利用具有重要的意义。值得注意的是，不同国家实行土地用途管制的目标存在一些差异：有些国家，如美国、加拿大，人少地多，农业土地资源丰富，所以，在土地用途管制方面，它们更重视环境保护；另一些国家，如日本、韩国、中国，人多地少，耕地短缺，因此，它们往往期望通过用途管制强化农地保护（李茂，2003）。

（一）用途管制的产生与发展

土地用途管制始于 19 世纪末的德国和美国，到 20 世纪下半叶，土地用途管制逐渐成为多数国家管理国土资源的主要手段。

1875 年德国柏林市政府将城市分为若干功能区，将员工公寓分布在各个功能区中，以解决居住拥挤、环境恶劣和交通不便等问题。

美国是世界上最早采用土地用途管制制度的国家之一。在早期，美国对私人土地的利用很少进行限制，土地所有权超越于政府管控。但是，后来的实践逐渐凸显这样一个问题，即土地私人所有者在行使土地产权时，经常会损害社会公共利益和他人利益，由此产生了负外部性。特别是随着人口增长、经济发展和城市扩张，这个问题日益显现，于是，政府开始加强对土地利用的管制。1885 年，加利福尼亚州政府认为，洗衣店污水污染环境，因此，禁止在市中心开设洗衣店。1916 年，为了调控土地和建筑物的综合开发，纽约州政府制定了专门的区划（zoning）条例，将城市划分出工业区、商业区和居住区等，并规定了建筑物的密度、用途、容积率和空地率等指标（李茂，2003）。

此后，其他一些国家纷纷效仿。例如，英国在 1909 年开始着手构建现代的土地利用规划制度。特别是第二次世界大战之后，发达国家经济快速增长，城市化速度明显加快，城市规模也急剧扩大，这造成了空气污染、交通拥挤、公共设施不足、农用地被侵蚀和土地资源浪费等一系列问题。为了有效解决这种"大城市病"，发达国家加大了土地用途管制的力度，进一步强调了城市规模控制、农用地保护和环境保护的重要意义。后来，这种制度又逐步传播到发展中国家，我国也从 1999 年开始实行土地用途管制，以代替原来实行的分级限额审批制度。

（二）用途管制的主要内容

一般而言，土地用途管制的内容包括以下几个方面：①按用途对土地进行合理分类；②通过土地利用总体规划规定土地用途；③对已确定的土地用途进行土地登记；④对土地用途变更进行审批；⑤对未按照规定的用途使用土地的行为进行处罚；等等。土地利用规划及其他一些详细规划是土地用途管制的核心，完善严格的规划体系是实现用途管制目标的最重要保证。

在英国，土地利用规划体系比较完备，1947年《城乡规划法》是制定规划的法律基础。英国的土地利用规划自上而下分为4个等级，即国家规划、区域规划、郡规划和市镇规划，不同规划间的关系是"下级服从上级"。与这些垂直性规划分级相对应，各级政府分别负责制定本级的土地利用规划。此外，由于英国是欧盟成员国之一，其国内规划也在一定程度上受到欧盟相关法律的制约。在英国，土地所有人或相关权益人想改变土地用途，都必须申请规划许可（planning permission）。规划许可申请程序十分严格，包括申请前的咨询、公示和公众咨询、规划委员会审查等环节。据统计，在每年15万个以上的申请中，通过审查的比例高达80%以上。此外，英国还建立了完备的申诉制度，如果规划申请被拒绝，申请人可以进行申诉。

用途管制的核心内容涉及三个方面：第一，控制土地利用密度和容积，主要从住宅环境、住宅形态、建筑景观、住宅密度与公共设施等方面出发，通过土地区划规范私人土地的利用与开发；第二，控制城市规模的不合理扩张，主要是通过许可总量控制，设立城市发展边界，分期分区发展，限制建设用地过分扩大，控制城市人口；第三，保护农业用地和生态环境，通过制定农业区划，将农业用地与工业用地、其他用地严格区分开，并划定最好农地的保护范围（类似于我国的基本农田）①，建立土地发展权转让交易制度和税收优惠制度，以增强土地所有者保护农地的积极性②。

落实到规划层面，美国的土地利用规划分为两级，即州土地利用规划和

---

① 依据《农地保护政策法》，美国将农地划分为四大类：第一，基本农地最适于生产粮食、油料作物、天然纤维和饲草，禁止改变用途；第二，特种农地适于生产特定的高价值粮食、特种作物和天然纤维，禁止改变用途；第三，州重要农地是各州不具备基本农地条件而地位又十分重要的农地，可有条件改变用途；第四，地方重要农地是被鼓励继续用于农业生产，且有很好的利用价值和环境效益的其他土地，可以或有条件改变用途（孙利，2006）。

② 但值得注意的是，美国政府只能通过农业支持项目来吸引农场主进行投资或开发，政府不能强迫和指令执行某个具体的种植计划或调整其产业结构（史志强，2009）。这点与我国基层政府强制推行规模化经营的做法形成了鲜明对照。

地方土地利用规划，前者对后者具有政策指导意义①。两者都是由本级议会讨论通过，因而具有法律效力。用途管制目标最终要通过地方土地利用规划真正落实到位，地方规划包括总体规划、公共设施分布图和分区规划三个方面。

（1）总体规划（the master plan）一般由地方管理机构的规划委员会制定，用以规定土地分期分区发展、建筑总量控制、城市发展边界设立等重要事项。

（2）公共设施分布图（the official map）标明了现存或规划中的街道、公园、供排水道、供气管道、电信电缆和其他公共设施。

（3）区划（zoning）则是根据总体规划将一定范围内的土地非常详尽地划分成不同土地利用分区，规定不同土地利用区的使用规范。

在德国，土地规划主要包括以下五种类型，即国土规划、州发展规划、地区发展规划、城镇土地利用规划、城镇详细建设规划和一些专业规划。这些规划都是由各级政府和议会批准的，不能随意更改。

日本土地规划体系由国土综合开发规划、国土利用规划、土地利用基本规划和城市规划等构成。日本土地规划按层次分为三级：①全国性规划；②都、道、府、县规划；③市、镇、村规划。每级规划都是对各自区域内国土利用合理组织所应采取的措施和设想（刘文贤，2006）。在内容侧重上，日本的土地规划特别注重保护耕地资源，注重保护自然环境。

在一些发展中国家，土地用途管制体现的往往是城乡二元结构关系和政府的计划指令。例如，在越南，政府对农用地设置了严格的限制，农地必须用于种粮食。当然，农民也可以申请"农地转用"，主要是用于建设住宅，但政府对此施加了严格限制。由于越南农村几乎没有任何机动建设用地，农民必须花钱买宅基地（100平方米的宅基地，需要4万元人民币，这点不同于中国）。此外，农民不能以办工商业的目的申请"农转非"（不同于中国的乡镇企业）。总之，大量土地"农转非"，还是由政府统一征用，政府享有绝大部分土地发展权（李昌平，2010）。

---

① 不过，各州土地利用制度存在很大差异。加利福尼亚州、华盛顿州、俄勒冈州、佛罗里达州和佛蒙特州等规定，地方规划必须经过州政府的批准方可执行，而德克萨斯州则没有或者极少对此进行限制。特别是加利福尼亚州，制定了一整套复杂的程序来约束地方政府的行为。并且，在某些州里，不同地区的规划政策也存在着差异。例如，纽约州政府要求地方政府执行一个严格的、复杂的和漫长的规划程序和州政府编制的区域规划体系，但是该州北部许多以农业为主的郡甚至连分区规划都没有编制。但有一点是各州共同的，那就是，其规划法规必须符合联邦政府制定的法律要求（张忠伟，2005）。

（三）用途管制的组织实施

由于国情差异，各国的国有土地管理权配置方式与管理机构设置千差万别。首先在规划制定环节，德国、美国等发达国家特别重视广泛采集民意。土地利用规划制定过程是政府部门、专家学者和社会公众共同参与的过程，也是开展土地空间教育、寻求各界支持和理解的过程。

英国在中央一级没有设置统一的土地管理机构，而是由若干部委分类管理：①农村和农业用地由环境、食品和农村事业部管理（由农渔食品部MAFF 和环境、交通和区域部 DETR 的环境和乡村事业局组建）；②森林和林业用地由林业委员会管理；③城市用地由环境部管理；④社区和地方政府事务部（2006 年 5 月，由副首相办公室 ODPM 改组而成）负责综合管理，职责涉及城市发展、住房政策制定、规划政策、权利授予政策、地方政府政策、促进政府部门间合作等；⑤司法部则主要管辖土地登记局及相关法律事务。

与英国类似，德国的土地管理权分散在许多部门，通过一系列立法形成了各部门分工合作的土地管理体系：①土地的日常管理由各州测量局、地方法院土地登记局、土地整理司负责；②财政部主管农业用地评价和地产价值评价；③州发展规划与环保部主管各级土地利用规划工作。

美国联邦法律明确界定了各级政府对于土地利用与管理的内容和权限。美国在中央一级设立了专门的土地管理机构，那就是内政部下属的土地管理局。该局主要负责管理联邦政府所有的国有土地（包括国家公园、国家纪念馆、历史古迹、自然保护区的土地使用及管理），并对州政府所有和私人所有的土地管理进行协调。一般而言，联邦政府不直接参与地方政府土地管理工作，但可以通过政策指导发挥间接影响；州政府直接参与地方政府的规划与土地管理工作，要求地方政府根据州政府的土地政策开展土地管理，州政府还负责本区域范围内的水资源保护区、水库附近地区、特殊景观地区的土地资源的开发及保护；地方政府负责拟订土地利用计划、公共设施建设及城市分区规划（孙利，2006）。

日本的全国城乡土地都划归国土厅土地局管理，该局下设土地政策、土地利用、地价调整、国土调查四个科。

中国台湾将土地管理机构称为"地政机关"，根据台湾地区《土地法》规定，"中央"、省、市、县均应设立专管地政的机关。

五　总结与建议

综上，本文紧紧围绕着土地产权设置与用途管制两个核心，概览了世界主要国家的土地制度，并对一些重点进行了初步分析。

（一）内容总结

总结全文的讨论，以下几个关键问题值得我们特别注意和深入思考：

1. 正确理解土地所有制与土地产权关系

从世界各国的情况来看，必须区分名义的土地所有制与实际的土地产权。例如，在英国，土地名义上归国王所有，但真正的土地权利为不同形式的土地保有权，从实际土地产权（占有、使用、收益和处置的权利）的角度看，自由保有权（freehold）与别国的私有产权本质上并无差别。又如，越南实行的是"土地国有，农民长租"的土地制度，理论上讲，在国家用途管制的范围内，农民在租期内享有完整的土地使用权，但实际上，越南政府也经常以土地开发名义强行征收农民土地。这些案例告诉我们，名义上的土地所有制并不是我国土地制度改革的重点，与其围绕"私有制"还是"国有制"争论不休，不如在产权设置方面多下点工夫。从世界范围来看，强化末端的土地使用权是一个普遍趋势。

2. 土地发展权归属是个制度原则问题

土地所有权、使用权等概念是个静态的产权概念。随着经济社会的不断发展，尤其是城市化进程的加快和产业结构的转型，一部分土地可能会出现快速升值（主要源于土地用途改变后的级差收益）。增值收益的归属问题就成为争论的焦点。从各国实践来看，"涨价归公""涨价归私"的情况都有，并不存在一个统一的标准。决定这一归属的因素很多，涉及政治、经济、文化等各个方面，强调集体主义还是个体主义、一国所处的发展阶段等都是重要的决定因素。

3. 用途管制是对外在的强制产权约束

随着城市化和工业化的发展，农地若转作非农用途会带来倍增的收益。按照自由产权的逻辑，土地所有人可以自由改变土地用途以获取最大利益。但是，这会带来一系列外部性效应，如农地减少影响粮食安全与社会稳定，土地过度开发造成生态破坏问题，布局过于分散导致城市集聚经济无法实现等。于是，各国都根据本国发展需要，在某个历史时期，引入了用途管制制度，对土地用途进行约定。用途管制可以看做对土地产权的再次划分和限定，是一种重要的约束机制，它意味着土地使用者或土地所有者无法根据自己的意志决定如何利用土地。体现用途管制的土地利用规划，在各国都具有法律效力。但从内容上看，对于土地用途的约定详细程度不同，违规惩罚力度不同。并且，在强调"涨价归私"的国家，如美国，还在用途管制的基础上建立了土地发展权补偿机制、交易机制，这是对遵守政府用途规定者的一种激励机制。

4. 征地制度是土地产权矛盾的交叉点

征地权被认为是最高的土地权力，它是以公共利益为目的，以国家机器为保障的一种强制性行为。征地背后所体现的是一个国家的土地产权规定，体现的是土地发展权的归属，用途管制的强弱。但是，从"文明"国家的实践来看，一个合情、合理、合法的征地行为，具有四个关键要素，即清晰的公共利益界定、公正的决策与执行程序、合理的征地补偿标准和有效的司法救济机制。我们需要特别反思的是，国家可以为了公共利益动用强权，而让少数人"买单"吗？

（二）几点建议

我国是个土地资源（尤其是耕地）高度短缺的国家，土地制度改革已成为当前我国经济改革的核心内容之一，结合国际经验，本文对我国推进土地制度改革提出以下几点建议。

1. 维护农民利益是解决矛盾的出发点

如何合理平衡不同政策目标之间的关系、长短期目标之间的关系，是困扰我国土地制度改革的重要问题。

一方面，确保18亿亩红线、维护粮食安全仍是我国的长期战略任务。我国人均耕地1.4亩，仅相当于世界平均水平的近1/3、美国的1/9、泰国的1/4、印度和巴基斯坦的1/2，在世界26个人口大国中（5000万人以上）居第24位，仅高于日本和孟加拉国（刘国臻，2008）。在我国对国外市场（进而是外国土地）依赖程度日渐提高、贸易保护主义日趋严重、国际游资日益疯狂炒作"中国概念"的背景下，维护粮食安全是必然之举。目前，我国城镇化正处于加快发展期，平稳有效地解决非农用地供应也是一个现实问题。据粗略估计，我国完成城镇化进程共需要2亿亩左右的土地。

在可用土地资源有限的情况下，农村地区富余的集体建设用地就成为解决上述矛盾的突破口。于是各地掀起了农村土地整治热潮，大量农民的房屋被强制拆迁、农地被占用，而农民只能得到很少的补偿。地方政府追求自身财政收入和经济绩效最大化的冲动与维护农民利益之间的新矛盾出现了，由此引发了一系列恶性事件。

从国际经验的角度来看，在上述不同目标进行抉择时，应该遵循这样一个准则：合理界定和坚决维护农民权益是实现公平与效率的一致要求，是实现上述目标，解决现有矛盾的唯一出路。维护粮食安全、腾挪集体建设用地都需要农民的参与和支持。只有增加农民收入，缩小贫富差距，拉动内需才有后劲，我们国家经济的长期增长才能得以维持。

2. 清晰界定产权重于所有制之争

随着土地矛盾的激化，近年来，围绕土地所有制问题，各界展开了激烈争论。但国际经验表明，产权的界定更有现实意义，在很多国家，土地所有制只是一个象征符号，实际的产权归属才决定谁能从土地中获益。土地确权工作已经在我国一些地区开展（如成都），这项基础工作做好了，将具有开创性意义，它将是继联产承包责任制后，农村土地产权的又一次重大革新。笔者认为，成都的做法是正确的：一方面赋予农民永久、完整、可继承的土地产权，另一方面，允许农民自由迁徙使得农民能够平等地分享各种社会福利。但是，越南经验也表明，名义上的产权与实际执行的产权未必一致，如果不建立一个有效的产权保护机制，公权侵犯私权及由此引发的社会矛盾依然会在产权改革后继续出现。

3. 赋予农民必要的土地发展权

从动态产权的角度来看，土地发展权的归属问题是目前争论的核心。农民究竟有没有权利分享、如何分享、如何保护，都是目前迫切需要回答的问题。笔者认为，赋予农民必要的土地发展权是我国经济发展与社会和谐的基本要求，我国应该在"涨价归公"与"涨价归私"之间寻找到一个契合点。一方面，我们必须赋予本已贫困的广大农民分享经济发展成果的机会，而土地是农民最可依赖的财富；另一方面，我国是一个社会主义国家，仍需要国家通过宏观调控解决人民的基本福利问题。总体上看，维护农民必要的土地发展权，需要从以下几个方面着手：第一，积极推进主体功能区规划、完善土地利用规划及其他各种详细规划；第二，对因实现国家总体目标（耕地保护、生态保护）而牺牲部分土地产权的主体予以合理补偿，建立各种补偿基金（类似于成都的耕地保护基金）；第三，改革征地制度，提高补偿标准，特别是让农民分享征地后的土地增值收益；第四，放松集体建设用地产权限制，实现集体建设用地直接入市，入市收益由国家、地方和农民分享。

4. 加快推进土地管理体制改革

国际经验表明，有效的土地管理离不开立法、行政和司法三个力量的合理介入与有效平衡。在这三个方面，我国的土地管理体制已经严重不适应我国经济社会发展。首先，在立法层面，我国至今没有确定有关土地问题（也就国家发展的空间问题）的制度原则，目前的《土地管理法》被一些人评议为"恶法"，虽然《土地管理法》正在修订当中，但从目前的草案来看，并未有原则性突破，有人认为，新法一旦出台，只能使情况变得更加恶劣。其次，在行政层面，国土资源部作为一个中央部门，实际上缺乏对地方有效约束的强力机制，因此，建议尽快建立垂直领导的土地管理部门，实现纵向一体化，提高土地执法的独立性。特别是要规范土地征收行为，建立完善的程序与有效的管控。最后，在司法领域要建立土地问题的司法救济机制，结合行政管理体制改革，积极推进司法的独立介入，摆脱百姓告状无门的窘境。

参考文献

陈美华、罗亦泳，2009，《英国土地管理的成功经验及对中国的启示》，《南昌大学学报》（人文社会科学版）第 3 期。

陈名村、孙颖，2008，《美国土地发展权制度对我国的借鉴意义》，《决策 & 信息》（下旬刊）第 8 期。

陈霞，2008 年 3 月 3 日，《国外农村土地城市化的比较研究》，中国农经信息网。

陈勇，2007，《英国土地制度及其实践》，《山东国土资源》第 2 期。

程金良，2008，《试析近代法国个体农民土地所有制的成因》，《时代经贸》第 8 期。

窦红，2006，《澳大利亚的土地使用与管理》，《中国土地》第 6 期。

关谷俊作，2004，《日本的农地制度》，金洪云译，三联书店，第 39～40 页。

郭文华，2006，《巴西的土地问题与土地审批》，《国土资源情报》第 7 期。

侯利球、曹湘潭，2005，《澳大利亚土地登记的现状、特点和启示》，《国土资源导刊》第 4 期。

李昌平，2010 年 4 月 2 日，《越南的土地"私有化"实践》，三农中国网：http://www.snzg.cn。

李连祺，2008，《俄罗斯土地使用制度的新变化及启示》，《学术交流》第 11 期。

李茂，2003，《美国、加拿大等发达国家土地用途管制制度及其对我国的启示》，《国土资源情报》第 10 期。

廖小军，2007，《发达国家土地征用补偿实践及启示》，《地市县领导论坛》第 10 期。

刘国臻，2008，《论英国土地发展权制度及其对我国的启示》，《法学评论》第 4 期。

刘济勇，2005，《日本土地征用模式对我国的借鉴和启示》，《中国劳动保障》第 8 期。

刘丽，2008，《世界主要国家国有土地管理概述》，《国土资源情报》第 1 期。

刘文贤，2006，《谈谈日本土地制度》，《北京房地产》第 3 期。

缪青、朱宏亮，2006，《东亚部分国家和地区土地征收法律制度比较》，《城乡建设》第 8 期。

彭开丽、李洪波，2006，《美国的土地征用补偿制度及其对我国的启示》，《农业科技管理》第 12 期。

强培，2008，《英国土地征用补偿制度的启示》，《江苏商论》第 1 期。

秦文华、张澎涛，2007，《发达国家土地征用模式综述》，《湖北经济学院学报》（人文社会科学版）第 5 期。

盛荣，2006，《印度土地制度效果对中国土地制度改革的启示》，《中国农业大学学报》（社会科学版）第 4 期。

史志强，2009，《国外土地流转制度的比较和借鉴》，《东南学术》第 2 期。

孙利，2006，《从美国的土地利用和管制分析中国土地管理存在的问题及对策》，《国土资源》第 4 期。

王春梅，2007，《俄罗斯土地征收制度与私权保护》，《俄罗斯中亚东欧研究》第 5 期。

王威，2007，《巴西国土资源管理概况》，资源网：http：//www.lrn.cn，最后访问日期：2013 年 3 月 5 日。

王维洛，2007，《德国、中国征地拆迁的程序和赔偿之比较》，《洪范评论》第 7 辑，中国法制出版社。

汪秀莲，1998，《发达资本主义国家公有土地的流转》，《中国土地科学》第 1 期。

席雯、雅玲，2010，《外国土地制度对中国农村土地利用的借鉴》，《内蒙古农业科技》第 6 期。

曾国华，2006，《发达国家土地征收补偿制度及对我国的借鉴》，《国土资源科技管理》第 4 期。

张忠伟，2005，《解析美国的土地利用规划制度》，《国土资源》第 3 期。

Stephen K. Wegren. 2009，《俄罗斯土地制度改革与土地市场建立》，《资源与人居环境》第 15 期。

图书在版编目（CIP）数据

中国农地转用制度研究/陈伟著. —北京：社会科学文献
出版社，2014.2
ISBN 978 - 7 - 5097 - 5337 - 8

Ⅰ.①中… Ⅱ.①陈… Ⅲ.①农业用地－研究－中国
Ⅳ.①F321.1

中国版本图书馆 CIP 数据核字（2013）第 278724 号

中国农地转用制度研究

著　　者／陈　伟

出 版 人／谢寿光
出 版 者／社会科学文献出版社
地　　址／北京市西城区北三环中路甲 29 号院 3 号楼华龙大厦
邮政编码／100029

责任部门／全球与地区问题出版中心　　　　责任编辑／张志伟　王玉敏　张文静
　　　　　（010）59367004　　　　　　　　责任校对／刘广增　白桂祥
电子信箱／bianyibu@ ssap. cn　　　　　　责任印制／岳　阳
项目统筹／张志伟　王玉敏
经　　销／社会科学文献出版社市场营销中心（010）59367081　59367089
读者服务／读者服务中心（010）59367028

印　　装／北京季蜂印刷有限公司
开　　本／787mm×1092mm　1/16　　　　印　　张／27.25
版　　次／2014 年 2 月第 1 版　　　　　　字　　数／505 千字
印　　次／2014 年 2 月第 1 次印刷
书　　号／ISBN 978 - 7 - 5097 - 5337 - 8
定　　价／89.00 元